江苏文脉整理与研究工程

江苏文库

研究编

江苏文化史专题

南京城墙历史记忆研究

白爽 沈玉云 著

江苏人民出版社

图书在版编目(CIP)数据

南京城墙的历史记忆研究 / 白爽，沈玉云著.
南京：江苏人民出版社，2025. 5. -- (江苏文库 / 信
长星主编). -- ISBN 978 - 7 - 214 - 27232 - 4

Ⅰ. K928.77

中国国家版本馆 CIP 数据核字第 2024NA6602 号

书　　　名	南京城墙的历史记忆研究	
著　　　者	白　爽　沈玉云　著	
出 版 统 筹	张　凉	
责 任 编 辑	汪意云	
装 帧 设 计	姜　嵩	
责 任 监 制	王　娟	
出 版 发 行	江苏人民出版社	
地　　　址	南京市湖南路 1 号 A 楼，邮编:210009	
照　　　排	江苏凤凰制版有限公司	
印　　　刷	苏州市越洋印刷有限公司	
开　　　本	718 毫米×1 000 毫米　1/16	
印　　　张	22.5　插页4	
字　　　数	324 千字	
版　　　次	2025 年 5 月第 1 版	
印　　　次	2025 年 5 月第 1 次印刷	
标 准 书 号	ISBN 978 - 7 - 214 - 27232 - 4	
定　　　价	98.00 元(精装)	

(江苏人民出版社图书凡印装错误可向承印厂调换)

江苏文脉整理与研究工程

总主编

信长星　许昆林

第二届学术指导委员会

主　　任　莫砺锋

委　　员（按姓氏笔画排序）

邬书林　宋镇豪　张岂之　茅家琦

郁贤皓　袁行霈　莫砺锋　赖永海

编纂出版委员会

主　　编　　徐　缨　夏心旻

副 主 编　　梁　勇　赵金松　章朝阳　樊和平　程章灿

编　　委　　（按姓氏笔画排序）

马　欣　王　江　王卫星　王月清　王华宝
王建朗　王燕文　双传学　左健伟　田汉云
朱玉麒　朱庆葆　全　勤　刘　东　刘西忠
江庆柏　许佃兵　许益军　孙　逊　孙　敏
孙真福　李　扬　李贞强　李昌集　佘江涛
沈卫荣　张乃格　张伯伟　张爱军　张新科
武秀成　范金民　尚庆飞　罗时进　周　琪
周　斌　周建忠　周新国　赵生群　赵金松
胡发贵　胡阿祥　钟振振　姜　建　姜小青
贺云翱　莫砺锋　夏心旻　徐　俊　徐　海
徐　缨　徐小跃　徐之顺　徐兴无　陶思炎
曹玉梅　章朝阳　梁　勇　彭　林　蒋　寅
程章灿　傅康生　焦建俊　赖永海　熊月之
樊和平

分卷主编　　徐小跃　姜小青（书目编）
　　　　　　周勋初　程章灿（文献编）
　　　　　　莫砺锋　徐兴无（精华编）
　　　　　　茅家琦　江庆柏（史料编）
　　　　　　左健伟　张乃格（方志编）
　　　　　　王月清　张新科（研究编）

出版说明

　　江苏文化源远流长、历久弥新，文化经典与历史文献层出不穷，典藏丰富；文化巨匠代有人出、彪炳史册，在中华民族乃至整个人类文明的发展史上有着相当重要的地位。为科学把握江苏文化的内涵与特征，在新时代彰显江苏文化对中华文化的贡献，江苏省委、省政府决定组织实施"江苏文脉整理与研究工程"，以梳理江苏文脉资源，总结江苏文化发展的历史规律，再现江苏历史上的文化高地，为当代江苏构筑新的文化高地把准脉动、探明趋势、勾画蓝图。

　　组织编纂大型江苏历史文献总集《江苏文库》，是"江苏文脉整理与研究工程"的重要工作。《文库》以"编纂整理古今文献，梳理再现名人名作，探究追溯文化脉络，打造江苏文化名片"为宗旨，分六编集中呈现：

　　（一）书目编。完整著录历史上江苏籍学人的著述及其历史记录，全面反映江苏图书馆的图书典藏情况。

　　（二）文献编。收录历代江苏籍学人的代表性著作，集中呈现自历史开端至一九一一年的江苏文化文本，呈现江苏文化的整体景观。

　　（三）精华编。选取历代江苏籍学人著述中对中外文化产生重要影响、在文化学术史上具有经典性代表性的作品进行整理，并从中选取十余种，组织海外汉学家翻译成各国文字，作为江苏对外文化交流的标志性文化成果。

　　（四）方志编。从江苏现存各级各类旧志中选择价值较高、保存较好的志书，以充分发挥地方志资治、存史、教化等作用，保存江苏的地方文献与历史文化记忆。

（五）史料编。收录有关江苏地方史料类文献，反映江苏各地历史地理、政治经济、文化教育、宗教艺术、社会生活、风土民情等。

（六）研究编。组织、编纂当代学者研究、撰写的江苏文化研究著作。

文献、史料、方志三编属于基础文献，以影印方式出版，旨在提供原始文献，以满足学术研究需要；书目、精华、研究三编，以排印方式出版，既能满足学术研究的基本需求，又能满足全民阅读的基本需求。

"江苏文脉整理与研究工程"工作委员会

江苏文库·研究编编纂人员

主　编

王月清　张新科

副主编

徐之顺　姜　建　王卫星　胡发贵　胡传胜　刘西忠

一脉千古成江河

——江苏文库·研究编序言

樊和平

"江苏文脉整理与研究工程"是江苏文化史上继往开来的一个浩大工程。与当下方兴未艾的全国性"文库热"相比,江苏文脉工程有三个基本特点:一是全面系统的整理;二是"整理"与"研究"同步;三是以"文脉"为主题。在"书目编—文献编—精华编—史料编—方志编—研究编"的体系结构中,"研究编"是十分独特的板块,因为它是试图超越"修典"而推进文化传承创新的一种学术努力。

"盛世修典"之说不知起源于何时,不过语词结构已经表明"盛世"与"修典"之间的某种互释甚至共谋,以及由此而衍生的复杂文化心态。历史已经表明,"修典"在建构巨大历史功勋的同时,也包含内在的巨大文化风险,最基本的是"入典"的选择风险。《四库全书》的文化贡献不言自明,但最终其收书的数量竟与禁书、毁书、改书的数量大致相当,还有高出近一倍的书目被宣判为无价值。"入典"可能将一个时代的局限甚至选择者个人的局限放大为历史的文化局限,也可能由此扼杀文化多样性而产生文化专断。另一个更为潜在和深刻的风险,是对待传统的文化态度。文献整理,尤其是地域典籍的整理,在理念和战略上面临的最大考验,是以何种心态对待文化传统。当今之世,无论对个体还是社会,传统已经不仅是文化根源,而且是文化和经济发展的资源甚至资本。然而一旦传统成为资源和资本,邂逅市场逻辑的推波助澜,就面临沦为消费和运作对象的风险,从而以一种消费主义和工具主义的文化态度对待文化传统和文献整理。当传统成为消费和运作的对象,其文化价值不仅可能被误读误用,而且也可能在对传统的消费中使文化坐吃山空,造就出文化上的纨绔子弟,更可能在市场运作中使文化不断被糟蹋。"江苏文脉整理与研究工程"的"整理工程"以全面系统的整理的战略应对可能存在的第一种风险,即入典选择的风险;以"研究工程"应对第二种可能的风险,即消费主义与工具主义的风险。我们不仅是既往传统的继承者,更应当是未来传统的创造者;现代人的使命,不仅是继承优秀传统,更应当创造新的优秀传统,这便是传统的创造性转化与创新性发展的真义。诚然,创造传统任重道远,需要经过坚忍不拔的卓越努力和大浪淘沙般的历史积淀,但对"江苏文脉整理与研究工程"而言,无论如何必须在"整理"的同时开启"研究"的千里之行,在研究中继承和发展传统。这便是"研究编"的价值和使命所在,也是"江苏文脉整理与研究工程"在"文库热"中于顶层设计层面的拔群之处。

一　倾听来自历史深处的文化脉动

20 世纪是文化大发现的世纪,20 世纪以来西方世界最重要的战略,就是文化战略。20 世纪 20 年代,德国社会学家马克斯·韦伯的《新教伦理与资本主义精神》,揭示了西方资本主义文明的文化密码,这就是"新教伦理"及其所造就的"资本主义精神",由此建构"新教伦理＋资本主义"的所谓"理想类型",为西方资本主义进行了文化论证尤其是伦理论证,奠定了 20 世纪以后西方中心论的文化基础。20 世纪 70 年代,哈佛大学教授丹尼尔·贝尔的《资本主义文化矛盾》,揭示了当代资本主义最深刻的矛盾不是经济矛盾,也不是政治矛盾,而是"文化矛盾",其集中表现是宗教释放的伦理冲动与市场释放的经济冲动分离与背离,进而对现代西方文明发出文化预警。20 世纪 70 年代之后,亨廷顿的《文明的冲突与世界秩序的重建》将当今世界的一切冲突归结为文明冲突、文化冲突,将文化上升为西方世界尤其是美国国家战略的高度。以上三部曲构成西方世界尤其是美国文化帝国主义的国家文化战略,正如一些西方学者所发现的那样,时至今日,文化帝国主义被另一个概念代替——"全球化",显而易见,全球化不仅是一种浪潮,更是一种思潮,是西方世界的国家文化战略。文化虽然受经济发展制约甚至被经济发展水平所决定,但回顾从传统到现代的中国文明史,文化问题不仅逻辑地而且历史地成为文明发展的最高最难的问题,正因为如此,文化自信才成为比理论自信、道路自信、制度自信更具基础意义的最重要的自信。

在全球化背景下,文脉整理与研究具有重大的国家文化战略意义,不仅必要,而且急迫。文化遵循与经济社会不同的规律,全球化在造就广泛的全球市场并使全球成为一个"地球村"的同时,内在的最大文明风险和文化风险便是同质性。全球化催生的是一个文化上的独生子女,其可能的镜像是:一种文化风险将是整个世界的风险,一次文化失败将是整个人类的文化失败。文化的本质是什么?梁漱溟先生说,文化就是人的生活的根本样法,文化就是"人化"。丹尼尔·贝尔指出,文化是为人的生命过程提供解释系统,以对付生存困境的一种努力。据此,文化的同质化,最终导致的将是人的同质化,将是民族文化或西方学者所说地方性知识的消解和消失;同时,由于文化是人类应对生存困境的大智慧,或治疗生活世界痼疾的抗体,它所建构的是与自然世界相对应的精神世界和意义世界,文化的同质性将导致人类在面临重大生存困境时智慧资源的贫乏和生命力的苍白,从而将整个人类文明推向空前的高风险。应对全球化的挑战和西方文化帝国主义的国家战略,"江苏文脉整理与研究工程"是整个中华民族浩大文化工程的一部分和具体落实,其战略意义绝不止于保存文化记忆的自持和自赏,在这个全球化的高风险正日益逼近的时代,完整地保存地方文化物种,认同文化血脉,畅通文化命脉,不仅可以让我们在遭遇全球化的滔滔洪水之时可以于故乡文化的山脉之巅"一览众山小"地建设自己的精神家园和文化根据地,而且可以在患上全球化的文化感冒甚至某种文化瘟疫之后,不致乞求"西方药"来治"中国病",而是根据自己的文化基因和文化命理,寻找强化自身的文化抗体和文化免疫力之道,其深远意义,犹如在今天经过独生子女时代穿越时光隧道,回首当年我们的"兄弟姐妹那么多"

和父辈们儿孙满堂的那种天伦风光，不只是因为寂寞，而且是为了中华民族大家庭的文化安全和对未来文化风险的抗击能力。

"江苏文脉整理与研究工程"是以江苏这一特殊地域文化为对象的一次集体文化自觉和文化自信，与其他同类文化工程相比，其最具标识意义的是"文脉"理念。"文脉"是什么？它与"文献"和文化传统的关系到底如何？这是"文脉工程"必须解决的基本问题。

庞朴先生曾对"文化传统"与"传统文化"两个概念进行了审慎而严格的区分，认为"传统文化"可能是历史上曾经存在过的一切文化现象，而"文化传统"则是一以贯之的文化道统。在逻辑和历史两个维度，文化成为传统都必须同时具备三个条件：历史上发生的，一以贯之的，在现实生活中依然发挥作用的。传统当然发生于历史，但历史上发生的一切，从《道德经》《论语》到女人裹小脚，并不都成为传统，即便当今被考古或历史研究所不断发现的现象，也只能说是"文化遗存"，文化成为传统必须在历史长河中一以贯之而成为道统或法统，孔子提供的儒家学说，老子提供的道家智慧，之所以成为传统，就是因为它们始终与中国人的生活世界和精神世界相伴随，并成为人的生命和生活的文化指引。然而，文化并不只存在于文献典籍之中，否则它只是精英们的特权，作为"人的生活的根本样法"和"对付生存困境"的解释系统，它必定存在于芸芸众生的生命和生活之中，由此才可能，也才真正成为传统。《论语》与《道德经》之所以成为传统，不只是因为它们作为经典至今还为人们所学习和研究，而且因为在中国人精神的深层结构中，即便在未读过它们的田夫村妇身上，也存在同样的文化基因。中国人在得意时是儒家，"明知不可为而偏为之"；在失意时是道家，"后退一步天地宽"；在绝望时是佛家，"四大皆空"。从而建立了与自给自足的自然经济结构相匹合的自给自足的文化精神结构，在任何境遇下都不会丧失安身立命的精神基地，这就是传统。文化传统必须也必定是"活"的，是在现实中依然发挥作用的，是构成现代人的文化基因的生命因子。这种与人的生活和生命同在的文化传统就是"脉"，就是"文脉"。

文脉以文献、典籍为载体，但又不止于文献和典籍，而是与负载它的生命及其现实生活息息相关。"文脉"是什么？"文脉"对历史而言是

"血脉"，对未来而言是"命脉"，对当下而言是"山脉"。"江苏文脉"就是江苏人的文化血脉、文化命脉、文化山脉，是历史、现在、未来江苏人特殊的文化生命、文化标识、文化家园，以及生生不息的文化记忆和文化动力。虽然它们可能以诸种文化典籍和文化传统的方式呈现和延续，但"文脉工程"致力探寻和发现的则是跃动于这些典籍和传统，也跃动于江苏人生命之中的那种文化脉动。"江苏文脉整理与研究工程"的最大特点就在于它是"文脉工程"而不是一般的"文化工程"，更不是"文库工程"。"文化工程""文库工程"可能只是一般的文化挖掘与整理，而"文脉工程"则是与地域的文化生命深切相通，贯穿地域的历史、现在与未来的生命工程。

　　"江苏文脉整理与研究工程"是"整理"与"研究"的璧合，在"研究工程"中能否、如何倾听到来自历史深处的文化脉动，关键是处理好"文献"与"文脉"的关系。"整理工程"是对文脉的客观呈现，而"研究工程"则是对文脉的自觉揭示，若想取得成功，必须学会在"文献"中倾听和发现"文脉"。"文献"如何呈现"文脉"？文献是人类文明尤其是人类文化记忆的特殊形态，也是人类信息交换和信息传播的特殊方式。回首人类文明史，到目前为止，大致经历了三种信息方式。最基本也是最原初的是口口交流的信息方式，在这种信息方式中，信息发布者和信息传播者同时在场，它是人的生命直接和整体在场并对话的信息传播方式，是从语言到身体、情感的全息参与，是生命与生命之间的直接沟通，但具有很大的时空局限。印刷术的产生大大扩展了人类信息交换的广度和深度，不仅可以以文字的方式与不在场的对象交换信息，而且可以以文献的方式与不同时代、不同时空的人们交换信息，这便是第二种信息方式，即以印刷为媒介的信息方式或印刷信息方式。第三种信息方式便是现代社会以电子网络技术为媒介的信息方式，即电子信息方式。文献与典籍是印刷信息方式的特殊形态，它将人类文化史和文明史上具有特殊价值的信息以印刷媒介的方式保存下来，供后人学习和研究，从而积淀为传统。文字本质上是人的生命的表达符号，所谓"诗言志"便是指向生命本身。然而由于它以文字为中介，一旦成为文献，便离开原有的时空背景，并与创作它的生命个体相分离，于是便需要解读，在解读中便可能发生误读,但无论如何,解读的对象并不只是文字本身,而是文字背后的生命现象。

文献尤其是典籍是不同时代人们对于文化精华的集体记忆,它们不仅经受过不同时代人们的共同选择,而且经受过大浪淘沙的历史洗礼,因而其中不仅有创造它的那个个体或文化英雄如老子、孔子的生命表达,而且有传播和接受它的那个民族的文化脉动,是负载它的那个民族的文化生命,这种文化生命一言以蔽之便是文化传统。正因为如此,作为集体记忆的精华,文献和典籍是个体和集体的文化脉动的客观形态,关键在于,必须学会倾听和揭示来自远方的生命旋律。由于它们巨大的时空跨度,往往不能直接把脉,而需要具有一种"悬丝诊脉"的卓越倾听能力。同时,为了把握真实的文化脉动,不仅需要对文献和典籍即"文本"进行研究,而且需要对创造它们的主体包括创作的个体和传播接受的集体的生命即"人物"进行研究。正如席勒所说,每个人都是时代的产儿,那些卓越的哲学家和有抱负的文学家却可能成为一切时代的同代人。文字一旦成为文献或典籍,便意味着创作它的个体成为一切时代的同代人,但无论如何,文献和它们的创造者首先是某个时代的产儿,因而要在浩如烟海的文献和典籍中倾听到来自传统深处的文化脉动,还需要将它们还原到民族的文化生命之中,形成文化发展的"精神的历史"。由此,文本研究、人物研究、学派流派研究、历史研究,便成为"文脉研究工程"的学术构造和逻辑结构。

二 中国文化传统中的江苏文脉

江苏文脉是中国文化传统的一部分,二者之间的关系并不只是部分与整体的关系,借助宋明理学的话语,是"理一"与"分殊"的关系。文脉与文化传统是民族生命的文化表达和自觉体现,如果只将它们理解为部分与整体的关系,那么江苏文脉只是中国文化传统或整个中华文化脉统中的一个构造,只是中华文化生命体中的一个器官。朱熹曾以佛家的"月映万川"诠释"理一分殊"。朗月高照,江河湖泊中水月熠熠,此番景象的哲学本真便是"一月普现一切水,一切水月一月摄"。天空中的"一月"与江河中的"一切水月"之间的关系是"分享"关系,不是分享了"一月"的某一部分,而是全部。江苏文脉与中国文化传统之间的关系便是"理一分殊",中国文化传统是"理一",江苏文脉是"分殊",正因为如此,关于江苏文脉的研究必须在与整个中国文化传统的关系中整体性地把握和展开。其中,文化与地域的关系、江苏文化在中华文化发展中的贡献和地位,是两个基本课题。

到目前为止的一切人类文明的大格局基本上都是由以山河为标志的地理环境造就的,从轴心文明时代的四大文明古国,到"五大洲四大洋"的地理区隔,再到中国山东—山西、广东—广西、河南—河北,江苏的苏南—苏北的文化与经济差异,山河在其中具有基础性意义。在这个意义上,可以将在此以前的一切文明称为"山河文明"。如今,科技经济发展迎来一个"高"时代:高铁、高速公路、电子高速公路⋯⋯正在并将继续推倒由山河造就的一切文明界碑,即将造就甚至正在造就一个"后山河时代"。"后山河时代"的最后一道屏障,"山河时代"遗赠给"后山河时代"的最宝贵的文明资源,便是地域文化。在这个意义上,江苏文脉的整理与研究,不仅可以为经过全球化席卷之后的同质化世界留下弥足珍贵的"文化大熊猫",而且可以在未来的芸芸众生饱尝"独上高楼,望尽天涯路"的孤独之后,缔造一个"蓦然回首"的文化故乡,从中可以鸟瞰文化与世界关系的真谛。江苏独特的地域环境与江苏文化、江苏文脉之间的关系,已经不是所谓"一方水土一方人"所能表达,可以说,地脉、水脉、山脉与江苏文脉之间的关系,已经是一脉相承。

我们通过考察和反思发现,水系,地势,山势,大海,是对江苏文脉尤其是文化性格产生重大影响的地理因素。露水不显山,大江大河入大海,低平而辽阔,黄河改道,这一切的一切与其说是自然画卷和自然事件,不如说是江苏文脉的大地摇篮和文化宿命的历史必然,它们孕生和哺育了江苏文明,延绵了江苏文脉。历史学家发现,江苏是中国唯一同时拥有大海、大江、大湖、大平原的省份,有全国第一大河长江,第二大河黄河(故道),第三大河淮河,世界第一大人工河大运河,全国第三大淡水湖太湖,全国第四大淡水湖洪泽湖。江苏也是全国地势最低平的一个省区,绝大部分地区在海拔 50 米以下,少量低山丘陵大多分布于省际边缘,最高峰即连云港云台山的玉女峰也只有 625 米。丰沛而开放的水系和低平而辽阔的地势馈赠给江苏的不只是得天独厚的宜居,更沉潜、更深刻的是独特的文化性格和文脉传统,它们是对江苏地域文化产生重大影响的两个基本自然元素。

不少学者指证江苏文化具有水文化特性,而在众多水系中又具长江文化的特性。"水"的文化特性是什么?"老聃贵柔",老子尚水,以水演绎世界真谛和人生大智慧。"天下莫柔弱于水,而攻坚强者莫之能胜。"柔弱胜刚强,是水的品质和力量。西方文明史上第一个哲学家和科学家泰勒斯向全世界宣告的第一个大智慧便是:水是万物的始基。辽阔的平原在中国也许还有很多,却没有像江苏这样"处下"。老子也曾以大海揭示"处下"的智慧:"江海所以能为百谷王者,以其善下之,故能为百谷王。"历史上江苏的文化作品、江苏人的文化性格,相当程度上演绎了这种"水性"与"处下"的气质与智慧。历史上相当时期黄河曾经从江苏入海,然而黄河改道、黄河夺淮,几番自然力量或人力所为,最终黄河在江苏留下的只是一个"故道"的背影。黄河在江苏的改道当然是一个自然事件或历史事件,但我们也可能甚至毋宁将它当作一个文化事件,数次改道,偶然之中有必然,从中可以发现和佐证江苏文脉的"长江"守望和江南气质。不仅江苏的地脉"露水不显山",而且江苏的文化作品,江苏人的文化性格,一句话,江苏文脉,也是"露水不显山",虽不是"壁立千仞",却是"有容乃大"。一般说来,充沛的水系,广阔的平原,往往造就自给自足的自我封闭,然而,江苏东临大海,无论长江、淮河,还是历史上的黄河,都从这里入大海,归大海,不只昭示江苏的开放,而且演绎江苏文化、江苏文脉、江苏人海纳百川的博大和静水深流的仁厚。

黄河与长江好似中华文脉的动脉与静脉,也好似人的身体中的任督二脉,以长江文化为基色的江苏文化在中华文脉的缔造和绵延中作出了杰出贡献。有学者指出,在中国文明史上,长江文化每每在黄河文化衰弱之后承担起"救亡图存"的重任。人们常说南京古都不少为小朝廷,其实这正是"救亡图存"的反证,"天下兴亡,匹夫有责"的口号首先由江苏人顾炎武喊出,偶然之中有必然。学界关于江苏文化有三次高峰或三次大贡献,与两次大贡献之说。第一次高峰是开启于秦汉之际的汉文化,第二次高峰是六朝文化,第三次高峰是明清文化。人们已对六朝文化与明清文化两大高峰对中国文化的贡献基本达成共识,但江苏的汉文化高峰及其贡献也应当得到承认,而且三次文化高峰都发生于中国社会的大转折时期,对中国文化的承续作出了重大贡献。在秦汉之际的大变革和大一统国家的建构中,不仅在江苏大地上曾经演绎了波澜壮阔的对后来中国文明产生深远影响的历史史诗,而且演绎这些历史史诗的主角刘邦、项羽、韩信等都是江苏人,他们虽然自身不是文化人,但无疑对中国文化产生了深远影响。董仲舒提出"罢黜百家,独尊儒术"的主张,奠定了大一统的思想和文化基础,他本人虽不是江苏人,却在江苏留下印迹十多年。江苏的汉文化高峰对中国文化的最大贡献,一言概之即"大一统",包括政治上的大一统和思想文化上的大一统。六朝被公认为中国文化发展的高峰,不少学者将它与古罗马文明相提并论,而六朝文化的中心在江苏、在南京。以南京为核心的六朝文化发生于三国之后的大动乱,它接纳大量流入南方的北方士族,使南北方文化合流,为保存和发展中国文化作出了杰出贡献。明朝是中国历史上第一次在南京,也是第一次在江苏建立统一的帝国都城,江苏的经济文化在全国处于举足轻重的地位,扬州学派、泰州学派、常州学派,形成明清时期中国文化的江苏气象,形成江苏文化对中国文化的第三次重大贡献。三大高峰是江苏的文化贡献,在重大历史转折关头或者民族国家危难之际挺身而出,海纳百川,则是江苏文化的精神和品质,这就是江苏文脉。也正因为如此,江苏文化和江苏文脉在"匹夫有责"的担当精神中总是透逸出某种深沉的忧患意识。

　　江苏文脉对中国文化的独特贡献及其特殊精神气质在文化经典中得到充分体现。中国四大文学名著,其中三大名著的作者都来自江苏,这就是《西游记》《红楼梦》《水浒》,其实《三国演义》也与江苏深切相关,虽然罗贯中不是江苏人,但以江苏为作品重要的时空背景之一。四大名著中不仅有明显的江苏文化的元素,甚至有深刻的江苏地域文化的基因。《西游记》到底是悲剧还是喜剧?仔细反思便会发现,《西游记》

就是文学版的《清明上河图》。《清明上河图》表面呈现一幅盛世生活画卷,实际却是一幅"盛世危情图",空虚的城防,懈怠的守城士兵……被繁华遗忘的是正在悄悄到来的深刻危机。《西游记》以唐僧西天取经渲染大唐的繁盛和开放,然而在经济的极盛之巅,中国人的精神世界却空前贫乏,贫乏得需要派一个和尚不远万里,请来印度的佛教,坐上中国意识形态的宝座,入主中国人的精神世界。口袋富了,脑袋空了,这是不折不扣的悲剧。然而,《西游记》的智慧,江苏文化的智慧,是将悲剧当作喜剧写,在喜剧的形式中潜隐悲剧的主题,就像《清明上河图》将空虚的城防和懈怠的士兵淹没于繁华的海洋一样。《西游记》喜剧与悲剧的二重性,隐喻了江苏文脉的忧患意识,而在对大唐盛世,对唐僧取经的一片颂歌中,深藏悲剧的潜主题,正是江苏文脉"匹夫有责"的担当精神和文化智慧的体现。鲁迅说,悲剧将人生的有价值的东西毁灭给人看。《西游记》是在喜剧形式的背后撕碎了大唐时代人的精神世界的深刻悲剧。把悲剧当作喜剧写,喜剧当作悲剧读,正是江苏文化、江苏文脉的大智慧和特殊气质所在,也是当今江苏文脉转化发展的重要创新点所在。正因为如此,"江苏文脉研究"必须以深刻的哲学洞察力和深厚的文化功力,倾听来自历史深处的江苏文化的脉动,读懂江苏,触摸江苏文脉。

三 通血脉,知命脉,仰望山脉

江苏文化的巨大魅力和强大生命力,在数千年发展中已经形成一种传统、一种脉动,不仅是一种客观呈现的文化,而且是一种深植个体生命和集体记忆的生生不息的文脉。这种文化和文脉不仅成为共同的价值认同,而且已经成为一种地域文化胎记。在精神领域,在文化领域,江苏不仅有灿若星河的文学家,而且有彪炳史册的思想家、学问家,更有数不尽的才子骚客。长江在这片土地上流连,黄河在这片土地上改道,淮河在这片土地上滋润,太湖在这片土地上一展胸怀。一代代中国人,一代代江苏人,在这里缔造了文化长江、文化黄河、文化淮河、文化太湖,演绎了波澜壮阔的历史诗篇,这便是江苏文脉。

为了在全球化时代完整地保存江苏文脉这一独特地域文化的集体记忆,以在"后山河时代"为人类缔造精神家园提供根源与资源,为了继承弘扬并创造性转化、创新性发展中华优秀传统文化,2016年江苏启动了"江苏文脉整理与研究工程"。根据"文脉"的理念,我们将研究工程或"研究编"的顶层设计以一句话表达:"通血脉,知命脉,仰望山脉。"由此将整个工程分为五个结构:江苏文化通史,江苏历代文化名人传,江苏文化专门史,江苏地方文化史,江苏文化史专题。

"江苏文化通史"的要义是"通血脉",关键词是"通"。"通"的要义,首先是江苏文化与中国文明的息息相通,与人类文明的息息相通,由此才能有民族感或"中国感",也才有世界眼光,因而必须进行关于"中国文化传统中的江苏文脉"的整体性研究;其次是江苏文脉中诸文化结构之间的"通",由此才是"江苏",才有"江苏味";再次是历史上各个重要历史时期文化发展之间的"通",由此才能构成"史",才有历史感;最后是与江苏人的生命与生活的"通",由此"江苏文脉"才能真正成为江苏人的文化血脉、文化命脉和文化山脉。达到以上"四通","江苏文化通史"才是真正的"通"史。

"江苏文化专门史"和"江苏文化史专题"的要义是"知命脉",关键词是"专",即"专门"与"专题"。"江苏文化专门史"在框架上分为物质文化史、精神文化史、制度文化史、特色文化史等,深入研究各类专门史,总体思路是系统研究和特色研究相结合,系统研究整体性地呈现江苏历史上的重要文化史,如哲学史、文学史、艺术史等,为了保证基本的完整性,我们根据国务院学科分类目录进行选择;特色研究着力研究历史上具有江苏特色的历史,如民间工艺史、昆曲史等。"江苏文化史专题"着力研究江苏历史上具有全国性影响的各种学派、流派,如扬州学派、泰州学派、常州学派等。

"江苏地方文化史"的要义是"血脉延伸和勾连",关键词是"地方"。"江苏地方文化史"以现省辖市区域划分为界,13市各市一卷。每卷上编为地方文化通史,讲述地方整体历史脉络中的文化历史分期演化和内在结构流变,注重把握文化运动规律和发展脉络,定位于地方文化总体性研究;下编为地方文化专题史,按照科学技术、教育科举、文学语言、宗教文化等专题划分,以一定逻辑结构聚焦对地方文化板块加以具体呈现,定位于凸显文化专题特色。每卷都是对一个地方文化的总结和梳理,这是江苏文化血脉的伸展和渗入,是江苏文化多样性、丰富性的生动呈现和重要载体。

"江苏历代文化名人传"的要义是"仰望山脉",关键词是"文化"。它不是一般性地为江苏历朝历代的"名人"作传,而只是为文化意义上的名人作传。为此,传主或者自身就是文化人并为中国文化的发展、为江苏文脉的积累积淀作出了重要贡献;或者虽然自身主要不是文化人而是政治家、社会活动家等,但对中国文化发展具有重大影响。如何对历史人物进行文化倾听、文化诠释、文化理解,是"文化名人传"的最大难点,也是其最有意义的方面。江苏历史上的文化名人汗牛充栋,"文化名人传"计划为 100 位江苏文化名人作传,为呈现江苏文化名人的整体画卷,同时编辑出版一部"江苏文化名人辞典",集中介绍历史上的江苏文化名人 1000 位左右。

一脉千古成江河,"茫茫九派流中国"。江苏文脉研究的千里之行已经迈出第一步,历史馈赠我们一次千载难逢的宝贵机遇,让我们巡天遥看,一览江苏数千年文化银河的无限风光,对创造江苏文化、缔造江苏文脉的先行者们献上心灵的鞠躬。面对奔涌如黄河、悠远如长江的江苏文脉,我们唯有以跋涉探索之心,怵惕敬畏之情,且行且进,循着爱因斯坦的"引力波",不断走近并播放来自江苏文脉深处的或澎湃,或激越,或温婉静穆的天籁之音。

我们一直在努力;

我们将一直努力!

目 录

前　言

　　建筑和景观承载着历史记忆，是人类记忆中最重要的记忆实体。建筑可以帮助我们体验和理解文化和传统的连续性，也可以巩固和丰富我们的历史记忆。我们还借助建筑结构提供的证据，对不同的文化，包括过去的文化进行判断。芬兰学者帕拉斯玛指出，建筑物能够表达出文化和传统中史诗般的叙述，"建筑结构，除了它们的实际用途之外，还有另外一个重要的、与人类生存和精神相关的任务；它帮助人类占领空间、驯化空间，把那些无名的、统一的和无限的空间，转化成不同的、对人类具有重大意义的地方。同样重要的是，建筑可以按照人的时间尺度而对持续时间进行估量，使看似无穷无尽的时间变得可以忍受"①。

　　建筑物就像是珍藏时间和静默的仓库和博物馆，它既受到时间和空间的雕琢，又具备转化、加速、减速和停止时间的能力。建筑物一般通过三种方式帮助人类记忆：第一种，它们把时间流逝的过程保存了下来，使其成为一件可视的事物；第二种，它们包含和表现回忆，让回忆变得具体化；第三种，它们激励和鼓舞我们去追忆和想象。记忆和幻想、回忆和想象是相互关联的，并始终受到环境和特定情况的影响。记忆也是自我认同和民族认同的基地。建筑物向人们诉说着关于人类的故

---

① ［芬］尤哈尼·帕拉斯玛：《碰撞与冲突：帕拉斯玛建筑随笔录》，［德］美霞·乔丹（M. Jordan）译，东南大学出版社 2014 年版，第 130 页。

事,故事既可能是真实的,也可能是后者想象的。残破的部分则刺激着我们去想象和挖掘那些已经消失了的部分,以及那些逝去者的命运。废墟和那些表现出侵蚀力量的设置,具备一种特殊的、动人的情感力量,它们迫使我们去追忆、想象和构建。这不禁让人联想到 1972 年尼克松访华,他在参观北京长城时惊叹道:"当我在城墙上漫步时,我想到为了建筑这座城墙而付出的牺牲;……我想到这样一个事实,就是长城告诉我们,中国有伟大的历史,建造这个世界奇迹的人民也有伟大的未来。"这就为建筑记忆的建构与解构提供了理论基础与实践价值。

南京城墙自明初开始大规模兴建,距今已有 600 多年的历史。它是南京城内体量最大的古建筑,也是我国目前留存规模最大的都城城墙,是无法再生的人类文化遗产,具备丰富的文化内涵和实用价值。历经百年沧桑,南京城墙已经成为南京这座城市不可分割的一部分,在历史的更迭变革中屹立至今。南京城墙的功能随着时代的变换而不断发生着改变。1988 年 1 月,南京城墙全段被确认为全国重点文物保护单位。2012 年 11 月,南京作为"中国明清城墙"项目的牵头城市被列入《中国世界文化遗产预备名单》。在全球化的今天,城墙的概念和意义已不同往昔。如何保护、挖掘、再生这份历史遗产,是历史遗留给我们的一项挑战和机遇。只有懂得这段历史文化,并对它们充满民族自信,了解到它的价值,才能真正下决心保护它。历史遗产的宝贵在于它的唯一性和不可再生性。

国内学界的相关研究成果非常丰富,其中包括:南京城墙的专门史研究。杨国庆与王志高合著的《南京城墙志》梳理了自春秋以来南京城墙的建造、损毁及修缮的历史,涵盖了春秋战国至中华人民共和国成立以后各个时期的城墙历史,内容包括城墙的起源、营造、构造、建材、管理制度等。杨国庆的《符号江苏·南京城墙》对南京城墙的建造、价值与特点进行了剖析,介绍了南京城墙的传说故事和影响,以及现今南京城墙的保护、利用过程与现状。

南京城墙城砖铭文研究。南京城墙城砖数量众多,砖文内容庞杂,其中蕴含着丰富的历史、科技和文化信息。南京市明城垣史博物馆编的《南京城墙砖文》以图板形式对城墙砖文进行深入研究,特别展现了元末明初的书法艺术状况,梳理了字体的建造和城墙维修的历史。相关研究还包括:对铭文格式、书体、铭文中出现的简化字、异体字、错版砖的研究等。这些研究散见于对南京城墙的专著和学术论文中,如周运中的《南京明城砖铭文新探》等。

南京城墙的建筑构造研究。南京城墙是古代都城形制的重要实物标本,在布局构造及建造技术上颇具创新性。杨新华主编的《南京城墙》一书介绍了南京城墙的形制、城口、墙体构造、建材、附属建筑等多个章节,同时涵盖了南京城墙整体风光的开发与维护、城砖回收、环境治理、南京城墙申报世界文化遗产等内容。同时南京城墙的建筑构造也被收入韩欣主编的《中国古代建筑艺术》(上卷),肖瑶、田静编著的《中国古代建筑全集》等。

南京城墙的国际比较研究。陈薇与(意)路易吉·戈佐拉合著的《南京城墙与罗马城墙比较》研究了两个城市城墙的历史演变,比较两个城墙在城墙景观、城墙修复、城墙规划、城墙与都市计划等方面的异同,以期探索认识中西方城市文化遗产保护的有效途径。周珺的《历史遗迹与现代城市的和谐共生:比较南京城墙和约克古城墙》对比南京与约克的历史文化和城墙建造的布局,简要分析了两个城市在城墙保护与城市共生方面的具体实践。

国外学界直接研究南京城墙的相关专著、译著暂未发现。

总体而言,南京城墙已积累了较为丰富的国内研究成果,内容涵盖历史、考古、建筑、城市管理等多个角度。但已有研究主要集中在南京城墙及其附属景观的建设过程,偏重于城墙的建筑结构、城砖铭文、景观开发与维护等内容,对其价值内涵的解读较为单一,在研究深度和领域上有待扩充。因此,解构与重构南京城墙的历史记忆,探索南京城墙潜在的多元价值,符合当今南京城市建设与南京城墙自身的发展需求。

在学术价值方面,南京城墙连接着南京城市的记忆元素,记录着城市的生长过程,是南京城市记忆的承载者和传播者。它的功能和象征意义随着城市历史的演变而发生变化。因此,对于文化遗产的认识,需要保持一种发展的、动态的眼光,注重分析其在不同历史时段所呈现出的不同的价值内涵。本书以和平研究与历史记忆视角,深入挖掘南京城墙在不同历史背景下的角色和价值,借此丰富南京城墙的历史文化内涵。在此基础上,对南京城墙未来的保护与发展提出政策性的建议参考。

在应用价值方面,文化遗产体现着城市独特的思维方式和文化价值,是城市发展的动力源泉之一。在南京城墙的军事防御型功能逐渐退化直至消失之后,人们开始注重其历史文化价值及对城市建设和市民生活的影响。特别是自2000年起申报世界文化遗产以来,南京城墙的保护与开发变得更加紧迫。2017年,南京成功入选第169座"国际和平城市",南京城墙也被赋予了新的时代价值。深化对南京城墙的价值认识,挖掘其和平文化内涵,参考国外相关案例,探讨南京城墙与城市建设之间的互动关系,将有助于我们更好地发挥其在传承历史文脉、构建和谐社会、推动城市发展中的重要意义。

本书所探讨的南京城墙,具体包括南京市区内的城门、城楼、城墙、护城河及其主要的附属建筑。南京城墙,已深深地融入南京人的历史文化、日常生活和文脉之中,研究南京城墙、保护南京城墙,就是在巩固南京人的文化记忆,在重构南京城墙的精神内核,用文字的形式记录和走进南京城墙,让它在新的时代中持续焕发蓬勃生机!

第一章　南京城墙的兴建与规划

南京,地处长江中下游水陆交通要地,地理条件优越,南北文化在此交融,江河湖海于斯交织。宋代诗人郭祥正曾感慨道"高台不见凤凰游,浩浩长江入海流"。长江从数千里之遥的三江源头,越过千山万水,滋养了这一方土地,也造就了这座"帝王之都"。

中国的城市城墙建筑起源于夏商时期,而南京从越国大夫范蠡在长干里筑城开始,也有超过2500多年的筑城史。历史上,先后有东吴、东晋、南朝宋齐梁陈、南唐、明、太平天国、中华民国等10个政权在南京建立都城,并各自筑有城墙。因建造年代的各不相同,城墙的建筑材质和方式也从土筑、土石混筑转变为砖石砌筑,格局则从单重扩展为双重甚至四重城墙。南京城墙因城市的发展而兴盛,随战事的危局而破败,它的命运也与这片土地和人民相连相伴。

第一节　早期南京城墙的修建

南京地理位置特殊,处于吴、楚、越等文化碰撞之地,纷争不断。而作为冷兵器时代军事防御重要设施的城墙,正是这一时期政权维护统治的重要军事防御工事。在此背景下,从春秋战国,直至宋元时期,面对纷繁复杂的战争局势,统治者不断加强对南京城池的修筑,以防御敌人的侵犯。

国内学界一般认为南京的筑城史始于越国大夫范蠡所修筑的越城。从春秋战国时期的众多小型堡垒，到六朝时期的三重城垣，至杨吴、南唐时期的建康府城，直至宋元时期的留都、重镇，南京城墙的修缮整治历经千年而不断发展，为明初的筑城高峰奠定了坚实的基础。

（一）春秋战国时期

春秋战国时期，周王室的权威日渐衰落，诸侯国势力此消彼长、纷争不休。南京正处于"吴头楚尾"之地，西邻楚国，东濒吴都，吴国、楚国、越国几方势力在这里争夺、交战、拉锯，上演了一幕幕激烈的战争场景。吴国、楚国先后在南京这方土地上设置棠邑、濑渚邑、金陵邑等基层政区，筑城以为治所。公元前473年，这场纷争终于暂时平息，越王勾践"卧薪尝胆"10年，依靠三千越甲，打败宿敌吴国，完成了越国的"绝地反击"，也实现了自我救赎。繁华富饶的吴地被纳入越人手中，南京也由此走上政治舞台，成为越国与楚国对峙的前沿地带。

目前学界通常将南京筑城的最早时间定为公元前472年，即范蠡在长干里筑造越城之时。近年来，随着一批新的考古勘探，如西街遗址考古项目发现的两条西周环壕遗址，远早于范蠡所建的越城。有学者认为可将南京的建城之始提前至3000年前。但相关的考古证据尚待进一步整理与发掘。

棠邑城

棠邑，是现在南京辖域内最早的行政建置。根据周朝封地制度，邑属于基层行政区划，相当于后世的县，辖百里之地。①《左传·襄公十四年》记载："楚子为庸浦之役故，子囊师于棠以伐吴。"②这里的"棠"即指棠邑，城址大概在今天的六合程桥附近，这是有史料记载的最早的南京

---

① 杨植、王燕文主编：《南京历代风华：远古—1840》，南京出版社2004年版，第25页。
② 李学勤主编：《十三经注疏·春秋左传正义》，北京大学出版社1999年版，第929页。

古城邑。

周灵王二年（前570），楚共王任命公子婴齐为统帅，沿长江东下征伐吴国。楚军一路高歌猛进，直抵衡山（今江宁区衡山），被吴军重创。虽然楚军在衡山伐吴失败，但趁机占领了吴国的江北部分地区，设立"棠邑"。伍子胥之兄伍尚被任命为棠邑大夫，即棠邑的主事长官。他也是南京辖区内最早见于史书的地方行政长官，后被楚平王杀害。当时长江在现在的镇江以东入海，扬镇地区虽离海更近，但受海潮涨落影响，船只难以航行。因此，长江下游的几个渡口都在棠邑附近。楚国在棠邑设立邑城，就是看中它重要的军事价值。棠邑扼江控海，周边丘陵众多，楚国凭借这里占据有利地形，切断吴国与中原的交往，以避免吴国与中原诸侯结盟，让自己腹背受敌。

周灵王十三年（前559），楚国在棠邑发兵攻吴，大败。之后的几百年间，棠邑屡易其属，在吴、楚、越三国之间流转。直至公元前221年，秦始皇废除分封制，推行郡县制，棠邑遂改为棠邑县。

濑渚邑

周景王四年（前541），吴国在濑渚置邑筑城。衡山大战之后，吴楚两国形势日益紧张。为抵御楚军的不断进攻，吴国在濑水（即溧水，又名"中江"，今高淳县境的胥河为其古道的一部分）之滨设置邑城，名之"濑渚邑"。史料记载濑渚邑位于"溧水县南九十里"。濑渚邑是南京境内现存最早的古城址，开南京江南地区筑城之先河。

濑渚邑城屡经增筑，城池日益坚固，因而又得名"固城"。据南宋张敦颐《六朝事迹编类》等史料记载，濑渚邑城为内外两重夯土城垣，高一丈五尺。外城又称罗城，"周回七里二百三十步"（约2000多米）；内城又称子城，"长一里九十步"（约3.65米）。按考古发掘的结果，这个尺寸应该是汉代增筑之后的数据。

濑渚邑城西邻丹阳大泽，南濒中江，右处秀山、小茅山之间，形势险要。周景王七年（前538），楚国联合陈、蔡等小国共同伐吴，经丹阳古道攻克吴国朱方，回师途中趁机占领濑渚邑城。相传楚平王曾在这里建造行宫，后人亦称"楚王城"。

吴国设置濑渚邑后，人口数量激增。为缓解人地紧张问题，开始在邑城西侧的古丹阳大泽滩地（即今固城湖西）上围湖造田。后吴国丞相钟得宠于吴王，得赐此地，因此又名"相国圩"。相国圩周40里，有田48000亩，被誉为"吴之沃土"，至今已存2500多年。它也是江南最坚固的圩之一，防洪抗旱功能优越，素有"铁相国"和"相国山"之称。它是春秋时期南京地区农业生产水平和水利工程技术先进性的实证。

周敬王十四年（前506），吴王阖闾任命由楚奔吴的伍子胥为大将，率军进攻固城宫殿，"逾月烟焰不灭，其城遂废"①。周元王三年（前473）吴国灭亡，濑渚邑改属越国。周显王三十五年（前334）越国亡，其地重归楚国。

越城

周元王三年（前473），越国灭吴国。第二年，越王勾践命大夫范蠡在长干里筑城，作为攻防楚国、争霸中原的立足点，即越城，又称"范蠡城""越台"。②

越城是今南京主城区有明确记载的最早的古城，国内学界一般将南京的建城史从越城始筑之年（472年）算起。当时的城规模都不是很大，越城"周二里八十步"，大致仅为942米。但越城所处之地位置绝佳，地势险要，直至六朝时仍作为城南重要的军事堡垒。周应合在《景定建康志》中提到，"越、楚、秦、汉、吴、晋、宋、齐、梁、陈，相继在这里进行攻守战争，西边的石头城和南面的越城，都是兵家必争之地"。③

关于越城的位置，史料记载不一。学界主要持两种观点：一是以《建康实录》等文献为代表，认为越城在瓦官寺东南，望国门桥西北。④二是以宋元诸方志为代表，认为越城在宋建康府城南门（即今中华门）

---

① 张敦颐撰，李焘撰：《六朝事迹编类·六朝通鉴博议》，南京出版社2007年版。

②《景定建康志》卷二〇《城阙志一》记载："周元王四年，范蠡佐越灭吴，欲图伯中国，立城于金陵，以强威势。"

③《景定建康志》云："越而楚，楚而秦，秦而汉，汉而吴、晋、宋、齐、梁、陈，攻守于此者，西则石头，南则越城，皆智者之所必据。"

④《建康实录》卷一记载："越王筑城江上镇，今淮水一里半废越城是也。案：越范蠡所筑城，东南角近故城望国门桥，西北即吴牙门将军陆机宅。故机入晋，作《怀旧赋》曰：'望东城之纡徐。'即此城。在三井冈东南一里，今瓦棺寺阁，在冈东偏也。"

外,与天禧寺相对。[①] 宋时,这里还被用作军寨。

金陵邑城

金陵邑是现在南京主城区最早的行政建制,南京的古称"金陵"也由此而来。周显王三十六年(前 333),楚威王大败越国,吴越之地尽归楚国。他认为南京通江达海,有"控江海之利",遂废弃越城,在今清凉山设置金陵邑。金陵邑的"邑"字表明它已具有行政区划的性质,不再仅仅是军事堡垒。因此,金陵邑是南京主城区历史上第二座古城。

"金陵"一词,最早见于《三国志》卷五十三注引《江表传》:"秣陵,楚武(威)王所置,名为金陵,地势冈阜连石头。"[②]关于"金陵"的得名,有几种说法,一说因楚威王时埋金以镇王气,另一说因其地接壤金坛,金陵地区自古多产铜矿,铜即赤金。[③]

整体来看,春秋战国时期南京的发展程度远逊于中原地区,因此这里的城邑等级较低,规模较小,只是作为军事堡垒和据点,实现扼江控海的防御目标。城墙的修筑技术和建筑规模尚待开发。

(二) 秦汉时期

秦汉时期的南京地区,县级行政建置较多。秦尽毁六国的旧城邑,废除分封制,推行郡县制,并将天下分为 36 个郡,以县为基层行政单位,在南京地区先后置溧阳、棠邑、丹阳、秣陵、江乘五县。汉代实行郡县制与分封制并存,因此除了江乘、溧阳始终为县,其他一度为侯国。汉高祖六年(前 201),汉高帝下令全国县邑皆筑城,南京地区也在这时修筑了不少小型城池。

---

① 《六朝事迹编类》卷三《城阙门·越城》:"今南门外有越台,与天禧寺相对。见作军寨处是也。"
② (西晋)陈寿著,裴松之注:《三国志》,上海古籍出版社 2016 年版。
③ 《景定建康志》卷五《建康图·辨金陵》云:"楚威王时以其地有王气,埋金以镇之,故曰金陵。又曰地接金坛,其山产金,故名。于是因山立号,置金陵邑。"

溧阳县城

秦始皇二十六年(前221),秦以楚平陵置溧阳县,属会稽郡,辖地包括现在的高淳、溧水一带,治所在高淳县内。汉沿袭秦制,仍设溧阳县。南宋绍兴年间(1131—1162),在今高淳县固城湖畔发现了一块东汉光和四年(181)的《校官之碑》,碑文上详细记载了东汉溧阳长潘乾为地方办学兴教之事,可见汉代溧阳县治即在今天的高淳固城镇。

溧阳县城有内外两重,外为罗城,内为子城,又称"固城"。南宋周应合《景定建康志·城阙志》记载,溧阳县城又名平陵城,地址在今溧阳县西侧、溧水县境内,周7里多,故址尚存。① 南宋张敦颐《六朝事迹编类》卷三引注《图经》描述得更为详细:"在溧水县西南九十里,高一丈五尺,罗城周回七里二百三十步,子城一里九十步。"② 至元代张铉《至正金陵新志》著述时,子城城周已变为"二里九十步",明嘉靖、万历两朝所修的地方志《高淳县志》《溧水县志》再改子城规模为"一里九十步"。

固城遗址,南邻胥河,群山环绕,是南京地区现存最为完整的汉代城址。其平面为不规则的多边形,分内、外城,均为土筑。外城周长3900多米,东西长约1450米,南北宽约600米。除城南和西南角因农业活动损毁800余米外,其余大体保存完整。其中,北城垣城基宽41米,残高4—6米,外有护城坡,顶宽25米左右。外城城垣四面皆有豁口,当是城门所在的位置。城内地势东南高、西南低。城北护城壕宽约18米,其他地段有环状低田,宽度不等,据推测应是护城壕遗迹。内城城垣高出外城地表约4米,平面略呈长方形,南北长190米,东西宽120余米。四周有护城壕,宽约13.5米,现已干涸。据考古调查的结果显示,固城应当为西汉后期或东汉时所筑。③

据专家推测,春秋时期的濑渚邑城,应当位于现在固城遗址内偏西,而汉代的溧阳县城则在旧濑渚邑城的基础上往东侧进行了扩建和

---

① 《景定建康志·城阙志》:"在今溧阳县之西、溧水县界,周回七里余,故址尚存,亦名平陵城。"
② (南宋)张敦颐著;王进珊校点:《六朝事迹编类》,南京出版社1989年版。
③ 濮阳康京:《江苏高淳固城遗址的现状与时代初探》,《东南文化》2001年第7期。

改筑。[①] 这也解释了为什么固城城址的内城及以西出土了春秋战国时期的遗物,而城址以东则存有大批汉代墓葬。

棠邑县(侯国)城

秦始皇二十六年(前 221),改棠邑为棠邑县,属九江郡。汉高祖六年(前 201),汉高帝封陈婴为棠邑侯,始为棠邑侯国。汉武帝元狩六年(前 117),改棠邑为堂邑。次年,又废堂邑侯国,恢复堂邑县。西汉初年隶属于东阳郡,后随诸侯王国的兴衰变动隶属江都国、广陵郡、临淮郡。

秦汉棠邑县城,具体位置不明,范围甚广,大致包括今南京的江北地区。

封地棠邑境内不仅有渔盐之利,也有铜铁冶铸业,《汉书》卷二八《地理志》有载中央政府还在当地设立"铁官"管理铜铁冶铸业。

丹阳县(侯国)城

秦始皇三十七年(前 210),始皇第五次出巡,经过丹阳时,置丹阳县。丹即红色,"杨"通"阳",相传秦始皇巡行此处见山多红色柳树,故名。也有说法认为丹阳境内有赭山,其山丹赤,山南为阳,故称"丹阳"。汉初,仍置丹阳县。汉武帝元朔元年(前 128),封江都王刘非之子刘敢为丹阳侯,丹阳始为丹阳侯国。元狩元年(前 122),刘敢死,复为丹阳县。

一般认为,丹阳故城旧址位于现在的苏皖交界处——小丹阳镇,即马鞍山市博望区与南京市江宁区接壤处。城外有护城河遗存,城内地表有大量汉代瓦片。元代张铉《至正金陵新志》提到,金陵镇南 30 里与太平、当涂接壤的地方,即丹阳。[②]

秣陵县(侯国)城

秦统一之后,金陵邑城归于秦。秦始皇三十七年(前 210),秦始皇

---

① 濮阳康京:《江苏高淳固城遗址的现状与时代初探》,《东南文化》2001 年第 7 期。

② 《至正金陵新志》卷四引宋《庆元志》:"据吴、晋史所载,则今城南六十里,到金陵镇。由金陵镇南三十里与太平当涂接界,有市井宛然古治所,其地名丹阳,或呼小丹阳,即其地也。"

嬴政巡幸金陵,废楚金陵邑城,改置秣陵县,治所就在今秦淮河中游的秣陵镇(今属江宁区)。传说秦始皇惧怕金陵王气,因此将金陵改名"秣陵",以泄王气。《建康实录》卷一载,其时有望气者预言 500 年后的金陵将会有天子之气,秦始皇顾忌此事,便开凿钟山以通水,即秦淮河。此外,还将金陵邑改称秣陵县。① 这种说法为唐代人的穿凿附会之说。学者胡阿祥认为应重新认知秦置秣陵的用意,"秦既以养马立国,又以善牧善御为其文化特征之一……甚至'秦'国号本身,也来源于养马的饲料——作为禾名的'秦'。考虑及此,'秣陵贬义说'可谓不攻自破。"② "秣"指喂马的饲料,但其时马是重要的战争军备。金陵邑城紧邻长江,位于石头城上,地势险要,面积较小,不适合作为行政管理地点。改置秣陵,人口稠密,经济发达,交通便捷,更利于城市的发展。

汉代设秣陵县不变。汉武帝元朔元年(前 128),汉武帝封江都王刘非之子刘缠为秣陵侯,秣陵县改为秣陵侯国。元鼎四年(前 113),刘缠死,复为秣陵县。

关于秣陵故城旧址,旧志均认为秦时秣陵县城在现在的江宁区秣陵镇。唐许嵩《建康实录》卷一提到,秣陵故城在县城东南 60 里。③ 明代陈沂《金陵古今图考》中也说位于城东南 60 里的秣陵镇,即秣陵故城旧址。④ 汉代秣陵城继续沿用秦时县治。相传过去秣陵镇四周有护城河,以及"秣陵关""司门桥"等与城址相关的地名。

"秣陵"浓缩了南京城市史上的数段重要时期,是南京"产生早,沿用久,影响大的一个重要名称"⑤。秣陵虽然是南京众多名号中不算太显扬的,但不少文人墨客将它入诗,表达心声:刘禹锡"余少为江南客,而未游秣陵,尝有遗恨",冯延巳"秣陵江上多离别",贺铸"缅怀秣陵游,曾缀秦淮绵"……

国内不少学者支持秣陵县治所在今主城区且沿袭金陵邑旧址说。

---

① 《建康实录》卷一:"望气者云:'五百年后金陵有天子气。'因凿钟阜,断金陵长陇以通流,至今呼为秦淮。乃改金陵邑为秣陵县"。

② 胡阿祥:《吾国与吾名:中国历代国号与古今名称研究》,江苏人民出版社 2018 年版。

③ 《建康实录》卷一云:"秦之秣陵县城,即在今县城东南 60 里,秣陵桥东北故城是也。"

④ 《金陵古今图考》:"在城东南六十里秣陵浦处,今秣陵镇即其地。"

⑤ 胡阿祥、宋艳梅:《中国国号故事》,齐鲁书社 2019 年版。

王志高就大胆推测,过去怀疑与城址关联的地名"司门桥"实际上可能与元代设置的秣陵镇巡检司有关。而"秣陵关"这个地名则与秦汉秣陵县没有联系。他认为,孙吴建都之前的金陵,作为战国楚金陵邑城、秦汉秣陵县治所在,已历经数百年发展,奠定了后世六朝建康都城繁华的基础。①

江乘县城

秦始皇三十七年(前 210),秦始皇东巡,北归时,从江乘渡江返回,置江乘县,治所在今栖霞山附近。《南京地名大全》认为,"江乘"即江防之意。② 两汉沿袭秦制,仍设江乘县。关于江乘县城故址,唐代《括地志》、清代《摄山志》《(嘉庆)江宁府志》《(道光)上元县志》等方志中都描述过它的具体位置。③

20 世纪 80 年代,专家对江乘县城故址进行了实地调查,认为江乘县城城址应当在现在的栖霞山摄山乡西湖村。西湖村原名"江乘",后讹为"江嵊"。现在使用的村名为后改,但村中小学仍名"江嵊"。④ 村北至今仍可见一些断壁残垣,被当地称为"土城脚"。附近还有古河道"九乡河",以及疑为古渡口的西渡村,均可为证。⑤

胡孰县(侯国)城

汉初,分江乘县地置胡孰县。汉武帝元朔元年(前 128),封江都王刘非之子刘胥行为胡孰侯,始为胡孰侯国。胡孰,至后汉(947—950)仍为侯国,改称"湖熟"。

关于胡孰故城,周应合《景定建康志》中提到,其址在上元县丹阳

---

① 王志高:《秦汉秣陵县治新考》,《学海》2014 年第 5 期。
② 南京地名大全编委会:《南京地名大全》,南京出版社 2012 年版,第 444 页。
③ 唐代《括地志》载"在今润州句容县北六十里",清代《摄山志》云"古江乘去摄山三里许,今尚有居民数百家,残垣废郭,历历可指",《(嘉庆)江宁府志》"今上元东北江乘村,固古县治也",《(道光)上元县志》"江乘县城在县东北江乘村,今废"。
④ 另一说认为,相传明代建村时,因地处江边凹地较高处得名"江嵊"。
⑤ 周建国:《江乘县考略》,《南京史志》1987 年第 6 期。

乡①,宋代城址仍然存在。

汉胡孰城址,在今江宁区湖熟镇。至今还有"城岗头"等相关地名。1997年初,在梁台南侧不远的河岸边,发现一处保存较好的汉至六朝时期的古码头遗址。胡孰县城应当就在附近。

秦汉时期,南京境内的城池建设,处于从春秋战国时期的城邑向中央集权的郡县制下的郡县城过渡。城址规模不大,形状规整,一般选择在平原或河岸高地。

(三) 六朝时期

公元3世纪至6世纪,孙吴、东晋、宋、齐、梁、陈6个朝代先后在南京地区建都,史称"六朝"。

六朝时期是南京城市发展的第一个高峰期。在这一阶段,北方人口大量迁徙至南京,南京借助这个时机一跃成为古代中国政治、经济和文化的中心。都城所特有的至高无上的地位和资源,带来了城池和宫室建设的高潮,建康逐渐成为中国南方城市的典型和范例。这一时期,建康城的城墙建设极为频繁。

六朝建康城主要包括宫城、都城、外郭和近郊。

宫城

宫城,是六朝建康城的核心建筑。孙吴早期的宫城主要指太初宫,孙皓时期又增筑了昭明宫。孙吴时期的宫室制度尚不完备,除具有宫苑性质的苑城处于都城北部中央外,其他宫室建筑都分散在都城的其他各处。东晋初期基本沿用孙吴旧宫。咸和五年(330),平定苏峻之乱后,重新规划都城和宫室,在原来的苑城旧址上砌筑新的宫城,称"建康宫",即台城。台城是东晋时期最重要的宫城,被宋、齐、梁、陈所沿用。台城的城门、城垣及附属建筑经过历代增筑,至梁武帝时达到鼎盛。此时的台城,是六朝建康城乃至整个魏晋南北朝时期宫室制度及建筑艺

---

① 《景定建康志》载:"今在上元县丹阳乡,去县五十里,淮水北,古城犹在。"

术的杰出范例，对后世影响深远。

太初宫

太初宫，是孙吴前期最重要的宫城，又称"建业宫"。黄龙元年（229）九月，孙权迁都建业，十月即"建业太初宫居之"。这么短的时间内，营筑新宫不太可能，而且当时战事不休，民生艰难，因此孙权不得不沿用他在建安十六年（211）从京口徙治秣陵时所建的将军府寺为宫。

赤乌十年（247），太初宫因年久失修，木柱朽腐，遂加以重建。①

此次太初宫大修，历时一年，至次年三月（即公元248年）竣工。重修后的太初宫正殿曰"神龙"，东面为苍龙门，西面为白虎门，北面为玄武门，南面开五门，正中为公车门，东侧是升贤门和左掖门，西侧是明扬门和右掖门。

太初宫规模不大，风格简朴，占地300丈，没有高台和华丽的装饰。②

太康元年（280），西晋灭吴，太初宫基本未遭破坏。太安二年（303），石冰之乱，太初宫第一次遭到破坏，焚烧荡尽。其后，陈敏大败石冰，自号扬州刺史，并以太初宫作为基址，在其上创建府舍。在平定了陈敏之乱后，琅琊王司马睿坐镇建业，居住在陈敏所创府舍。建武二年（318），晋王司马睿正式即帝位于建康，仍旧以旧府舍为宫，称为"建康宫"。东晋初年，时局动荡，其时宫室制度仍承袭西晋洛阳之旧。宫内正殿为太极殿，殿前有东、西二堂。太宁二年（324）七月，王敦之乱中，建康城邑遭到部分损毁。咸和二年（327）至四年的苏峻之乱中，建康宫室焚毁殆尽。晋成帝先后暂居兰台和建平园，咸和七年才迁居孙吴苑城起建的新宫。

---

① 《三国志》注引《江表传》："权诏曰：'建业宫……材柱率细，皆以腐朽，常恐损坏。今未复西，可徙武昌宫材瓦，更缮治之。'有司奏言曰：'武昌宫已二十八岁，恐不堪用，宜下所在通更伐取。'权曰：'大禹以卑宫为美，今军事未已，所在多赋，若更通伐，妨损农事。徙武昌材瓦，自可用也。'"

② 《三国志》卷四八引《太康三年地记》记载："吴有太初宫，方三百丈，权所起也。"《三国志》卷六一《吴书十六·陆凯传》载："宫无高台，物不雕饰。"

关于太初宫的具体位置，众说纷纭。《建康实录》记载，太初宫在县城东北三里，运渎东侧的内池就是太初宫西门的外池。[①] 也有今人认为太初宫在焦状元巷一带，或今北门桥以南稍东一带，或在洪武路与长江路交界处等。《南京城墙志》认为太初宫在今洪武路与淮海路交界口北侧一带。

南宫

孙吴太子所居之宫，在太初宫南，因此被称作"南宫"。赤乌十年（247）重修太初宫时，孙权曾迁居南宫。

关于南宫的位置，《建康实录》载："其地今在县城二里半，宋置欣乐营。"南宋周应合《景定建康志》、元代张铉《至正金陵新志》等书记载孙吴南宫"在旧江宁县北二里半"。

西苑

西苑，位于太初宫西门外，是始建于孙吴时期的皇家园林。《建康实录》云："吴宣阳太子所创为西苑。"

建衡三年（271），因凤凰集于西苑，改次年为凤凰元年。西苑中有池，名"西池"。西池后在晋明帝为太子时又重加修复，养武士于池内，俗称"太子池""太子西池"。据记载，东晋太元十年（385），孝武帝曾在西池内宴请群臣。

昭明宫

昭明宫，建造于孙吴后期，其地位仅次于太初宫。宝鼎二年（267）六月，孙皓始建昭明宫，十二月竣工，孙皓遂移居宫内。史载昭明宫建筑风格极其奢华，以珠玉为饰，又因盛夏兴工，颇废农时。《三国志》记载，为建造昭明宫，大肆伐木，破坏营地，穷极奢靡。有大臣坚持进谏，

---

① 《建康实录》卷二："今在县东北三里，晋建康宫城西南，今运渎东曲折内池，即太初宫西门外池。"

可惜孙皓没有听从。① 除宫室建筑外,孙皓还开通城北渠,引后湖水入宫内。

孙吴宫室,繁华绮丽。昭明宫开临硎、弯碕二门,正殿名为"赤乌殿"。左思曾作《吴都赋》,极力称颂昭明宫的华丽与规模宏大。② 昭明宫规模比太初宫略大,史料云"周五百丈"。西晋时,昭明宫仍在,因避晋讳,改名"显明宫"。

关于昭明宫的位置,史料记载在太初宫之东。今人对此说法不一。《南京城墙志》认为,其位置大约在今大行宫中山东路和太平南路交界口东侧一带。③

苑城

苑城,坐落在太初宫东北,是孙吴时期的皇家园林,又称"后苑"。苑城内有仓,名"苑仓"。赤乌三年(240),左台侍御史都俭负责监督开凿了建业城内第一条人工河道——运渎,以运粮于苑城,故时人又称之为"仓城"。运渎的位置在六朝建康宫城的西部,北接潮沟西支,南连秦淮河,是孙吴时期向宫中仓城运输物资的重要通道。

东晋咸和五年(330),修苑城为新宫,惟仓不毁。咸和八年(333)正月,改苑仓为太仓。太仓,位于台城西华门内道北。

孙吴会稽王孙亮曾于太平二年(257)挑选兵家子弟 15 岁以上、18岁以下 3000 多人,在苑中习武,可见苑城规模相当之大。

苑城一直沿用至东晋早期,苏峻之乱平定后,旧宫室被毁。咸和五年(330)九月,修建苑城作为新宫(建康宫、台城),苑城的位置和规模与后来的台城基本相同。

---

①《三国志》卷四八《吴书·三嗣主传》载:"二千石以下皆入山督摄伐木。又破坏诸营,大开苑囿,起土山楼观,穷极伎巧,功役之费以亿万计。陆凯固谏,不从。"

② 左思《吴都赋》称:"作离宫于建业。阖闾闾之所营,采夫差之遗法。抗神龙之华殿,施荣楯而捷猎。崇临海之崔巍,饰赤乌之鳞晔。东西胶葛,南北峥嵘。房栊对櫎,连阁相经。闾阓谲诡,异出奇名。左称弯碕,右号临硎。雕栾镂楶,青琐丹楹。图以云气,画以仙灵。虽兹宅之夸丽,曾未足以少宁。思比屋于倾宫,毕结瑶而构琼。"

③ 杨国庆、王志高:《南京城墙志》,凤凰出版社 2008 年版,第 45 页。

东宫城

东宫城的位置不定,多次迁移。东晋初年,太子所居之东宫在台城西南。东晋孝武帝太元十七年(392),在台城东南之左卫营新筑了东宫,至次年,东宫建成。宋文帝元嘉十五年(438),又迁徙至台城东北东华门外。此后,屡毁屡建,沿用至陈末。

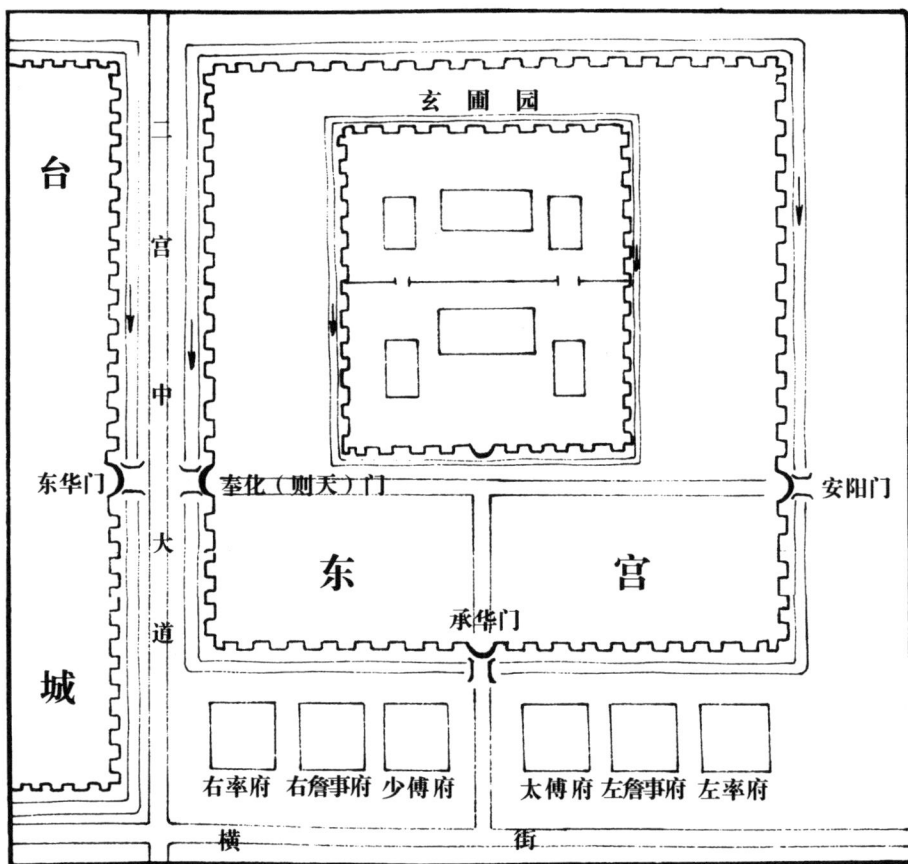

图 1-1　南朝梁代东宫城布局示意图①

---

① 杨国庆、王志高:《南京城墙志》,凤凰出版社 2008 年版,第 47 页。

南朝时期，东宫城城墙、城门及建筑的布局较为明晰。据《景定建康志》记载，东宫四周筑有土墙、堑两重，在台城东门外，南、东、西开三门。南面正中为承华门，往南出路。路的东边为太傅府、左詹事府、左率府；路的西边为少傅府、右詹事府、右率府。东面正中为安阳门，东直对东阳门，西对温德门。西面正中为则天门，西直对台城东华门。东率更寺，西家令寺，次西太仆寺，再往西有典客省。

以承华门为东宫正门乃承袭西晋洛阳之制，东晋初年东宫门亦称承华门。齐代因避齐宣帝萧承之讳一度改名宣化门。

南朝时期，东宫城位于建康都城东北角，在台城外西北，其规模和奢华程度仅次于台城。齐文惠太子萧长懋性喜奢靡，居东宫期间大兴土木，奢华程度甚至超过台城。东宫中还有玄圃园、临云殿、崇明殿、乐贤堂等建筑，其范围大致在原汉府街长途东站以东、汉府街以北这一区域内。

台城

台城，因东晋、南朝时期总管全国政务的尚书台设在宫城之内，因此这一时期的建康宫城被称作"台城"。台城的范围极广，按功能主要分为几大区域，包括百官议政的尚书朝堂区、皇帝朝宴的太极殿区及后宫内殿区、宫后园囿区等。

东晋时期对台城有过三次大规模的修筑。第一次是因苏峻之乱，建康宫室完全损毁，因此成帝咸和五年（330）开始修筑新宫。这次修筑工程由将作大匠王彬主持，历时两年多，题署"建康宫"，又名"显阳宫"。这一时期刚经历动乱，物资匮乏，财力不济，因此宫室规制不够完备。第二次是孝武帝太元三年（378），谢安以宫室朽坏为由，重筑新宫，由将作大匠毛安之主持，五月即成。这次重新修筑之后，台城内外殿宇大小共 3500 间，太极殿高 8 丈，长 27 丈，宽 10 丈。太元二十一年（396），又增筑清暑殿，开北上阁出入华林园。这一时期的台城经过了大规模的重筑，变得更加华美壮观。第三次大规模修筑是在桓玄篡位之后。元兴三年（404），桓玄大兴土木，修筑殿宇，开东掖门、平昌门、广莫门以及各座宫殿之门。

刘宋时期,宋文帝和孝武帝两段时期内建筑工程较多。宋文帝时,开万春、千秋等门,在华林园中建造景阳山、武壮山,开凿天渊池,兴筑景阳楼、光华楼、凤光殿、兴光殿、层城观、一柱台、醴泉堂、花萼池等。又改台城北门广莫门为"承明门"。孝武帝时期,筑正光殿、玉烛殿、紫极殿等,追求奢华绮丽之风。

有齐一代,齐武帝营建了凤华、寿昌、耀灵三座内殿。永元二年(500),台城内发生了一场大火,西斋、璿仪、昭阳、显阳等宫殿都被烧毁,3000 余间房屋受损。永元三年又遭遇一场小规模的火灾,烧毁房屋 30 间。经历了这两场火灾之后,东昏侯大起殿宇,其装饰宏丽,贴金施饰。

梁武帝在位时,对台城进行了多次修筑,殿宇鳞次栉比、焕然一新。天监七年(508),他下令在台城端门及大司马门外建造神龙阙和仁虎阙。后又将台城城门改筑成三重楼,开辟二门道。他还改建了太极殿,将其由 12 间扩为 13 间,以象闰数。改建之后的太极殿高 8 丈,长 27 丈,广 10 丈。大通元年(527),又开辟了台城北门大通门。梁末,侯景叛梁渡江之前,太府卿韦黯屯六门,修缮工程以应对敌军。侯景攻陷台城登基之后,对受损的台城和宫室建筑进行了小规模修缮工程。但侯景叛逃朱方之后,王僧辩率众占据台城,军役失火烧毁了台城的太极殿及东西堂等,台内宫室并皆焚烬。其后,梁元帝、梁敬帝等又对台城进行了部分修缮工程。

陈朝历任皇帝对台城都进行了修缮,尤其在陈后主大修宫室,使得台城一度重现往日辉煌。永定二年(558),陈武帝重建太极殿。陈文帝又建显德殿等。太建七年(575),陈宣帝改建台城云龙、神虎二门。陈后主在位期间,宫室建造最为兴盛。据《建康实录》记载,至德二年(584)在光昭殿前兴建了数座高达数丈的楼阁,使用沉檀香木和珠帘,极尽奢华。①

随着陈朝的灭亡,历时 250 多年的魏晋南北朝台城也逐渐湮灭。

---

① 《建康实录》载:"至德二年,于光昭殿前起临春、结绮、望仙等三阁,阁高数丈,并数十间。窗牖、户壁、栏槛皆以沉檀香木为之,又饰以金玉珠翠,外施珠帘,内有宝帐。"

关于台城的周长，《建康实录》《六朝事迹编类》等记台城"周八里"，《同治上江两县志》则云"周六里一百十步"。关于城墙，也有两重墙和三重墙两个说法。台城始筑之初，可能仅用夯土加垒。咸康五年（339），开始用砖包砌，创构楼观。经多次修筑，台城墙高池深，牢固异常，成为拱卫帝王最重要的一道防线。

台城①先后有多重城垣，各重城垣城门数量不一，建筑布局相异。

台城的第一重城垣（由外向内），东晋时有五门，南面二门：阊阖门（又称南掖门）和大司马门，北门平昌门、东门东掖门、西门西掖门；宋、齐时期设七门，南面四门，由西向东依次为西掖门、大司马门、南掖门（阊阖门）、东掖门，北、东、西各一门，分别是承明门（又称广莫门、北掖门、平昌门）、万春门、千秋门；梁、陈时期南面开四门，分别为西掖门、大司马门、南掖门（端门）、东掖门，其他三面各开一门，承明门（北掖门）、东华门、西华门，梁代一度在北掖门西侧增开大通门。第一重城垣内分布有尚书台（尚书上省）、尚书下省、门下下省、中书下省，以及廷尉、卫尉、武库、太仓、总章观、太官等大量官方机构房舍。华林园、车府、御用马所在的龙厩、暴室、左卫等建筑也在第一重城墙内。

台城第二重城垣的沿革非常复杂。东晋时，设有东、西二门，称作云龙门、神虎门，南面东侧为止车门（南止车门），西侧门名不详，北面的门史无详载。南朝时第二重城垣共开六门，东西二门为云龙门、神虎门，中为凤庄门，其西为鸾掖门，南面二门为衡门、应门。在第二重城垣之内又设若干内省机构，以便皇帝随时咨询和指挥调用，其中包括中书省、门下省、永福省、散骑省、秘书省等。

台城的第三重城垣，东晋时南门曰端门，其余城门不详；宋、齐时南门曰端门，东、西为东中华门、西中华门；梁代以后，南门曰太阳门，东门

① 近年来，先后在大行宫地区发现几处台城遗迹，为探究台城的结构和规制提供了珍贵的考古资料。2002 年 8 月至 2003 年 5 月，考古工作者在南京图书馆新馆工地发现了两段台城内重城墙东南拐角的夯土墙基以及砖路、排水沟、壕沟等。2003 年 8 月至 11 月，南京市博物馆工作人员在利济巷西侧的长发大厦工地发现了一段南北向的台城外重城墙的夯土墙基。2008 年 2 月至 9 月，又在原汉府街长途汽车站工地考古发现了六朝时期台城的东墙。这道东墙现展示在六朝博物馆负一层的"六朝帝都"展厅。

曰万春门、西门曰千秋门。第三重城垣是整个台城的核心区域，分为前后两个区域，前面的区域是皇帝处理政事的太极殿区，后面的区域为帝后日常生活的内殿区。

台城外重各门及四角均有城楼。宫城南面设有神龙、仁虎两对石阙。四周环有护城壕。

南朝建康宫城，是北魏新都洛阳宫室营造的重要参考母本之一。永明九年（491），北魏副使蒋少游曾受密令观察建康宫殿样式，以为北魏迁都洛阳做准备。

宫城内除以上宫室外，还有不少后妃及园囿。

安德宫，陈文帝沈皇后所居之宫，其位置在都城西墙与西州城之间，即今建邺路以北木料市西侧一带。

金华宫，为梁昭明太子妃蔡氏所居之宫，位置不明。

青溪宫，本为齐高帝萧道成旧宅，即位后改筑，又名"芳林园"。元嘉二十七年（450），齐武帝生于此宅。

城南凤台山有南苑，又有建章宫、长杨宫等。

都城

都城是宫城之外的屏障，相当于后世的皇城，主要设有各类府署和部分宗室贵族宅邸等。

东汉建安十六年（211），孙权从京口徙治秣陵，次年改名"建业"。这是南京得名"建业"的开始。武宁王是百济第二十五代王，在位时间约为公元501至523年。这时的南京是南朝梁的国都，名为"建康"。可见"建业"这个名称对南京影响之深远。

黄武八年（229），孙权在武昌正式登基称帝，改元黄龙，后移都金陵，开启了南京作为六朝都城的历史新篇章。其间有两次短暂的迁都事件，第一次是孙吴甘露元年（265）后主孙皓迁都武昌，但仅15个月后就被迫还都建业；第二次是侯景之乱后，梁元帝于承圣元年（552）即位江陵，不愿还都建康，直至两年后其子在建康即位。

六朝建康都城周 20 里 19 步。^① 旧志皆认为自孙吴定都后,六朝建康都城的位置和规模,历东晋、宋、齐、梁、陈而未改。

建业都城的始筑时间不详,其后历代都进行过修葺改筑。

关于建康都城的平面形制,学界大致有两种观点。第一种认为,建康都城是南北略长、东西略短的规整长方形。第二种则认为建康都城的形状是不规则形。《南京城墙志》中认为都城三面皆为人工河道,以畅直的可能性为大,而且齐建元二年(480)之前的都城城垣是篱墙,筑成规整的长方形更可行。

六朝建康都城的城门,随时代而逐渐增多。孙吴建业都城,史载有白门,位于都城南面,其他城门不明。东晋成帝咸和五年(330),有城门6 座,南面为宣阳门、陵阳门、开阳门,东面为清明门、建春门,西面为西明门,北面无门,与台城共用北墙。刘宋之后,都城城门增为 12 门。增加的城门,分别为延熹门、广莫门、玄武门、大夏门、东阳门和阊阖门。至此,建康都城形成了大致对称的布局,南北各 4 门,东西各 2 门。

关于都城城壕,文献中有明确记载的为北墙外的潮沟,但青溪和运渎的部分水道实际也起到了城壕的作用。潮沟位于都城城北,为引江潮灌注城内壕堑,于赤乌年间开凿。它北连后湖,东接东渠(青溪),西南通运渎。青溪原为自然河流,北源钟山西南麓,南连秦淮河。赤乌四年(241)十一月,孙权下令开凿东渠,使得青溪与潮沟连通。因东渠与青溪故道部分沿用,故东渠亦称"青溪"。其后历代均对青溪多次疏浚,累世沿用。运渎在都城西南,南接秦淮河,东北连台城,是建康都城与宫城之间的重要物资运输通道。建康都城东有青溪,西墙大部及北墙外有潮沟,西南有运渎,三条人工水道构成都城三面城壕。又与秦淮河、玄武湖等水系,共同汇集成建康都城完整的水道网,在生活用水、物资供应、交通运输、军事防御等方面发挥了重要作用。

关于都城的位置及范围,学者们普遍认为建康都城北至西十八卫,南抵中正街府军营内小桥,西至旧武学,东达宋上元县西细柳营。朱

① 折合今制约 8775.7 米。参见《景定建康志》卷二○《城阙志一·古都城》载"(都城)吴大帝所筑,周回二十里一十九步,在淮水北五里。黄龙元年,自武昌徙都。晋元帝初过江,不改其旧。宋、齐、梁、陈皆都之。"

偢、蒋赞初等认为，都城应为东西短、南北长的长方形，北界至鸡笼山南峰及鼓楼岗，西界至五台山东麓，南面正门宣阳门所在的土街口即今洪武路北段与中山东路相接之处。王志高在《南京城墙志》中综合前人观点，认为南朝建康都城的北界应在今珠江路南侧一线水道之南，东界南起棉鞋营、二条巷一线直北，西界北起估衣廊、糖坊桥、丰富路北段一线略折向东达大香炉，南界为今娃娃桥、马府街、五福巷一线。①

都城内布局分明，主要以御街为南北向中轴线，西明门和建春门之间的横街为东西向中轴线。御街两侧分布众多府署，如宗庙、社稷、鸿胪寺、卫尉府等。横街将都城分为南北两部分，南部沿街设置各类官衙，北部以台城等宫室建筑及附属衙署为主。

外郭

东晋初年，都城之外又设有外郭。建康城的外郭横跨秦淮河南北两岸，西达石头城之东，北抵覆舟山之南，东至东府城之东，南近越城之南，将东府城、西州城、丹阳郡城、越城等都城外围的重要军事据点全部囊括其中。

外郭是城郊的分界线，其中分布着大量商市、寺观、官署、宅邸、作坊等。如聚宝门外的兵马指挥司、官窑作坊、天禧寺、回回钦天监之观星台，钟山的明孝陵、明功臣墓、灵谷寺，玄武湖的黄册库等等。

安置外国使臣的"六馆"中除行人馆外，均设在外郭之内。据《舆地纪胜》记载，六馆分别名为"显仁馆""集雅馆""显信馆""来远馆""职官馆""行人馆"，分别安置高丽、百济、吐蕃、蠕蠕、延陀及北方的使臣。除行人馆设置在篱门外，其他五馆位置相近。②

篱门是外郭的标志，数量众多，也称"郊门""郭门"。外郭是否建筑城墙，史籍中没有明确记载，今人推测当时可能仅以自然岗丘或者水域为界，也有可能设置了简易的篱墙。史籍中记有东篱门、西篱门、南篱门、北篱门、三桥篱门、白杨篱门、石井篱门、后渚篱门等。但篱门不具

---

① 杨国庆、王志高：《南京城墙志》，凤凰出版社 2008 年版。

② 《舆地纪胜》记载："国馆六，一曰显仁，处高丽使；二曰集雅，处百济使；三曰显信，处吐蕃使；四曰来远，处蠕蠕使；五曰职官，处延陀使；六曰行人，处北方使。五馆并相近，而行人在篱门外。"

备防御功能,应只能当作标识城郊分界的象征。

在篱门之外,外郭还有国门。《梁书》中记载,天监七年(508)二月,为壮观瞻,在越城南新建国门。新建成的国门,位于秦淮河南岸,距朱雀门5里,是出入城南的重要通道。《景定建康志》载:"在今高座寺东,南涧桥北,越城东偏。"

外郭还是退隐之士的安身之所。齐代隐士何点隐居在东篱门下望之的墓旁边,陈代韦载辞官居于江乘县白山,10年不入西篱门。刘宋大臣丹阳尹何尚之的宅邸也位于南郭外的南涧寺旁边。可见当时的外郭有不少名人府邸,在一定程度上有所发展。

六朝时期的建康城,除今南京主城区的宫城、都城和外郭之外,外围还有不少城垒。其大致分为四类:一是位于外郭内或近郊的城垒,如石头城、西州城、东府城、丹阳郡城、白下城、金城、越城、新亭垒(城)等,是守卫建康城的直接的军事屏障;二是京师管辖范围内的属县治所,如建康、秣陵、江宁、江乘、湖熟等县城;三是一些因战争需要而临时修筑的小型军事堡垒,如王含五城、侯景故垒、捍国城、四望垒、药园垒等;四是特殊性质的城垒,如白马城、檀城、宣武城、冶城等。

(四) 隋唐至南唐时期

隋开皇九年(589),杨广率大军攻入建康,南陈灭亡。隋文帝杨坚下令对建康"平荡耕垦",六朝故都的繁华与恢弘自此碾作尘泥。仅留下石头城作为蒋州治所。这一时期的南京,政治地位降至历史低谷,经济发展也不复从前,因此城池修筑规模不大,时断时续,遗迹大多不存。

石头城

石头城是隋开皇九年(589)"平荡耕垦"后留下的唯一城池,置蒋州城。隋炀帝大业三年(607),改蒋州为丹阳郡,治所未改。唐武德三年(620),江淮地区的杜伏威、辅公祏以石头城为扬州治所。七年(624),辅公祏叛乱被平后,次年三月又置扬州大都督府于石头城。十二月,迁扬州大都督府至江北邗州(今扬州),石头城遂废。

武后光宅元年(684),柳州司马徐敬业在扬州起兵叛乱,派下属渡江修筑石头城。叛乱被平之后,朝廷派兵驻守石头城,又改置石头镇。

建中四年(783),关中大乱,浙江东西道节度使韩滉为巩固本地军事防守,下令筑石头五城,沿江修筑坞壁,从金陵至镇江一线形成严密的长江防线。他还拆毁上元县40多所寺观,用以修缮石头城内的馆第,以备德宗李适迁都上元,六朝古迹又一次遭受毁坏。

元和二年(807)夏,镇海节度使李锜意欲谋反,派将遣兵修筑石头城。

图 1-2　狮子山段明代城墙内发现的早期包砖古城墙(1963年摄)[1]

白下县城

白下县城,在六朝江乘之白石垒故址。关于白下城遗址,《景定建

---

[1] 杨国庆、王志高:《南京城墙志》,凤凰出版社2008年版,第87页。

康志》中记载其在城西北 14 里,距离府城 18 里。① 20 世纪五六十年代拆除城北狮子山南侧的一段城墙时,有关部门在明代城墙下发现一段长约 1.5 公里的城墙,包砖砌法不一,有六朝砖和宋代砖及其他类型的砖。有学者认为,这段城墙始筑于南朝齐梁之际,经多次修补,至明初时将它包筑入城墙之内,很有可能就是齐武帝修建白下城。② 因此推测,白下城遗址很有可能在今狮子山南麓到钟阜门与仪凤门之间。

唐武德八年(625),改归化县为金陵县。九年,金陵县又改为白下县,移治于白下村并筑城,沿袭旧名,称白下城。贞观七年(633),迁回冶城东原治所,此城逐渐废弃。唐末,武宁军偏将张雄等人聚众渡江,在白下城筑垒以避祸,对白下城进行了修缮。

隋金陵府城

金陵府城,隋大业六年(610)置,位于玄风观南园。据《建康实录》记载,玄风观靠近六朝都城宣阳门外西侧的晋初社稷坛。③

隋丹阳宫

隋大业十三年(617),隋炀帝欲迁都丹阳(今南京),下令建丹阳宫,将迁都金陵。次年三月,他殒命于宇文化及、司马德戡之手,但丹阳宫应已建成。④

江宁(上元)县城

隋平定陈后,移江宁县治于宣阳门外的安德宫。隋开皇十年(590),又移治于冶城与运渎之间的六朝西州城旧址。在唐代,江宁县名又经多次更改,县治未改。至德二年(757),江宁县改置金陵郡、江宁郡。乾元元年(758),改置升州。

---

① 《景定建康志》载:"在城西北十四里,今靖安镇北有白下城故基。父老传云即此地也。属金陵县,去府城十八里。"
② 刘宗意:《白下城考》,《江苏地方志》2001 年第 3 期。
③ 《建康实录》载:"晋初置宗庙,在古都城宣阳城外。郭璞卜迁之。左宗庙,右社稷。去今县东二里玄风观即太社西偏。"
④ 《隋书》载:"由是筑宫丹阳,将居焉。功未就而帝被杀。"

陈台城故宫

隋开皇九年(589),在隋文帝杨坚"平荡耕垦"的诏令之下,陈朝宫室大半被毁弃。至唐代,又对台城进行了多次修缮。武德六年(623),辅公祏称帝于丹阳,于是修陈故宫居之,置署百官。唐末光启三年(887),赵晖占据上元,计划修治台城为府,后被杀未成。

五代十国时期,政权更替频繁。此时的江南,杨吴、南唐政权相对为稳固,给南京城又提供了一次绝佳的发展机遇。杨吴、南唐时期,南京迎来了城市发展的第二次高潮。都城和宫城经过多次修筑,雄伟巍峨、壮丽不凡。

宫城

南唐宫城,又称"皇城""子城"。在在南唐立国之前,这里曾先后被用作徐温、徐知诰的大都督府和天下兵马都统府等。关于其位置虽史籍中未明确记载,但鉴于南宋时于其旧址修建行宫,学界常根据《景定建康志》中关于南宋行宫的记录,作为研究南唐宫城的参考资料。南唐时期的宫城平面大致为方形,南北长,东西短。根据南宋行宫壕沟及上桥道的位置,有学者推出南唐宫城中轴线大概在今洪武路东西一线,北至现在的羊皮巷、户部街,南到现在的内桥北建邺路、白下路附近,西达现在的张府园小区附近的水道,东临火瓦巷一带。

天祐九年(912)至十四年(917),徐知诰时任升州刺史,下令大理郡廨,整治城市府舍。徐温徙治升州之后,又派人对金陵城进行大规模修整重筑。徐温死后,太和三年(931)徐知诰重返金陵。太和五年,徐知诰欲迁吴都于金陵,改建旧府舍以作宫城迎吴帝。这次改建工程由马步都虞候蔡弘业担任宫城迎奉使,负责大小事宜。经过这一系列工程,基本奠定了此后南唐宫城的基础。

天祚三年(937),徐知诰建立齐国,立宗庙、社稷,改牙城称"宫城"。八月,吴主禅位徐知诰,十月称帝,国号唐,史称"南唐"。南唐立国之后,李昪(即徐知诰)对宫城仅做部分名称方面的改动,如将齐明门改称朝元门,崇英殿改称延英殿等,没有实施大型工事。李璟即位之后,一

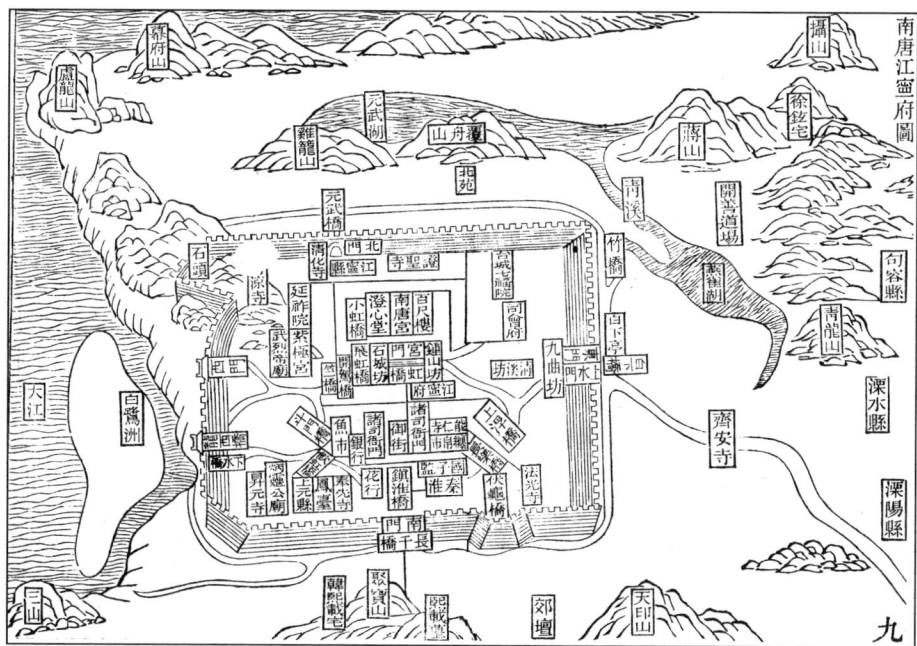

图 1-3 南唐江宁府图(《金陵古今图考》)

改其父所倡导的简朴作风,大兴土木,宫室建筑风格趋向华丽。后主李煜比前代更胜一筹,愈加奢华。

南唐宫城的城门,有南面正门朝元门,以及顺天门、镇国门和便门等。升元元年(937),徐知诰即位后改齐明门为朝元门,以象征新王朝新气象。同时,他还宣布以建康为西都,广陵为东都。

南唐宫城四面皆有护城壕。宫城南墙前有南壕,连接起青溪与运渎。其他三面的城壕,南宋时都称为护龙河。护龙河东面利用了原青溪故道的一段,西面则利用古运渎的一段。清代甘熙在《白下琐言》中记载,羊市桥畔附近有一段河道,两旁的石岸仍存,是西护龙河的旧址。[①] 可见,清代西护龙河还存有部分遗迹。

南唐宫城外跨壕桥梁目前已知有 3 座,镇国桥、天津桥和二曲尺桥,皆位于南面正门朝元门外。这三座桥横跨宫城南壕,上覆有避雨桥

---

① 清代甘熙《白下琐言》:"南唐护龙河自升平桥经上元县之左东边一带水道,各志历历言之,而西者独略。今羊市桥畔,上踞屋舍,下穿沟渠,后为张府园裕民坊。皆系菜圃,其地有河一段,长十余丈,宽二三丈,……两旁石岸犹存,乃西护龙旧址也。"

廊。不同桥梁等级不同，镇国桥和天津桥的等级较高。

宫城内的建筑，主要分为前朝、后寝、园苑等。宫殿主要有兴祥殿、武功殿、崇英殿、集贤殿、德昌宫等。德昌宫是宫城内库之所，位于宫城东北。[①] 北宋景德二年（1005），升州知事马亮曾在德昌宫故址掘得汞200余斤，卖之获钱百万缗。北宋庆历八年（1048），江宁府治发生大火。知府李宥担心发生兵变，关门不救，导致南唐旧宫失火，宫内建筑基本被毁，仅存玉烛殿一处。楼阁主要有南熏阁、百尺楼、红罗亭、保和堂等。

都城

关于南唐都城的修筑，历史文献中至少有 5 次记录。第一次是在杨吴天祐十一年（914）至十四年四月，徐知诰、徐温先后修筑升州城。第二次是天祐十四年五月至武义二年（920）冬十二月，徐温徙治升州，任命陈彦谦为镇海节度判官，主持修筑金陵城。这两次筑城将金陵城的格局向西、向南作大幅度扩展，西延近江。第三次是杨吴太和四年（932）秋，徐知诰为迁吴都于金陵，拓建金陵城，扩大了约 20 里。第四次是周显德六年（959），中主李璟在周世宗的建议下，对金陵城垣进行了一次规模较小的维修加固。第五次是宋开宝七年（974）冬，北宋大军挥师南下，后主李煜匆忙中筑城聚粮。

南唐都城的文献记载较少，因其被沿用为江宁府城、建康府城，元代作集庆路城，故现在关于南唐都城的研究，基本是参考宋、元方志上有关南宋建康府城、元集庆路城的一些记载。[②] 明代陈沂在《金陵古今图考》中对南唐都城的四至范围描述得更为具体："北六朝都城近，南贯秦淮于城中。西据石头，即今石城、三山二门，南接长干，即今聚宝门。东门以白下桥为限，即今大中桥。北门以玄武桥为限，即今北门桥。"

关于南唐都城的周长，有两种说法。一是以《景定建康志》和《至正金陵新志》等古籍文献为代表，记载南宋建康府城周长 25 里 44 步；二

---

① 史载李昇临终前告诫李璟："德昌宫储戎器金帛七百万，汝守成业，宜善交邻国，以保社稷。"

② 《景定建康志》中记载："至杨溥时徐温改筑，稍迁近南，夹淮带江，以近地利，城西隅据石头冈阜之脊，其南接长干山势。"

是以《金陵胜迹大全》《南京地名源》等今人著作为代表,认为太和四年(932)徐知诰拓建金陵城之前已有 25 里 44 步,经拓宽 20 里之后,都城周长合计 45 里 44 步。据《南京城墙志》的调查,从城壕长度推断,南唐都城周长当为 25 里 44 步。

南唐都城城门,据南宋建康府城城门推断,应当有陆门 5 座,水门 3 座。陆门分别为东门、南门、西门、北门、龙光门,水门有上水门、下水门、栅寨门。南门位于今中华门,龙光门位于今水西门,西门位于今汉西门,这三门位置直至洪武十九年(1386)重建之前都未改变。东门在今天的白下路东端,北门在北门桥南侧,这两座城门元末以后因拓城被废弃。三座水门的位置皆未改变,上水门就是在现在的东水关,下水门在现在的西水关,栅寨门在现在的虎踞南路的涵洞口。

南唐都城外的护城壕被称为杨吴城壕,各段城壕的开凿时间与其城墙相近。城壕的长度略长于都城周长。杨吴城壕充分利用了旧有水道,将古潮沟、青溪、娄湖、落马涧、乌龙潭、秦淮河等水道整治连通,形成完整封闭的护城河水系。

都城东南角有伏龟楼,始建于南唐时期,其主要作军事防御、登高观景两用。2001 年,在南京城墙的维修过程中,工作人员在武定门至雨花门之间的城墙东南转角内侧土岗上发现一处大型古代建筑遗迹。经考古专家发掘考察,认为这可能就是南唐伏龟楼基址。除此之外,南京都城外围还有一些附属设施,但总体而言南唐都城城墙主体为夯土城墙,地势较低,防御功能不强。

都城内除处于中心位置的宫城外,南部以御街为南北向中轴线。御街两侧开有御沟,以供排水。御街两旁还设有各类官署,拱夹左右。都城的东西门之间设有一条横街,在宫城之南,是南唐都城的东西向中轴线。都城北部建有宫城、园囿和官衙等,南部为居民住宅区和商市区等。

(五) 宋元时期

宋元时期的南京,先后被改为升州、江宁府、建康府、建康宣抚司、建康路总管府、集庆路等。虽然这一时期南京的政治地位起伏不定,但作为东南重镇,仍然获得了相当程度的发展。特别在南宋时期,南京曾一度作为留都,是极为重要的军事和政治中心。这一时期的城墙也经历了多次大规模增筑,面貌焕然一新。

北宋天禧二年(1018)二月,宋真宗改升州为江宁府,封其子寿春郡王赵崇仁(赵祯)为升王,封地遂称升国。后赵祯即位为宋仁宗,江宁府地位随之上升。天禧二年,宋真宗还根据年号,将位于长干里的长干寺改名为天禧寺,赐九层砖塔名"圣感舍利塔"①。

宣和三年(1121),为应对方腊起义事件对江浙地区的破坏,朝廷下令对江宁府城墙进行修筑,但仅招置修城人员 300 名。靖康元年(1126),金人占据北宋都城开封。次年,又下令废宋徽宗和宋钦宗,下诏册立张邦昌为楚国皇帝,定金陵为都城。金人北撤后,伪楚政权随即灭亡,仅存 33 日。

南宋建炎三年(1129),宋高宗赵构移驻江宁府,又下令改江宁府为建康府。南宋时期,因对抗金人的需要,建康府城经过多次修筑。大致可分为两个阶段:前期,即建炎年至乾道年间,对建康府城的修筑较为频繁;后期,修筑记录较少。

南宋前期的几次筑城工事,大多与宋高宗三次驻跸建康及朝臣呼吁定都金陵有关。第一次是建炎元年(1127)五月,江宁知府翁彦国主持江宁府城的增葺,大兴土木,民众不堪重负。第二次是建炎三年十二月后,金军占领建康,计划长期留在建康,所以实施筑城工程。但金兵北撤之时,又对建康城大肆焚掠。第三次是在绍兴五年(1135),此时局势稍稳,宋高宗命建康守臣修筑城池,缮治行宫,以备驻跸建康。② 因此这次修筑规模较大。第四次是两年后的绍兴七年,宋高宗巡幸建康,督府再次请修建康城,但此时资金短缺,民生艰难,因此筑城工程不久即告停止。第五次是在绍兴十一年,此时南宋已与金人议和,局势较为稳定,宋高宗认为虽然和议已经完成,但军备不能松懈,仍然要修筑建康

---

① 2007 至 2010 年,南京市考古研究所对其所在旧址,即今大报恩寺遗址公园进行系统发掘,在塔基发现了北宋长干寺地宫,出土大量珍贵佛教文物。

② 《建炎以来系年要录》载:"建康见今筑城浚濠,调五县夫,计役三千人。"

城,以为定都做好准备。① 第六次修筑是绍兴三十二年,建康府城与建康行宫一起进行修缮。第七次是乾道元年(1165),知府汪澈主持这次修筑事宜。② 他预计需用钱 20 万贯,可见这次补筑工程规模较大。第八次是乾道五年,建康知府、行宫留守史正志又对建康府城进行了修筑,增筑女墙。他在任期间还新建或重建了城内多处建筑,如贡院、新亭、东冶亭、镇淮桥、饮虹桥等,使得府城面貌焕然一新,因功获赐金带。

南宋后期,三任建康知府的马光祖对建康城池的建设影响很大。景定年间至咸淳初年,马光祖及其继任姚希得先后主持建康城池的修筑工事。马光祖兴工疏浚城壕 4765 余丈,在城壕内和城墙外修筑了羊马墙,用开壕所得的泥土增厚城身,创建硬楼 4 所 178 间。他还在栅寨门修筑瓮城及硬楼 7 间、闪门 6 扇,创建四城门接官亭。姚希得继任之后,继续对建康城池进行修缮,重修府城城门,修整城门税亭、备屋、厩宇等,共计用钱 23100 缗,米 57 石 6 斗多。他们还将城内外的桥梁也修葺一新。

元至元十二年(1275),建康守将降元,元朝政府在南京设立建康宣抚司。两年后,又改立建康路总管府。元文宗图帖睦尔登基后,于天历二年(1329)将其更名为集庆路。直至元朝灭亡,城池再没有进行大规模的修筑,大抵循马光祖旧制。元代后期才对部分地段进行修缮。

宋元时期的城墙,周长 25 里 44 步,大致相当于今天的 14020 米,城墙上端宽 2 丈 5 尺,下端宽 3 丈 5 尺,高 2 丈 5 尺。墙身为夯土板筑,城门及两侧城墙用砖石包砌,城墙顶部有女墙和雉堞。

这一时期的城门,沿袭前代,共有陆门 5 座,水门 3 座。陆门东、南、北各 1 门,西有龙光门和西门 2 座,龙光门在南,西门在北。水门 3 座,分别为上水门、下水门和栅寨门,年久失修,不时淤塞,对城内居民生活影响很大。

南宋景定元年(1260),知府马光祖组织疏浚护城河。疏浚后护城

---

① 《建炎以来系年要录》卷一四三载:"和议已成,军备尤不可弛,宜于沿江筑堡驻兵,令军中自为营田,则敛不及民,而军食常足,可以久也,仍修建康,为定都之计,先宗庙,次太学,而后宫室。"

② 《景定建康志》记载:"澈言:'建康当舟车之会,控扼之冲,其中宫阙之严,官府之重,而城池颓塞,久而弗治。'"

河长 14638.08 米,宽 92.16 米,深 4.608 米。① 宋末,城壕逐渐淤塞。至元元年(1264),又对护城河进行了两次疏浚。

南宋行宫

南宋行宫,是皇帝来幸时在建康城的临时驻跸之所。建炎元年(1127),宋高宗两次下诏,先后拨付 50 万贯,供江宁府修城之用。建炎三年,宋高宗首次巡幸建康,先暂居神霄宫,后移居行宫(即府治所在),建康府治则迁往保宁寺僧舍。其后金人攻占建康,城内建筑包括行宫俱毁。绍兴二年(1132),宋高宗下令正式将建康府治改建为行宫,命江南东路安抚大使李光主持工程。李光比照临安增创行宫殿室,还就旧子城基增筑为皇城城墙。此后行宫又经过多次修筑。

行宫外重城墙,即皇城城墙,经绍兴二年(1132)增筑后,周长 4 里265 步,高 2 丈 5 尺,下阔 1 丈 5 尺。其四至范围,大致与南唐宫城相当。史籍中记载,皇城有南、东华、西华 3 门,其他情况不明。皇城外四面环绕护城河,仍依南唐宫城城壕旧迹。

行宫皇城布局承袭北宋京师宫城规制,居中偏西为宫城,东侧为东宫,还设有内侍省、学士院、皇城司、军器库、御苑等。宫城由南向北依次为宫门、殿门、朝殿、复古殿门、复古殿等,它们并不正对行宫南门,而是略偏西侧。

第二节　明初南京都城城垣的兴建

明代,是南京筑城的巅峰时期。元末明初之际,随着朱元璋定鼎南京,开始营建明王朝的都城,掀起了中国古代筑城技术的又一个高潮。

(一) 四重城垣

朱元璋极为重视都城的城墙建设。自其权掌天下以来,一直沿用

---

① 杨国庆、王志高:《南京城墙志》,凤凰出版社 2008 年版,第 138 页。

谋士朱升曾提出的"高筑墙,广积粮,缓称王"策略方针。明代南京城墙从内而外分为四重:最内为宫城,第二重为皇城,第三重为京城,最外围即外郭。各重城垣均有护城河环绕。四重城垣的建设,大致遵循由内而外、自下而上、先城门后墙体、由城墙到城河的次序进行。元至正二十六年(1366)八月,宫城开始营建,直至洪武二十六年(1393),初步完成了四重城垣的格局。

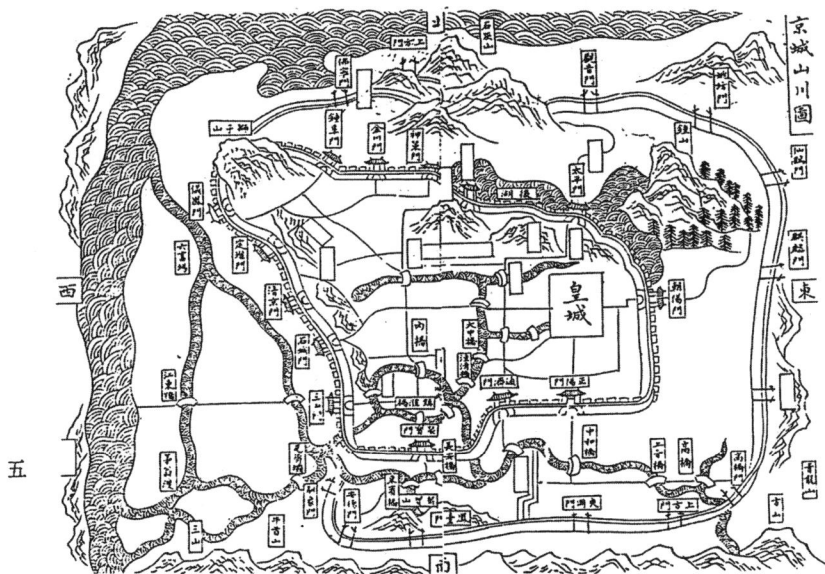

图 1-4 《洪武京城图志》中的《京城山川图》

宫城

四重城垣的营建,始自宫城。宫城,又称大内、紫禁城,位于四重城垣最内一重,是整个明王朝的权力核心。最初,宫城与皇城是混用的,没有明确区分。

元至正二十六年八月庚戌朔(1366年9月5日),因建康旧城空间不足,明太祖朱元璋令谋士刘基等人在应天为新宫卜地选址。① 刘基等

① 《明太祖实录》卷二十一载:"丙午八月庚戌朔,拓建康城。初建康旧城西北控大江,东进白下门外。距钟山既阔远,而旧内在城中,因元南台为宫,稍庳隘。上乃命刘基等卜地定,作新宫于钟山之阳,在旧城东白下门之外二里许。"

人最终选定的是位于钟山之南的燕雀湖。然而,燕雀湖地势低洼,南高北低,不利于建筑工程,必须从附近取土,填湖平地之后才能建造新宫。这也正是"移三山,填燕雀"传说的由来。

关于在燕雀湖筑造新宫的原因,众说纷纭。一种观点认为,刘基等人选定燕雀湖是因为规划时仿效宇宙天象的投射,结合南京特殊的地理条件,利用南京旧有城垣及军事防御需要等情况,营建的京城城垣平面图呈"南斗星"与"北斗星"聚合形,将皇宫设置成北斗的"斗勺",以喻之尊贵,体现朱元璋"皇权神授"的统治地位。[1] 另一种观点认为刘基选定燕雀湖是有多重现实考量,若距钟山过远,旧城改造成本过高,可能引发人心向背问题,以及"六朝国祚不永"的忌讳,而这时的城东尚有为数不多的大片空地,因此选定"钟山之阳"的燕雀湖。[2]

吴元年十二月甲子(1367年1月17日),朱元璋亲祀山川之神,举行宫城坛庙的开工典礼。

新宫的布局,由南向北依次分布着午门、奉天门、奉天殿、华盖殿、谨身殿、皇宫门、乾清宫、坤宁门、坤宁宫等。两侧还对称分布着左顺门、右顺门、左红门、右红门、宫左门、宫右门、东宫、西宫(春和宫)等,由此奠定了明代宫城制度的雏形。新宫建成之后,朱元璋还下令在宫墙外建屋造舍,以安置因战斗而伤残的军士,白天谋生立业,晚上巡逻警戒。[3]

在宫城建设的初始阶段,朱元璋仍对设立国都的地点犹豫不决,派人北上前往开封进行考察,又在他的家乡临濠(今安徽凤阳)大兴土木,营建中都,因此南京的宫城建设进展缓慢。

宫城建设的第二个阶段始于洪武八年(1375),即朱元璋下令罢建中都之后。这一阶段,朱元璋确定南京为都城,集中力量重新规划宫城与皇城,并对宫殿、坛庙等进行改建。洪武八年七月改作太庙,九月下诏改建大内宫殿,增筑了文华殿、武英殿等。洪武十年八月,下诏改建

① 杨国庆:《南京明代城墙》,南京出版社2002年版。
② 张泉:《明初南京城的规划与建设》,《中国古都研究》第二辑,浙江人民出版社1986年版。
③《明史》卷八十九:"先是,新宫成,诏中书省曰:'军士战斗伤残,难备行伍,可于宫墙外造舍以居之,昼则治生,夜则巡警。'"

圜丘，十月改作大内宫殿。经过这一轮陆续建设，朱元璋理想中的"但求安固，不事华丽""惟朴素坚壮，可传永久"的宫城终于建成。

尽管朱元璋认为自己所建宫室朴素，并表示为了游观之乐而劳民费财的事，他坚决不做，但宫室建设过程中，仍出现不少伤亡。据《明太祖实录》卷一百〇六所载，洪武九年(1376)五月朱元璋下令工部给不幸去世的筑城工匠每人送一口槽椟(即小棺材)，并免去其家徭役3年。他还亲自撰文[①]，遣官前往龙光山(即今富贵山)祭祀，又给现役工匠发放宝钞60360多锭。

宫城建设的第三个阶段洪武后期，又对宫城进行了进一步改建和完善。洪武二十五年(1392)八月，由高有常负责改建宗人府、五府、六部、太常司等中央官署。据《明太祖实录》记载："五府六部官署宜东西并列，其建六部于广敬门之东，皆西向；建五府于广敬门之西，皆东向；惟刑部掌邦刑，已置于西北太平门之外。于是以宗人府，吏、户、礼、兵、工五部列于广敬门之东；中、左、右、前、后五府，太常司列于广敬门之西。悉改造，令规摹宏壮。"[②]十一月，改建大内金水桥。其后，又建造端门、承天门楼各5间，并在承天门外建长安东门和长安西门。[③]

经过前后二十多年的兴建与改建，完成了明初南京宫城的建造。洪武二十六年(1393)，明代宫室制度大致确立。[④]

永乐十五年(1417)，在北京建成西宫，共筑屋1630余楹。[⑤] 3年后，又仿南京之制建成北京紫禁城，筑屋8350楹。[⑥]

宫城城墙的形状是一个南北稍短、东西略长的长方形。据《大明会典》载："南北各二百三十六丈二尺，东西各三百二丈九尺五寸。"城墙"高三丈"，折合今制9米多，基厚"二丈五尺"，折合今制约8米。顶部

---

① 祭文曰："昔君天下者，务在安民，然有不得已而劳民者，营造之类是也。比者营建宫殿，工匠有因疾而死者，有被伤而死者，有冒危险而死者，已敕官为槽椟送之家。今复设坛遣官，以牲醴赐祭，尔等有知，咸谕朕意。"

② 中央研究院历史语言研究所校勘：《明太祖实录》，上海书店1982年，卷二百二十。

③ (清)张廷玉等撰：《明史》，中华书局1997年版，卷六八，志第四四。

④ 宫城建造的完成时间没有明确记载，也有学者认为宫城的建设一直持续到朱元璋逝世。

⑤ 《明史》记载："中为奉天殿，侧为左右二殿，南为奉天门，左右为东、西角门。其南为午门，又南为承天门。殿北有后殿、凉殿、暖殿及仁寿、景福、仁和、万春、永寿、长春等宫，凡为屋千六百三十余楹。"

⑥ "凡宫殿、门阙规制，悉如南京，壮丽过之。中朝曰奉天殿，通为屋八千三百五十楹。"

宽 6 米多,设垛口约 2370 个。[①]

宫城共设城门 6 座,分别为午门、东华门、西华门、玄武门、左掖门和右掖门。午门是宫城的正南门,于吴元年九月癸卯(1367 年 10 月 23 日)建成,洪武十年改筑,翼以两观。玄武门为宫城的北门,俗称"厚载门",后世讹称为"后宰门",沿用作地名。东华门、西华门分别为宫城的东、西二门。左掖门和右掖门则是午门的左、右两阙。

皇城

皇城,又称子城、内城,为中央行政机构与国家宗庙所在地,是四重城垣从内至外的第二重城垣。

皇城的营建分为两个阶段。第一个阶段是在洪武元年(1368),建成了皇城正南的洪武门,又设置洪武门千户所。洪武六年六月,皇城城垣的建设正式开始,修筑皇城周"二千五百七十一丈九尺,为步五千一百四十三,为里十有四",折合今制约 8.23 千米。[②] 至洪武十年十二月戊申(1378 年 1 月 3 日),皇城各项主体工程基本建成,正式置皇城各城门门官。

第二个阶段是洪武二十五年(1392)八月,由詹事高有常负责皇城的改建工程。《明太祖实录》详细记录了朱元璋对此次改建工程的具体解释[③],可知朱元璋对皇城的布局是经过精心考量的,这也进一步完善了明代的宫阙制度。

皇城城垣的城门有 6 座,分两次建造。最早筑洪武门,洪武元年(1368)设洪武门千户所。其他的门,如长安左门、长安右门、东安门、西安门、北安门等建造时间稍晚,洪武十年置皇城门官,各门设正七品,副从七品。各城门先后毁圮,目前皇城城门仅存西安门。

洪武初年,皇城城垣环宫城等距而筑,平面呈"凸"字形。但永乐三

---

① 杨国庆、王志高:《南京城墙志》,凤凰出版社 2008 年版,第 161 页。
② 梁庆华、邢国政:《南京明故宫范围有多大》,《南京史志》1989 年第 6 期。
③ 《明太祖实录》卷二二〇:"南方为离明之位,人君南面以听天下之治,故殿廷皆南向。人臣则左文右武,北面而朝,礼也。五府、六部官署,宜东、西并列,其建六部于广敬门之东,皆东向,建五府于广敬门之西,皆东向。惟刑部掌邦刑已置于西北太平门之外,于是以宗人府,吏、户、礼、兵、工五部,列于广敬门之东;中、左、右、前、后五府,太常寺列于广敬门之西,悉改造令规模宏壮。"

年（1405）六月，朱棣下令拓建皇城西垣，拆除皇城西安门以西的建筑，改筑宫城西华门以西的皇墙并重建西安门。皇城城垣的形状因而改变。

京城

京城，即外城，为明代南京四重城垣从内之外第三道城垣，也是今天俗称的"南京城墙"。它是四道城垣中至今保存最为完整的一道，是朱元璋"非古之金陵，亦非六朝之建业"（《阅江楼记》）建都思想的集中体现。

京城城墙的营建，是综合考虑各方因素，结合南京的地理形势，利用旧有部分城垣逐步建成的"超级工程"。其范围东连钟山，西据石头，南阻长干，北带后湖，城墙围合范围达 41.07 平方千米。

京城城墙的建设期主要分为两个阶段。第一个阶段是在元末明初，此时天下未定，朱元璋仍在与陈友谅、张士诚等势力争斗天下，因而此时的筑城工事规模不大，主要是对应天府旧城城垣的修葺和利用，新筑龙湾城、虎口城等小型堡垒，初建新城城垣及护城河。第二个阶段在定鼎天下之后，朱元璋统一全国，政治稳固、经济恢复，一个适应新政权的都城规划提上日程。为做好这项巨大的工程，朱元璋甚至通过减少官员俸禄等措施来筹措资金。关于著名的沈万三"聚宝盆"的传说，虽缺乏科学依据，但如果连官员的俸禄都需要克扣，那沈万三这样的富豪需要捐资以助营造都城的情况也并非空穴来风。经过两个阶段的精心建设，此时的京城城垣"高坚甲于海内"。

关于京城城墙的长度，一直以来说法众多。《明太祖实录》记"京师城，周一万七百三十四丈二尺，为步二万一千四百六十八有奇，为里五十有九"，《金陵古今图考》《大明会典》《明史》等载"九十六里"，《首都计划》称"长三十三里半"，2006 年南京市文物局公布的数据为 35.267 千米，周源通过对比分析，认为"将洪武六年修筑京师城的 59 里看作是京师规划中的长度是一种较为合理的推断"[1]。

① 周源：《南京明代京师城墙究竟有多长？》，《大众考古》2016 年第 2 期。

　　南京城墙遵循了"高筑墙"的设计思路,但因各地段地势不同,城墙的高度、厚度均不一致。据 2006 年南京市文物局公布的数据,琵琶湖段明城墙是南京京城城墙最高的地段,其高度从水平面以上至城墙雉堞顶部为 26 米;富贵山西侧城墙的顶部最窄,只有 2.6 米,西干长巷段城墙最宽,达 19.75 米。

　　南京城墙依山势、就地形,在不同地段设计了不同的墙基建筑方式和墙体砌筑形式。墙基可分为五种类型:山体岩石作墙基,圆木、块石等转嫁力点筑墙基,城砖作墙基,条石作墙基,平地直接砌筑。墙体依据外观大致可分为五种类型,分别为条石墙(墙体从顶面到底部均用大块条石砌筑)、城砖墙(墙体从顶面到底部均用城砖砌筑)、砖石混砌墙(墙体由条石和城墙两部分构成)、墙包墙(墙体中夹有"小墙")、包山墙(城墙内侧有土丘或山体,墙体外壁用城砖或条石混砌,内壁筑护土坡)。

外郭

　　外郭,又称外城、罗城,是南京城墙四重城垣的最外一重,也是最晚建成的。外郭大部分为土城,俗称"土城头",仅在城门及重要地段使用城砖包筑墙体。外郭的建造是对原有三重城垣的补充和完善,其围合面积达 230 平方千米。"都城既建,环以外郭。西北据山带江,东南则阻山控野。"外郭将钟山囊括进来,是对三重城墙的补充和完善,显示了朱元璋对都城城池防御体系的设计思想,对后世的都城营建也产生了很大影响。

　　外郭的营建,遵循"先城门,后城墙"的路径。洪武二十三年(1390)四月,开始补建外郭。洪武二十四年(1391)二月,建成外郭城门 16 座及部分城垣,朝廷在各座郭门设置千户所,铸印给之。四月,应天府江宁县沙洲乡开始修筑土城。外郭大部分为土城,常被雨水等损坏,因而工部经常需要对土城进行维修。清代后,外郭逐渐荒芜。民国时期,仍依外郭为界,划定首都市内区域。现在外郭城门均已不存,仅留下部分城门名称作为地名,指引今人寻找它们的痕迹。

　　外郭的长度,旧称 180 里,实际长度大约为 60 千米。现在外郭还保留约 29.6 千米的遗迹。外郭的形状近似菱形,最北的为观音门,最东的是麒麟门,最南边为夹岗门,西边则以长江为天堑。

外郭与京城城墙之间还有一段特殊的"丁字墙"。由外郭的夹岗门西侧向北往京城城墙的方向延伸了一段城墙,开辟有双桥门,像在外郭和京城城墙之间设置了一个门闩,被人们称作"一个门闩朝里插"。

南京作为长江边唯一的帝王都城,明代是其发展的鼎盛时期。这一时期给南京城留下的最大财富就是长江边的这座世界遗产——四重城垣格局的南京城池。从宫城、皇城、京城到外郭,每一重城垣都有自己需要承担的责任和守护的对象,体现出"筑城以卫君,造郭以守民"的深远意义。

(二) "里十三"——十三座京城城门

南京俗语有"里十三,外十八",指的就是京城城墙的 13 座城门和外郭城墙的 18 座城门。

明初南京的京城城门数量时有增减,至洪武十九年(1386)基本定型。洪武二十六年明代官方正式命名确认京城 13 座城门,分别为:正阳门、通济门、聚宝门、三山门、石城门、清凉门、定淮门、仪凤门、钟阜门、金川门、神策门、太平门、朝阳门。13 座城门的位置并不对称,而是根据城市布局和城防需要设置的。城南 3 座,城西 5 座,城北 4 座,城东临近皇宫,仅设朝阳门 1 座。《儒林外史》中将 13 座城门的名称编成顺口溜:"三山聚宝临通济,正阳朝阳定太平,神策金川近钟阜,仪凤定淮清石城。"

正阳门,位于南京城南,坐北朝南,与皇城的正南门洪武门在同一条中轴线上,是京师的"国门"。据《南都察院志》记载,正阳门的范围东至朝阳门界,西至通济门界,长 908 丈,垛口 1326 座。正阳门规模较高,临近明孝陵,因此孝陵大祀牲牢、国学二丁祭品,以及户部粮长进行勘合,都从正阳正门入城。[1] 正阳门有内瓮城和外瓮城 2 座,呈长方形。

[1]《南京都察院志》载:"东至朝阳门界,西至通济门界,长九百零八丈,垛口一千三百二十六座。""孝陵大祀牲牢、国学二丁祭品,户部粮长勘合,俱由正阳正门入。"

清末,正阳门一度被误称为"洪武门"。1928 年,国民政府将正阳门改名为光华门,意为"光复中华",以纪念 1911 年 12 月江浙联军光复南京。1929 年 4 月,于右任题写"光华门",刻石镶嵌城门门额。正阳门现已不存,遗址处建有光华门遗址公园。

图 1-5　今日光华门遗址公园

通济门,位于南京城南,坐北朝南,是京城 13 座城门中占地最大的一座城门。据《南都察院志》载,通济门的范围东至正阳门界,西至聚宝门界,长 511 丈 7 尺,垛口 744 座。[①] 明代的武器军械、火器等,均由通济门和双桥门出入。通济门整体呈"船形",有内瓮城 3 座,券门 4 道,瓮洞若干。1928 年,曾有人提议将通济门改为"共和门",1937 年的《新南京市实测详图》上也标注为"共和门",但国民政府未正式命名。通济门现已不存。

聚宝门,位于南京城南,坐北朝南。明初在旧南门的位置重建城门,因门外有聚宝山(今雨花台),遂定名"聚宝门"。据《南都察院志》记载,聚宝门范围东至通济门界,西至三山门界,长 953 丈 5 尺,垛口 1202

---

① 《南京都察院志》载:"东至正阳门界,西至聚宝门界,长五百一十一丈七尺,垛口七百四十四座。"

座。1928年,国民政府将聚宝门改名为"中华门"。中华门有内瓮城3座,券门4道,藏兵洞27个。南面第一道城门共分三层,最上一层原有城楼,中间一层为砖石结构,朝北辟有一排7个藏兵洞,下层中间为瓮城甬道,两边各辟3个藏兵洞。其余3道券门为上下两层结构,没有藏兵洞。瓮城东西两侧建有斜坡式登城马道,可策马直达城墙上,两侧马道下各辟一排7个藏兵洞。后世又将聚宝门与"聚宝盆"和沈万三联系起来,衍生出沈万三捐聚宝盆、埋聚宝盆以建聚宝门等民间传说,为聚宝门增添了许多神秘色彩。1929年,蒋介石为中华门题写门额,刻石镶嵌城门之上,保留至今。1937年,中华门城楼被侵华日军炸毁。

图1-6　今日聚宝门(中华门)

三山门,又叫"水西门""下水门",位于南京城西,坐东朝西。南唐、宋、元时为龙光门,洪武初年沿用。洪武十九年(1386)重建,定名"三山门"。据《南都察院志》载,三山门范围南至聚宝门界,北至石城门界,长715丈,垛口864座。三山门有内瓮城3座,券门4道,形状与通济门相似,规模较通济门、聚宝门略小,但超过其他城门。三山门南侧建有西水关,内秦淮河由此出城,与城外护城河相汇。1949年初,三山门损坏,无法开启。1955年,城门及瓮城城砖部分被拆除。

石城门,又叫"汉西门""旱西门",位于南京城西,坐东向西。南唐时称大西门,宋元沿用。明代朱元璋下令改建,因城门可遥望石头城,遂定名"石城门"。据《南都察院志》记载,石城门范围南至三山门界,北至清江门(即清凉门)界,长 397 丈,垛口 654 座。石城门有内瓮城 2 座,3 道城门。明清时期秦淮河一线是商贸舟船汇集之地,汉西门是联通京城内外商贸往来的重要城门之一。据明代陆容《菽园杂记》卷四记载:"南京洪武门、朝阳门、通济门、旱西门皆不许出丧。"因此,民间流传"汉西门只出龙衣不出(棺)材"的俚语,用来形容人的吝啬。1933 年在汉西门北侧拆墙开门,建汉中路和汉中门,因此南京人通常以"汉中门"来统称这一地段。目前汉西门及两侧部分城墙遗址保存较为完好,设有汉中门市民广场。

清凉门,又名"清江门",位于南京城西,坐东朝西。洪武六年(1373)置清凉门兵马司驻守。洪武十二年,改名"清江门"。万历时,仍称清凉门。据《南都察院志》记载,清凉门范围东至石城门界,西至定淮门界,长 725 丈,垛口 1050 座。主城门门券高 8.8 米,宽 5.87 米,长 16.34 米。同治年间(1862—1874),清凉门已塞。现在的清凉门位于石头城遗址公园内,是公园内的重要景观。

定淮门,又名"马鞍门",位于南京城西,坐东朝西。洪武初年建造,因临近城内的马鞍山,定名为"马鞍门"。洪武七年(1374)改名"定淮门",置千户所。主城门门券高 8 米、宽 6 米、深 25 米。据《南都察院志》记载,定淮门范围南至清江门界,北至仪凤门界,长 1075 丈,垛口 1528 座。同治年间(1862—1874),定淮门已塞。现在的定淮门位于古林公园西北。

仪凤门,又名"兴中门",位于南京城北,坐东朝西。据《南都察院志》记载,仪凤门范围南至定淮门界,北至钟阜门界,长 580 丈,垛口 800 座,城下还有水洞 2 座。洪武十七年(1384)年修建,成华(1465)前已被堵塞。仪凤门与临近的钟阜门被誉为"龙凤呈祥"之形胜,但在明成祖迁都之后,两门曾被封堵达 200 余年。清顺治十六年(1659),清军总兵梁化凤为解郑成功围城之困而重开仪凤门。清末,两江总督张之洞主持建造江宁马路,向北由仪凤门直达下关,因此仪凤门附近得到了快速发展。1928 年,国民政府将仪凤门改名为"兴中门"。1929 年,国民政府行政院院长谭延闿题写"兴中门",取"振兴中华"之义,并刻石镶嵌城门门额。现在的仪凤门横跨建宁路,毗邻狮子山公园南麓,建有城楼1座。

钟阜门,俗称"东门""小东门",位于南京城北,坐西朝东。洪武十一年(1378),因遥对钟山,改称钟阜门。据《南都察院志》记载,钟阜门的范围南至金川门界,北至仪凤门界,长514丈5寸,垛口750座。钟阜门现已不存。

金川门,位于南京城北,坐南朝北。洪武四年(1371),置金川门千户所。据《南都察院志》记载,金川门的范围东至神策门界,西至钟阜门界,长735丈,垛口1050座。建文四年(1402),燕王朱棣率军由金川门入城。清同治年间(1862—1874),金川门已塞。清末,随着铁路建设的兴起,下关地区商业日渐繁荣。光绪三十三年(1907),两江总督端方上奏建议修建南京市内铁路(即"宁省铁路",俗称"小火车"或"小铁路")。这条市内铁路的路线由下关码头经金川门入城,到中正街(今白下路)止。20世纪30年代,金川门一度改名为"三民门"。1957年,金川门及附近城墙被拆除。

神策门,位于南京城北,坐南朝北。因明代禁军"神策卫"驻扎在此,故名"神策门"。洪武九年(1376),置千户所。天顺五年,重建神策门城楼。据《南都察院志》记载,神策门的范围东至后湖小门(位于今解放门旁玄武湖公园入口)界,西至金川门界,长995丈,垛口1559座。《同治上江两县志》提到神策门西侧有方垛64座,用来护卫后湖(即玄武湖),外面瓮城有方垛108座,与北固山(即石灰山)遥遥相望。清顺治十五年(1658),清军在神策门大败郑成功,遂改其名为"得胜门"。1928年,国民政府将神策门改名为"和平门"。1929年,国民政府立法院院长胡汉民题写"和平门",刻石镶嵌在城门门额。现在的神策门位于玄武湖西北角的神策门公园内,有外瓮城1座,为京城13座城门中独有,还保存有唯一一座光绪十八年(1892)重建的仿淮安府城楼。

太平门,位于南京城北,坐南朝北。因城门外为"天牢"位置所在,即贯索星临照之地,故设三法司于城外,定名为"太平门"。洪武四年(1371),置太平门千户所。洪武六年,挖太平门城濠,增造军营,派兵驻守。太平门地处钟山西南麓，是扼守钟山通向城内的交通要道，极为重要。据《南都察院志》记载，太平门的范围东至朝阳门界，西至后湖小门界，长 845 丈，垛口 1327 座。城门门券的城头实砌垛口 31 座。同治三年（1864），清军炸开太平门东面城墙，攻入南京城，太平天国运动宣告失败。1911 年江浙联军也是从太平门攻入南京，宣告南京光复。1928 年，一度改名为"自由门"，后被废弃，仍用旧名。

朝阳门，位于南京城东，坐西朝东，是明代 13 座京城城门中唯一的东门。因临近皇宫，且面朝东方，故名"朝阳门"。据《南都察院志》记载，朝阳门的范围南至正阳门界，北至太平门界，长 754 丈 5 尺，垛口 2005 座。城下还设有水关 1 座。太平天国时期，清军与太平军在这里有过多次激战。同治四年（1865），增建外瓮城。1928 年，国民政府将朝阳门改名为"中山门"，随后在城门原址上改筑为三孔多跨连拱的复式券门。1929 年，国民政府行政院院长谭延闿题写"中山门"，刻石镶嵌城门门额。1937 年南京保卫战期间，中国军队在中山门与侵华日军进行了激烈交战，最终寡不敌众，中山门被炮火轰塌。1943 年汪精卫为修复的中山门题写门额。2006 年在兴建中山门隧道时，以王羲之的集字替代原有门额。

由于城门众多，危险系数也相对增大，因此明代对城门的启闭有着严格的管理制度，即"点闸"制度。每天晚上城门的闸门会统一关闭上锁，由全国最高军事机关五军都督府派人骑马至各城门查收钥匙，统一交回五军都督府。第二天开门之前，再派人将钥匙送往各门。这样严格的管理制度，才形成南京"高坚甲于海内"的威名。

（三）"外十八"——外郭 18 座城门

外郭城门，因先筑门后建郭垣，因此城门数量多有变化。文献记载有 15 门、16 门、18 门、19 门等多种说法。广为流传的"外十八"的说法，最早出现在明正统四年（1439）。据杨国庆、王志高《南京城墙志》考证，明初南京外郭实际存在并得到认可的城门共 18 座，分别为外金川门、上元门、佛宁门、观音门、姚坊门、仙鹤门、麒麟门、沧波门、高桥门、上坊门、夹岗门、双桥门、凤台门、大安德门、小安德门、驯象门、江东门、石城关。根据《南京都察院志》《南枢志》等记载，外郭被划为东城、南城、西城、北城四大城区。东城有夹岗门、上坊门、高桥门、沧波门、麒麟门、仙鹤门、姚坊门七门；南城有凤台门、大安德门、小安德门、驯象门、双桥门五门；西城有江东门、石城关二门；北城有外金川门、上元门、佛宁门、观音门四门。[①]

外金川门，位于外郭最西北端，因附近有金川河，又与京城金川门南北相对，故名。洪武二十三年（1390）建造，次年置千户所，铸印给之。外有望江楼，内有老军营。外金川门现已不存，相关地名"栅栏门""水关桥"等依旧保留。

上元门，是外郭西北起第二座城门，地处幕府山西侧，距长江不远。洪武二十三年（1390）建造，其时门址处于上元县辖地以北，因以为名。上元门东北侧为幕府山，建造城墙时利用山势，西南侧则为"砖石城"[②]。门址今已不存，有地名"上元里"沿用。据调查推测，上元门门址应当在今上元里 83 号楼和上元门地铁站 1 号口之间的中央北路上。

佛宁门，是外郭西北起第三座城门，位于幕府山间。相传达摩祖师从此处一苇渡江，附近有达摩古洞等景点。洪武二十三年（1390）建造，民国时也称"福宁门""佛灵门"。明初曾在门外江边试船练兵。

观音门，是外郭最北端的一座城门，位于直渎山山坳，因附近有燕子矶观音阁而得名。洪武二十三年（1390）建造，外有弘济寺和燕子矶。观音门附近城墙借助山势而造，因此垛口较少，只有门券 1 座，垛口 6 座，水洞 3 座，另有几间附属建筑。20 世纪 30 年代初观音门渐毁。1949 年因修路，观音门完全消失。

姚坊门，又名"姚方门"，现讹称为"尧化门"，是外郭东北起第一座城门。因靠近姚坊山、姚家坊村而得名。洪武二十三年（1390）建造，外有梁代陵墓和石刻，北有三官庙。门址今已不存，"尧化门街""水关桥"

① 南京城墙保护管理中心、南京大学文化与自然遗产研究所编：《南京明外郭遗址调查研究》，南京师范大学出版社 2021 年版。
② 南京城墙保护管理中心、南京大学文化与自然遗产研究所编：《南京明外郭遗址调查研究》，南京师范大学出版社 2021 年版。

等相关地名仍在使用。

仙鹤门，是外郭东北起第二座城门，因门外仙鹤山上有仙鹤观，故名。洪武二十三年（1390）建造，门内明初时是饲养军马的马场，至今还有"马群""青马""黄马"等地名。仙鹤门附近的城墙因作为绕城公路燕西线的路基，基本保存完好。

麒麟门，是外郭最东边的城门，因附近有麒麟铺村而得名。有说法认为"麒麟"是指邻近宋武帝初宁陵的一对神道石刻遗存石麒麟。洪武二十三年（1390）建造，地处交通要道，门内是钟山，门外道路直通镇江。麒麟门作为地名一直沿用，周边还有"麒麟门村""麒麟铺"等地名。

沧波门，又名"菖蒲门""仓波门"，因附近有多条河流汇集而得名，是外郭东北起第四座城门。20世纪20年代当地居民取砖造房，沧波门被毁。附近还有"大小门西""五百户""沧波门街"等地名存在。《南京地名大全》称"五百户位于孝陵卫街道东南余粮村，传明初此处进驻五个营，每营统领称百户"①。

高桥门，是外郭东南起第一座城门，因附近有高桥而得名。高桥，原名"皋桥"，相传为汉末皋伯通所建，洪武十九年（1386）重建，清代改名为"东观桥"。明初高桥门内有上坊桥、朝阳司，外有石马冲、胭脂井，为东南交通要道。1953年，因有安全隐患被拆除。

上坊门，又称"上方门"，其门内有上坊桥（今七桥瓮），因而得名，是外郭东南起第二座城门。洪武二十三年（1390）建造，门外有分水桥，内有见子桥。今已不存。

夹岗门，又称"夹冈门"，因附近有夹塄铺而得名，是外郭东南起第三座城门。洪武二十三年（1390）建造，内有神机营和聚宝司，外通溧水。今已不存，仅剩"夹岗村""夹岗门"等地名留存。

双桥门，因附近有洪武十九年（1386）修建的双桥而得名，是外郭东南起第四座城门。它位于凤台门和夹岗门之间南北走向的"丁字墙"北端，是连接外郭和京城城墙的一座城门。明时门内有神机营，神机火器

---

① 南京地名大全编委会编：《南京地名大全》，南京出版社2012年版。

均由双桥门出入城内。

凤台门,因属于凤台乡或因靠近凤台山而得名,建于洪武二十三年(1390)。原址有凤台关,内有泉水桥,外有铁心桥,门外还有花神庙和皇姑庵。杨心佛在《金陵十记》中指出凤台门"地在今雨花台区雨花乡雨花大队,临望江矶"[①]。凤台门今已不存。

大安德门,又称"安德大门",外郭东南起第六座城门。洪武二十三年(1390)建造,因附近有安德乡而得名。大安德门内邓府山、邓愈墓,门外为石子岗。附近佛寺众多,门内有碧峰寺、能仁寺,门外有外永宁寺、德胜寺、广兴寺等。现已不存,但"安德门"等地名仍在使用。

小安德门,又名"安德小门",位于大安德门北侧。小安德门原不在外郭城门计划之中,后因附近有给皇宫和孝陵烧制琉璃瓦的琉璃窑,为方便运输草料而开。附近有"窑岗村""窑湾街""安德里"等地名,新中国成立前安德里被称为"小门里"。

驯象门,门外有沙洲乡以驯象闻名,因此得名。洪武二十三年(1390)建造,修建时分大驯象门和小驯象门,但小驯象门不久被废除。驯象门外有赛工桥(今赛虹桥)、毛公渡、沙洲营、小市口,内有兵部尚书王以旂宅邸。今已不存。

江东门,位于外郭西边偏南,与驯象门之间无城墙相连。洪武二十四年(1391)建造,因位于江东而得名。门外是直江口,有江东桥、江东驿、江东市等,自古以来一直是迎送宾客之地。门外还有济州卫负责江上防卫。江东门今已不存。

石城关,位于外郭西边偏北,临近江东门。因与京城城墙的石城门相对,故名。石城关又名"栅栏门",南侧为江东门,北边有新江营,门外有济州卫,门内为宣课司。因长江西移,现在的石城关已无迹可寻,附近的地形地貌变化也很大。

明初的众多城门,至今只有京城城墙的聚宝门、石城门、神策门、清凉门4座保留下来,其余大多湮灭或重建,但仍作为地名使用,或成为

---

① 杨心佛:《金陵十记》,古吴轩出版社2003年版。

南京地铁站名,在现代都市里延续它们的使命。

第三节　南京城墙与护城河

(一) 南京的地理环境与水系分布

南京自古以来就有"东南门户,南北咽喉"之称,地处长江中下游平原,苏皖交界之处,扼江控淮,是东部沿海重要的经济、政治中心城市。其市域面积达 6587.02 平方千米,南北长、东西窄,南北直线距离约 150 千米,东西宽 50—70 千米。境内地势起伏,低山区广泛分布,是江苏省低山、丘陵集中分布的主要区域之一。长江北岸有老山山脉,长江南岸则有宁镇山脉、茅山山脉和宜溧山地等,地貌复杂多变。无怪乎孙中山先生在《建国方略》里评价南京是"美善之地",坐拥高山、深水、平原三种地形,放眼全世界的大都市,也是极为罕见的胜地。[①] 这大概也是他选择长眠于南京的原因之一。

南京境内最主要的山体是宁镇山脉南京段,又可细分为 3 支:北支为沿江山岭,如栖霞山、乌龙山、岩山、幕府山及其余脉、红山、狮子山、八字山等;中支有射乌山、庙山、灵山、钟山、富贵山、九华山、鸡笼山、鼓楼岗、小仓山、清凉山、冶山等;南支有汤山、大连山、青龙山、黄龙山、马鞍山、方山。此外,长江以南的南京地区还有吉山、祖堂山、牛首山、将军山、韩府山、邓府山、雨花台、凤台山等。南京城墙在修建过程中,借用了很多天然山体,以借助山势,并降低建筑成本。钟山,又称"紫金山""蒋山",是宁镇山脉中支的主峰,"钟山龙蟠"即是称赞钟山一带的巍峨气势。栖霞山,被乾隆皇帝誉为"金陵第一明秀山",有著名的栖霞寺和千佛岩。狮子山,又叫"卢龙山",毗邻仪凤门,为金陵四十八景之

---

① 《建国方略》:"其位置乃在一美善之地。其地有高山,有深水,有平原,此三种天工,钟毓一处,在世界之大都市中,诚难觅此佳境也。而又恰居长江下游两岸之量丰富区域之中心,南京将来之发达,未可限量也。"

一"狮岭雄观"所在。幕府山,紧邻长江,为外郭城墙上元门段、观音门段等所借用。

南京市内水网密布,其河流分别归属于三大流域:长江流域、太湖流域和淮河流域,可分为六大水系:淮河水系、滁河水系、沿江水系、秦淮河水系、水阳江水系和西太湖水系。沿江水系,主要包括长江、七乡河、便民河、九乡河、金川河、江宁河、板桥河等。秦淮河水系,主要指横贯南京腹地的秦淮河。秦淮河源自句容宝华山和溧水东庐山两处,两水在江宁方山附近的西北村汇合,形成了秦淮河的干流,在外郭城墙高桥门至上坊门段穿城而过,至京城通济门外汇入护城河,随后分为两路,分别为内秦淮河与外秦淮河。

除天然水道外,历史上因航运的需要,南京还开凿了诸多人工运河,对城市的发展起到了重要作用,如上新河、中新河、下新河、运粮河等。这些水体和水道对南京城墙的走向和形制都产生了一定影响。

(二) 城河变迁

择水而居是古代城市重要的选址条件之一。历史上的大城市,尤其是都城建设都对河流进行了最大程度的利用。护城河,作为城墙之外的第一重防线,最重要的特点和功能就是护卫城墙、航运供水等。中国古代城墙的修筑离不开"城河一体"的概念,因此历朝历代在修建城墙的同时,对护城河也相当重视。南京被誉为"六朝古都""十朝都会",近500年的建都史给城市建设留下了众多宝贵的文化遗产。这其中,护城河也对都城形制产生了深远的影响。

六朝时期的建康城由郭城、都城、宫城及内城组成,东面是青溪,西面为运渎,南面是秦淮河,北面为潮沟,形成了完整的环城水系。赤乌三年(240)十二月,为方便将各地运往京师的粮食等物资直接运至京城,孙权下令开凿运渎,连通秦淮河与苑城内的仓库,这样大大节省了成本,缩短了运输时间,也有利于护城。关于运渎的走势,一直以来争议很多。贺云翱依据现代地质钻探资料制成的南京地下古河道分布图,研究后认为运渎北自今北极阁(鸡笼山)下东南一角,顺原进香河南下,在今廊东街以东略向西南,顺今糖坊桥,穿过新街口中心,沿丰富路、跨建邺路、过光华巷、至红土桥,在今玉带巷和徐家巷之间或约在上下浮桥之中部接秦淮河。其走势与南京明清以来的南北旧街巷的走向基本一致。①

因建康城地势北高南低,运渎的水流不稳定,对仓城的粮食运输影响很大,因此孙权又下诏开挖潮沟和青溪。潮沟平面略呈"广"字形,主线为东西走向,东接青溪,向西经过都城北垣古承明门、广莫门、大夏门外,西达都城西墙外;西线从都城西北角外南折,流经都城西垣的西明门和阊阖门外,与运渎相连;北线北连后湖(今玄武湖),引后湖水入潮沟主线。② 赤乌四年(241)十一月开凿的东渠,即青溪,发源于钟山南,汇合钟山西南的水流,注入秦淮河,有"九曲青溪"之称,是建康城东的重要防御线。

五代十国时期,杨吴、南唐先后对南京城的水系进行过大规模改造。杨吴权臣徐温曾派养子徐知诰在升州建城。历时 3 年,徐知诰大力修建官署、城墙及护城河,形成了"阔二十五丈,周四十五里"的"杨吴城濠",奠定了后来南京城的水系格局。修建杨吴城濠时,既利用了原有的自然水道,如青溪、潮沟、外秦淮河、乌龙潭等,又开凿了一些城内的人工河道。现在所说的杨吴城濠,一般指杨吴的北护城河,又名"北门桥河"。如今残存的杨吴城濠,从珠江路往小营折向南流,到通济门附近与内秦淮河相通。城内西段从北门桥到乌龙潭,现已基本干涸,即干河沿。

南唐金陵城重新选择在秦淮河两岸人烟稠密、商业发达的地区建城。都城大体为方形,陆门 5 座,水门 3 座,依山傍水,跨淮带江,有两重城墙和护城河。南唐宫城的护城河,东、北、西三面为护龙河,南面的水道连接起青溪和运渎。河水源自青溪,自东虹桥流入,绕东、北、西三面,至西虹桥与青溪复合为一。② 南唐都城的西面为长江,南面是秦淮河,东面连接青溪和娄湖,北面利用六朝都城的北堑。护城河上与城门

---

①② 贺云翱:《六朝瓦当与六朝都城》,文物出版社 2005 年版。

② 南京市地方志编纂委员会:《南京水利志》,海天出版社 1994 年版。

相对的位置有不少跨濠桥梁,城东有白下桥,城南有长干桥,城北有玄武桥(今北门桥),城南有朱雀桥(今镇淮桥)。除白下桥外,其他三桥仍存。

南唐亡国后,护龙河依然存在。宋代的《景定建康志》和元代的《至正金陵新志》中都有关于护龙河的记载。元至元五年(1339),行台大夫忽剌哈赤下令开浚天津桥下古沟,东起青溪,西抵栅寨门,至石头城下,水道复通。

(三) 明代护城河

明初朱元璋定都南京,修筑宫城、皇城、京城、外郭四重城垣。在拓建南京城墙的同时,朱元璋还利用自然河道,又开凿人工水道,形成环绕宫城、皇城、京城、外郭的护城河体系。

宫城护城河因临近天子所居之地,故称"御河","国朝开御河成濠"[①],民间俗称"玉带河"。其水源自京城东面护城河及青溪、中湖(今琵琶湖)、前湖,自京城东面的数个涵闸入京城,又经皇城护城河流入宫城。在午门和承天门分为南北两支,北支流经宫城内外,南支流经皇城护城河,入杨吴城濠。流入宫城的水自宫城内西垣北端入宫城,沿西垣内侧往南,经西华门、午门内五龙桥向东,在南垣东端与东垣内侧之水相汇,由南垣东端出,入宫城外护城河。[②] 宫城原址为燕雀湖,传说明初朱元璋"迁三山,填燕雀",填平燕雀湖以兴建宫城,仅留下部分,被称为"前湖",也成了宫城护城河的一部分。

皇城护城河,又称"金水河",其水源自京城东面和东北面的护城河及后湖(今玄武湖),经京城城墙北段下的涵闸,穿城入潮沟、青溪等水系,汇入皇城护城河。皇城护城河上建有不少桥梁,南面有青龙桥、金阙桥(外五龙桥)、白虎桥、会同桥、乌蛮桥、柏川桥等,西面有大通桥、复成桥、玄津桥、太平桥,北面有北安桥。明代时皇城护城河少有疏浚,排

---

① (明)陈沂:《金陵古今图考》,南京出版社 2017 年版。
② 杨国庆、王志高:《南京城墙志》,凤凰出版社 2008 年版。

水系统逐渐被淤泥堵塞,加上人口暴增,河道被侵占,因此极易发生水患。万历三十六年(1608),大水入皇城,朝野震惊。万历四十年,官府下令疏浚皇城东南部沟渠,立碑以警。《南京东城疏通河渠碑》原立于宗人府后,现立于午门公园内,内五龙桥南侧。

京城护城河是自然水体和人工河道相结合的产物。明初京城城墙的建设是与护城河的开挖、疏浚同时进行的。洪武元年(1368)冬,朱元璋下令疏浚后湖(即玄武湖)和石灰山龙湾(即今天的下关一带)河道,范围长达一千多丈。洪武五年十二月,京城护城河的疏浚工程大体完成。《明太祖实录》卷七十七载,"时浚修京师城濠,上幸三山门观之"。洪武六年十一月,修浚太平门外城濠。洪武七年十二月,开凿石灰山河,贯通城北护城河。洪武十九年十二月,新筑后湖城,利用玄武湖作为天然护城河。

京城护城河的水源自钟山。《肇域志》记载,护城河绕城一周,长达45里,河面宽25丈。其水源自钟山之南,在朝阳门外向南转折入正阳门,汇入城濠。京城城墙的东、南、西三面都有人工开凿的护城河,北面则利用自然水道作为护城河。《嘉庆江宁府志》记载:"其城外之河,自正阳门西因杨吴所凿淮流,绕城为池,西流北转抱城至仪凤门外流入江,城之东北倚山冈无城河,而正北则后湖,当其曲隈矣。"城东北面利用玄武湖、琵琶湖、前湖、白马湖等自然水道作为东北面护城河,城南则继承和疏浚南唐护城河的南段,即现在外秦淮河从东水关至中华门到乌龙潭的一段,作为城南的护城河,又在城东、西北、城北开凿新的河道,修建东南护城河、西北护城河和城北护城河。护城河又与长江、秦淮河和金川河相互沟通,成为当时世界上最长的护城河。2005年11月28日至2006年1月24日,南京市文物局与江苏省测绘局合作开展了护城河的首次调查测绘。这次测绘的结论是,南京城墙现存护城河全长31159米,最长一段有5658米;城墙与护城河间距最宽处为玄武湖,达334米,最窄处为琵琶湖,紧邻城墙根下。

京城护城河自明代以来,河道淤塞时常发生。洪武中期,龙江的复成桥下曾有3条湖,共可容纳舟船400余艘。如果遇到大风大雨,舟船都会就近到湖内避险。但日积月累,湖水逐渐淤塞,不通舟楫。永乐元年(1403)七月,上元县百姓上书朝廷,乞求复开河道,以便往来。朱棣应允,准许以民夫浚河。十一月,因天气寒冷,朱棣命工部尚书遣散浚河民夫,派军队完工。其后历代都对京城护城河进行过疏浚。造成河道淤塞的主要原因,一是因南京地区地处长江下游,水道泥沙含量较高,这也是江心洲、八卦洲等形成的由来;二是明代之后南京地区人口暴增,倾倒至河道的垃圾较多;三是人口增多带来住房和耕地的需求,田地、民居逐渐侵占河道。

京城 13 座城门外的护城河上均设有桥梁,便于城内外交通往来,这也对河道的水流有一定影响。桥名均取自附近城门,如正阳桥、通济桥、聚宝桥、三山桥等。部分桥梁与城门不在同一条轴线,各按防御需要而定。

为解决城内水系的进出水问题,保障居民生活用水和防洪排涝的需要,京城城墙各处因需设置了可通水通船的水关、调节进出水量的涵闸和仅供通水的涵洞,设计精巧,体现了明初精湛的筑城工艺和水利设计思想。据《同治上江两县志》记载,正阳门至朝阳门段、通济门至聚宝门段、三山门至石城门段各有水闸 1 座,石城门至清江门段有铁窗棂水洞 1 座,仪凤门至钟阜门段、金川门至神策门段各有水洞 1 座,钟阜门至金川门段、太平门至朝阳门段各有水洞 2 座,朝阳门至正阳门段有水洞 3 座、水闸 1 座,清江门至定淮门段、定淮门至仪凤门段各有水洞 4 座,凡 22 座。但经实地考察,还有玄武湖的武庙闸、太平门西的水闸等未被计入,因此实际数量当不止 22 座。

其中通济门至聚宝门段的水闸就是东水关。东水关,亦称"通济门水关闸""上水关""东关头",是内秦淮河入城处。其位于通济门南侧,有 33 券,分 3 层,每层 11 个,最下一层通水,上面 2 层外侧封堵,以增强水关的防御能力。最下层的 11 个洞,每个设有 3 道门,前后 2 道为防止敌人潜入的栅栏门,中间是一道可以开闭的控制水位闸门,设计精妙。1958 年拆除了最上面一层城砖构造部分,仅留下调试构造的中层和下层。2001 年,此处建成东水关遗址公园。

西水关,又称"三山门水关闸""下水关""西关头",位于三山门南侧,是内秦淮河出城处。其结构与东水关一致,设有大小 33 券洞,分 3

层,每层 11 个。下层中间涵洞较大,高 5.5 米,宽 9 米。20 世纪 50 年代,西水关逐步遭到拆除,仅保留城基部分。

武庙闸,又称"通心水坝""北水关""台城水关",是玄武湖主要的泄水入城水道,也是城内珍珠河的主要源头。东吴宝鼎二年(267),孙皓选择在此处开凿城北渠,引湖水入城。明初修建京城城墙时,又将原有的水关进行了扩建,称之为"通心水坝"。武庙闸有 2 个进水水闸,可单独或同时启动,以调节城内水位。清同治十年(1871),江苏候补县丞管理后湖委员王焕奎对"通心水坝"进行重修,勒石纪事。

外郭护城河,也是天然河流和人工水道相结合。明代外郭城西南面的江东门与驯象门之间利用河道、湖泊等天然河流作为防御屏障,西侧则以长江为天堑,没有砌筑城墙。这样就将长江纳入管理范围,作为交通运输和舟船训练的场所。为解决粮食和木材的运输问题,明代还在外郭外围的沿江地区修筑过上新河、中新河、下新河等。

据相关考古资料和专家推测,秦淮河、金川河、运粮河、百水河、十里长沟等都曾做过护城河,在外郭城建造后成为外郭空间体系的一部分。据南京市考古研究所资料,秦淮河在外郭高桥门至上坊门段穿城而过,并且发现高桥门到上坊门段城墙外侧 30 米处有人工水沟,由上坊桥处秦淮河汇入,宽度约 35 米,与城墙走向相同,专家推断是外郭护城河。[①] 金川河,古名"靖安河",一支自平桥下东南流经外金川门,经内金川门西入京城。运粮河,明代开挖用于运粮的河道,在麒麟门、沧波门至高桥门段作为外郭的护城河。其北段大致与外郭城墙走向一致,距城墙 500—800 米,过百水河后,河面变宽,紧邻城墙,运粮河小水关至高桥门这一段水道沿着城墙外侧,流经高桥门,在上坊桥附近与秦淮河汇合,其位于城墙外侧约 40 米处。百水河,位于栖霞马群东南,北起百水洞,经百水桥,穿外郭沧波门与运粮河相汇。此外,外郭城墙还有多条穿城水道沟通内外水流,如西十里长沟、东十里长沟支流、东十里长沟等。

---

① 南京市考古研究所:《明代南京外郭城遗址考古调查报告,南京文物考古新发现(第四辑)》,文物出版社 2016 年版。

（四）护城河的功能与作用

古代城市的城墙与护城河关系紧密，"城池"强调"城河一体"。"城门失火，殃及池鱼"，可见城墙与护城河联系之密切。护城河作为城墙的第一道防线，承担了军事防御、水路航运、生活用水、防洪排涝等多重功能。

军事防御功能

古代中国城市有不少都修筑了城墙和护城河，如北京、西安、荆州、襄阳等。世界各国其他地方也有很多城墙、城堡和护城河。在火器出现之前，坚固高大的城墙（城堡）与宽深的护城河是城市防御体系的必备要素，它们共同形成了一套以城墙为主、护城河为辅的完备城市防御体系。设计者在修筑城墙时，往往依据山水形势的走向，沿天然河道以建造城墙，因此城墙的建造也常常受到地形和水势的限制。明代建造的南京城墙依山傍水，城区尽占丘陵等高地，又以江河作为防御屏障，形成了特殊的不规则轮廓。随着城市的不断发展，护城河也随之不断修浚，以满足城市发展的需求。

冷兵器时代，南京城墙护城河在实战中多次发挥重要作用，如元末明初的龙湾之战、太平天国时期的攻防之战等。龙湾之战，发生在龙湾城，即今天的狮子山下、仪凤门外护城河一带。元至正二十年（1360），陈友谅率军顺江而下，攻城略地，与朱元璋在龙湾发生激烈斗争。朱元璋以 10 万兵力，依靠护城河和长江，用计谋大败陈友谅 30 万兵力，使得两军情况实现逆转，为明朝顺利建国奠定了基础。

太平天国时期，清军与太平军有多次激战。清咸丰三年（1853）太平军选定城北仪凤门，先挖地道再爆破城墙，夺取江宁（今南京）。此后清军 3 次攻城，直至同治三年（1864）才攻占天京城。钦差大臣向荣曾在奏折中对天京城这样描述："金陵城高池深，坚固异常，西面则滨临大江，北面则湖水汪洋，其东南两面，半系小河环绕；仅紫金山、龙脖子一隅有旱路可通。又开挖深濠，重垒密布，竹签蒺藜，以营护城，复以城护营,防守极其严密……"①可见战争中护城河起到了有效的防御作用,而没有护城河的龙脖子段则成为战事中的薄弱地带。

水路航运功能

古代水路航运是重要的交通运输方式,尤其在安全性、运输成本、运输速度等方面,更具优势。完备的护城河体系为南京城区的发展提供了物流通道的支撑,城内外的人员、物资、商品都有赖于护城河的水路运输。康熙皇帝 6 次巡幸南京,沿京杭运河顺流而下,经秦淮河入城,途经通济门、水西门、旱西门(石城门),在旱西门外的秦淮河乘船离开南京。可见,明清时期的秦淮河两岸,商贾云集、舟船如织,石城门、三山门等城门外的护城河迎来送往,是南京城重要的对外窗口。

南京濒临长江,通过长江及其支流水系,可将四川、湖广、江西等地的物资运送到京城;又可通过大运河连通南北,将南北地区的粮食输送到京师。② 万历十七年(1589),南京礼科给事中朱维藩指出三山门临近长江,历来舟船如织,但如今早已湮塞,各府的仓粮都经由水道运进。可见当时各地的粮食到达南京附近后,还需要通过护城河直达城内粮仓。长江上游的船可从大胜港经阴山河入外秦淮河,从通济门入城;长江下游的船只经下关入秦淮河,再入城;木材等大宗货物在上新河口集中,经上新河口入外秦淮河;官船经中新河进入外秦淮河。南京城墙护城河沿线的码头、港口较多,有中华门码头、水西门码头、汉西门码头、石头津、大胜港等,有利于船舶的转运。

生活用水功能

城市选址的条件之一就是水源,护城河也承担着给城内居民供水的重要职责。南京地区的居民多以秦淮河、玄武湖等为主要生活水源。明清时期的南京城人口繁密、商业发达,靠近河道,沿岸民居林立、集市

---

① 中国第一历史档案馆编:《清政府镇压太平天国档案史料》,社会科学文献出版社 1992 年版,第104 页。

② 何乔远《名山藏·河漕记》:"明初,太祖都金陵,饷悉仰给于南。江西湖广之粟,江而至;两浙、吴会之粟,浙河而至;凤、泗之粟,淮而至;河南山东之粟,黄河而至。"

繁茂。秦淮河两岸更是建成了许多巍峨壮丽的园林、河房。本地的丝织业也日益发达,门西一带集中了许多染坊,织工们也利用秦淮河水漂洗丝布,造成水质日益下降,居民转而取用江水、井水等。

同治末年,为解决江南贡院的用水问题,江宁布政使梅启照"转江水入城,院墙外设东西两台,安两锡管,分灌入墙内,复分数百小管,遍达号舍"[①]。1927 年南京特别市工务局的工作总结里提到,"查城南一带居民饮料原多取自东关头水闸"。当时国民政府正在对东水关进行维修,城内居民生活用水顿时断绝,城厢一带居民用水车在通济门外九龙桥下及中华门外护城河两处取水,城门狭小,车马交通拥挤不堪。因此南京特别市工务局奉令在正觉寺旁拆辟城墙,修筑大路以方便居民取水。这个城墙豁口,后来被改建为武定门。

1933 年 4 月 1 日,北河口水厂局部建成并开始运营。新中国成立以后,南京居民的用水问题逐步得到改善,干净卫生的自来水走进了千家万户。

防洪排涝功能

护城河在防洪排涝方面也发挥着重要功能。明代南京城已有非常科学的水利调节措施,主要包括疏浚、防洪、蓄水、调控。

疏浚:明代对护城河进行过多次疏浚工程,如洪武元年(1368),疏浚后湖、石灰山、龙湾一带河道;洪武五年,基本完成京城护城河的修浚工程;永乐元年(1403),疏浚淤塞的龙江复成桥附近;永乐二年,加深拓宽江东门外北河,以纳馈运之舟;永乐九年,修浚京师河渠。经过疏浚的河道,航运功能得到保障,水质情况也得到改善,河道的防洪排涝能力得到提升。

防洪:明代大力修建和加固堤坝,以防止洪水。太平门外有"太平堤",就是为了防止玄武湖水患。正统七年(1442)修筑南京大胜关堤防。

蓄水:南京有不少市内湖泊,如玄武湖、前湖、琵琶湖等,在雨水期可拦蓄洪水,以免影响城内生活,枯水期则提供城内用水,保证日常生活。

调控:南京城墙修有不少水关、涵闸和水洞,依需要而启闭闸门,以控制进出城的水流,保障用水、防止水患。东水关、武庙闸等至今仍在使用。

---

① (清)欧阳昱:《见闻琐录》,岳麓书社 1986 年版,第 42 页。

第四节　城墙建造与管理机制

　　明初都城的建设是一个整体性的浩大工程。[①] 当时所征调的工匠、民众,除了负责南京城墙建设,也参与了宗庙社稷、皇室宫殿等建设。规模如此之大的都城建设,参建人员的数量之多,在中国古代都城建设史上也相当罕见。朱元璋依靠君主集权制,利用自上而下的管理措施,对这一工程进行了高效严密的管理机制。

(一) 人员

　　南京城墙砖延续了中国自春秋时期就有的"物勒工名"传统,各城砖烧造单位、地方府州县各级督造官员、县级以下基层组织负责人、造砖人夫、烧砖窑匠等,均需按照规定在城砖上留下姓名,便于管理者查验质量和统计摊派数量。城砖上因此留下了众多明初人士的真实姓名,使后人得以一窥历史的原貌。

图 1-7、图 1-8　"石继先""金受七"铭文城砖

---

① 《明史》记载:"明初,工役之繁,自营建两京宗庙、宫殿、阙门、王邸,采木、陶甓,工匠造作,以万万计。所在筑城、浚陂,百役具举。"

南京城墙有一块岳州府烧造的城砖,砖体有铭文"岳州提调官同知皇甫从龙司吏荣惠/总甲石继先甲首金受七小甲殷受兴/窑匠李保二/造砖人夫杨万八"。研究者在岳阳市君山区找到了"总甲石继先"的相关信息①,并找到其余姓女婿后人所保存的《余氏家谱》。《余氏家谱》记录了余氏先祖入赘石继先家的事情,现已陈列在南京城墙博物馆内。"甲首金受七"的身份也在《金氏族谱》中得到印证。《金氏族谱》中,记载了元末金受七家族从江西南昌府丰城县迁至岳阳城金家岭的族史。"元末,(金受八)偕子世宝、世坚同兄受七、受六及侄世安、世书,自江西南昌府丰城县潦塘迁益阳瓦祖街……三公再迁岳阳城金家岭。七公独迁穆湖村。"

经过整理研究,目前可大致将参与南京城墙建设的人员依照身份,分为官吏、军士、人夫、工匠、囚犯等。官吏,即各级督造职官,是参建人员中的上层管理人员,承担组织、征调人员和建材,城垣规划和监督工程进度等各项管理工作。军士,是参建人员中的主要劳力之一。元至正二十六年(1366)开始营建南京城墙时,筑城工程全部由军士承担。当时在南京的驻军实际承担防御、种粮和筑城三项任务,其中主城所占人数最多。人夫,初称"均工夫",也是参建人员中的主要劳力来源之一。自洪武二年(1369)年开始大规模征调均工夫,不仅有在当地服役的,还有部分赴京参役。工匠,是南京城墙营造的重要组成部分,可谓"百工技艺尽在京城"②。囚犯,洪武年间均以"赎罪罚役"的名义被押送至京师,参与包括修筑南京城池在内的役作。数十万人员的参与建设,终成一座"固若金汤"的旷世城垣。

南京城墙砖的"砖文责任制"经历了一个发展成熟的过程。在"砖文责任制"发展初期,城砖铭文所记录的信息较为简略,一般仅有地名、

①《岳阳市君山区志》:"石继先(生卒不详),许市镇人。明洪武元年(1368),朱元璋定都南京,大修京师……岳州提调官、同知皇甫从龙任命石继先为总甲,在许市金鸡垄两侧的横垱湖和白浪湖岸边建青水窑99座,烧制……大青砖,就地装船,经采桑湖,出三江口(今广兴洲镇团湖),顺长江而下至南京。石继先无子,育三女,分别招余、胡、王三姓女婿入赘。三姓后人合建祠堂,祠堂大门外悬'三义宗祠'匾。石继先谢世后,为表彰他烧制大青砖修建南京皇城有功,官府将他的出生地赐名为石继先,以示永久纪念。此地名沿袭至今。"
②《全明文》卷三一。

纪年等;至中期,城砖铭文信息逐渐丰富;到成熟期,城砖铭文中出现了府一级官员的姓名,"甲"级人员及工匠的信息也更加完备,一块城砖上记录的造砖人员多达9人,最多时有11人,如"黄州府提调官同知曹振祖司吏黄玑蕲州提调官判官马彝司吏倪琦蕲水县提调官主簿夏时中司吏谢原总甲李谷云甲首叶邦泰小甲徐贵窑匠黄益造砖人夫何兴"。

在城砖烧造过程中,一些工作成效显著的官员得到了重用,比如袁州府提调官通判隋赟。隋赟在袁州府任职期间,负责监督烧制了南京城墙中独具特色的"白瓷砖"。这种城砖由江西特有的黏土制成,通体洁白如玉,坯体细腻光滑,质地坚硬,常被砌筑于城墙内部,起稳固作用。隋赟凭借在袁州府出色的政绩,连升三级,被擢升为广东按察使。

(二) 建材

城墙的营造所需的建材种类繁杂,涉及城砖、条石、块石、木材、土方等。其中数量最多、最为重要的就是城砖。

城砖

城砖,又称"官砖""营造砖""城墙砖",是明初建造南京都城所使用的最大宗的建材。城砖的烧造需要大量资金的支持,因此在明代以前,中国的城墙大多是夯土墙,仅对城门附近、城墙转角等地段进行包砖。随着火器等攻城武器的发展,夯土墙的军事防御作用无法满足需要,南方雨水多又对夯土墙侵袭很大,因此明代开始大规模用砖筑城,对已有的夯土城垣进行包砖也成了常规做法。据史料记载,明代城砖的质量要求很高,"敲之有声,断之无孔",这也是南京城墙历经650多年至今保存的原因之一。

关于明初烧造南京城墙砖的记录留下的较少,但我们可借助明末科学家宋应星《天工开物》一书中的《陶埏》,来了解明代造砖工艺。为了保证品质,南京明城墙砖的烧制不仅有着十分严格的操作规范,而且有很高的制作、烧造技术。

城砖烧造的步骤包括:第一步是选土。烧砖的土要选择黏而不散、粉而不沙的,将土堆至场地中央,经日晒雨淋,使其颗粒分解而无硬块。先过大小筛各一遍,经泥地过滤为泥浆,池满后,待其自然沉淀。第二步是练泥。从滤池中取出泥,经过牛或人的反复踩踏,让泥块变得稠而均匀。第三步是制坯。用练好的泥料填满特制的木框,再用铁线弓弄平表面。定型后,去掉木框,风干砖坯。砖坯必须棱角分明、六面平正,才可继续烧制。第四步是入窑烧制。城墙砖因燃料不同、泥土材质不同,烧制出来的城砖颜色也有很大差异,大部分为青黑色,少部分为白色和红色。

南京城墙砖的产地,一直以来都为学界所关注。研究人员通过对现存城砖铭文的整理总结,才大致拼凑出明初烧造城砖的情况。从南京城墙砖的铭文来看,当时承担烧制城砖任务的主要是长江中下游水系相通的地区。1998 年开始,研究人员广泛搜集各地报道线索,根据城砖铭文的提示,经过 20 年的努力,分别对江苏南京,安徽繁昌,江西分宜、宜春、黎川、上饶,湖北武汉,湖南岳阳、醴陵等市、县的砖窑遗址进行考察,发现了十余处为南京城墙烧造城砖的砖官窑。同时,还发现大量与砖窑相关的遗物、遗迹,如铭文砖、古钱币、制砖工具、砖坯、砖坯堆放处、道路、港口、码头、方志、族谱等,证明了南京城墙砖由各地烧造运送至南京这一事实。

南京城墙博物馆第二单元展厅陈列了一座来自江西省黎川县的砖窑。黎川县隶属于抚州市,位于江西省东部,抚河支流黎滩河上游。黎川县明代砖窑遗址绵延黎滩河河岸坡地 5 公里,2016 年由于上游洪门水库溢洪道改造,黎滩河水位骤降,原被淹没在水中的黎川砖窑遗址得以显露。经初步调查,共发现窑址 115 座,推测这一砖窑遗址属明初为南京城墙营建烧制城砖的砖官窑,也是长江中下游地区迄今为止发现的规模最大、保存最完好的南京城墙砖官窑遗址。南京城墙博物馆内的这座窑炉是黎川砖窑遗址中具有代表性的一座。窑炉主体原就地置于山坡中,利用坡体以耐火泥搭建,窑壁厚度约 25 厘米。窑炉是一座典型的馒头窑,长 3.8 米、宽 3.2 米、高 2.5 米,由窑门、火膛、窑室、烟囱四部分组成。窑室平面呈椭圆形,拱形顶,窑室内宽 1.9 米、进深 1.7 米,顶部有经火烧烟熏痕迹。窑室后壁平直,设有 3 条等距的竖直方形

图1-9 南京城墙博物馆第二单元展示厅陈列的江西省黎川县的砖窑

烟孔,向上与窑顶3个烟囱相连。窑室顶部残存小孔,直径4厘米左右,疑似观察孔或注水孔。烟囱为圆柱形,直径0.21—0.27米,残高0.66米。窑内发现大量带有"建昌府""新城县"字样的铭文砖,其特征与南京城墙博物馆馆藏城砖大致相同,证明这座砖窑系明初为南京城墙烧砖的场所。

南京城墙所用城砖数量巨大,古代交通不便,如何将它们从各地运送到南京,从一开始就做好了规划。古代主要以陆路和水路两种方式运输大宗建材,水路交通运输优势明显,运量大、运速快、运费省、安全性高,因此南京城墙的城砖及其他建材,主要通过水路运送至南京。南京毗邻长江,在选择烧造城砖的地点时,主要以直隶、湖广行省、江西行省为主,即现在长江中下游的五省(江苏、安徽、湖北、湖南、江西)。城砖的运输主要有两种方式:一是由过往船只沿途捎带城砖,沿途有官员对来往船只逐一排查,如发现未捎带城砖便会被问责;二是由各州、县富户专门造船运砖。

除了这些府州县之外,还有军队卫所及工部、寺庙等承担烧砖任务。南京城墙博物馆有一块特殊的城砖,上面用毛笔书写了"留守中卫常州府无锡县□长江殷砖壹仟伍佰个"的字样,记录下当时常州府无锡县将1500块城砖送达南京的事件,相当于"收条"。

南京城墙上还有很多城砖没有文字，或仅有年份、人名、吉语、方位、数字等，如"洪武元年造""监工张秀""万万年""天下平""汪""刘""中""九十""城右二十斤"等，显示出在"砖文责任制"发展成熟之前，城砖铭文的规则不一致，但也为城墙增添了许多趣味性和神秘感。

明代烧造的南京城墙砖尺寸大致为 40 厘米×20 厘米×10 厘米，总体比例关系为 4∶2∶1，这一比例也成为后世制砖的"黄金比例"。这种比例适应各种砌筑方式，如一顺一丁、二顺一丁、三顺一丁、梅花丁等，方便墙体的组合砌筑。

关于建造南京城墙使用的城砖数量，一种说法是上亿块。[1] 但具体的数字限于条件，无法精确统计。其主要原因有：一是由于历朝历代均对城墙进行了修缮和建造，城砖的回收利用也一直持续；二是南京四重城垣除城砖外还使用了条石、块石、黄土、山体等，材料复杂；三是不同地段的墙体高度、厚度并不统一；四是南京城墙的城砖大部分为明初统一烧造，但后因损毁、修缮、拆除，城砖流失，故从明故宫、明孝陵等地拆砖来用。

木材

木材是南京城墙建设中使用的耗材之一。中国古代将建造工程称为"土木之功"，土和木是中国传统建筑的最重要的两种材料。

在南京城墙的建造过程中，木材主要被用于墙体地基的加固、城门楼的建造等项目，在不同的地方，根据木材的特性选用不同品种的木材。比如，梁柱一类，采用粗壮、质地较硬的木材；墙体地基使用的数量较多，以杉木为主，规格较梁柱小一些，节约成本。

史籍中有不少关于征伐木材的记载。洪武元年（1368）朱元璋向四川夏国的君主明升"遣使求大木"。洪武八年（1375），为便于管理各地输送的木材，设工部广积场大使、副使各 1 人。云南省昭通市盐津县滩头乡界牌村附近有明初摩崖石刻两方，上面记载有洪武八年当地官员

---

① 杨国庆、王志高：《南京城墙志》，凤凰出版社 2008 年版。

图 1 - 10　明初砍伐楠木的摩崖石刻拓片

率领人夫砍伐数百根楠木,以供建造宫殿之事:

> 大明国洪武八年乙卯十一月戊子上旬三日,宜宾县官部领夷人夫一百八十名,砍剁官阙香楠木植一百四十根。大明国永乐五年丁亥四月丙午日,叙州府宜宾县,县主簿陈、典史何等部领人夫八百名,拖运宫殿楠木四百根。

木材从产地运送至南京,所费资金相当庞大。万历年间,明人王德完曾感慨,一根木材在山上买下仅需十余金,但拽运到京师则需七八百人,路上耽搁拖延八九个月,费用就要一二千两,实在是劳民伤财。虽然他指的是运送到北京的花费,但是从四川、云南等地运送到南京,路途也是非常遥远。即使这样,还是有一部分会被损耗,或被经手官员贪污。《高淳县志》记载,明初建造天地坛,在高淳征收梁木。高淳县进献了唐昌乡的千墩冈梅木,运送到水边之时,朝廷的诏令取消,这些木材只得被弃置在岸边,逐渐沉入沙滩。

石料

南京城墙建造过程中,还使用了大量石灰岩、花岗岩的石料。按大小可分为条石和块石:条石主要用于部分城门及瓮洞、涵闸,块石主要用于墙体建设。此外还有柱础石、旗杆石、绞关石、排水石槽等不同功能的石材。

关于石料的相关记载不多,尚待学界进行深入研究。石料的产地,有学者认为出产于南京本地,具体推测有沧波门外的山体和汤山,溧水湫湖山采石场遗址,青龙山一带几个地点。《南京城墙志》提到,1999年南京市明城垣史博物馆工作人员到安徽繁昌考察时,发现当地有数处被称为"明代采石场"遗址,还流传着大量朱元璋建南京城墙采石于此的民间故事和传说等。

南京市江宁区麒麟街道的窦村,是有名的"石匠村",其"石刻技艺"被列入首批南京市非物质文化遗产代表性项目名录。窦村位于青龙山下,旁边的运粮河可直通秦淮河,交通便利,取材方便。明初征调大量各地的石匠参与京师营建工程。其中,窦村石匠主要承担了修建城墙(包括城门及墙体)和明故宫、明孝陵等重要项目的石作任务。[1] 2022年,窦村还入选了南京市首批地名文化遗产保护名录。

黏合剂

南京城墙砖之间,总有一些白色的"不明物质"。这其实是城砖之间的黏合剂。黏合剂,又称"夹浆""混合浆"等,由石灰、桐油、黄土、糯米汁等混合而成。民间一直有"朱元璋用糯米汁筑城"的传说故事。

以石灰、糯米汁、杨桃藤浆为黏合剂应用于建筑业,古代早已有之。明朝科学家宋应星在《天工开物》中记载,修造坟墓或者建蓄水池时,按1份石灰加2份河沙和黄土,再用糯米汁和猕猴桃汁拌匀制成黏合剂三合土,不需要进行夯打就可以很坚固。

关于南京城墙黏合剂的成分,学界有多种不同的看法。杨宽认为京城城墙在砖缝内灌入了桐油、糯米汁和石灰汁,因而十分坚固[2];蒋赞初认为南京城墙砖缝中的夹浆,是用石灰、糯米汁(或高粱汁)或再加桐

---

① 王磊、赵辰:《"石匠村"的意义——窦村的石工传统与南京传统建筑地方性的关系》,《东南文化》2005年。
② 杨宽:《中国古代都城制度史研究》,上海古籍出版社1993年版。

油掺和而成[1];杨国庆经考证认为,南京城墙黏合材料是由石灰、糯米汁(或高粱汁、蓼草等)、桐油等材料制作成的混合浆。另外,在关键的部位还用生铁来溶灌,以使墙体更加牢固。[2] 此外,东南大学李广燕等学者经实验分析,确认南京明代城墙的黏结材料中含有还没有完全降解的糯米支链淀粉成分。浙江大学杨富巍等也对南京、西安明代城墙灰浆样品进行实验分析,认为其中的有机成分主要是没有降解的糯米成分。2020 年南京城墙保护管理中心开展"南京明城墙黏合剂成分检测"项目,在 5 个样品中检测出了淀粉类物质。不过,也有学者认为要用糯米汁拌石灰"来砌建既高又厚并长达 37 多公里的南京城垣是难以想象的"。

糯米灰浆是我国古代常用的建筑黏合材料,应用范围十分广泛。糯米和石灰等材料的巧妙搭配,使黏合剂的加固性能、黏结性能、抗压强度、表面硬度等都得到了大幅提高。这种无机加有机材质的搭配,相较于西方建筑多使用石灰无机材料作为黏合剂,领先了 1000 年。

(三) 砖文责任制

南京城墙砖文,体现出明初中国的生产责任制体系已趋于成熟。参与造砖的各级工作人员,其职务和姓名都印于城砖上。南京城墙砖文上的责任人一般为 9 级,部分砖文甚至达到 11 级,上至府州县各级官员,下至造砖管理劳役组织人员与烧造工匠。这种精确到人的责任制度,使得制砖的全过程有了更为严格的管理和监督,确保了城砖的质量,在中国建筑史上独具特色。

涉及的各级责任人主要有以下:

第一级,主要是府级提调官、委提调官或知府的属官。

提调官,属于非职官常设机构,是朝廷根据工役需要临时设置,并由相应职官负责其事,当工役项目结束后归籍;一般设有府、县两级。

---

① 蒋赞初:《南京史话》,南京出版社 1995 年版。
② 杨国庆、王志高:《南京城墙志》,凤凰出版社 2008 年版。

委提调官,属于临时委任的官职,职责与相应的府、县各级提调官相同。

知府,是府级最高行政长官,主管一府的行政大事,正四品。

同知,是知府或知州的佐官,分掌督粮、捕盗、海防、江防、水利等各项具体事务,分驻指定的地点,正五品。散州的同知,从六品。

通判,是知府的属官,分掌粮运及农田水利事务,正六品。

府丞,又称"府承",是府一级职官中的辅佐官,正六品。

经历,知府的属官,主管官署中的总务工作,收发上级下级的公事文牍,处理知府交办的临时性事务,正八品。

知事,知府直属的中级事务官,正九品。

照磨,知府的属官,掌管卷宗、钱谷事务,负责审计工作,从九品。

检校,知府的属官,负责检查、校核公事文牍。未入流。

典司,指某项具体事务的主持人,是府一级中的低级官员。未入流。

权官,"权"表示暂时兼代。当正职官暂时不能充任时,则以权官顶替。

第二级,府级的司吏、府吏、令史。

司吏,简称"吏",府(县)署中负责办理文书的普通官吏。未入流。

府吏,即府级司吏。

令史,府署中负责办理文书的普通官吏。未入流。

第三级,州级提调官及其属官。

知州,州级最高行政长官,掌管一州的行政之事。直隶州的知州,直属于布政使司,地位略低于知府,从四品;属州(散州)的知州,隶属于府,地位等同于县,正七品。

判官,又称州判,辅佐地方长官处理政事。明代仅州一级设有判官。从七品。

吏目,知州的属官,掌出纳文书之事,或分领州事。从九品。

典吏,又称书吏,散州或直隶州知州的属官,掌管文移的出纳。未入流。

第四级,州级司吏。

（州级）司吏，州衙中的普通官员，负责办理文书。未入流。

第五级，县级提调官、委提调官、知县及其属官。

知县，一县之内的最高行政长官。正七品。

县丞，知县的佐官，协助处理县政，主管文书和仓狱。正八品。

主簿，知县的佐官，负责文书、簿籍和印鉴的管理。正九品。

典史，知县的属官，协助处理刑狱。未入流。

第六级，县级司吏。

（县级）司吏，县衙的普通官员，负责办理文书。

第七级，总甲、里长、监工等，都是基层的管理人员。

总甲，又称"总甲首"，是明代重要的职役名称，由富户或者地主等田产多者充任。他们是负责具体执行烧砖任务的农村劳役组织管理者。

里长，砖文中的"里长"，其性质不同于职役的"总甲"和"甲首"，明洪武年间推行"里甲制"之前少数地区已实行的行政劳役组织者。

监工，又称"监造官"，在烧制城砖过程中，负责监督烧制城砖质量的具体管理官员。

第八级，甲首、粮长等低于总甲的管理者。

甲首，明城砖烧制中的农村劳役组织管理者，其下辖若干小甲。

粮长，明朝征解田粮的基层半官职人员。凡纳粮一万石或数千石的地方划为一区，由官府指派大户充当粮长，督征和解运该区的田粮。

第九级，小甲、粮户等中小管理者。

小甲，又称"小甲首"。他们既是管理者，也是造砖人夫，其下辖若干造砖人夫。

粮户，又称"田户"，是指有一定田产、并需承担赋役和缴纳粮食的中小农户。

佃户，亦称"钦拨佃户"。佃户本为自行招募，故又称"募人"，本无田产的贫户。

第十级，窑匠等烧制城砖的工匠。

窑匠牌头，又称"窑匠作头""作头""窑匠甲首"，是窑厂生产的组织者、管理者和生产者。

窑匠，又称"造砖窑匠""作匠""民匠""匠人""造城砖工匠"，是烧制城砖的工匠。他们负责为城砖质量提供技术保障，一般由当地窑匠充任。

第十一级，造砖人夫、坯匠，最底层的参与人员。

造砖人夫，又称"造砖人""人夫"，或称"人户"，是直接参与征制城砖工役的百姓，主要从事繁重的体力劳动。造砖人夫有时也由总甲、甲首、小甲担任。

坯匠，专门制作砖模和雕刻砖模砖文的工匠，具有木工的技艺。

第二章　明清时期南京城墙的发展

明初朱元璋定都南京,建立了完整庞大的中央管理机构。当时的南京城集中了大量官员和家眷,人口增长迅速。永乐十九年(1421)明成祖下令迁都北京,中央管理机构和大量官员、军队、民户等同时被迁往新的都城,这给南京城的发展带来了十分深远的影响。迁都事件之后,南京城仅作为留都,各部机构虽然保留,但"事权不属,职事高简",甚至有"南吏部不与铨选,礼部不知贡举,户部无敛散之实,兵部无调遣之行"①的说法。南京城内人口一度锐减,政治地位一落千丈,城墙的修缮保护也大为懈怠。

清朝时期,南京作为东南富庶之地,赋税财政的重要来源,被清廷视为统治南方的关键所在。到了清末,这里又成为时代巨变的前沿,太平天国在这里定都,洋务运动在这里发展,辛亥革命也在这里活动。南京城墙的命运也随着政权更迭而波澜起伏。

---

① 顾起元:《客座赘语》,南京出版社 2009 年版。

第一节　明代的南京城墙

（一）迁都前的城墙管理

南京作为明朝的都城,在城墙的管理上设立了一套严格又完备的管理体系。宫城、皇城、京城、外郭,各依城墙的重要性和规模大小,以各城门为重点,实施对四重城垣的管理、守御及巡警等。

城门守卫

朱元璋登基前,即吴王时期,就设置了较为正规的禁卫机构"侍卫上直亲军拱卫司",以管理校尉人员,隶属于都督府。洪武二年(1369),朱元璋正式下令设立亲军都尉府,下设中、左、右、前、后五卫军及銮仪司。

全国和京师的卫所制度基本确立之后,朱元璋在京师禁卫军之上,又建立了一套以卫为单位的亲军。洪武十五年(1382),朱元璋又裁撤亲军都尉府和銮仪司,重新建立了一支禁卫亲军——禁衣卫亲军指挥使司,即锦衣卫。随后,又组建了旗手卫、金吾前卫、金吾后卫、羽林左卫、羽林右卫、府军卫、府军左卫、府军右卫、府军前卫、府军后卫、虎贲左卫等包括锦衣卫在内的 12 个亲军卫,总称为禁卫亲军的上十二卫,直接接受皇帝的统领,负责皇宫、皇城的守卫工作。

洪武时期,京城城墙的守卫事宜由兵马指挥司和禁卫亲军负责。据《明太祖实录》记载,洪武十年(1377)十二月,朝廷在聚宝门外设置了兵马指挥司。洪武二十三年(1390)十月,兵马指挥司迁治,以旧南城兵马指挥司改为中兵马指挥司,聚宝门外为南城兵马指挥司,正阳门里为东城兵马指挥司,清凉门里为西城兵马指挥司,北城兵马指挥司未变。在京兵马指挥司统领京城和外郭诸城门,负责管理、守卫城门,还参与城墙的建造,"并管市司"。

城门官

四重城垣的官吏职级,宫城最高,外郭最低,从内到外依次递减。宫城的 7 座城门[①],各设门正 1 人(正四品),门副 1 人(从四品)。皇城门官,设门正 1 人(正六品),门副 1 人(从六品)。[②] 京城的 13 座城门,仅设千户所,与在京各卫所统属于都镇抚司(从四品),都镇抚司又分属五军都督府。洪武十三年(1380)五月,在京各城门设城门郎正各 1 人,副各 4 人。外郭守卫城门的官员职位比京城城门更低一些。士兵的待遇也是逐级下降。洪武二十六年,工部制造 6000 顶柳叶甲销子头盔,只配给了宫城四门的守卫士兵。守卫军士所用的器械,主要为长枪。《明太祖实录》载,洪武二十三年正月,工部造点钢长枪给京城各门守卫官军,每把枪长 1 丈 3 尺,围圆 5 寸。

明成祖朱棣登基后,对京城、外郭的守卫进行了几次大调整。第一次是永乐七年(1407)二月,对京师 25 座城门的城门郎进行调整,正阳、朝阳、通济、聚宝、太平、三山、石城、金川、仪凤 9 门为内门,每门设城门郎 2 名;江东、驯象、安德、凤台、双桥、夹岗、上坊、高桥、沧波、麒麟、仙鹤、姚方、观音、佛宁、上元、金川 16 门为外门,每门设城门郎 1 人,皆正六品,遴选武职舍人担任。第二次是永乐八年十二月,罢京城内外门城门郎。第三次永乐十三年二月,京城 13 座城门各设 6 名城门郎,秩正六品。其中石城、清江、定淮、仪凤、金川 5 座城门各增加 2 人,专管巡江事务。第四次是永乐十四年七月,又革南、北二京城门郎。

城门律法

皇宫乃国家的政治中心,是权力斗争的焦点,因此皇宫的安全管理极为重要。洪武二十七年(1394),朱元璋修订颁布了皇城门禁约。守卫宫城 4 门(即午门、东华门、西华门和玄武门)的军士,明确每个人的工作职责和隶属关系。对于值守城门规定,队伍缺员不得当值,以其他

---

① 7 座城门分别为:午门、东华门、西华门、玄武门、奉天门、左顺门、右顺门。
② (清)张廷玉等撰:《明史》,中华书局 1997 年版,卷七十四。

满员队伍顶替,违者重罚。如若士兵不跟随自己的队伍而擅自行动,卫一级指挥以下杖责一百,各顺次降调至边卫,受贿治以重罪。这些"铁腕"政策,使得军队军容整肃,纪律严明。

与此同时,又设立了一些"怀柔"政策来保障士兵们的权益。宫城城门当值军士,如遇家中婚丧嫁娶、生老病死等,准假回家。父母生病,家中没有男丁的可以回家侍奉,不受时间限制。妻子生病,没有生育,也可以休假。路程在百里之内的,亲属间的庆贺、吊唁,都可以批假。故意作难不放,或者说谎骗假的,治罪。士兵本人生病,儿子或侄子可以替代他。特别规定各城门官,不得与其他门的城门官相互来往,可能是出于权力制衡、防止串通。

城门关防

每天皇城、宫城城门开启之后,城门的守卫将士负责安排上朝觐见的大臣按次序入城,都督将军在前,然后为旗手卫和府军前卫的带刀指挥官,接着是散骑舍人,最后是文武百官。

图 2-1　明校尉铜牌(南京城墙博物馆 馆藏)

洪武六年(1373),朱元璋定制了守门卫士的守卫金牌。金牌材质用铜,上镀金,长1尺,宽3寸,以"仁""义""礼""智""信"五字为代号,两面用篆文书写,两面分别为"守卫"和"随驾"字样。守卫金牌由宫廷掌管印信的机构尚宝司负责统一掌管,规定卫士上值时领取并佩戴,下值时交回。随驾的侍卫将军同样领取金牌,事毕交回。守卫士兵遇到内官、内使进出,必须比对他们的金牌,失察者会被治以重罪。《明史》中曾记录,监察御史周观政监管奉天门时,一位中使要带女乐进门,但没有皇城发放的金牌,于是周观政坚决阻止。

守门将士还要仔细查验出皇宫的各色人等,根据进门时登记的事由、衣服件数和颜色、携带物品,查验明白才可放行。

城门启闭

明代城门的启闭有严格规定,所有钥匙统一交由五军都督府中的中军都督府进行管理。《明史》有载,南京中军都督府负责掌管城门的钥匙。明初设城门郎,洪武十八年(1385)撤销,以门禁锁钥铜牌,仍由中军都督府掌管。

关于城门关闭后任何人禁止入内的民间故事很多。据说,朱元璋得知有一位文采斐然的士人,名叫唐之淳,遂下令召他入宫。唐之淳赶到南京城时,天色已晚,此时东华门已经关闭。守门的士兵告诉他,城门不可以开,但是可以用布裹着把人从屋顶上吊进城内。又有故事说,正德十五年(1520)六月,明武宗朱厚照曾在南京牛首山游玩,因时间晚了,于是夜宿山上,次日深夜折返。此时聚宝门的城门已经关闭,随行提督江彬传旨开城门迎驾。但是当值的南京参赞机务乔白岩坚决不开,皇帝只好暂宿聚宝门外的报恩寺。

但弘光元年(1645)年的一个深夜,南明弘光皇帝还是突破了城门启闭制度,仅率领少数随从,悄悄打开通济门离开了南京。

(二)留都南京的城墙管理

永乐迁都后,南京作为留都,虽然政治地位大大降低,但因是"祖宗创业之地",在朝廷和官员们心中的意义仍然十分重大。一旦南京的宫城、皇城出现问题,都会被认为是上天的警示。

城墙的损毁

明代南京城墙以雷电灾害、风雨侵蚀等自然损毁为主。建文四年(1402)六月辛酉,南京西南城崩,派士兵民夫修筑,工程未完,东北城又崩。正统十一年(1446)七月,南京神策门后湖段城墙,因长期下雨溃决30丈。天顺四年(1460)七月丙申、正德十二年(1517)九月,大雨连绵不绝,南京内外城垣部分坍塌。

正统七年(1442),南京西安门失火,烧毁内府廊房60间和大量财物。明英宗朱祁镇严厉责问南京守备丰城侯李贤和参赞机务兵部右侍郎徐琦:"朕以南京为国家根本之地,特以尔等托以重任,却贻患如此,罪不可恕!今特宽大,今后应倍加小心,思患预防,严厉管束内外官军人等,小心谨慎,确保无虞;如怠忽误事,必罪不宥!内使郭敬即送交南京刑部,连同福顺等一并究问。尔等会同南京工部详查所毁之物,其中有应行修葺的,一起开列清单,如实报来。"此次火灾的责任人南京尚膳监内使郭敬被处死,以示训诫。

成化三年(1467)夏六月,南京午门楼被雷电打中。七月,工科给事中黄甄等人上奏:"南京为祖宗创业之地,近日午门正楼为雷雨所损,实为上天示警之意。"明宪宗朱见深因此派怀宁侯孙镗前往南京天地坛、孝陵祭祀,以示敬畏。又下诏群臣,务必敬天法祖、斋心涤虑、尽职爱民,以回天意,特别提醒南京文武群臣敬以修省。八月,南京监察御史李英等又上奏,提议君臣上下共同加强警省,修养实德,以行实政,以达天谴、慰人心。

城墙的维修

永乐年间,南京城墙不时需要修缮。永乐元年(1403)二月,修缮皇城萧墙及卫士直庐;一个月之后,京师雨水冲坏城墙西南隅50余丈,下令有司进行修治;六年十月,又修京师聚宝门段城墙;七年七月,修葺京师城垣的门楼、铺舍和水洞;九年九月,修京师上方、高桥二门;闰十二月,京师城垣河渠合修治者,征调应天、太平、镇江、宁国、广德五府州民役之;十年十二月,修京城各门城楼;十三年八月,淫雨坏正阳门台址,工部修筑。

迁都后,日常维修由工部和应天府负责,但朝廷对留都南京的重视程度日益下降。晚明李清评价道,自从迁都北京,南京的宫阙坠而不新,衙宇也日渐凋敝。随着时间推移,南京城墙需要不断修缮,如洪熙元年(1425)四月,修南京皇城;宣德元年(1426)二月,修理南京宫殿,军民供役者少;二年二月,南京时有修葺,缺少的竹、木材料,令湖广都司、布政司各派军民2000人采伐;六月,修南京清凉门城垣;三年闰四月,修南京聚宝门城垣;四年三月,派军夫协助修治聚宝门城台;十年五月,南京上元门等城门及城楼、铺舍损坏,下令让军匠及守门官修理。正统元年之后,历代明朝皇帝都对南京城墙进行过大规模修缮,但修缮的态度有所变化。明代朱国祯《涌幢小品》记载,有一位年老的军卫名叫蔡通,经常环绕皇城进行巡视,看到很多砖石都有毁坏,于是默默记录下数量,从某门到某门共损坏几千几百零几块。为此,他多次请人上奏此事,但上级不予回应,可见当时朝廷对维修南京城垣态度变得消极。

城门守卫

统领京城及外郭诸城门的兵马指挥司,在永乐迁都后,权力急剧膨胀,官民为此叫苦不迭。初期,三法司对兵马指挥司的权力还有一定制约。明何良俊《四友斋丛说》提到,各衙门的事,涉及刑名的,都移交三法司进行处理,各衙门不得擅自定罪。[①] 但后来五城兵马司的权力逐渐扩大,巡城有事都汇报给兵马司,反而绕过了三法司。

景泰元年(1450)八月,兵部下文批评南京兵备废弛,各门城楼没有桀枝(古代记事用的木板)和锁钥、炮铳等,近城的山坡可以通人往来,而巡铺却距离城垣十余步之外;军士操练,只用纸布盔甲;巡江战船多有朽坏等,需尽快整治。

---

① 明何良俊《四友斋丛说·史八》:"南都之事,有一至大而且要者尚未裁正。盖祖宗之法,特设三法司,凡各衙门之事,干系刑名者即参送法司,而各衙门不得擅自定罪。"

留都南京的城门防卫也日渐松弛。据说曾有一个名叫张本的小太监，负责看守南京宫城的西华门。一天，他发现西华门城楼上存有洪武年间没收富户得来的不少财物，其中有个小盒子引起了他的好奇，于是他私自将盒子抠了一个洞，发现里面居然是王维的《著色山水图》和苏汉臣的《宋高宗瑞应图》。张本偷偷把王维的画送给南京守备太监安宁，将苏汉臣的画送给南京守备太监黄赐。

南京成为留都之后，守城兵力也大为减弱。成化二年（1466）三月，南京皇城守备卫兵多为老弱之人，武器则朽钝不堪；承天门前东、西墙下被开辟为菜地和粪坑。嘉靖三十四年（1555），有72个倭寇自浙江流窜至南京。南京城立即关闭13座城门，城内百姓几乎全部上城备战。南京城墙高大坚固，仅仅是72个倭寇竟让全城百姓上阵抗敌，可见南京守城军士的质量下降得十分厉害。万历年间（1573—1620），南京城的士卒居然加起来不足三万人。崇祯九年（1636）正月，农民起义运动四起，江浦被围，南京城的尚书全部住门守城，百姓则执竿上城，各站一垛，进行防卫。每天夜里的灯烛就需要花费大量银钱。[1]

南京城门众多，遇有战事，兵力不足反而可能顾此失彼，降低城墙的防御性。因此逐渐将一些偏僻城门封闭，如位于城西、城北的钟阜门、仪凤门、金川门、清江门等。

（三）南京与凤阳、北京

凤阳、南京、北京三座城市在明初先后被确立为都城，黄瑜《双槐岁钞》称它们为"国初三都"，也有称为"两京一都"。三座都城建设的时间在元至正二十七年（1367）至明永乐十八年（1420）之间，凤阳、南京和北京的都城规划前后有因袭继承的关系。

洪武二年（1369），明太祖朱元璋下诏以临濠（凤阳）为中都，大兴土木，倾全国之力以建中都。洪武四年，朱元璋认为中都临濠是他的兴王之地，下令以寿州、邳州、徐州、宿州等9个州，加上五河、怀远、定远、中

---

[1]（明）吴应箕撰：《留都见闻录》，吴孟坚楼山堂康熙十九年（1680）版刻本。

立、蒙城等 18 个县,全部划归给凤阳。此后又划归滁州、全椒、来安给凤阳,这样凤阳下辖 11 州 23 县,囊括了几乎整个淮河流域。历时 6 年,直至洪武八年四月罢建中都。

洪武八年(1375),朱元璋视察中都,并发表祭告天地的祝文。随后,他返回南京,下诏罢建中都。在中都即将建成之际,朱元璋突然罢建中都,有一种说法认为是建造中都所需花费太大,朱元璋不想劳民伤财。洪武十一年,朱元璋仍派太子朱标前往中都祭祀。

明中都建有内、中、外三道城。最外一重为中都城,周长 60 千米,开 9 座门。中间一重为禁垣,周长 15 里多,开午门、东华、西华、玄武 4 座城门。城内有正殿、文华殿和武英殿,文、武二楼,东、西、后三宫,金水河、金水桥等建筑。城内外还有城隍庙、国子监、会同馆、历代帝王庙、功臣庙、观星台等,规制之盛,实冠天下,比南京城和后来的北京城规格都要高。历经 650 多年,明中都现仅存皇城午门、西华门台基及 1100 米长的城墙。皇城城墙雄伟坚固,皆用城砖砌筑,至今已在上面发现 22 府 70 州县及大量卫所、字号铭文砖。①

南京城墙的建设则从元至正二十六年(1366),直至洪武二十六年(1393)初步建成四重城垣的体系,此后又继续完善。但南京城的建设是在罢建中都之后,才真正得到重视和投入。洪武八年九月,朱元璋下诏改建大内宫殿,决定以南京为京师。洪武十年,大内宫殿改筑竣工,一切制度皆循旧例,稍加增益,规模更为雄壮。南京的宫室建筑皆仿自中都,但因遵循朱元璋"但求安固,不事华丽"的诏令,不及中都豪华、壮丽。

明成祖朱棣迁都北京之前,永乐十五年(1418)六月即开始营建北京宫殿。永乐十八年(1421)十一月四日,大内宫殿成,朱棣颁布迁都诏令"选永乐十九年(1422)正月朔旦,御奉天殿,朝百官,诞新治理,用致雍熙。"②《明太宗实录》(《明成祖实录》)称北京"凡庙社、郊祀、坛场、宫殿、门阙,规制悉如南京"③。《明会典》描述得更为准确:"营建北京,宫殿门阙悉如洪武初旧制。"但与南京不同,北京城采用的是明中都"三环

---

① 喻学才、贾鸿雁、张维亚、龚伶俐:《中国历代名建筑志》(下),湖北教育出版社 2015 年版。
②③(明)李时勉等:《明太宗实录》,中央研究院历史语言研究所,1962 年,卷二三一。

相套”的形制，开辟 9 座城门。北京城的中心是皇帝居住的宫城紫禁城，外一重是皇城，最外一重是京城，也称为“内城”。明中叶以后，为抵御蒙古俺答汗的袭扰，又仿照南京，修筑外城。外城周长 14.41 千米；内城周长 23.2 千米，内部夯土，外侧以条石为基，上砌城砖；皇城城垣周长近 11 千米，为西南缺角的不规则方形，高 6 米，底基宽 2 米，顶宽 1.7 米；宫城位于皇城中偏东南，周长约 3400 米，南北长 960 米，东西宽 753 米，墙高 9.9 米，基厚 8.6 米，顶宽 6.7 米。[①] 北京城垣历经洪武、永乐、正统、嘉靖 4 朝近 200 年的改建增筑，形成了“里九外七皇城四”的格局，即内城九门，外城七门，皇城四，凡二十座城门。

明中都是紫禁城规划理念、宫殿布局以及配置建筑的最初实践，南京、北京与之水系路网格局一致、建筑工艺相近、宫殿整体布局同源，是中国封建社会晚期最完备的宫城建筑体系。

中都的宫城东西宽 875 米，南北长 965 米，周长约 3680 米[②]，规模比南京和北京的宫城略大，北京与南京规模大致相同。北京的宫城继承中都规制，设有护城河、金水河、金水桥等。尤为特别的是中都皇城午门券门及楼台四周基部的白玉石须弥座，长达 500 多米，镶嵌着各种珍禽异兽、名花瑞草。殿址的石础，每块直径 2.7 米见方，雕有蟠龙翔凤。而南京、北京的午门券洞两端仅有少量花纹装饰。北京太和殿石础为素面，直径仅 1.6 米见方。北京故宫专家单士元在《故宫札记》中评价道：“从考古及文献著述来看，无论在宫殿布局、名称以及规格上，中都宫殿与北京故宫比较，都有惊人的相似之处，……准确地说，明代北京皇宫建筑，应该是以凤阳宫殿为蓝图。北京宫殿对比南京宫殿来说，确实‘宏敞过之’，但比起中都，却未必过之，某些地方还不如中都华丽……”[③]

---

① 朱祖希、袁家方编著：《京畿重地北京》5，中国旅游出版社 2015 年版。

② 王剑英：《明中都遗址考察报告》，《明中都研究》，中国青年出版社 2005 年版。

③ 2022 年，凤阳明中都遗址入选 2021 年度全国十大考古新发现，重新引起人们的瞩目。单士元：《故宫札记》，紫禁城出版社 1990 年版。

（四）金川门之变

金川门位于南京城西北角，依山控江，十分险要。该城门为单孔券门，坐南朝北。据《南都察院志》记载，金川门的范围西至钟阜门界，东至神策门界，长达735丈，有垛口1050座。另外还有旗台3座，城铺17座，东边矿礁栅栏1座，西边水关1座。官厅、官房45间，鹿角8座，锁钥1副。

明洪武七年(1374)"吴中四杰"之一张羽就曾作诗赞颂金川门位置重要、形势险要，"两山夹沧江，拍浮若无根。利石侔剑戟，风涛相吐吞。维天设巨险，为今国东门。试将一卒守，坚若万马屯。"金川门将一夫当关、万夫莫开的气势展现得十分生动。

洪武三十一年(1398)，朱元璋驾崩，建文帝朱允炆登基。朱元璋在位时，分封了25位藩王以守御地方。当朱允炆登基之后，这些数量众多的藩王"虎视眈眈"，反而成为新帝的"心腹大患"，于是朱允炆在谋臣建议之下，决定推行削藩政策。但这必然引起各地藩王的不满，尤其是封地在北平(今北京)的燕王朱棣。

建文元年(1399)，朱棣以"清君侧"的名号，发动"靖难之役"。建文四年，朱棣率大军逼近南京城，谷王朱橞和大将李景隆打开金川门，迎接燕王大军入城。《明通鉴》载："而是时谷王橞、李景隆已开门纳京师，(徐)辉祖等力战，败绩。"定鼎天下之后，朱棣对这些助他夺得天下的功臣大加行赏。建文四年七月，朱棣下令赏赐谷王朱橞钱物，以表彰其开金川门迎驾之功，十月又赐钞十万锭；九月，升宣府中护卫指挥佥事刘清为都指挥同知，以旌其开金川门奉迎之功。对此，朱偰有诗云："金川北望日黄昏，闻道燕师入此门。不见古公传季历，只知太甲是汤孙。风雷岂为鸥鹳变，豫子难酬国士恩。南渡降旗何面目，西山省恨旧乾坤。"[1]

朱棣登基后，因自己的特殊经历，十分重视金川门等城门的防御管

---

[1] 朱偰：《金陵古迹名胜影集》，南京出版社2019年版，第31页。

理。永乐七年(1409)，朱棣在金川门设城门郎 2 名，正六品，选武职舍人担任。据《明史·诸帝公主》记载，朱棣幼女宝庆公主的驸马赵辉，就曾担任金川门千户。① 赵辉的父亲赵和曾是朱棣的下属，他荫袭父亲的官职，后担任金川门千户，因状貌伟丽被选为朱元璋最小的女儿宝庆公主的驸马。正统三年(1438)以后，他奉敕主祭孝陵。京城 13 座城门中，这是唯一由驸马充任的，绝无仅有。

此后，金川门的城垣楼铺又得到多次修缮。明末，金川门一度封闭。

清末，下关地区商贸繁荣，金川门一带重新得到大力发展。光绪三十三年(1907)九月，两江总督端方以促进商贸繁荣和加强江防为由，向清廷奏请仿照浙江铁路局在杭州省城添辟城门、接筑支路，计划在南京从下关修筑一条 7 英里多的铁路，经金川门入城，至中正街(今白下路)止。光绪三十三年十月，项目正式开工，第二年十二月完工，共耗用库

图 2-2　铁轨穿过金川门(20 世纪 30 年代初)

第二章　明清时期南京城墙的发展

①《明史·诸帝公主》载："宝庆公主，太祖最幼女，下嫁赵辉。赵辉父赵和以千户之职跟从成祖征安南阵没，赵辉袭父官。……永乐十一年，赵辉以千户守金川门，年二十余，状貌伟丽。成祖遂选为驸马。……赵辉至成化十二年始卒。凡事六朝，历掌南京都督及宗人府事……"

平银 483 万两。宣统元年(1909)一月通车,定名为"宁省铁路"。这条铁路的轨制、车辆均与当时的沪宁铁路相仿,因其线短、站距近、设施简单,俗称"小火车"或"小铁路"。宁省铁路的建成通车,大大促进了南京的商埠发展。

(五) 郑和下西洋

"金川门之变"发生之后,建文帝的行踪成为千古之谜。《明史》中关于他的结局,有三种说法:阖宫自焚、流亡海外、殉国为僧。据此又有观点认为朱棣派郑和下西洋的目的是寻找逃亡海外的建文帝,"成祖疑惠帝亡海外,欲踪迹之;且欲耀兵异城,示中国富强"(《明史·郑和传》)。而朱棣亲自撰写的《御制弘仁普济天妃宫之碑》中则自陈下西洋是为了"敷宣教化于海外诸番国,导以礼义,变其夷习"①。

郑和,原名马和,小字三保,云南人,因在"靖难之役"中建立军功,在永乐二年(1404)被赐姓"郑",又升任内官监太监(正四品)。次年,朱棣任命郑和为正使总兵太监,率队出使西洋各国。郑和下西洋先后共进行 7 次,自永乐三年至宣德八年(1433)船队归来,历时 28 年。其中永乐年间 6 次,宣德年间 1 次。

第一次,永乐三年至五年(1405—1407),郑和率大型宝船 208 艘,随从 27800 多人,从太仓刘家港起航,经福建长乐、占城(今越南南部)、爪哇(今印度尼西亚爪哇)、旧港(今印尼苏门答腊岛的巨港)、暹罗(今泰国)等地,最远到达古里(今印度西南科泽科德)。②

第二次,永乐五年至七年(1407—1409),航程与第一次基本相同,经太仓刘家港、福建长乐太平港、占城、爪哇、古里、暹罗、柯枝(今印度柯钦)等地。

第三次,永乐七年至九年(1409—1411),郑和率众 27000 余人,航程与前两次基本相同,途经占城、爪哇、满剌加(今马来西亚马六甲)、阿

① (明)葛寅亮:《金陵玄观志》,南京出版社 2011 年版。
② 上海中国航海博物馆:《海帆远影——中国古代航海知识读本》,上海书店出版社 2018 年版。

鲁(今苏门答腊岛北部亚鲁群岛)、苏门答腊、锡兰(今斯里兰卡)、古里等地。出发前,朱棣在敕书中叮嘱郑和:"敕谕四方海外诸番王及头目人等,……尔等祗顺天道,恪遵朕言,循理安分,毋得违越,不可欺寡,不可凌弱,庶几共享太平之福。"①可见,朱棣派郑和下西洋,确实有教化海外、宣扬国威的意图。1911年,在斯里兰卡的加勒发现了郑和所留下的《布施锡兰山佛寺碑》,即"三语碑"。碑文用中文、泰米尔文、波斯文三种文字镌刻,内容分别为对佛祖释迦牟尼、印度教保护神毗湿婆和伊斯兰教真主安拉的颂扬和敬献。这块石碑是郑和此次下西洋之前在南京刻好,随船携带并竖立在锡兰的,现收藏在斯里兰卡科伦坡国家博物馆内。②

第四次,永乐十一年至十三年(1413—1415),途经占城、急兰丹(今马来西亚吉兰丹)、彭亨(今马来西亚彭亨)、爪哇、锡兰、古里、忽鲁谟斯(今伊朗波斯湾口之忽尔木兹岛)等地。这次航行突破了前三次的古里,达到了更远的忽鲁谟斯。忽鲁谟斯是当时东西方商贸繁荣的大都会,商贾云集,琳琅满目。

第五次,永乐十五年至十七年(1417—1419),郑和奉命伴送十五国使团返国,途经占城、爪哇、古里、忽鲁谟斯、阿丹(今阿拉伯半岛南端也门之亚丁)、剌撒(亚丁附近)、木骨都束(今索马里摩加迪沙一带)、不剌哇(今索马里之布腊瓦)等地。这是郑和船队最远的一次航行。

第六次,永乐十九年至二十年(1421—1422),奉命护送忽鲁谟斯等十六国使臣回国。第六次下西洋之后,因明仁宗调整外交政策,宣布停止下西洋。洪熙元年(1425)二月,郑和被任命为南京守备,率军镇守南京。

第七次,宣德五年十二月至八年(1431.1—1433),郑和率大型宝船61艘,27550人,从下关起航,到达刘家港后,正式出洋,路线与第五次基本相同,途径锡兰、古里、忽鲁谟斯等17个国家。

王景弘,又名王贵通、王三保,福建人,他是下西洋船队中地位仅次

① 纪念伟大航海家郑和下西洋580周年筹备委员会,中国航海史研究会编:《郑和下西洋》,人民交通出版社1985年版,第2页。
②《布施锡兰山佛寺碑》的相关介绍参考自斯里兰卡科伦坡国家博物馆的文物说明牌。

于郑和的第二位领队,与郑和同为正使太监。王景弘参加过多次下西洋活动,史籍中有明确记载的就有永乐三年(1405)、七年和宣德六年(1431)3次,还有记录为"王贵通"的永乐五年和十九年2次。陈学霖经多方考证,认为王景弘作为船队的航海技术总领,应当全程参与了7次下西洋活动。而郑和去世之后,宣德九年(1434)他还独自出使苏门答腊,次年回到南京。[①]

郑和和王景弘都参与了下西洋活动,也曾先后担任过南京守备,并与下西洋的军士一同负责南京城的守卫事务。其中,王景弘为第一任南京内守备,郑和为第二任。

《明仁宗实录》记载,永乐二十二年(1424)七月,太宗朱棣驾崩。八月,杨荣等传遗命至北京,仁宗拜受,又命令几位大臣共同商讨大事和丧礼。首先是要加强南京和北京的京城守卫,又下令任命王贵通(即王景弘)担任南京守备,率领下西洋的官兵镇守南京。"八月,……命太监王贵通率下番官军赴南京镇守",此条实录明言由太监王贵通领兵镇守南京,统管京城内外事宜。宫中大小事务即南京皇城事务,与内官朱卜花、唐观保共同管理;外事即南京都城守卫,与驸马都尉西宁侯宋琥、驸马都尉沐昕商议执行。[②] 这是关于南京城内守备最早的记录。

4个月后,明仁宗又任命郑和担任南京内守备。洪熙元年(1425)二月,任命郑和率领下番官军镇守南京,内事与内官王景弘、朱卜花、唐观保协同管理,遇外有事与襄城伯李隆、驸马都尉沐昕商议施行。

郑和、王景弘等人守备南京期间,也负责了城垣的修缮事务。《明实录》记载,洪熙元年(1425)二月,郑和、王景弘等镇守南京;四月,受命修葺南京宫殿。

明代茅元仪编撰的《武备志》中收录有《郑和航海图》,有学者认为是王景弘所绘。《郑和航海图》是中国历史上流传至今的最早的一幅远洋航海图,也是世界航海史中唯一存世的越洋跨洲的最古老的航海

---

① (美国)陈学霖:《明王景弘下西洋史事钩沉》,《漳平文史资料》第 27 辑,2003 年。

② 周忠:《试述明代南京守备的创设时间及首任内守备》,《贵州文史丛刊》2012 年第 3 期,第 26—30 页。

图。[①] 这幅图采用了写景法,"一"字展绘,以明朝京师(南京)的龙江关沿江地带为起点,依郑和的航行路线绘制了东海、南海、印度洋、波斯湾的航路及沿海地形。这幅图详细标注了沿途地名,数量多达500多个,其中可以考证的有350个。学者根据图上记录的地名,认为该图应绘制于第六次下西洋之后,也就是永乐年间最后一次下西洋活动。

郑和下西洋每次出使均需百余艘大型船舶,承载2万余人,航行数万里,造访数十个国家和地区。而他们所使用的宝船,都来自南京下关的龙江宝船厂。龙江宝船厂建于明代初年,曾长期作为官办船厂参与郑和下西洋所使用的船舶制造。龙江宝船厂遗址原有7条作塘,现仅存3条,从北向南依次编号为四作塘、五作塘、六作塘。2003年至2004年,南京市博物馆的考古工作者曾对六作塘进行了抢救性发掘,出土了木质、铁质、陶瓷等各类文物1500余件,其中有2根保存完好的铁梨木舵杆,分别长10.1米和11米,为研究宝船的尺寸和结构等问题提供了实物参考。

郑和下西洋是大明朝廷对外展示中国力量,并以国家立场参与南海、印度洋沿岸的政治、经济活动的一个重要事件。作为当时的世界大国,郑和下西洋的活动融合了贸易、外交、文化多重属性,影响深远。而明后期利玛窦等西方人士来到中国,又给古老封闭的明王朝带来了新的冲击。

第二节　清代江宁府城垣

清顺治二年(1645),豫王多铎率军占领南京,随后将南京改名"江南省",应天府改名"江宁府"。明代南京城由都城降级为府城,但都督府署正堂悬挂的"两江保障""三省均衡"匾额,依旧昭示着江宁府城的重要性。

---

①《郑和下西洋:明王朝的盛世壮举》,南京海丝遗产公众号。

（一）八旗驻防城

入清之后，清廷在全国各地兴工营建满城，以供八旗官兵驻防，这些地方随后成为驻防城、八旗驻防城、满城。顺治六年（1649），清军在原明皇宫处营建清王朝都督江南、江西两省八旗军的驻防城。驻防城内建有镇守江宁、京口等处将军署及副都统署。而原来住在城东北的汉人则被驱赶到城西南，这些被迫迁移的百姓生活顿时陷入困苦，"自是东北居民日夜搬移，提男抱女，啼哭满路。西南民房一椽值一金"。

图 2-3　明故宫驻防城（1888）

据《南京城墙志》记载，驻防城先后有过三次大规模的修筑。

第一次是顺治六年（1649）。据《同治上江两县志》记载，"废皇城为驻防城，将军总督并建节焉"，在原明代皇宫的范围内，修建驻防城，设置将军署和副都统署。将军署最初是建在驻防城内明故宫以北，之后迁至现在的龙蟠中路以东、瑞金路以南一带；副都统署则在将军署的东南方位，即今通济门内偏东的都统巷大光路小学一带。① 负责监督此次修建工程的是当时城内守备陈祥，每天动用上千个工役修筑，历时两年才竣工，可见工程量之大。《新修江宁府志》载："陈祥，字遂庵，上元人。

① 杨新华主编：《南京明故宫》，南京出版社 2009 年版。

以守备督修满城,日役千夫,历两载,始告竣。"

关于第二次重筑驻防城的时间,有两种不同的说法:一是顺治十六年(1659)。《江苏考略》载:"顺治十六年筑满城于青溪之东,起太平门沿旧皇城基址至通济门,止开二门通出入,为八旗驻防之地,江宁将军开府于此。"①《新京备乘》也记为顺治十六年。二是顺治十七年(1660)。《(康熙)江宁府志》和《(嘉庆)新修江宁府志》中记载的时间为顺治十七年。"起太平门,沿旧皇城墙基至通济门止,开二门以通出入,为满洲官兵屯驻之地。"②《(嘉庆)新修江宁府志》还记录了长度:"长九百三十丈,连女墙高二丈五尺五寸。"这次修筑始于太平门皇城基址,止于通济门,开有两门以供出入。此次重筑的驻防城规模略小于顺治六年初筑时。

第三次是同治三年(1864)。这年六月清军攻陷太平天国天京(即南京)后,成立善后局,负责处理战后重建事宜。十月,重建驻防城。同治十一年又在驻防城内重建将军署和都统署。

关于驻防城的范围,说法不同。《新京备乘》载:"废皇城为驻防城,于其西一面起太平门,沿旧皇城至通济门,添造城垣,辟二门以通出入。为满洲官兵屯驻之所。"《(嘉庆)新修江宁府志》也记载说明故宫在驻防城内,即旧紫禁城。西华门和东华门之间有高大的宫墙和紫禁城门,沿着宫墙可以看到文华殿、武英殿等宫殿的殿基遗址。距离宫墙十余丈的地方是五凤楼。往南有3道门,与五凤楼相对的就是午门。午门外有金水河,河上有石桥5座,中间的1座桥最宽。再往南是京师的正阳门,门外为象房。东南方向还有神乐观。又有现代学者通过研究认为驻防城的西垣并没有与太平门东段城墙相连,"实际上满城的西墙即明故宫西安门墙向南加长到朝阳门北,与南京城墙相衔接"③。

其实,驻防城前后大修三次,不同时期的范围有所变化,因而典籍中记载有所差异。顺治六年(1649)所筑最大,第二次重筑稍次,同治年间重建的规模最小。开有4门,东门为原京城朝阳门,南门为原京城正阳门,西门有二,一是原皇城西安门,二是新辟的小门。

① (清)龚柴撰:江苏考略,(清)王锡祺辑:小方壶斋舆地丛钞 第1册,杭州古籍书店1985年版。
② 陈迺勋编:《新京备乘》,南京出版社2014年版。
③ 梁庆华、邢国政:《南京明故宫范围有多大》,《南京史志》1989年第6期。

驻防城的改筑,大大改变了明故宫的性质和格局。康熙二十三年(1684),康熙皇帝首次南巡,至江宁府时,即以驻防城内将军署作为行宫。他见明故宫破败不堪,写下《过金陵论》,记录下当时明故宫的断壁残垣的破败景象。[①]《上元江宁乡土合志》中记载,宣统二年(1910),驻防城内前明宫阙,"今所存者,阙门流水、殿基蔓草而已"。曾经辉煌的明皇宫,逐渐湮灭在历史的洪流里。

清军八旗中的蓝旗营曾在明故宫附近驻防,现在御道街南端还有蓝旗营、蓝旗街等地名。

(二) 城墙的日常管理

城墙守备

清代江宁府作为东南重镇,沿袭明代旧制派驻防军。清廷对江宁府的管理分为两个时期,以太平天国占领南京建立政权的 11 年为分界线,顺治二年(1645)至咸丰三年(1853)和同治三年(1864)至宣统三年(1911)。

顺治二年(1645),清廷在明故宫建立驻防城,设江宁驻防将军衙署和都统衙署。江宁驻防将军署下领江宁驻防八旗。清初,江宁驻防马甲正兵的兵额为 4000 人,皆为蒙古、满洲兵;后乾隆年间蒙古兵被调往镇江,因此江宁驻防马甲正兵仅剩 2863 人。除马甲正兵外,还有其他军队基层小甲 4700 多人,如步甲、养育兵、炮兵等。八旗之外还设绿营,是清朝入关后改编和新招的汉人部队。江宁府的绿营,会七省节制之兵,因此设有江南督标,下辖中、左两营。

江宁的城防由城守都司进行管理,常驻江宁省城,有左、右二营。左营掌管东面四门(即聚宝门、通济门、正阳门、太平门)的锁钥;右营掌管西面四门(即三山门、石城门、神策门、仪凤门)的锁钥;定淮门的锁钥

---

① 《过金陵论》:"道出故宫,荆榛满目,昔者凤阙之巍峨,今则颓垣断壁矣。昔者玉河之湾环,今则荒沟废岸矣。路旁老农,跽而进曰:'若为建极殿,若为乾清宫,阶磹陛级,犹得想见其华构焉。……闾阎巷陌,未改旧观,而宫阙无一存者。睹此兴怀,能不有吴宫花草、晋代衣冠之叹耶……'"

由两营共同掌管。钟阜、金川、清凉三门堵塞未开，朝阳门是驻防城的东门，因此仅按九门分治。除京城城门外，左营、右营还分管城内的桥梁、水关、寺观，以及宫城、皇城和外郭的城门。

清末，江宁府城的守备兵力不足万人。道光二十二年（1842），为弥补兵力短缺的问题，创设保甲守城法，将城内各甲编为地方武装，分布在城内各处：东北 18 甲，西北 29 甲，东南 26 甲，西南 49 甲。驻防城内及通济门、石城门、正阳门等驻防禁地和满人居处，不设甲。全城凡146 甲。

又将全城划分 14 个巡卡，每卡配兵 5 人。派营兵负责城门盘查事务，水西门 10 人，太平门 5 人，神策门 6 人，汉西门 8 人，西水关 2 人，聚宝门 10 人，朝阳门 7 人，通济门 8 人，仪凤门 6 人等。[①]

清代火器的发展日益精良，经过洋务运动的推动，军队的武器配置已全面升级。古老的城墙在火炮的轰鸣中逐渐千疮百孔，丧失了冷兵器时代的巨大威慑力。府城周边制高点设有大量炮台，取代了京城和外郭的防御功能。至清末，城墙的多重防御体系已失去其原有价值。

城门开闭

因明中后期及清代南京城守卫兵力不足，因此不得不先后闭塞钟阜门、清凉门、金川门、神策门、定淮门，又因军事防御和交通便利的需要，重开神策、仪凤门，新开草场门、小北门、丰润门等。

明代中后期，南京城墙的钟阜门、仪凤门、金川门先后被封闭。清初又堵塞神策门和清凉门。《（嘉庆）新修江宁府志》载："明季，金川、钟阜、仪凤门塞。""国初，神策、清凉门亦闭，梁化凤之攻贼也。"清顺治十六年（1659），梁化凤重开神策门和仪凤门。道光二十八年（1848），又塞定淮门。江宁城垣至此开放 9 座城门，以通出入。

随着江宁府城的经济发展，城内逐渐出现现代交通格局的萌芽。

光绪元年（1875），士绅集资修筑西华门至汉西门的马路，经大行

① （清）蒋启勋，（清）赵佑宸修；（清）汪士铎等纂：《金陵全书·甲编·方志类·府志·光绪续纂江宁府志》1，南京出版社 2011 年版。

宫、新街口、螺丝转弯、汉西门大街。即今日的中山东路和汉中路。

光绪二十一年（1895）四月至二十二年，两江总督张之洞"开筑江宁马路"，自仪凤门至通济门东侧驻防城边。《首都志》记载，光绪二十一年四月开始修筑马车路，自碑亭巷往北至仪凤门外，还在下关了修造铁桥，二十二年三月建造了新的马车路，又从碑亭巷往南修到通济门。《南京市政建设志》上记载，光绪二十年，两江总督张之洞创筑江宁马路，从长江边开始，穿过下关地区，由仪凤门入城，沿着旧有的石路到达鼓楼，再绕鸡笼山麓，经总督府到达驻防城附近，在通济门结束。

光绪二十九年（1903），开筑自中正街（今白下路西段）至旱西门的马路。

光绪三十三年（1907），重开金川门，以通宁省铁路。《首都志》载：光绪三十三年，"沪宁铁路开，至下关姚坊门一带。又开金川门支路入城，造龙江铁桥，疏宝塔桥水道，开四汉河"。

又新开辟了 3 座城门。光绪三十四年（1908）开筑草场门、小北门。宣统元年（1909）开筑丰润门，即今天的玄武门。

草场门，因城内原设有草场，故名。城门深 20 米、宽 6 米。门址位于清凉门和定淮门之间，门外有外秦淮河码头。小北门，俗称"四扇门""四扇便门"，讹称为"钟阜门"。门址位于神策门和金川门之间。丰润门，位于神策门和太平门之间。为迎接南洋劝业会，方便游人游览后湖（玄武湖），特开辟此门。

城墙损毁

清代南京城墙的损毁，主要归因于雨水浸泡引起的坍塌，以及清初的驻防城改筑、中后期的多次战争。

在明代，南京城墙经历的战争不多，规模较小，其时火器的发展还处于初级阶段。入清之后，南京城墙历经郑成功的进攻、太平天国时期的拉锯战等多次战争，损毁尤为严重。

又因时间久远，资金匮乏等原因，江宁府城墙坍塌事故日益增多，仅乾隆年间就出现多次险情。乾隆三十四年（1769）、三十八年（1773），江宁府有局部坍塌、损坏，墙体有些地段出现臌裂、残缺。乾隆后期，江苏巡抚又多次上奏,请求拨款修缮江宁府城墙。

乾隆五十二年(1787)十二月初二,江苏巡抚闵鹗元奏报:"江宁府省城……因历年已久,墙垛等项目有损坏……其余完固。"

乾隆五十六年(1791)十二月初九,江苏巡抚觉罗长麟上奏:"据上元县详报:境辖聚宝门、四方等城并太平门等处段落坍损……"

乾隆五十八年(1793)十二月十一日,江宁巡抚奇丰额上奏:"……前任抚臣长麟奏明上元县所辖之聚宝、太平等门……均有损坏,应行修理……江宁府北安门等处旧墙因本年雨水稍多,间有砖土坍损。"

乾隆六十年(1795),苏凌阿、奇丰额上奏:"兹据江宁布政使陈奉兹详称:江宁省城周围五十七里,建自前明,历年久远,乾隆三十八年、五十四年因间有坍塌,经前督臣高晋、书麟先后奏准兴修在案,今查前修之外,有上元县分管之聚宝门、四方城、太平门;江宁县分管之三山、石城、仪凤、神策门等处城身间有坍塌及腻裂处,所计二十段,共长一百七十五丈五尺。并有城身完好,其排墙、垛口间有损坏者,均经委员核实。"

太平天国运动之后,江宁府城的损毁更加严重,又因百业萧条、经济衰退,竟然无钱修缮。

光绪十七年(1891)年底,江宁府城墙的城门、城楼、兵房、栅栏等大损,无钱修缮。光绪十八年九月二十四日,江宁府城原有 13 座门,后经闭塞金川、钟阜、定淮、清凉 4 座门,尚有太平、朝阳、正阳、通济、聚宝、水西、汉西、仪凤、得胜 9 座门可以通行。9 座门之中,只有聚宝门城楼略显完好,其余均已倾颓,无法修缮,必须重新起造。

此外,江宁衙署、驻防军、太平军等对明代城垣遗物随意挪用,也使得城墙遭到了很大破坏,城砖散落各处。

城墙修缮

清代江宁府城墙的日常维修,由上元县和江宁县共同负责。上元县主管南线及东线城墙,即聚宝、通济、正阳、朝阳、太平门等,江宁县主管北线及西线城墙,即神策、三山、神策、石城、仪凤、定淮门等。资金从地方上缴朝廷的财政中划拨。

清代对城墙有多次较大规模的修缮,主要是在乾隆、同治和光绪三个时期。

乾隆年间,城墙还是城市赖以防御的主要设施,因而修缮投入资金最多。乾隆元年(1736),工部就下令要求各地方在农闲时修补城垣。次年,乾隆皇帝又颁发诏书,要求各地调查城郭的具体情况。① 乾隆二十八年、三十一年,两次颁发督修城垣的诏书,命令各省道府将所属城垣详细查勘,如稍有坍塌,即随时修补,并于每年年底汇报城垣完固和坍损修补的情况。乾隆三十二年,江苏巡抚明德汇报江苏全省共63座城垣,完固27座,坏32座,内13座已修。

同治年间,历经太平天国运动之后的江宁府城毁坏严重,城内百废待兴,仅对江宁府太平门外城墙"龙脖子"缺口一段进行简单维修。

光绪年间,城墙年久失修,情况更加危急。"历任督臣久欲拨款修理,均因工巨费繁,筹措维艰,履议履寝。"②光绪十一年(1885),善后工程局委员黄国忠参与修复维修象山脚下(今挹江门南侧200米处)的一段城墙,竣工后刻碑以记,凡石碑3块,南、北两侧为界石,分别刻有"左界""右界",中间一方为记事碑,阴刻正楷六十一字:"光绪十一年岁次乙酉孟秋月,奉宪委修象山脚下城墙一段,计长八丈二尺。善后工程局委员运同衔江苏遇缺即补知县长沙黄国忠监修,匠头葛庆林、王永发。"光绪十七年,因江宁城垣损坏严重,两江总督刘坤一奏请大加修补,但因财政支用异常艰难,无法承担这项大工程,力陈城垣建设的重要性,谏言如不及时修缮,将来再修所需的资金更多,筹措更难。次年,江宁府城墙终于得以进行大规模维修,修补城垣垛堞,修缮城楼墩台屋宇,

---

① 《清实录·乾隆朝实录》卷四十六:"年岁丰歉,难以悬定。而工程之应修理者,必先有成局。然后可以随时兴举。一省之中,工程之大者,莫如城郭。而地方以何处为最要,要地又以何处为当先,应令各省督抚一一确查,分别缓急,预为估计,造册报部。"

② 《宫中档案·硃批奏折》(工程类),光绪十六年(1890)十二月初九,陈明奏折。中国第一历史档案馆藏。

仿淮安府城楼式样,重建12座城楼(聚宝门城楼略显完好,不在此列)。维修中,新烧造一批城砖,砖上刻有"光绪壬辰年两江督中协刘监造"字样。

晚清政府财力困窘,不得不发动社会力量进行捐输。江宁府城垣进行较大规模修缮的经费,都来自江南工赈捐输款。光绪三十一年(1905)因江南穷民过众,生计维艰,两江总督端方等人奏请开办江南工赈捐输。自第一次开办之日起,截至次年年底第二十四次,共收库平银1480686两1钱,陆续支用拨给修城筑路造桥等工程。[1]

护城河

清代江宁府城人口众多,护城水系淤塞严重,遇上倾盆大水,城内如同泽国。康熙十一年(1672)南京发生水灾,东水关的11个水门关掉10个,只留1个入水。秦淮河水大部分沿着外秦淮河入江,内秦淮河及其支流水量因此不足。附近的百姓将灰土瓦砾等随意丢弃在河内,日积月累,河水淤垫,几乎成了平地。而江宁府水道不畅,"自此财赋不继,官民受伤,百货萧然,无复昔日京华之盛矣"。

道光十一年(1831)夏,城内突发大水,街市积水如同行舟。士绅和民众建议关闭上水关插板,城内因此成了死水。但沿河居民数量众多,每天向河内倾倒生活污水,河道堵塞更加严重,尤其是在春夏之交,河水甚至变成绿色,腥臭难闻,致使疫病传播。城南如同汊港,而城中和城北的房屋仅露出屋脊,百姓只好逃到城墙上躲避。因此,有清一代,几乎每年都需要对城内外的一些河道进行疏浚。

(三)郑成功北伐失败

郑成功(1624—1662),原名森,幼名福松,字明俨,号大木,福建泉州南安人,明末清初军事家,曾入南京国子监学习。其父郑芝龙早年游

---

[1] 江苏省财政志编辑办公室编:《两江总督端方署江苏巡抚陈启泰奏报江南工赈捐输收支数目折》,《江苏财政史料丛书》第1辑第2分册,北京方志出版社1999年版。

历日本,娶日本女子田川氏为妻,后从事海上走私贸易,成为东南沿海最大的海商。清顺治三年(1646),郑芝龙投降清廷,田川氏被辱自杀。郑成功走上了反清复明的武装斗争道路。

顺治十四年(1657)、十五年、十六年,郑成功进行了 3 次大规模的北伐战争。第一次和第二次北伐举兵后不久均告失败。顺治十六年(1659),郑成功高举反清复明的旗帜,发起第三次北伐。此时清军主力正在西南围剿永历政权,因此无暇顾及江南一带。趁其防守空虚,郑成功经过充分准备,在东南沿海地区屡战屡胜。六月,张煌言统领的前队由崇明入江,经镇江。七月初七,郑成功大军直逼南京观音门。据《明季南略》载:五月十三日,郑成功率十万大军进攻江南,清军则在镇江至瓜洲的江面,用巨大的木头筑起长长的堤坝,截断长江,宽达 3 丈,上面用泥覆盖平整,可以驰马飞奔。[1]

郑成功部属杨英所著的《延平王户官杨英从征实录》对郑成功在南京的具体行动记载的十分清楚:七月初四,郑成功大军逼近南京;七月初七,大军直抵观音门;七月初八,委派左冲镇都督黄安总督水师,并停靠在三叉河口(即今天的下关龙江地区),以便堵御清军水师;七月初九,下令让各官兵船只进泊仪凤门下;七月初十,让官兵在仪凤门旁边登岸,驻扎在狮子山一带,慢慢向西面分程西推进,大船则停泊在东门外;七月十一日,驻扎仪凤门;七月十二日,驻扎在狮子山,以堵御仪凤门,又有一支驻扎在汉西门教场,派部分水师前去应援仪凤门;七月十六日,清军从仪凤门攻打前锋镇营;七月二十日,下令让正兵镇韩英率队前往汉西门与右提督协力攻城;七月二十二日,清军一面在仪凤门炮击郑军营地,一面派人出城袭击郑军,郑军惨败。[2] 这种情况下,郑成功只好下令撤军回观音山待敌。可见,郑成功的部队通过水路而来,主要聚集于南京的北面和西面,即幕府山至汉西门一线,由仪凤门登岸,驻扎在狮子山下,与清军在下关地区进行了激烈的攻防战斗。

---

[1]《明季南略》载:"顺治十六年乙亥五月十三日,成功率兵十万入南……镇江至瓜洲江面十里,清朝守臣用巨木筑长坝,截断江流,广三丈,以泥覆平,可驰马。"

[2] (明)杨平撰:《延平王户官杨英从征实录》,《续修四库全书·444·史部·杂史类》,上海古籍出版社1996年版,第 721 页。

江宁府城戒严，驻防将军担心城内居民通敌，一时之间城内冤狱四起，人心惶惶，两江总督郎廷佐、江南按察使姚延著等人为民请命，救人无数。《同治上江两县志》载："时海警迭至，城中居民粮食匮乏。江南左布政使陈培桢请开聚宝门，让民运米入城，众心始安。"

两军实力相差悬殊，郎廷佐派人向郑成功示弱，以拖延时间，等待援兵，他假意示弱："我朝有例，守城过三十日，罪不及妻孥。请待期而纳疑。"又暗中派人请总兵梁化凤前来支援。诸将建议郑成功应速战速决，尽快拿下江宁，但郑成功大意轻敌，相信了郎廷佐的缓兵之计。不久梁化凤率军经丹阳、句容，从南京城的东面、南面奔袭而来。梁化凤在城墙上观望，发现郑军军容不整，军士在后湖嬉戏，于是领骑兵500人，趁夜从神策门出城，先捣白土山，破其一营。第二天，又从仪凤门和钟阜门两处出城，兵分三路突袭郑军正面，又派骑兵绕出山后一起夹攻，拔下郑军大旗，俘虏郑军总兵余日新等人。梁化凤兵分几路，同时对郑军的水军和陆军展开攻击，几次突袭都取得了胜利，士气大振。郑成功勉励部下："将有大败，必有小胜。明日正欲杖诸君之力，以灭此丑虏耳。"但郑军海战经验丰富，陆上战斗经验不足，又对江宁地形地势不熟悉，因而遭遇大败，损失惨重。

郑成功见大势已去，只得率水军撤离南京，返回厦门。顺治皇帝因此下诏将神策门改名为"得胜门"，以纪念此次大捷。《首都志》载，六月郑成功率海师逼近江宁，梁化凤率军平定此次动乱，并改神策门为"得胜门"。梁化凤也因此次战役中指挥得当、表现神勇，升任苏松提督。

(四)《南京条约》下的江宁城

清初东南沿海的抗清活动频繁，清政府为打压中外反清势力，警惕西方殖民主义的入侵，加之本身实行自给自足的自然经济，因此对外实行"闭关锁国"的政策，仅由广州十三行负责办理对外贸易。在这种受到极大限制的贸易政策之下，中国一直处于对外贸易顺差的地位。为了扭转对华贸易逆差的局面，英国开始非法向中国走私鸦片，借此牟取暴利。道光十九年（1839）六月，清政府委派林则徐在广东虎门集中销毁鸦片,以此彰显中国禁毒的决心。

道光二十年(1840),英国政府以不满林则徐"虎门销烟"为借口,趁机发动针对中国的鸦片战争。英军舰队一路自广东、福建、浙江,直达天津大沽口,道光皇帝慑于兵威,对英军求和。英军无意停战,企图截断南北漕运,控制长江和大运河,以增加要挟清政府的筹码。

道光二十二年(1842),英国舰队入江。镇江沦陷的消息传至江宁,城内人心惶惶,大户纷纷外逃,官府下令关闭城门。此时的江宁城兵力空虚,完全没有做好与英军交战的准备。清廷紧急创立城防保卫法:"分段设局董,以绅士官不预闻,竖栅置械,募勇守御。人日百五十文,日稽夜巡,佐以旗与灯相救相助,鸣金击柝。五城之遥,呼吸流通,最为良法。"①《筹办夷务始末》中详细记载了江宁城内的官兵布防安排:城门内由提臣刘允孝、镇臣王志元带兵防守,加上旗营和绿营,共二千六七百名兵丁,又派江西总兵李锜带兵1000名,驻守汉西门和水西门一带。清廷还紧急从苏州调来河南兵丁900多名,分派300多人到汉西门和太平门,其他500多名则在鼓楼、菜市附近屯扎。② 面对炮坚船利的英国舰队,古老的城墙仍是清军唯一可倚仗的重要屏障。

但英军声势浩大,几十艘英国军舰陆续开抵南京江面,时刻威胁江宁城的安危。《新京乘备》:"六月,酋首璞鼎查、马利逊率大队溯江上犯金陵。自观音门至龙江关,连檣不绝,大有一触即发之势。城中大小户皆徙,寂无人烟。"英军司令巴加、郭富蛮横无理,威胁要求清政府缴纳赎城费300万两,否则重炮轰城。道光二十二年(1842)七月初三,钦差大臣耆英、伊里布与时任两江总督牛鉴商议后,派张喜、陈志刚、刘建勋等人自旱西门出城,坐船至英国军舰上与英军协商暂缓攻城。但在英军的坚持下,最后竟同意如数交纳300万赎城款。此后,英军愈发得寸进尺。双方多次议约,都从旱西门出入江宁城。

---

① (清)莫祥之,(清)甘绍盘修;(清)汪士铎等纂:《同治上江两县志》,江苏古籍出版社1991年版。
② 《筹办夷务始末》:"江宁省城仪凤门最关紧要,去江面只有二三里之遥,此次该夷大帮船只均在该处一带停泊。城门以内,提臣刘允孝、镇臣王志元带兵防守,并旗绿各营兵丁,共有二千六七百名,又江西总兵李锜所带之兵一千名,在汉西、水西两门一带防守,并旗、绿各营兵丁,足资堵御……在苏防守河南兵丁九百数十余名,亦陆续到省。当即分派兵丁三百余名于汉西、太平两门防范,以厚兵力。其余兵丁五百余名,饬令游击陈平川管带,在于仪凤门内之鼓楼、菜市两处屯扎。"

道光二十二年七月二十四日（1842 年 8 月 29 日），清廷在英军的胁迫下于南京下关江面的英军旗舰"康华丽号"上签订了《南京条约》，其中仅赔款一项高达 2100 万元。清廷为求退兵省事，除立即由江宁（今南京）藩库和运库拨款外，不足之数则强行向南京的民间摊派，使南京经济遭到沉重打击。

第三节　太平天国天京城垣

清咸丰三年（1853）二月十日，太平军一路势如破竹，攻克江宁，定都金陵，并改名"天京"。直至同治三年（1864）六月十六日，清军复克天京，恢复"江宁府"之称。维持了 11 年之久的太平天国农民政权落下帷幕。

（一）太平天国攻占南京

咸丰三年（1853）正月，洪秀全、杨秀清率太平军离开武昌，向东直指江宁。十七日，总督陆建瀛闻讯关闭城门，用土袋闭塞 13 座城门，城外不设一营，不戍一卒。二十九日，太平军李开芳率前哨部队直达江宁府聚宝门外，城内总督、将军登城巡视，彻夜守卫，随时警惕。三十日，聚宝门外驮米脚夫与太平军发生争斗，向守城清兵索要武器，请求派兵坠城助战。清军怀疑有诈，开炮驱散众人。太平军趁机渡过吊桥，直抵城下，拆屋烧城门，守城的清军则在城墙上泼水下石，阻挡太平军的进攻。

二月初一，太平军从聚宝门外的大报恩寺塔，向江宁府城墙施放火箭，但因聚宝门一段城墙过于高大，没有发挥太大威力。"咸丰三年二月初一，运仓圣庙中之炮，置报恩寺塔第三层，向江宁府城墙轰击，弹如飞雨。"[1]太平军还向城内射进劝降书，以动摇军心。又在通济门、正阳门、朝阳门、太平门、金川门、汉西门等处，派小股部队实施骚扰和侦查

① （清）张汝南：《金陵省难纪略》，巴蜀书社 1993 年《中国野史集成》影印本。

行动,使得清军疲于奔命、应接不暇,清军不知敌人情况,数炮齐发,彻夜不止。

二月初十,太平军在仪凤门外静海寺挖掘地道、填埋火药,炸塌仪凤门旁一段城墙,"颓卸砖石数层,宽约两丈许",太平军蜂拥而上,试图爬上城墙。但清军用火炮攻击,打落、打死不少太平军士兵。为了邀功请赏,清军士兵争先恐后割下死伤的太平军的首级,于是守城的士兵又少了,太平军士兵趁机继续攻城。太平军在仪凤门炸了两次才突破仪凤门的清军防线。为抵御仪凤门的太平军,清军又将聚宝门、水西门和汉西门的守城士兵调至北城,这样就给太平军攻下水西门以可乘之机。江宁城被攻破后,清军及旗人只得退守至城东的驻防城。"大城破,将军率官兵守皇城,满洲妇女妇弱亦登陴助守。"[1]次日,太平军又攻下八旗驻防城。

二月十七日,韦昌辉自仪凤门骑马入城;二月十九日,杨秀清从水西门坐黄轿入城;二月二十日,洪秀全由水西门坐黄轿入城。太平军攻占江宁后,下令将江宁改称"天京",并在此定都。

在攻占江宁城的战斗中,太平军亲眼见证了火器的威力,自此对西方火器产生浓厚兴趣,天京的对外贸易中军火交易占了相当大的比例。据记载,1862年4月,上海仅一处洋行,一个月内就卖给太平军大量武器,计洋枪3046支、洋炮795门、火药10947磅、炮盖450万个。同年,忠王李秀成账下已有多尊开花大炮和2万杆洋枪,作战时威力极大。可以说太平军的火器精利远胜于湘军。究其原因,太平军的士兵大部分出身贫苦,没有作战技巧,只得重金购买洋炮,以增强部队的战斗力。

(二) 天京城的修缮改筑

太平军攻克江宁之后,贪图享乐、大兴土木,拆毁不少城墙,取砖修建诸王府,对城墙造成了很大破坏。据孙亦恬所述,四月间(阴历)派女馆中的妇女共同将西华门城墙拆毁,并将城砖全部运往旧督署,以备改

---

[1] (清)谢介鹤撰:《金陵癸甲纪事略》,上海古籍出版社1996年版。

造天王府;还有些运至旱西门,以改造东王府。孙之春属参与工作,每名妇女一天需搬 10 块砖到天王府。旱西门路远,用船运送。①

同时,为巩固统治、加强城防,在原江宁府城墙的基础上,太平天国政权又对天京城进行了一些改造,修筑了围绕天京城宫殿的全方位防御体系。

加高、增筑原有低矮地段的城墙,如集庆门、台城、清凉山等地段,对这些地段的城墙相较聚宝门等地段的城墙偏矮,战争中容易被敌人爬城而入,因而需要进行加高、增筑。拆除清军的驻防城和明皇城以取用其砖,发掘大量碑石,用作建材。清王韬《弢园笔乘·贼陷金陵记》载:"当贼运土加筑城堞时,掘出古碑石,若梁司马散骑常侍萧诞碑、夏侯随之碑、荆王府长史司马景德合葬碑、检校侍郎左庶子鲁公谅碑、磊磊然几难悉数。"②

改造、增筑原有城门,如在城南增设小南门及巡守将军。1856 年天京内讧时,翼王石达开就曾从小南门出走城外。清军在抵御太平军时将所有城门都用土袋堵塞,太平军入城之后,将各城门的土袋撤去,大开城门。不久又将城门改小,仅如寻常大门的样子,设门 1 扇。每天晚上先将这扇小门关闭,再关上原有的城门。城门内安放 2 门火炮,管理城门和火炮的人都住在城门的瓮城内。几个月后,又在瓮城内设栅栏,开门 2 扇,晚上由内上锁。同治二年(1863)四月,为对抗清军在神策门外开挖地道的破坏行动,太平军在神策门附城筑墙,称之"月围"。《南京城墙志》认为,"月围"即"月城",神策门的外瓮城也是在太平天国时期增筑的。由于战时所筑外瓮城,故墙体质量较差。③

开沟挖濠,增设营垒,以营垒护城,又以城护营垒。清代涤孚道人在《金陵杂记》中记载,夏秋时节,太平军下令妇女出城挑挖濠沟,在城内城外到处掘濠营垒,甚至达到了七八重防线之多。此外,城濠上还设立了吊桥,控制城门出入。清人汪士铎也在《乙丙日志》中说道:"嗣见贼守城法,于各城外,皆为营垒,垒以土垣,不甚高厚,留穿以置铳

① 陈恭禄:《太平天国历史论丛》,广东人民出版社 1995 年版。
② 汉史氏等编:《满清野史》,昌福公司 1912—1949 年版。
③ 杨国庆、王志高:《南京城墙志》,凤凰出版社 2008 年版。

炮。……垒内为濠一,外为濠三四道环之,多则有七八道者。濠深八尺,广六尺、八尺不等,中密钉竹签,濠相间约丈,上置虎刺、荆棘、巨木槎桠,周密环布垒门。门皆曲向,濠上往来以吊桥。此濠外又为一大濠环城。"[1]

增设城防设施,如望楼、更房等。清人汪士铎在《乙丙日志》中记载:"城上间二丈一更房支更,更人每房五人,直一更拆,不许少歇。……城门砌狭城阙内置炮二座,城上女墙以筐盛石置之,备抛掷。城内各街,皆置更楼。街有他馆,馆又各一更楼,而北极阁、覆舟山一带尤众。"[2]清人张汝难在《金陵省难纪略》中也说道:"城楼上安炮数位,堞外支板,板上积石,支以木,拽以绳,楼左右蓆房二,司炮二三人,司更数老人,插旗数竿,夜不用灯火。自此每隔女墙二十余堵外设一席房,插旗守更而止。"[3]

(三) 天京城的营建工事

为护卫天京城的安全,太平军在天京城外营建军事堡垒——天堡城和地堡城。太平天国时期,太平军借助天堡城与地堡城,占据地利之便,与清军的江南大营长期对峙。

天堡城,咸丰三年(1853)建造于钟山西峰,以青石依险要山势垒筑,可俯瞰全城。天堡城南北宽 37.2 米,东西长 62 米,原有上下两层内堡,东、西、南三面均有城门以便进出。同治三年(1864)年二月,天堡城在清军的全力攻击下终于陷落,后为曾国荃所用,设攻城指挥部。现天堡城仅存部分遗迹,西、南、北三面石砌残基高 4 米,位于紫金山天文台东南侧。

地堡城,又名"地保城",与天堡城共同构成护卫天京城的重要军事屏障。咸丰三年(1853)在太平门外俗称"龙脖子"的地段,筑造地堡城。"龙脖子"段城墙外无护城河,防卫力量薄弱,但其地处紫金山第三峰与

---

[1][2] 邓之诚辑:《汪悔翁乙丙日记·汪梅村先生年谱稿》,《近代中国史料丛刊》第十三辑第 126 种,文海出版社。

[3] (清)张汝南:《金陵省难纪略》,巴蜀书社 1993 年《中国野史集成》影印本。

富贵山衔接的山口,交通位置险要,是埋伏、拦截敌军的重要阵地。地堡城由 3 座石垒、3 道护垒壕沟和 1 座竖屋构成,濠外栽有梅花桩十余层。主堡为常遇春墓前的大台墩,宽达十几丈,设有重炮。清张德坚《贼情汇纂》:"贼垒厚而且高,周围安炮眼三层,上层马枪,中层台枪、火枪。"同治三年(1864)七月,地堡城失去天堡城的依托,防御能力大大削弱。清军抽调 6 个营的兵力,在地堡城附近挖地道直达天京城墙下,填埋火药,炸塌城墙 20 余丈。随后不久,天京宣告陷落。地堡城遗址,现仅存地堡城的一条壕沟,东西向,长约 100 米、深 3 米、宽 5 米,还有一些残留的建筑石构件。

城外有天堡城和地堡城,城内则以天朝宫殿为核心,大兴土木,营建太阳城、金龙城。

咸丰三年(1853)四月,太平军将清廷的两江总督衙署改建为天朝宫殿,作为天王洪秀全的驻跸地。天朝宫殿分内外两重,外城称"太阳城",内城称"金龙城"。城门南向,额门为真神荣光门,又称"皇天门"。二门为真神圣天门,左右设钟楼和鼓楼。二门之后是金龙殿,再后为内宫,宫后有后林苑。[①]

天朝宫殿的营建分两次。第一次是咸丰三年(1853)四月,自两江总督衙署至西华门一带,每日派万名男女拼命兴筑,半年后竣工,但不久即遭受火灾焚毁。次年,即咸丰四年正月,又在原址重新扩建,任命宾福寿和张维昆负责规划及督造施工相关事宜。

第二次兴建的天朝宫殿比第一次范围更大,且建有城墙。天朝宫殿的城墙,又称为"黄墙",范围东沿黄家塘至利济巷一线,西临碑亭巷一线,北到杨吴城濠(今珍珠河),南抵科巷一带。[②] 但其高度、厚度,史载不一。清张德坚《贼情汇纂》说墙高达数丈;清涤孚道人《金陵杂记》记载,周围加砌高墙,据说高 2 丈、宽 4 尺,墙头还嵌砌了不少碎磁瓦锋,以作防御;英国富礼赐(R. J. Forrest)《天京游记》中称天朝宫殿占地甚广,周围是黄墙,又高又厚;清张汝难《金陵省难纪略》中称天朝宫

---

① 李晨森编:《中华上下五千年》,煤炭工业出版社 2016 年版。
② 陈宁骏、欣辰:《解密总统府》(全彩版),东南大学出版社 2019 年版。

殿的围墙,厚 3 尺、高 3 丈。城墙之外,还开凿了一道宽、深各 2 丈的"御沟"。

建造天朝宫殿、城墙和各王王府、官员府邸,所需建材数量庞大,因而太平军拆卸原八旗驻防城及明皇城的部分建筑,取砖使用。时人作《拆皇城》曰:"虎踞龙蟠势飞舞,灵气乃钟明太祖。皇城既建又迁燕,三百余年总安堵。我朝定鼎移驻防,保障东南作门户。可恨庸臣自养虎,二百十年变焦土。贼来营造无巨砖,拆城作城众人苦。老人城上摇,旋向城下抛。女人城里拾,旋向城外挑……皇城崔巍入云际,蹂躏经年便平地。……"①

天京城被清军攻破后,天朝宫殿大部分毁于战火。

(四)张继庚突袭神策门

太平军占据江宁之后,为加强统治,实施了一系列新的管理措施和政策。在这样严厉的统治和管理之下,仍有不少民众试图颠覆太平天国政权,其中最为著名的一案就是张继庚事件。

张继庚(? —1854),字炳垣,一作炳元或丙垣,江宁人,廪生。咸丰二年(1852)随湖南布政使潘铎镇守长沙,对抗太平军。长沙解围之后,返回家乡江宁。他接受布政使祁宿藻的聘请,襄办保卫、筹防两局的事情。祁宿藻逝世之后,他进献守城之计给上元县令刘同缨、两江总督陆建瀛,未被采用。江宁城破之后,张继庚率其弟张继辛等人与太平军巷战,兵败投水,侥幸生还。他将母亲托付给亲戚朋友之后,假装躲藏起来,故意被太平军俘获。他化名为叶芝发,混入韦昌辉典的舆衙内教书,其实暗中纠结同伙,以谋叛变。

他先利用太平军内部的地域矛盾,散布流言,谣称东王对待广西人更加宽厚,对湖南人刻薄,这引起了湖南籍水手对广西籍东王亲兵的不满。随后,他又挑起太平军内上下级之间的不满,煽动下级士兵叛变投

---

① 清马寿龄:《金陵癸甲新乐府·拆皇城》;中国史学会主编:《太平天国》第 4 卷,上海人民出版社、上海书店出版社 2000 年版。

降清军。除了离间太平军内部的关系,张继庚还暗中招募乡勇5000人,与织营总制吴长松合谋叛乱,拉拢太平军防守城门的将士。张继庚7次上书、吴长松5次上书给向荣的江南大营,传递城内太平军的动静、破城时机、入城路径等各种情报。信中告知太平军中共有广东人士900多名,两楚人士10000多名,江南人士则有30000多名,太平军在朝阳门外设置9座子炮,水师船只停泊在仪凤门外各江口或洲中等等,希望清军早日攻城。因清军迟迟没有践约,张继庚只得亲自潜出城外,与清军商定12月6日在神策门举事。不料当日突降大雨,清军的突袭行动惊动了守城的太平军,只得撤退返回。此后,又多次密谋在朝阳门、神策门等处进行攻城活动,均告失败。

咸丰四年(1854)二月,张继庚被张沛泽告发,被俘。审讯时,张继庚故意指认两广、两湖太平军诸多元老为同谋,致使太平军数十人被杀。后被杨秀清发觉,处以极刑。[①]

图2-4 《金陵举义合祀图》,清人陆荃(字瀛生)
绘1854年3月22日夜神策门叛乱图

---

① 清孙文川《张烈士行》载:"事泄,乃引贼党中之最黠最悍者数十名,诬以同谋,贼尽砂纸。炳垣亦被害。时咸丰四年三月六日也。"《张义士传》载:"继庚乃跃起,大言曰:'江南人素怯弱,无敢与我共事者,汝官此久,宜知之。与我共事者,楚粤老兄弟也。'贼呼其党为兄弟。故继庚及之,于是遂疏老贼姓名三十余人,尚未毕,每疏一人即斩首。俄而秀清传令曰中张某计,岂有同谋皆亲信老兄弟,无新兄弟者。"

太平天国历史博物馆收藏的一幅《金陵举义合祀图》,描述了胡恩燮为清军指路,帮助向荣大军攻打神策门的场景。胡恩燮(1824—1892),字煦斋,江宁人,著有《愚园偶忆诗草》(愚园是晚清最负盛名的金陵名园之一),晚年著《患难一家言》,详述在太平天国时期为清军做内应出入江宁城之事。

太平军攻克江宁之时,胡恩燮未来得及逃出城外。他在城内暗中联络对太平天国政权不满的地主文人,试图对抗太平军,但被察觉,借助亲戚孙文川之力,自仪凤门匆忙逃出天京。离开天京后,胡恩燮辗转来到秣陵,被江宁知府赵德辙赏识重用。后因张继庚、吴长松屡次上书给向荣提供天京城的军事情报,但向荣因疑虑,不敢采纳。于是派胡恩燮继续潜入天京城,与张继庚、吴长松联络沟通,以作内应。

胡恩燮先后入城 36 次,每次都打扮成乞丐模样以掩饰身份。他沿着西善桥行至毛公渡,再经江东门进入天京城。他还在上新河租房并设立联络据点,又利用柴薪衙需要出入水西门采购柴草,借机建立地下交通线。张继庚、吴长松商议的几套攻城方案,均由胡恩燮潜出禀告向荣。张继庚被抓之后,向荣又派田玉梅等 8 人入城,继续与吴长松联系,约定以太平军营地放空炮为号,开展袭击神策门行动。三月二十日夜,胡恩燮作为向导,带领清军江南大营副帅张国梁的部队抵达神策门。张国梁肩扛巨木作桥,曾逵等人借助木头渡河潜伏。胡恩燮在渡河时,不慎被太平军所布下的竹签戳伤脚,退至一旁。五更天,营中突然放空炮一声,吴长松等 57 人立即冲上城墙,暗杀太平军哨兵 6 人。因太平军前一日恰好在城门口临时架设重层木栅栏,城下的田玉梅等人只得尝试用大刀砍断木栅栏,但刀刃发出的劈砍声惊动了守城的士兵,导致守城的太平军与偷袭的清军在神策门展开了激烈的战斗。田玉梅等人见太平军吹角,预示援军即将到来,于是慌忙逃走。张国梁知道行动失败,便放火焚烧了城外的买卖街。

1905 年 3 月,胡恩燮之子胡光国在春晖堂设愍忠祠,隆重举行合祀祭典,以祭祀其父和同谋内应遇难人士。陆瀛生为之绘《举义合祀图》,

名士纷纷题咏。[①]

（五）南京城墙的记事碑

南京城墙墙身有不少记事碑，其中 4 处是与太平军和清军破城相关的。其一位于太平门外龙脖子段城墙内侧，即"曾国藩修治金陵城垣缺口碑"，其二位于挹江门南 150 米处城墙外侧，其三位于太平门外龙脖子段城墙外侧，其四位于太平门外龙脖子段城墙内侧。

清咸丰六年（1856），太平天国政权内部发生严重内讧，东王杨秀清、北王韦昌辉、燕王秦日纲、西王石达开先后被杀，史称"天京事变"。天京事变之后，太平天国人心涣散，逐渐走向衰落。同治元年（1862）五月，浙江巡抚曾国荃率军进攻金陵。在此过程中，清军对城墙进行过多次破坏，以炸塌城墙作为攻城的主要手段。太平天国政权覆灭之后，江宁城受损严重，清政府又不得不对城墙进行部分修缮。

同治三年（1864）六月十五日，曾国荃部下掘太平门外地道，填充炸药，于午刻引爆，致使城垣炸塌二十余丈。十月，两江总督曾国藩下令修治炸塌的城墙缺口，竣工后立碑以记。这块石碑俗称"曾国藩书缺口碑"（高 1.84 米、宽 0.76 米），除因枪击造成的 9 处损伤外，碑身大体完好，碑文清晰可辨，至今镶嵌在太平门段城墙墙身之上。碑文全文 138字，曰：

> 道光三十年广西贼首洪秀全等作乱。咸丰三年二月十日陷我金陵，据为伪都。官军围攻八年不克，十年闰三月师溃，贼势益张，有众三百万，扰乱十有六省。同治元年五月，浙江巡抚臣曾国荃率师进攻金陵，三年六月十六日于钟山之麓用地道克之。是岁十月修治缺口。工竣，镵石以识其处。铭曰："穷天下力，复此金汤，苦哉将士，来者勿忘"。曾国藩记并书。

位于城西北的挹江门，距城门南侧 150 米处，被史学界认为是太平

---

① 陶起鸣：《金陵名园愚园》，南京出版社 2018 年版。

军破城处，墙身外侧也镶嵌有 3 方石碑，记录下光绪十一年(1885)，善后工程局委员黄国忠参与修复维修象山脚下(今挹江门南侧 200 米处)一段城墙的往事。两块为界石，高 44 厘米、宽 22 厘米，分别刻"右界""左界"，间隔 28.4 米，嵌砌在城墙外侧，标明咸丰三年(1853)太平军进攻江宁，用火药炸塌城墙的起始范围。两块界石中间为一块记事碑，高 85 厘米、宽 43 厘米，阴刻正楷 63 个字："光绪十一年岁次乙酉孟秋月，奉宪委修象山脚下城墙一段，计长八丈二尺。善后工程局委员运同衔江苏遇缺即补知县长沙黄国忠监修，匠头葛庆林、王永发。"

太平门东侧龙脖子段城墙外侧，镶嵌有 4 块城墙修复记事碑。中间一块石碑刻有 65 个字："光绪十二年岁次丙戌孟夏月，奉宪委修太平门东首城墙上半段，计长十五丈。善后工程局委员运同衔江苏江浦知县长沙黄国忠监修，匠头王永发、孙克明、耿有福。"此碑两侧各嵌有一块石碑，上书"东界""西界"。"东界"碑的左上方，还有另一块"东界"碑。

太平门东侧龙脖子段城墙内侧，镶嵌 3 块城墙修复记事碑。中间一块刻有 64 个字："光绪十二年岁次丙戌孟夏月，奉宪委修太平门东首城墙上半段，计长四丈，善后工程局委员运同衔江苏江浦知县长沙黄国忠监修，匠头王永发、孙克明、耿有福。"

此碑两侧各有"东界""西界"石碑一块。①

太平天国战事结束之后，曾国藩设立金陵善后局，负责南京城战后重建诸事。同治三年(1864)十月，下设善后工程局，专门负责营造工程。除"曾国藩修治金陵城垣缺口碑"之外的 3 处城墙修复记事碑，记录下光绪十一年(1885)至十二年间善后工程局委员黄国忠监修的城墙修复情况。

第四节　洋务运动与城墙

城墙在冷兵器时代发挥了重要作用。然而，面对越来越先进的西式火器，以城墙为主要屏障的中国古代城市防御体系遭受到极大

① 朱明娥：《南京明城墙铭文石刻研究》，《南京学研究》第二辑，2017 年。

威胁。

19 世纪中叶,经过太平天国运动和两次鸦片战争的打击,清政府中以奕䜣、曾国藩、左宗棠、李鸿章等大臣为代表的洋务派敏锐地觉察到世界正在发生的大变革,主张引进西方先进技术,以富国强兵、攘外安内。古老的中国需要更加有力的武器,更加优秀的人才,更加先进的技术,于是这场"师夷长技以自强"的洋务运动在南京各城门附近拉开序幕,掀起了一场波澜壮阔的改革浪潮。

(一)聚宝门外的金陵机器制造局

金陵机器制造局的前身是成立于同治元年(1862)的松江洋炮局(又称"上海洋炮局")和同治二年的苏州洋炮局。同治四年,李鸿章升任两江总督,驻节金陵,于是将马格里(1833—1906,英国退役军医)、刘佐禹主办的苏州洋炮局连同设备、材料和人员一同迁往南京聚宝门(今中华门)外。10 月 30 日,这项建设工程在聚宝门外扫帚巷东端的西天寺废墟上破土动工,于同治五年(1866)八月竣工,并更名为"金陵制造局",刘佐禹任总办,马格里任督办。[①]《(光绪)续纂江宁府志》记载,该局有委员住房 1 所 12 间,机器气炉房等 80 余间,廊房 50 余间,屋宇样式模仿西洋建筑。

随着洋务运动的进一步发展,以及对西方科技的日益了解,李鸿章也希望突破原有制造"火器"的狭小范围,着力发展完善的近代机器工业。同治六年(1867),曾国藩参观金陵制造局,称赞金陵制造局制作使用的"皆火力鼓动机轮,各极工巧"。至同治八年,金陵制造局已能制造多种枪、炮、子弹和军用物资,主要供应给李鸿章的淮军及北洋三省使用,大幅提升了清军的热兵器装备。

金陵制造局的经费,最初由淮军军饷调拨,每年 5 万两。同治九年(1870),李鸿章就任直隶总督,虽离开南京,但仍然亲自领导金陵制造

---

① 王巋、叶南客主编:《南京对外文化交流简史》,五洲传播出版社 2011 年版。

局,认为此乃"淮军命脉"。① 此后金陵制造局日益发展壮大:

同治九年(1870),建立火箭分局;

同治十二年(1873),建机器右厂;

同治十三年(1874),在通济门外建立火药局;

光绪四年(1878),建机器左厂;

光绪五年(1879),乌龙山炮台机器局归并;自本年起,南北洋各拨银5万两以作常年经费;

光绪七年(1881),继任的两江总督刘坤一奏请在金陵制造局内添设洋火药局,以供给江防各炮台和留防各营使用。

光绪九年(1883),南洋加拨1万两,共11万辆;

光绪十年(1884),金陵制造洋火药局竣工,地址位于通济门外七里街,近九龙桥;

光绪十一年(1885),两江总督曾国荃增建熔铜房;户部增拨江海、九江、江汉各关四六成洋税银10万两作为经费;

光绪十二年(1886),增建木厂大楼、机器大厂;近代科学家徐寿之子徐建寅担任设计工作;

光绪十四年(1888),仿制成功中国第一代马克沁单管重机枪,成为我国自制的第一挺重机枪。

光绪二十年(1894),建立东子弹厂;

……

金陵制造局作为晚清洋务运动的四大军工企业之一,短短数十年内,通过技术引进与仿制进行消化吸收集成创新,创造了中国近代军事技术的突破性重大进展②,肩负起全国性的军事装备重任。它还率先建成拥有三家机器厂(正厂、左厂、右厂),四局(火箭局、火箭分局、洋药局、水雷局),以及翻砂、熟铁、炎铜、卷铜、木作各厂的全套机器化生产体系,为清政府的国防事业做出了重要贡献。

金陵制造局历经百年沧桑,员工最多时有2000多人,不同时期均

---

① 张国辉:《洋务运动与中国近代企业》,中国社会科学出版社1979年版。
② 吴跃农:《洋务运动及金陵制造局与南京近代工业化》,《江苏地方志》2019年第5期,第57—62页。

发挥了重要作用。现被改造为"南京晨光 1865 科技·创意产业园"对外开放,仍保留有机器大厂、炎铜厂、木厂大楼、机器正厂、机器左厂、机器右厂等遗迹,供游客参观。

(二) 仪凤门内的新式学堂

除了火药武器,洋务运动更迫切需要的是新式人才。清政府在全国各地陆续开办新式学校,并向西方国家派出留学生,积极学习西方先进经验。南京官办的新式学堂,有江南水师学堂和江南陆师学堂两所。清政府的海军以英国为师,陆军则学习德国,因此江南水师学堂的教员是英国人,陆师学堂的则为德国人。

江南水师学堂位于仪凤门内,光绪十六年(1890)由时任两江总督的曾国荃奏请、继任两江总督沈秉成建成,主要是为南洋水师输送人才,遗址在今南京市中山北路 346 号,距挹江门 400 米左右。所招收的学生,要求 13 岁以上、20 岁以下,会基础英文,身体合格,不限籍贯。

学校的一切章程制度,仿照天津水师学堂。学制 5 年,分驾驶、管轮两科,每门额定 60 名,聘有 2 名英国海军教官和 4 名外文、汉文教习。考试科目有英语、翻译、地理、算学。驾驶班课程有英语、几何、代数、化学、机械、测绘、天文以及所有航海、兵器使用知识。管轮班开设英语、勾股算学、气学、力学、水学、火学、绘图、轮机原理等。[1] 学校给学生提供书籍、住宿、衣服,还有每月津贴,实行类似军事化的管理,每日放学后须练习各种武艺,以强壮体魄,提升体能。水师学堂还组织学生到军械工厂实习,以熟悉各项技艺。光绪二十四年四月,鲁迅曾考入第四期管轮班,后因不满校风而退学。因有亲戚在江南水师学堂教中文,周家前后共有 5 人到这里求学。

辛亥革命后,江南水师学堂停办,1912 年改为海军军官学校。后又相继成为雷电学校、海军鱼雷枪炮学校、国民政府海军部、国民政府海军司令部、中国人民解放军海军联校、海军军械学校等单位驻地。

---

[1] 张新奇:《南京传》,岳麓书社 2019 年版。

1982 年被公布为第三批江苏省文物保护单位。

图 2－5　江南水师学堂

　　江南陆师学堂，光绪二十二年(1896)由时任两江总督张之洞奏办，地点也位于仪凤门内，即今南京市中山北路 283 号。张之洞自光绪二十一年就仿照德国陆军编制，开始编练自强军。他认为德国陆军之所以强大，原因就在于重视将才的培养，"其要在将领营哨各官无一不由学堂出身，固得人称盛。今欲仿照德制训练劲旅，非广设学堂，实力教练，不足以造就将才"①。

图 2－6　1897 年的江南陆师学堂

---

① (清)张之洞：《张文襄公全集》1，《海王邨古籍丛刊》，中国书店 1990 年版，奏议卷三八。

陆师学堂征地面积近 2 万平方米,建造中式房屋 230 间,西式房屋 15 间。[①] 学堂聘请德国军官骆博凯、泰伯福特、毛和思等为教习。招收的学生要求是年龄在 13 岁到 20 岁之间的聪颖子弟,能作策论,文理通顺,与江南水师学堂相近。专业课程分马、步、炮、工各门,研习兵法、行阵、营垒、测绘等内容。各门以 2 年为期,2 年后再专门学习一年炮法。

陆师学堂的学生主要为江宁、镇江两地旗营驻防子弟,一律住堂,统一发放膳宿费用、被服、书籍、纸张、笔墨等,每月津贴 500 文。陆师学堂从 1896 年至 1909 年停办,共办班 4 期,每期 3 年,毕业生共 466 人。[②]

铁路与陆军关系密切,光绪二十一年(1895)张之洞在江宁设立铁路学堂,招聘 3 个洋教习,90 名学生。刘坤一继任两江总督之后,为培养急需的开矿技师,又在光绪二十四年开办矿务学堂(即"矿路学堂"),课程以矿务为主,铁路为辅。鲁迅离开江南水师学堂后,又考入江南陆师学堂附属矿路学堂,3 年后以一等第三名毕业。[③]

(三) 穿城而过的江宁马路

1894 年,张之洞在两江总督上任初期巡视南京城时,主张立即修筑沪宁铁路和城区的江宁马路。从此,南京城以城墙划定城区的历史宣告结束,新的城市格局正缓缓打开。

1895 年,张之洞下令按照上海通行西式马车道路的筑路技术标准,修建一条纵贯江宁府城(今南京)的城区干道,时人称之为"江宁马路"。任命淮扬海兵备道桂嵩庆担任工程总理,江宁县县令蓝采锦为工程委员,负责督办。

江宁马路是南京近代第一条穿越城区的马路,极大地改善了城北的交通状况。但江宁马路属于可通行轻型汽车的简易公路,尚未达到现代公路最低等级标准。

① 江苏省文物局:《江苏阅读遗存》,南京出版社 2015 年版。
② 夏维中、张铁宝、王刚等编著;南京市地方志编纂委员会办公室编:《南京通史 清代卷》,南京出版社 2014 年版。
③ 张新奇:《南京传》,岳麓书社 2019 年版。

图 2-7　1910 年拍摄的南京第一条马路江宁马路的街景

　　江宁马路自下关轮船码头,由仪凤门入城,沿着旧有的石块路线型,过鼓楼,绕鸡笼山麓,穿碑亭巷,北折东行,抵汉府街的总督衙门(即今中国近代史博物馆,简称南京总统府),然后前伸,东南至驻防城边界,终于通济门。按张之洞的规划,江宁马路贯穿城北后,还要继续向南延伸,建设一条从鼓楼向南,经贡院中路,建浮桥,由钞库街出聚宝门(今中华门)的南线马路。但因其回任两湖,继任两江总督刘坤一认为这条南线马路经过城南,民房众多、墙垣林立,拆迁涉的范围太大,因而改为由碑亭巷、二郎庙、花牌楼大街、西华门至通济门。

　　江宁马路用砖石铺设,石料由绿营兵采自紫金山,路幅 6 米至 9 米,大部分是砂石路面,个别路段还是木块路面。[①] 江南水陆提督杨金龙还下令在江宁马路沿线两旁种植柳树,增添了不少绿意。这条道路的建设与维修由商务局雇佣的军士承担,资金来源于办理黄包车和马车运输许可证所收取的费用。[②]

　　1899 年,清政府与各国修订《修改长江通商章程》。5 月 1 日,"金陵关"正式成立于仪凤门外,标志着南京正式对外开埠通商。金陵关成立之初,没有相关人才,因此税务司和重要职员均由外国人担任,工作语言以英语为主,实权长期掌握在税务司英国人安格联手中。金陵关

<hr />

① 叶兆言:《南京传》,译林出版社 2019 年版。
② (清末民国)金陵关税务司编;张伟翻译:《金陵关十年报告》,南京出版社 2014 年版。

也就成为外国人聚居之地。各国纷纷在下关江边建造码头和楼房,如怡和洋行、太古洋行等。1900 年,英、美、德三国先后在附近设立领事馆。

为适应随之而来的通商需要,下关地区兴建了多条新式马路,如商埠街、大马路、二马路等;城内的江宁马路则向龙王庙、贡院、大功坊、内桥、中正街、汉西门延伸,并兴建了几条支线。例如,先修三牌楼至陆军学堂一段的路;1899 年修建了一条连接大行宫与西华门的路,直通总督衙门;1900 年,代理总督鹿传霖批准花牌楼到江南贡院和洋务局到汉西门的两条延伸线的建设;1901 年,又开通一条经过昇平桥和内桥的支路。这些支线经过的地方人口稠密,一时难以拆迁,经过改造,虽然仍旧窄小,但已经可以通行人力车及轻型马车,建设费用并不高昂。

江宁马路的修建,直接拉动了城北地区的经济发展。张之洞在奏疏中称:“三月以来,贫民食力者,竞造手车,以为生计,往来如织,马路两旁,小民购地造屋者日多,不过三年,可成街市。”

江宁马路的建成,带动了南京市内交通方式的变革,由下关入城去总督衙门、藩台衙门、洋务局、贡院、陆军学堂的交通便利不少。1898 年,鼓楼境内出现了“铁箍轮盘”式马车,但主要供外国领事乘用。1910 年南洋劝业会之后,马车业随之发展。1912 年,马车开始普及,全市有100 多辆,可供市民使用。[1] 之后,马车成为客货两用的公共交通工具,直至 21 世纪 50 年代,在下关多见的仍是马车。[2]

南京的市内铁路发展也有很大突破。1909 年,起自下关江边,由金川门入城、到中正街(今白下路)止的宁省铁路正式通车。1912 年,宁省铁路又改名“江宁铁路”,1927 年改为“京市铁路”。1936 年,京市铁路向南扩建延长 3.8 公里,从新开辟的雨花门出城,与江南铁路(今宁芜铁路)接轨,还在沿途增设武定门、中华门等站。1958 年,又改由尧化门出岔,过紫金山东麓,经外郭的沧波门、京城的光华门与宁芜铁路衔接。

① 李沛霖:《近代公共交通与南京城市道路评析:1894—1937》;魏明孔主编:《中国经济史学的话语体系构建第四届全国经济史学博士后论坛论文精选集》,九州出版社 2018 年版。
② 周一凡:《洋务运动在下关》,《南京史志》1999 年第 1 期。

（四）南洋劝业会与玄武门

1910 年 6 月 5 日至 11 月 29 日，中国历史上第一次官商合作举办的国际性博览会——南洋劝业会在江宁（今南京）召开。

光绪三十四年（1908），两江总督端方奏请在丁家桥一带举办南洋劝业会，目的是鼓励工商业发展。南洋劝业会的主会场位于丁家桥、三牌楼一带，南起丁家桥、北至三牌楼、东邻丰润门（今玄武门），西近将军庙，占地 700 亩。① 展品约计 100 万件，包括农产品、工艺品、水产品等 24 部 44 类，展出有不少工业革命后期的产品，如方志、皮箱、玻璃、水泥、碾米机等。会期长达半年，每天约有四五百人进场参观，共计接待 20 万人次。本次盛会共设 34 个展区，最终评选出一等奖 66 件，二等奖 214 件，三等奖 426 件，四等奖 1218 件，五等奖 3345 件，合计 5269 件。

会场内备有马车、人力车等，可随时雇用。会场外则铺设轻轨小铁路，可供小火车通行。小火车可容纳二三十人，每隔一小时发车，是南京市内小火车的"启蒙"。此外，电灯也是这期间大规模在南京亮相。

南洋劝业会前后筹办历时两年多，开一时之风气，被时人称赞"振兴实业，开通民智"，有力促进了南京经济、社会的全面发展，大大加速了南京的城市近代化进程。

图 2-8　南洋劝业博览会正门外观

---

① 金陵图书馆编著：《21 世纪中国城市图书馆丛书·金陵图书馆》，天津大学出版社 2017 年版。

为迎接此次国际盛会,宣统元年(1909)年还在神策门与太平门中间开辟新的城门,同时修筑一条河堤直达湖中绿洲,以方便游人进入后湖(即玄武湖)游玩。工程还未竣工,端方调任直隶,于是这项工程就改由继任两江总督张人骏接替。《新京备乘》卷上载:"江督瑞徵就城北建公园,乃筹办劝业场,特辟是门,以通后湖,人咸便之。"《南洋劝业会游记》记载:"元武湖……宣统元年,两江总督端方奏辟丰润门,门外筑一堤直达湖上,有藤肩舆可雇,每次一角。"

宣统二年(1910),新门竣工,命名为"丰润门"。早期认为命名为"丰润门"是因为张人骏祖籍河北丰润,为表彰其建门之功而用其籍贯命名。现在有学者发现"丰润"同样是端方的出生地,因此命名为"丰润门"就有了双重的纪念意义。自丰润门开辟,游人进入玄武湖不必再绕一大圈从太平门乘舟来往于湖中各洲,方便不少。

1928年,国民政府将丰润门改名"玄武门",意为"玄武湖泽被民生,玄武门名副其实"。玄武门每天的客流量很大,在全国范围的名气也大。但不同于其他城门,它的作用主要是作为玄武湖公园的一个出入口,不承担沟通城内交通要道的作用。

1929年4月,南京市市长刘纪文邀请时任中央研究院院长的蔡元培为玄武门题写匾额。1934年,玄武门由单孔城门改辟为三孔城门。1984年,为庆祝中华人民共和国成立35周年,在玄武门上修建了竹木结构的城楼,保存至今。

南洋劝业会的成功举办,玄武门的开辟,使得玄武湖从江南皇家园林转变成面向市民开放的近代公园。一直以来被城墙包围的玄武湖,第一次具有近代意义城市公园的性质。[①] 著名园林专家陈值对玄武湖评价很高:"后湖在丰润门外,周四十里,钟山峙于东南,幕府拥于西北,山色湖光,掩映如画,中有五洲,浮若岛屿,六朝名园,多聚于斯,产樱凤称珍美,初夏游人尤伙。"1911年,玄武湖公园正式开放。1928年9月,改名为"五洲公园"。1934年又恢复原名。

玄武湖公园除了玄武门,在鸡鸣寺旁边还有一个"后湖小门"。后

① 杨国庆:《符号江苏·南京城墙》,江苏人民出版社2014年版。

湖小门位于今解放门北侧城墙下，即现在由解放门进玄武湖公园的小城门。该门没有城门名，不列入京城 13 座城门之中。朱偰在《金陵古迹名胜影集》中称后湖小门为"台城下已塞之城门"。清甘熙《白下琐言》说是万春门，陈文述《秣陵集》认为是古北掖门，视为建康旧迹。

后湖小门在明初建造完成，后以城砖堵塞。1952 年，因年久失修、濒临倾塌，南京市对台城旁小城门（即后湖小门）进行了修理，所用工料由台城城门（即今解放门）工程先行拨用。现已成为游客经鸡鸣寺、南京城墙台城景区，进入玄武湖公园的主要通道。

（五）刘坤一维修南京城墙

明末清初，清军占领南京时，南京的城墙没有遭到严重损毁。但 1864 年天京保卫战中，太平军与清军大规模使用火器，又在城内城外竞相开挖地道，参与开挖地道的人数高达数百，城脚下的地道甚至长达二十余里。城墙因此遭到了严重损毁，急需修复。两江总督曾国藩曾言："金陵应修之工极多且巨。"限于财力，对城墙的修缮仅仅是一些应急性质的工程，没有进行大规模的修筑。

之后很长一段时间内，城墙疏于管理，因而"雉堞参差，剥落殆甚"。而战争带来的经济凋敝、房屋损毁，又让百姓无钱买砖，只能偷偷取用城砖以盖房屋，城墙的情况因此更加岌岌可危。为了防止城中百姓私拆城砖，破坏城垣，城守士兵分段巡防，并严禁百姓登城。[1]

这种情形下，一个俄国人为南京城墙带来了一次全面修缮的契机。沙皇亚历山大三世为缓解与其他国家的关系，特派皇太子尼古拉·亚历山德罗维奇到各国游历。光绪十六年（1890）年 11 月 4 日出发，途径希腊、埃及、印度、新加坡等地，于次年 4 月到达中国。当时以李鸿章等为代表的一部分人主张"联俄制日"，因此光绪十六年十二月，李鸿章电奏俄国太子游历中国，拟定款待礼节，光绪皇帝谕令各地督抚："俟俄太

---

① 夏维中、张铁宝、王刚等编著；南京市地方志编纂委员会办公室编：《南京通史·清代卷》，南京出版社 2014 年版。

子抵口岸时,一律照议亲行款待,以重邦交。"①4月23日清晨,俄国皇太子的船抵达下关码头,南京城大小文武官员全部前往迎接。中国船鸣礼炮21响以示欢迎,俄船鸣礼炮42响以示谢意。②

两江总督刘坤一负责在南京迎接俄国皇太子,但他认为江宁府城垣过于残破,有碍观瞻,因此奏请令绿营兵将临江一带的城墙稍加修葺。为节约经费,他派遣营兵拆除浦口旧城,雇用驳船将城砖运至江南。其他城墙坍塌之处,因经费不足,暂时搁置。

刘坤一(1830—1902),字岘庄,湖南新宁人。初率团练在湖南与太平军作战,后转战江西、湖南、广西等地,历官直隶州知州、广西布政使、江西巡抚、两江总督兼南洋通商大臣、两广总督等。他是清末改革派的重要领袖人物之一,曾三任两江总督,在各地兴办新式学堂、鼓励民间设学、帮办海军事务、推动实业发展。他就任南京时,设江宁电报局、建火药厂、修建西式炮台、组织翻译西方著作、推动机器纺织业发展。光绪二十八年(1902),他奏请在江宁创办师范学堂。不料数月后病逝,但次年七月,南京历史上第一所具有现代意义的高等学府——三江师范学堂挂牌开学。它也是南京大学、东南大学、南京师范大学等一批高校的前身。

刘坤一是实干派的政治家,决心对江宁城垣进行大规模整修。他先派城守协副将刘光才和江宁知府李廷箫一一查验南京城墙各处破损情况,估算费用。又上书朝廷请求拨款,最终筹措到经费。光绪十八年(1892),江宁府城垣的修缮工程完工,刘光才、李廷箫负责

图 2 - 9 "光绪壬辰年中协刘监制"
铭文城砖

①《清德宗实录》,台湾华文书局股份有限公司版,第 2637、2667 页。
②《申报》1891 年 4 月 29 日。

具体事务。因工程量极大，刘光才率领的军队也参与了实际的修筑工作。南京城墙博物馆的一块城砖，上有铭文"光绪壬辰年中协刘监制"，应是当时为了修缮城墙烧造的那一批城砖。

九月二十四日，刘坤一提出：本年因春雨连绵，城身、城垛续有坍塌，修费需要增加。13 个城门城楼，只有聚宝门城楼稍微完善，其他的都已倾颓，需要重建，以壮观瞻。[①] 随后，他下令仿照清代淮安府城楼的式样重建 12 座城门的城楼，上下两层均用砖墙，以求坚固。现在神策门的城楼，就是此次重建中留下的唯一一座城楼。

这次修缮工程花费重大，"城垣垛堞新建、补修等项，用过银五万八千二百四十四两有奇；城楼墩台九座用过银二万六千三百两；修建各门城楼用过银一万一百七十八两有奇；修补各门官厅城门用过银五千八百五十五两有奇；各门修建栅栏兵房用过银八千二百十七两有奇。除旧料变价银十六两有奇外，实用银十万八千七百八十两"[②]。修缮工程得到了刘坤一的全力支持，但昔日太平军和清军所挖掘的地道虽被填平，仍然留下了很多隐患。地道内被填上泥土，因土质疏松，下大雨之后极易塌陷，导致城墙的坍塌。此后，城墙多次发现坍塌险情，但资金有限，只能勉强修补，无法再进行大规模修缮。

刘坤一在南京的私宅和祠堂位于秦淮区刘公巷小区附近，分为家祠和住房。

1899 年，提督杨金龙、道员杜俞等发起募捐，为刘坤一筹建生祠。因遭弹劾，改建为湘军公所。1902 年刘坤一病逝，被清廷追封为一等男爵、赠太傅、谥忠诚，并命江宁将军致祭，原籍及江宁等处均建专祠。南京的刘公专祠就设在原湘军公所内。湘军公所共有正房 35 间、厢房12 间，其中靠近秦淮河的二十余间房屋设为刘公专祠，此后这里被命名为"刘公祠"，1952 年改为"刘公巷"。后又经多次拆迁改造，现为刘公巷小区。

---

① 杨国庆、王志高：《南京城墙志》，凤凰出版社 2008 年版。

② 《两江总督刘坤一奏请核销江宁城垣等工用过银两事》，光绪十九年七月二十日，中国第一历史档案馆藏，《宫中朱批奏折》，档号：04 - 01 - 37 - 0142 - 011.

（六）晚清江海防务与城墙

自明初洪武四年（1371）朱元璋下令实施海禁政策，至清代实施更为严格的闭关锁国政策，明清两代的统治者沿袭中国传统的国家防御战略思想，更加重视北方和西北的边疆防务，对东南沿海一带的海防未加警惕。时至晚清之际，世界迎来百年未有之大变局，冷兵器逐渐被热兵器替代，陆权向海权转移，越来越多的西方侵略者从海上发起对中国的攻击，这也迫使清廷统治者重新审视海防的重要性。

晚清在清廷内部有过几次关于海防的大讨论，对中国近代史产生了极其深远的影响。同治十三年（1874）日本以琉球漂民事件为借口，派兵3000人，发动了对台湾的侵略战争。清廷软弱妥协，最后以向日本赔款换取了日军的撤退。在这之后，以李鸿章为代表的洋务派认识到海防的重要性，开始重视并筹办海防。光绪元年（1875），清廷任命李鸿章和沈葆桢分别督办北洋和南洋的海防事务。中法战争（1883—1885）中福建水师遭遇惨败，清廷内部又掀起了一次关于海防的大讨论，这次海防大讨论的核心议题就是海军的建设问题。通过总结之前的经验教训，清廷决定成立总理海军事务衙门、分洋设防、组建新式海军等。此时的清廷历经数次赔款，财政已极度紧张，但在慈禧太后等人的坚持下，本应用于海防建设的经费又被用于提高旗兵的待遇，海防经费并无增加，这直接影响了海防事务的扩充和发展。中日甲午战争（1894—1895）中北洋水师全军覆没，中国的海防事业遭遇沉重打击，这也阻碍了海防的近代化发展。

晚清军事家彭玉麟曾明确表示，海防与江防互为表里，关系十分密切，提议江海并防。南京与长江关系密切，作为长江中下游地区的中心城市，南京通江达海，虽然距离入海口尚有一定距离，但它特殊的地理位置决定了它在海防和江防中重要的节点作用。

依靠以宫城、皇城、京城、外郭构成的四重城垣体系，以及宽阔的护城河与长江天堑，在太平天国定都南京之前，南京城的军事防御设施并未遭到大规模实战的损坏。1858年中法签订《天津条约》，增开江宁

（南京）为通商口岸。但其时南京处于太平天国政权统治之下，因此实际并未产生太大影响。太平天国运动失败之后，南京的防御压力陡然增大。

同治四年（1865），曾国藩、彭玉麟等人奏请创立长江水师。他们的目的，一是为了安置参加镇压太平天国运动的湘军水勇，二是保障长江水面的治安。同治七年，长江水师正式建立，管理范围东至入海口，其职责主要是负责巡缉江面，维护长江治安。在第二次海防大讨论中，醇亲王奕譞等人曾提议裁减长江水师，但彭玉麟、曾国荃等人坚决反对，因此决议并未执行。

南京的江海防务，主要是通过巡守长江江面的长江水师和设置在长江岸线的炮台来相互辅助进行的。彭玉麟曾致信曾国藩陈言，设立长江水师的初衷，就是为了"江海打成一气"，江防离不开海防，海防严密则长江的防卫也就更加坚固。

长江水师在南京设金陵营，为参将营，配督阵舢板船1艘，长龙船2艘，舢板船30艘，座船35艘，无兵舢板船2艘，飞划30艘，营兵502名。其驻地后成金陵村，位于下关大桥公园之南，现已消亡。长江水师还在金陵草鞋峡设有船厂，用于修理战船。

清末南京的炮台防线最初主要设置在乌龙山和下关地区，这两处是长江岸线险要之地和内河门户。两江总督李宗羲在乌龙山设炮台16座，安巨炮21尊，由庆字营分统朱先民等三营驻扎；在下关设炮台4座，安巨炮11尊，由开花炮营刘玉龙率兵驻扎。彭玉麟、刘坤一、曾国荃等又先后对炮台设置进行了优化。

甲午战争爆发后，张之洞任两江总督，下令在幕府山、狮子山、雨花台、钟山等地加筑炮台，以增强防守。从炮台的位置来看，这些地方附近都设有城墙和城门。城墙与炮台互为补充，显著提升了城市的防御能力。

第三章 南京城墙的创伤记忆

中国传统城市有着千百年悠久的筑城历史,城墙代表着中国古代传统城市的规划思想与建城实践,特别是通过有着整体性秩序的都城规划布局,表达了中国古人对天地宇宙、四季时序、政治理念、生活空间以及文化象征等方面的多元认知。城墙是展现封建政治权力的工具,也同时具备冷兵器时代军事防御以及城市防洪排水等诸多功能。城墙代表着农业社会城市封闭保守的形象,与传统的工商业模式相匹配。城墙、城濠、城门等作为重要标志与构成元素,对传统城市空间规模和结构形态有重要的影响。城墙的规模与形制直接关系到传统城市的空间结构,城墙的变动意味着传统城市形态的改变。

鸦片战争的爆发是中国近代史的开端。自19世纪40年代起,受到西方资本主义的入侵以及本国资本主义发展的推动,特别是受到洋务运动的影响,近代中国社会发生了巨大的转变,由此改变了中国历史的发展轨迹。在中国社会逐渐从农业文明向工业文明转型的过程中,代表农业文明特色与成就的古城墙逐渐消亡。同时,随着火器的不断发展,冷兵器时代的城防体系也逐渐丧失了其原生价值。

第一节　民国时期的城垣

近代以来,中国许多拥有千百年筑城史的城市陆续改变传统城市形态,逐步向城市近代化转型,城墙的封闭性与近代城市空间的开放性产生强烈的矛盾。城垣被拆除以及城濠被填埋,使城市的空间格局发生重大变化。随着近代城市人口增长、城市功能变化以及铁路、电车、公共汽车等新型交通工具出现,在中国许多传统城市中兴起了一股拆毁城墙热潮,通过拆除城墙、填埋城濠、修筑环城马路等工程实现了城市早期近代化,传统城市形态被突破。20 世纪初,中国的大部分城市开始进行基础设施改造与新建,传统城市的空间格局与结构功能发生了巨大的变化。民国时期,南京城墙虽未有大的变动,但随着近代南京城市道路建设的需要,陆续新开了海陵门(挹江门)、雨花门、武定门、汉中门、新民门、中央门等 6 座城门,改筑朝阳门为中山门。

(一) 南京近代开埠与城市空间格局的改变

从第一次中英鸦片战争至甲午中日战争,中国社会空前地经历着政治、经济、社会以及民族的多重危机。自 1840 年鸦片战争至 1930 年,清朝政府与西方列强通过签订条约被迫开放了大量中国沿海沿江的通商口岸。19 世纪 40 年代末至 60 年代,马克思、恩格斯长期关注中国问题,深入研究近代中国社会,发表了大量有关中国的政论、著述等。马克思、恩格斯分析近代中国的社会性质必然发生转变,他们科学地判断了中国历史的走向。马克思深入分析了中国社会经济结构,认为中国经济结构的核心是小农经济和家庭手工业,中国社会是小农社会。[1]

---

[1] 马克思在 1858 年 10 月发表的《英中条约》一文中,有"以小农经济和家庭手工业为核心的当前中国社会经济结构"的表述。参见《马克思恩格斯选集》第 1 卷,人民出版社 2012 年版,第 813 页。

马克思、恩格斯看到了中国社会制度的腐朽①和中国当前内外交困的社会危机②,也看到了中国社会正在走向崩溃③。马克思认为外敌入侵是古老中国行将解体的外部原因之一。④

清末民初的南京在中国近代史上占有重要的地位。清顺治二年(1645),清政府改明南直隶省为江南省,改明应天府为江宁府。清代江宁府成为江南省首府省城,为两江总督(统辖江苏、安徽、江西三省)和江宁布政使司驻地。清代江宁府作为江南枢要之地,是中国东南地区政治、经济、文化与军事中心。清代江宁府位于长江下游,自古以来是中国东南地区军事重镇以及重要的内河港口与商贸中心。1839—1842年间英国侵略者发动了第一次对华鸦片战争,江宁引起西方殖民主义列强的觊觎,成为它们争夺的重要目标之一。⑤ 恩格斯《英人对华的新远征》一文中分析了第一次鸦片战争中,英国侵略者夺取长江水道,溯江而上占领南京的目的在于完全控制北京,逼迫清朝皇帝媾和。⑥

清政府在与英国侵略者的战争中一再失败,谋求议和惨遭拒绝,英军凭借坚船利炮准备继续攻击其目标江宁。1842年8月29日,在停泊

---

① 恩格斯在1857年6月发表的《波斯和中国》一文中指出,没落的清王朝的封建制度是"世界上最古老国家的腐朽的半文明制度"。参见《马克思恩格斯选集》第1卷,人民出版社2012年版,第794页。

② 马克思、恩格斯的《时评》(1850年1—2月)认为,"以手工劳动为基础的中国工业经不住机器的竞争。牢固的中华帝国遭受了社会危机"。参见《马克思恩格斯全集》第10卷,人民出版社1998年版,第277页。

③ 马克思、恩格斯的《时评》(1850年1—2月)认为,中国"这个国家现在已经接近灭亡,已经面临着一场大规模革命的威胁"。参见《马克思恩格斯全集》第10卷,人民出版社1998年版,第277页。

④ 马克思在《中国革命和欧洲革命》一文中指出:"英国的大炮破坏了皇帝的权威,迫使天朝帝国与地上的世界接触。与外界完全隔绝曾是保存旧中国的首要条件,而当这种隔绝状态通过英国而为暴力所打破的时候,接踵而来的必然是解体的过程,正如小心保存在密闭棺材里的木乃伊一接触新鲜空气便必然要解体一样。"参见《马克思恩格斯选集》第1卷,人民出版社2012年版,第780—781页。

⑤ 西方列强认为,"扬子江是世界上最优良和最适宜于航行的河流之一","是中华帝国最肥沃、人口最稠密的区域,泛滥的江水供给无数支流以水源,这些支流又和许多运河相通,组成了庞大的水上交通网"。参见中国科学院上海历史研究所筹备委员会编:《鸦片战争末期英军在长江下游的罪行》,上海人民出版社1959年版。

⑥ 恩格斯《英人对华的新远征》一文指出,英国侵略者发动第一次鸦片战争的目的,"在于侵入横贯中国中部的大河长江,并溯江而上,直达离江口约200英里的南京城","夺取这条重要水道就会置北京于死地,并逼迫清帝立即媾和。"参见《马克思恩格斯全集》第12卷,人民出版社1962年版,第186—189页。

江宁江面的英国战舰上,清政府钦差大臣耆英、伊里布等被迫与英国代表璞鼎查签订了中英《南京条约》(又称《江宁条约》)。《南京条约》是中国近代史上第一个不平等条约,条约规定中国开放新的通商口岸、割让香港岛、关税协定等内容。中英《南京条约》的签订,标志着第一次鸦片战争结束。与世隔绝的中国被迫打开国门,将沿海沿江的重要港口开辟为商埠,向西方列强开放通商,中国的领土完整和关税主权被破坏,中国的自然经济逐渐解体,被迫卷入资本主义世界市场。中国社会开始沦为半殖民地半封建社会,中国的历史进程发生了重大转变。

通过以《南京条约》为代表的一系列不平等条约,西方列强获得了协定关税、领事裁判权、片面最惠国待遇等种种特权。根据《南京条约》的规定,清朝政府开放广州、厦门、福州、宁波、上海等 5 处为通商口岸,史称"五口通商"。在 1843 年至 1844 年间,这五处口岸相继开埠,它们成为最早开始对城墙、城濠进行改造的一批中国城市。第二次鸦片战争,清政府战败求和。1858 年,清政府被迫与英国、法国、美国、俄国分别签订了《天津条约》,包含开设通商口岸、允许传教、协定关税、赔偿赔款等内容。根据《中法天津条约》、《中英天津条约》,长江主干道上的汉口、九江、江宁、镇江成为对外通商口岸。[①] 近代西方列强大肆侵犯中国主权,攫取中国沿海和内河的通商和航行的特权,外国人可以在内地自由游历、通商、传教。中国沿海沿江通商口岸的逐步开放以及国内外贸易的发展,使中国由封闭的、自给自足的小农经济转入世界经济体系,开始了艰难的近代化历程。

1853 年 3 月 29 日,太平军攻占江宁城,建立太平天国农民革命政权与清王朝相对峙。太平天国天王洪秀全将江宁更名为"天京",以此作为太平天国都城。江宁成为清军与太平军交战的主战场,其后长达十余年的战争使江宁城遭到重创。战乱之后,曾国藩等主政者采取了

---

① 清咸丰八年(1858)签订的中法《天津条约》第 6 款中内容"中国多添数港,准令通商,屡试屡验,实为近时切要,因此议定,将广东之琼州、潮州,福建之台湾、淡水,山东之登州,江南之江宁六口,与通商之广州、福州、厦门、宁波、上海五口准令通市无异"。当时的江宁为太平天国首都天京,中法《天津条约》注明"其江宁俟官兵将匪徒剿灭后,大法国官员方准本国人领执照前往通商。"江宁口岸暂时没有开埠通商。参见王铁崖编《中外旧约章汇编》第一册,生活·读书·新知三联书店 1982 年版。

一系列措施重置江宁府城，包括修缮城墙等，逐步恢复战后统治，但江宁府仍然长期处于凋敝状态。1865年4月3日，英法公使根据《天津条约》中江宁开埠条款派员勘察，他们认为此时的南京在通商方面并无太大的价值，遂搁置南京开埠。① 6月，李鸿章接替曾国藩到任两江总督，他看到"金陵一座空城"，悲观地估计要恢复旧时盛况约需百年。② 同年，清政府填平江宁府城内外战时太平军所挖的壕沟，修补江宁府城墙，疏浚秦淮河以及城内各水系。至清光绪七年（1881），左宗棠调两江总督兼南洋通商事务大臣时，江宁城依旧一片衰败景象。③ 光绪二十二年（1896），维新派政治家谭嗣同曾经以江苏候补知府的身份来到金陵做官一年，光绪二十四年（1898）离开。④ 谭嗣同所见到的江宁城，依旧是满地荒寒的一座空城。⑤

中国古代城市普遍实行城门启闭的管理制度。清朝前期的江宁府城沿用明代城垣，开通有仪凤门、定淮门、三山门、聚宝门、通济门、正阳门、朝阳门等共计9座城门。⑥ 其中，城东的正阳门与朝阳门分别为八旗驻防城（满城）在南面的通道，为军事重地，对一般老百姓而言是禁地。长达30多千米城墙环绕的清江宁府城，实际上只保留7个城门作为出入通道，其闭塞程度可见一斑。直至民国初年，南京的城门在晚间仍是要关闭的，来不及回城的居民只能留宿城外。

战后，伴随着洋务运动、清末新政以及近代工业的兴起，江宁府从传统手工业城市向近代化工商业城市的转型跨越，传统政治都市的空

---

① 江宁开埠条款派员勘察太平天国战争后江宁城的描述"人民死亡，转徙者不可胜计，屋宇之存者十不及三四。疮痍残败之状，目不忍视"，见中共南京市委党史工作办公室、中共南京市委宣传部编《南京百年风云》，南京出版社1997年版。

② （清）李鸿章《复郭筠仙星使》，"金陵一座空城，四围荒田，善后无从著手……实则无屋、无人、无钱。管（管仲）葛（诸葛亮）居此亦当束手……似须百年方冀复旧也。"见《李鸿章全集》，时代文艺出版社1998年版。

③ "江南克复廿年，而城邑萧条，田野不辟，劫窃之案频闻。金陵向非贸易埠头，人烟寥落，近则破瓦颓垣，蒿莱满目，虽非荒歉之年，而待赈者恒至二万数千之多，较之四十年前光景，判若霄壤。"见杨韦霖编《左文襄公（宗棠）全集·书牍》卷25，台北文海出版社1979年出版。

④ 梁启超著《谭嗣同传》，参见《谭嗣同全集》，中华书局1981年版。

⑤ 谭嗣同所见的清末江宁城"一座空城，四周荒田"，"顷来金陵，见满地荒寒气象"。参见《谭嗣同全集》，中华书局1981年版。

⑥ 《道光上元县志》记载，明永乐年间封闭金川门，后因城"西北旷泄，又闭钟阜、定淮二门"。清初，封闭清凉门、神策门，重开定淮门。

间形态和城市面貌都发生了巨大的变化。清政府在下关地区进行了一系列码头和道路修建。城外江滩的下关一带,由水陆码头发展成为繁荣的商业区。城市发展首先沿江拓展,逐步突破了古代城垣的范围。1894 年,代理两江总督张之洞主持修筑江宁马路①,以两江总督署为中心,东南至通济门驻防城,出两江总督署,绕鸡笼山过鼓楼,再循旧石路出仪凤门(今兴中门)至下关,成为贯通南京城区南北的主要干道。江宁马路的修建,开启了南京城市交通近代化的进程。

1899 年 4 月,西方列强与清政府签订《修改长江通商章程》,再次将江宁列入贸易通商口岸,西方列强签约国共享长江航运贸易权。② 1899 年 5 月 1 日,金陵关宣布开关,标志着江宁正式辟为对外商埠,口岸界址定在仪凤门外下关地方,江宁城内交通量大增。近代公共交通的发展,对城市近代化转型产生了重要影响。因交通发展需要,1908 年开辟了草场门,1909 年开辟了丰润门(今玄武门)和小北门。金川门为明永乐年间封闭的城门,1907 年沪宁铁路修筑至下关,由下关开辟支线(即宁省铁路)入城,重开金川门以供宁省铁路(即市内"小火车道")③穿城而入,通车至两江总督署东侧车站。1908 年,沪宁铁路全线通车。1912 年,津浦铁路全线通车。铁路建设使江宁城突破了古城墙的空间限制向外发展,南北陆路与长江水运交汇,成为南京城市近代化发展的重要标志。

辛亥革命推翻了中国两千年封建帝制,也结束了清政府对江宁的统治。近代化转型使南京城市性质和功能布局发生转变,城市开放的空间体系逐步建立。以城墙为特征的城市空间形态发生扩张,城墙逐渐成为城市发展的障碍与束缚。在西方近现代规划和建筑思想的影响下,拆除城墙、修筑新式马路、建设近代公园等被提上议程。1916 年,

---

① "江宁马路,起于江干,穿下关,由仪凤门入城,循旧石路,达于鼓楼,再绕鸡笼山(今北极阁)麓,经督衙门(今总督府),达驻防城边,而终于通济门。"参见(民国)叶楚伧、柳诒征、王焕镳《首都志》,南京市地方志编纂委员会办公室,1985 年根据正中书局 1935 年版翻印。

② 参见王铁崖编《中外旧约章汇编》第一册,生活・读书・新知三联书店 1982 年版。

③ 宁省铁路从下关江边起,跨惠民河,经栅栏门,由金川门入城,过鼓楼、沿北极阁南麓越珍珠河后,抵达通济门中正街。参见(民国)叶楚伧、柳诒征、王焕镳《首都志》,南京市地方志编纂委员会办公室,1985 年根据正中书局 1935 年版翻印。

南京的旧驿路经过整修,开通了8条往来城乡的道路,总长度约240千米,其中聚宝门、安德门、凤台门、通济门、朝阳门、太平门、观音门皆为重要的道路节点。

(二)清末民初历史文献中的南京城墙

晚清的江宁城先后经历了太平天国战争、战后城市重置以及城市近代化转型的阶段。1853年3月20日,太平军占领江宁,建立政权。江宁府成为太平天国的首都,太平天国战争造成严重的人口损失与田地荒芜,对江南地区社会经济和近代城市发展产生了巨大的破坏。清咸丰六年(1856),湖南浏阳知县袁青绥为了怀念江南名都金陵,翻印《金陵省会城垣街巷图》旧刻本,重新刊印为《江宁省城图》。袁青绥《江宁省城图》现藏大英图书馆,它是一幅重要的南京城市历史地图,以传统城市地图平面描述了城墙、官署、军营、街坊巷弄、河流、山川、桥梁及寺观庙宇及部分景点,均以文字注记。袁青绥《江宁省城图》反映的是清代江宁府城在被太平军占领之前的城市景观。[1]

同治三年(1864),清军收复江宁。曾国藩、曾国荃率领的湘军在攻陷太平天国天京之时屠城。城中大批百姓被杀,江宁城遭受毁灭性破坏,一派残破景象,明清时期沿袭数百年的城市繁荣不复存在。平定太平天国运动后,清朝廷下旨奖励平定太平天国的功臣,令李鸿章、曾国荃绘制湘军及淮军功臣战绩图。两江总督曾国荃自奉旨之后,特召上海著名画家吴友如"总理其事"。光绪十二年(1886),吴友如带领画友

---

[1] 袁青绥《江宁省城图》图序注文中云"自癸丑(咸丰三年,1853)、甲寅(咸丰四年,1854)久罹浩劫,曩之资考核寓凭吊者,行且荡为瓦砾矣,爰就家藏金陵省会城垣街巷旧图重付剖劂,贻我乡人,庶几为好古之一助市面貌",图后落款为"咸丰六年(1856)丙辰兴化袁青绥谨识于楚南浏阳官舍"。参见朱炳贵《老地图·南京旧影》,南京出版社2014年版。

五六人到南京作《克复金陵功臣战绩图》，逾一年时间完成全图。[①] 吴友如绘制了曾国藩、胡林翼等"中兴名臣"与湘军悍将 48 人画像以及 16 幅战绩图，每图皆附有简要图说。

　　吴有如等人绘制的《克复金陵图》(一二三)等战绩图描绘了 1862 年至 1864 年间湘军围攻金陵攻陷太平门的战斗情形。《克复金陵图》

图 3-1 　《克复金陵第一图》

---

① 见《申报》清光绪十二年六月初二日(1886 年 7 月 3 日)，清朝廷"谕令李傅相(李鸿章)、曾宫保(曾国荃)将湘淮军出力各员战功始末，并攻克名城、地势险要等处，详细绘图进呈，典至隆恩至渥焉"。曾宫保自奉旨后，即饬代办筹防总局孙仲山观察、总办制造局郭月楼观察提调其事，除已遴委善画之员分往楚、皖各省勘绘地图外，刻特延请上海吴君友如总理其事，薪水每月五百金。吴君业于前日至江宁，带有画友五六人，当在老君堂设局开工。闻李傅相处亦拟归并吴君主政"。《申报》清光绪十四年六月初一(1888 年 7 月 9 日)，"吴君字友如，三吴之名画史也"，"丙戌夏，两江制府曾公召画史吴嘉猷绘中兴战绩暨文武功臣诸图，将以进呈御览，煌煌乎巨制也。逾年全图告成，吴君归，出其稿凡若干幅。其战绩画也，某将由某路进攻，某帅从某处策应，悉按当时实事，而于山川形势、壁垒规模、道里远近、方隅向背，皆亲至其地，依样描摹，了如指掌焉。"

运用中国传统绘画技法对南京城墙采取了写意描绘。清代江宁府城垣沿用明代应天府高大坚固的城垣，它在天京保卫战中发挥了重大的军事防御作用。湘军反复挖地道攻城，从太平门城墙缺口攻入城内。清兵破城时烧杀抢掠，使南京城几成人间地狱。太平天国战争的浩劫，使六朝古都江宁府遭到毁灭性破坏。晚清数十年间的衰落，使江宁府完全丧失了东南地区政治、经济和文化中心的重要地位。

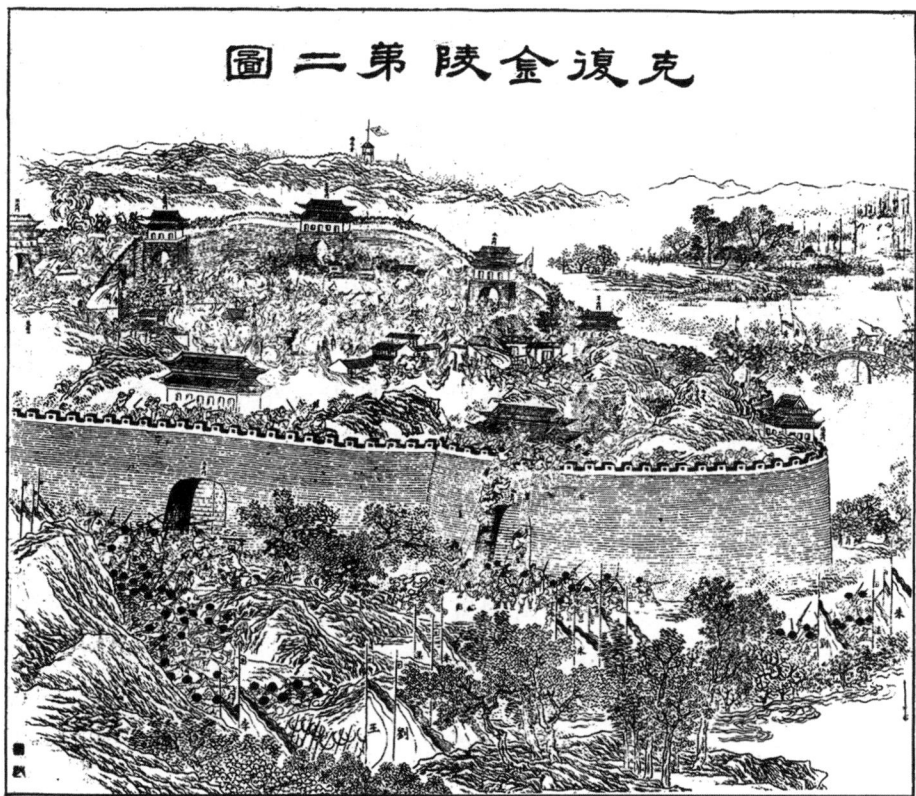

图 3-2 《克复金陵第二图》

晚清时期，有大量外国人到中国通商口岸或内地游历。自鸦片战争后，中国就逐步沦为半殖民地半封建国家。清政府被迫与西方列强签订了一系列丧权辱国的不平等条约，开放通商口岸。自明清长期闭关锁国之后国门初开，允许西方商人、传教士以及旅游者等进入中国内地游历。清咸丰八年（1858），清政府被迫与英国签订了不平等条约——《中英天津条约》，主要内容包括英国公使得驻北京，并在通商各口设领事官,增开牛庄、登州、台湾(台南)、潮州、琼州、汉口、九江、江宁、镇江为通商口岸;耶稣教、天主教教士得自由传教;英国人得往内地游历、通商;英国商船可在长江各口往来等。其中,第九款规定英国人持游历执照可以到内地游历和通商。依据片面最惠国待遇的条款,此规定同样适用于法国、美国等国。① 自《天津条约》签订之后,大批西方人进入中国内地游历,并且以日记、书信、著作等形式介绍了晚清中国政治、经济状况和风土地理人情,留存了大量珍贵的历史资料。

英国摄影家、地理学家、旅行家约翰·汤姆森(John Thomson,1837—1921)于 1868 年来到中国之后,其足迹遍布中国南北各地。1872 年,约翰·汤姆森到达江宁府,他用镜头拍摄了《金陵机器制造局》《南门》等一批经典历史影像。1873 年,约翰·汤姆森大型摄影集《中国与中国人影像》在英国伦敦出版。这部书中共有 200 幅照片,并配有大量的文字说明,详尽地描述了晚清中国人的生活状况。在《南京》一文中,约翰·汤姆森详细记述了他眼中江宁府城高大的城墙、南门城楼和附近的金陵机器制造局,以及清政府修缮的在太平天国战争中毁损严重的城墙。他在这本书中写道:

> 城墙非常高,有些地方高达 70 英尺,墙基厚度达到 30 英尺。城墙上那座异常醒目的建筑是南城门上的城楼,它恢复了往日的荣光,城墙以外是一片广阔的郊区,兵工厂就在其中,恰恰位于大报恩寺的遗址之上。在保留下来的与报恩寺有关的遗迹中,最显眼的是一块立在乌龟背上的巨大的大理石碑。在照片上就可以看到它就在南门的下方,城墙的外面,离城门的右侧大约有半尺的距离。绕城墙一周约为 22 英里,比环绕着北京紫禁城的城墙还要长将近 2 英里。但是在南京,城墙里面有相当多的地方为耕地。古城的很多地方都被修缮了,在我来到这里的时候,城中很多古老的商贸活动也在慢慢复兴。但是离明陵很近的一个满人居住区仍然

---

① 《中英天津条约》第九款规定"英国民人准听持照前往内地各处游历、通商。……惟于江宁等处,有贼(注:太平军)处所,俟城池克复之后,再行给照。"参见王铁崖编《中外旧约章汇编》第 1 册,生活·读书·新知三联书店 1957 年版。

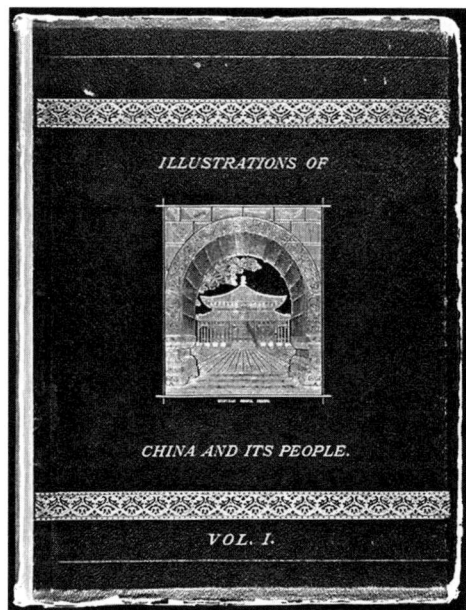

图 3 - 3　约翰·汤姆森作品《中国与中国人影像》
(*Illustrations of China and its people*)**1873 年版封面**
(图片来源：http：chinesephotography. org)

是一片荒凉的废墟，承载了历史的沧桑。①

城市地图是重要的图像文献与历史记录，19—20 世纪之交的晚清至民国时期是中国地图从传统舆图向现代测绘地图发展的重要阶段。19 世纪 90 年代，出现了使用西方测绘技术绘制的南京近代实测城市地图。它们既显示了南京作为传统城市在近代化转型之前的面貌，又反映出南京在城市近代化发展过程中的即时信息，成为一类不可替代的重要历史图像资料。其中，最具代表性的两幅测绘地图是由法国传教士绘制的《江宁府城图》（1898）以及由中国近代军事学堂（江南陆师学堂）绘制的《陆师学堂新测金陵省城全图》（20 世纪初）。它们作为重要的图像史料，形象地展现了近代南京城市景观。

1885 年，法国学者、耶稣会传教士方殿华神父（1850—1900，原名 Louis Gaillard）受遣来华传教，他先期在上海徐家汇研究汉学，不久被

---

① 原文参见卢海鸣、邓攀编《金陵物语》，南京出版社 2014 年版。

派往江宁府。这期间,他踏遍整个江宁城寻访考察,测绘江宁城地形草图。从1893年起,方殿华神父陆续出版了4部专著,收录于上海天主教土山湾印书馆出版的《汉学论丛》中,其中有3部为南京城市历史地理研究《今昔南京》系列专著:《江宁府城图》(1899)、《南京开埠》(1901)和《史地概述》(1903)。《今昔南京》系列专著从自然、人文、社会等多角度对南京进行了深度研究。《今昔南京·史地概述》导论中有方殿华神父对清末江宁府城城墙的详细记载:

> 在面积上,除了北京,南京也超过了其他所有修筑了城墙的城市。十三四扇门中有九扇门是通往田野的,有的门有长长的拱形隧道,内部还有三四道拱廊守护,外面被宽阔的护城堡垒保卫着。城墙紧固地连接着两个地方,那些大体积的砖瓦(长43cm,宽21cm,高12cm)筑成两面坚固的城墙。中间的空隙是用夯实的土塞满铺平的。从南面开始,城墙的砌面都仔细地被大小一致的石头堆砌而成。城墙最高处宽6到8米,一般高10至12米,但在南面它甚至有20米高,当然南面城墙的宽度也是跟高度成比例的。内部回填加固使其平整。这堵城墙蜿蜒曲折地延伸到西北方,两侧是陡峭的山岭,根据需要绕过或沿山势而上,有时一条沟渠,至少是一些潟湖,被用以防卫(城墙)外面邻近之处。除此之外,南京还有一条用于军事和战略的土筑堤坝,永久性封锁壕的巨大轮廓看起来就像一条"大腰带",长度在25古里(180里)以上,跟城墙的距离在9公里左右。当地地理使这一先进作品的最初目的得以继续存在下去,人们能从16座城门的命名中看出来其寓意。这条堤坝从1391年开始修筑,是奉明朝开国皇帝洪武帝的命令建的。或许他是想建一个微缩版的长城也说不准呢?但事实上,从防御的角度来看,城墙和堤坝这两大过度夸张的作品是多余的。[1]

---

① 原文参见卢海鸣、邓攀编《金陵物语》,南京出版社2014年版。

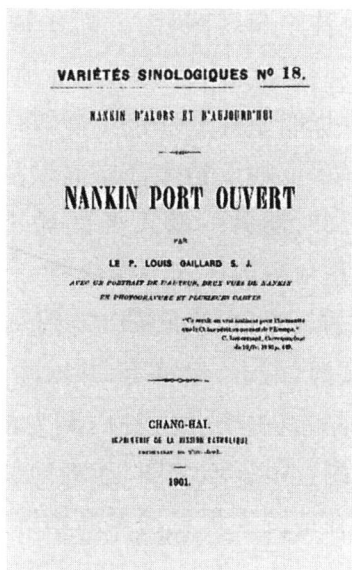

图 3-4　方殿华神父像与《今昔南京》书名页
（资料来源：凤凰出版社《南京古旧地图集》）

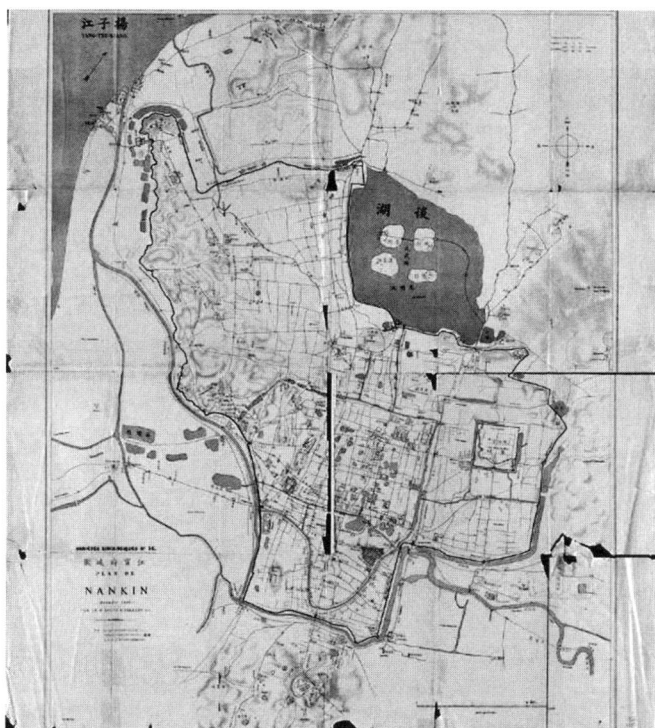

图 3-5　方殿华神父测绘《江宁府城图》

《江宁府城图》由方殿华神父测绘于清光绪二十四年(1898),是迄今发现最早的南京城市坐标地图。地图以中、法两种文字标注,有比例尺,并标明坐标北和经纬度等信息,包括城郭、道路、山川、建筑、名胜古迹,详尽反映了清末江宁府城的基本状况和城市景观风貌。

同时期另一幅重要的城市测绘地图《陆师学堂新测金陵省城全图》,是由中国近代军事学堂——江南陆师学堂采用近代测绘技术测绘完成的最早的南京城市地图,详尽勾勒了清末江宁城的山川、河流、城墙、城门、街道、建筑等,并标注此图系江南陆师学堂奉两江总督刘坤一之命测绘,由毕业生钟丙熙专测并绘,由毕业生李德霖同测。《陆师学堂新测金陵省城全图》清晰地呈现城墙全貌以及每座城门的具体构造,并且在地图上可见清末新增辟的城门草场门、小北门。

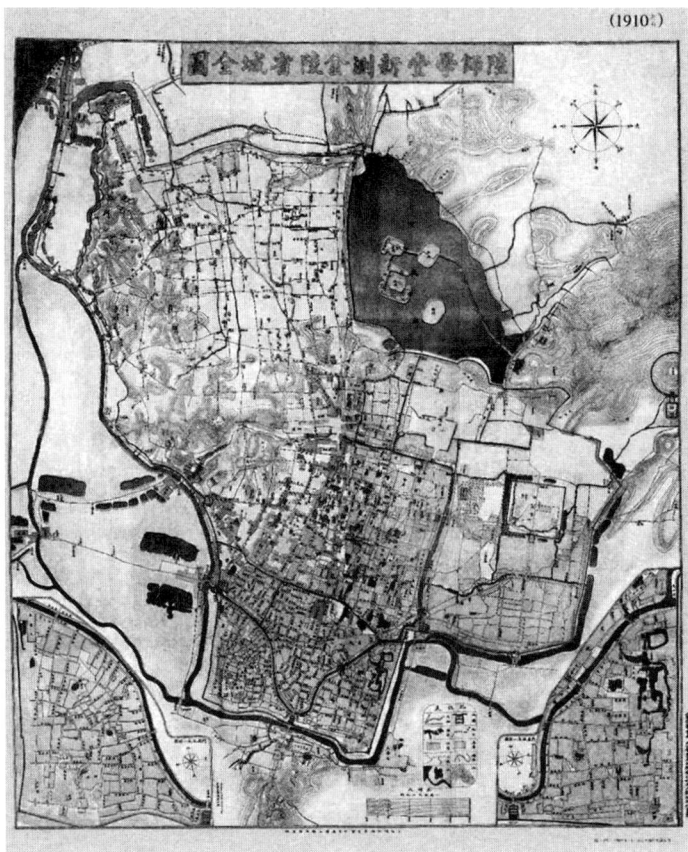

图 3 - 6 《陆师学堂新测金陵省城全图》

1895 年《中日马关条约》签订之后，日本获取了更多在华利益。为数众多的日本人开始进入中国，并留下大量游记等的文字记载。这些日本人当中有官员、军人、浪人、实业家、学者、记者、学生、宗教人士等，出于政治、军事、经济、文化等不同目的到各地游历观察。晚清时期，根据日本对华侵略计划，日本间谍乔装为各种身份潜入中国各地开展情报活动。① 南京地处长江沿岸，是中国东南重镇和交通枢纽，也是清朝两江总督和南洋水师衙门所在地。1894 年中日甲午战争爆发后，清政府逮捕了日本间谍福原林平、楠内友次郎，同年底在南京朝阳门外将其斩首。② 至 1927 年国民政府定都南京之后，作为政治和军事中心的南京更是成为日本特务机构非常活跃的区域。

根据日本东洋文库中国研究所编《明治以降日本人的中国旅行记》中，有大量日本人游览或旅居南京所留下的文字记录，游记记录了清末南京的道路，集中提到朝阳门至明孝陵的小路、江宁马路以及以下关为起点的宁省铁路。游记较全面反映清末南京的经济发展状况、下关码头开关贸易情况，尤其是内外秦淮河汇合处的水西门、西水关一带水陆码头商贾聚集的繁华景象，详细描绘出清末南京的市井商情。这本游记也充分体现了清末南京山川形胜依旧和六朝古韵犹存的城市风貌。③

1899 年，日本近代著名历史学家、汉学家内藤湖南第一次来到中国，考察中国政治经济、风土人情和人文教育等，与中国知识分子对话，研究中国的历史文化。1900 年，内藤湖南回国后撰写出版了有关中国的旅游见闻录《燕山楚水》，其中《金陵游》一篇记录了他坐船在下关上岸，由"下关进入仪凤门"，在荒凉萧条的城内游览钟楼、北极阁、明故宫、明孝陵、莫愁湖、夫子庙、刘园、鸡鸣寺、玄武湖、燕子矶、清凉山、毗卢寺等名胜。④ 1906 年至 1909 年间，日本教师中野孤山游历了中国长江沿岸城市，并撰写了《横跨中国大陆——游蜀杂俎》一书。该书刊行

① 1871 年，日本参议江腾新平向日本政府提出的《对华政策建议书》中建议："日本应尽快派出间谍人员，潜入中国各地收集情报，一等时机成熟，立刻发动战争。"参见郑瑞侠论文《甲午战前日本的舆论及情报准备》，《辽宁大学学报》1993 年第 6 期。

② 参见天津编译社编《日本军国主义侵华人物》，中国文史出版社 1994 年版。

③ 杨洪俊：《日本明治游记中的清末南京》，《江苏社会科学》2015 年第 1 期。

④ 参见（日）内藤湖南著，吴卫峰译《燕山楚水》，"近代日本人中国游记"丛书，中华书局 2007 年版。

于 1913 年,其中记录了雄伟壮观的金陵形胜与城池。[1]

(三) 1927 年国民政府定都南京之前城墙状况

清末民初,由于江宁口岸的繁荣和铁路的建设以及洋务运动的影响,江宁城的发展突破了旧城垣的围合,逐步显现出现代城市的面貌。在1927 年国民政府定都南京之前,城墙继续发挥着军事防御作用,但它存在着包括自然、人为以及战火等诸多原因造成的较为严重的局部损毁。

1. 清代江宁满城的盛衰

清朝是由中国边疆少数民族满族所建立的封建帝制王朝。清政府为加强和巩固其统治,以旗人官兵为清朝军事支柱,推行"清语骑射"的国策。"八旗制度"是清代满族特有的一种军事和社会组织形式,是清朝国家统治最根本的重要基础。满族八旗入关后驻扎在全国各地,"八旗驻防制度"源自满族八旗入关前努尔哈赤时代的筑城屯兵制度。为维持清朝中央政权的统治,清朝统治者在全国各地国防重地要塞设置军事性的"满城",用于驻扎八旗军队及其眷属。满城有的是圈占旧城池的一部分或规划建设新城池,原本以汉人为主的城市被称为"汉城"或"旧城"。满城为隔离性的军事城池——永久性驻防城的一种。[2]

清顺治二年(1645),清军攻占南京之后,改明代国都应天府为清代江宁府,成为清政府在东南地区的统治中心。清政府以江宁府为全国重要的军事防地,设两江总督署,驻军据城防守。顺治六年(1649),清政府将明朝的宫城改建为八旗驻防城。[3] 位于江宁城东南的满城为正

---

① "南京的城墙像一条长蛇蜿蜒于扬子江中游,其雄壮宏伟的气势俨然一大帝都。从历史看,南京城由明太祖创制。城墙高四至九丈,厚二至四丈,长达二十二英里。其建筑灿烂辉煌,绚丽夺目,极天下之壮观。……南京由东至南掌控连绵群山,西北牵制浩瀚扬子江,境内还有淮水流淌。沿扬子江溯流而上,可深入四川、云贵,顺江而下,北可达北京,南可通广东。南京城可以算得是清朝全土胜地之冠,并不亚于帝都北京。"参见(日)中野孤山著,郭举昆译《横跨中国大陆——游蜀杂俎》,"近代日本人中国游记"丛书,中华书局 2007 年版。

② 鄂尔泰等修:《八旗通志(初集)》,东北师范大学出版社 1985 年版。

③ "筑满城于清溪之东,起太平门,沿旧皇墙墙基至通济门止,开二门以通出入,为满洲大兵屯驻之地,驻防将军等开府于此。"参见(清)陈文述《秣陵集》,光绪十年(1884)扬州淮南书局重刊本。南京出版社 2009 年《秣陵集》刊本可见。

方形,沿用明代的护城河,宽厚的城墙高2丈5尺5寸,开辟有5座城门,北面一座城门称"朝阳门",南面一座城门称"正阳门",北面一座城门称"北门",西面2座城门称"西华门""小门"。江宁满城历时2年竣工,城内军事和生活设施齐备。① 江宁满是享有特权的"城中之城",由江宁将军、副都统率八旗兵驻守满城,并设有江南水师提督总兵官统辖水陆军务。江宁满城的修建使明故宫的建筑性质与形制均发生了根本性的改变,加剧了明故宫的衰败。清康熙二十三年(1684),康熙皇帝爱新觉罗·玄烨首次南巡到达江宁,目睹满城中明故宫残败景象,极为感慨。②

　　江宁满城的八旗官兵是南京地区最初的旗民,驻防旗民历代以充当甲兵为生,在满城内过着严格的军事生活。驻防旗民主要收入来源是清政府拨发的粮饷,大多不事生产,缺乏谋生技能。作为清朝统治全国的重要工具,八旗驻防制度以及满城的盛衰与清王朝的兴亡紧密相连。清朝后期八旗驻防体系日益衰落,满城的军事特性与种族特性随之逐渐消失。辛亥革命前后,江宁满城驻防旗民失去清王朝的庇护而生计艰难,旗民生计成为当时突出的一个社会问题。1911年12月,江浙联军光复南京。江宁满城建筑千疮百孔,逐渐消亡。③

　　1912年元旦,中华民国临时政府在南京成立。1912年2月,南京临时政府公布《关于大清皇帝辞位之后优待之条件》以及《关于清皇族待遇之条件》④。为解决江宁满城驻防旗民的生计问题,南京专门成立了旗民生计处。1913年,为便利南京城市交通,江苏都督冯国璋、民政部部长韩国钧同意拆除南京城部分地段的城墙。自1915年起,南京城开始大规模拆毁江宁满城城墙以及明故宫皇城残存城墙并出售城砖。旗民生计局在拆城地段"以工代赈",出售城砖所获钱款用以解决旗民生计。大量拆卸的明代城砖被挪用于南京近代的一些公共建筑和民用

① 参见(清)吕燕昭 姚鼐(嘉庆)《新修江宁府志》,光绪六年(1880年)刻本。
② 康熙《过金陵论》:"道出故宫,荆榛满目,昔者凤阙之巍峨,今则颓垣断壁矣。昔者玉河之湾环,今则荒沟废岸矣。"参见《圣祖仁皇帝御制文集》卷一八,吉林出版集团有限公司2005年版。
③ 江浙联军攻克南京后,江宁满城"旗人星散,城郭为墟。城垣砖甓,拍卖盗取,狼藉不堪。所存者,惟五朝、西华二处城圈而已"。参见(民国)陈诒勋 杜福堃编《新京备乘》"明皇城"条,东南大学出版社2014年版。
④ 中国史学会编:中国近代史资料丛刊《辛亥革命》(八),上海人民出版社1957年版。

建筑上,甚至被运往外地。①

2. 清代江宁府城垣的修缮

清政府出于军事防御的需要,在乾隆、同治和光绪年间,特别是太平天国战争前后曾经对江宁府城垣进行了较大规模的修缮。清道光三十年(1850),江宁府江防同知陈左文承修仪凤门等附近坍塌城墙,留存修缮记事石碑若干。② 太平天国战争使南京城墙遭到严重破坏。清军占领江宁府之后,陆续修缮战争中被战火损毁的江宁府城垣段落以及因军事需要在城墙上开辟的通道缺口等。③ 清末同治、光绪年间,对太平门、仪凤门、清凉门等处城墙段落进行修缮。负责城墙修缮的官员待工程完毕之后,在城墙墙体上留下石碑,简要记录修缮事宜。清末修缮之后的江宁府城墙大体上恢复了墙高池深的状态。

清同治三年(1864)十月,清政府修复江宁府太平门城垣缺口。同治四年(1865)二月,修缮清军攻打天京城时损毁的城垣,填补地道、濠堑。竣工之后,由曾国藩亲自书写修治金陵城垣缺口碑,立碑于太平门战场破城处,记录太平天国战事。

光绪十二年(1886),清政府修缮太平门东龙脖子段外侧城墙 15 丈④以及内侧城墙 4 丈。⑤ 太平门东段龙脖子外侧清代城墙修复记事碑共计 4 块,太平门东段龙脖子内侧清代城墙修复记事碑共计 3 块,至今保存完好。

---

① 杨国庆、王志高:《南京城墙志》,凤凰出版社 2008 年出版。

② 2001 年,南京下关区维修狮子山段城墙,在外侧墙体上发现清代城墙修缮记事石碑,碑文为"道光三十年九月,勘刻仪凤门第六处"。

③ 曾国藩克复金陵之后,"先修防城,以处现存旗兵八百许。其余城垣,继续补缮,并填地道及杜壕堑。"参见陈乃勋辑述,杜福堃编纂,顾金亮、陈西民校注《国民政府定都南京珍稀文献:新京备乘》,东南大学出版社 2014 年版。

④ 太平门东段龙脖子外侧清代城墙修复记事碑碑文是"光绪十二年岁次丙戌孟夏月,奉宪委修太平门东首城墙一段,计十五丈,善后工程局委员运同衔江苏江浦县知县长沙黄国忠监修,匠头孙克明、王永发、耿有福"。

⑤ 太平门东段龙脖子内侧清代城墙修复记事碑碑文是"光绪十二年,岁次丙辰孟夏月,奉宪委修太平门东首城墙一段,计长肆丈,善后工程委员运同衔江苏江浦知县长沙黄国忠监修,匠头孙克明、王永发、耿有福"

图 3-7　曾国藩修治金陵城垣缺口碑　　图 3-8　太平门东龙脖子段外侧城墙修复记事碑

　　光绪十一年(1885)，清政府修缮象山脚下①城墙 8 丈 2 尺，城墙修复记事碑合计 3 块，至今保持完好。②

图 3-9　象山脚下城墙修复记事碑文

---

① 位于今挹江门南侧约百米的小桃园城墙段。
② 象山脚下城墙修复记事碑文是"光绪拾壹年岁次乙酉孟秋月奉宪委修象山脚下城墙壹段计长捌丈贰尺 善后工程委员运同衔江苏遇缺即补知县长沙黄国忠 监修 匠头王永发 葛庆林"。

图 3‑10 清光绪十一年城墙修复记事碑

光绪十一年(1885),清政府修缮清凉门段城墙。清凉门段城墙修复记事碑合计 2 块,位于明代清凉门城门两侧,至今保存完好。①

3. 民国初期战事造成的城墙损毁

南京是清政府统治江南地区的政治和军事中心,南京地区驻扎有旗兵和绿营兵为主的旧军约 2 万人以及由统制徐绍桢率领的新军新建陆军第九镇(师)约 5000 人。1911 年 10 月,辛亥革命爆发武装斗争,各地新军不断起义。1911 年 11 月 8 日,新军第九镇官兵在统制徐绍桢的率领下誓师起义,分三路进攻南京城,由于清军守城工事坚固,攻城失败。为发展中国东南各省的革命形势,上海都督陈其美与江浙两省的起义将领决定组织江浙联军,以徐绍桢为江浙联军总司令,共同发起光复南京之役。11 月 20 日,江浙联军会攻南京之役打响。11 月 22 日,江浙联军攻击麒麟门,与负责守城的清军江防营激烈交战。11 月 24 日,江浙联军总司令徐绍桢发起总攻击令,江浙联军进攻南京之役全面展开,太平门等地段城墙遭受炮火的猛烈轰击。11 月 24 日至 25 日,江浙联军攻占乌龙山、幕府山沿江炮台,清军失去南京城外 2 座重要的堡

---

① 清凉门北侧修复碑文是"长二拾六丈高台计四丈三尺脚深五尺头台宽一丈一尺五寸脚台宽一丈五尺五寸",南侧修复碑文是"善后工程局运同衔江苏江浦知县长沙黄国忠监修光绪十一年重修匠头王永法"。现位于挹江门南侧约 100 米处小桃园段。

垒。11 月 26 日,江浙联军全线出击,突破清军防线,进逼朝阳门。11 月 27 日,江浙联军进行攻城准备,守城清军被全面围困。11 月 28 日,江浙联军对南京城发动总攻,在城墙下埋设炸药爆破朝阳门,并以主力攻打清军固守的南京城东制高点天保城。江浙联军围攻天保城,激战数日,至 12 月 2 日攻克天保城要塞,用缴获的大炮向朝阳门、富贵山、太平门等处轰击,取得战役的决定性胜利。江浙联军从太平门、聚宝门、仪凤门入城,攻克江宁府。①

时任美国《纽约先驱报》驻中国特派记者的澳大利亚人威廉·亨瑞·端纳(William Heny Donald,1875—1946),是民国时期中国政坛上最为活跃的西方人。武昌起义爆发之后,端纳在外交机构协助支持革命党,并敦促革命党组织江浙联军攻打清政府统治之下的军事重镇南京。端纳亲身参与了江浙联军攻打南京天堡城的战斗,成为历史上唯一的现场报道辛亥革命南京光复之役的外国记者。②

图 3-11　江浙联军在太平门使用大炮(1911)

---

① 经盛鸿:《辛亥"江浙联军"血战七昼夜光复南京》,《江苏地方志》2021 第 6 期。
② 张威:《端纳北京事迹考证(1913—1928 年)》,《苏州科技学院学报(社会科学版)》2013 年 9 月第 30 卷第 5 期。

图 3-12　江浙联军光复南京后将缴获的武器放置在城门外(1911)

　　1911 年辛亥革命后,袁世凯窃取中华民国临时大总统的职位,开始建立北洋军阀封建军事政治集团,北洋军阀对中国的反动统治长达 17 年之久。1913 年 7 月 12 日,"二次革命"(亦称"讨袁之役""癸丑之役""赣宁之役")爆发,这是孙中山等国民党人发动的一次武装革命,目的是要推翻袁世凯独裁统治,维护共和体制。

　　7 月 24 日北洋军占领徐州后,兵分两路进逼南京:一路由张勋率队,沿运河南下扬州,向南京进发;一路由冯国璋等沿津浦路南下至浦口,攻打南京。① 1913 年 8 月 14 日至 9 月 1 日间,讨袁军与北洋军为争夺南京城进行血战。自 8 月 14 日起,讨袁军与北洋军激烈争夺南京城东紫金山天保城。几天激战之后,北洋军占领了南京城的屏障紫金山天保城被。8 月 31 日,北洋军在朝阳门、太平门、神策门、海陵门、聚宝

---

① 《新京乘备》载:"北军由徐州分途进攻,冯国璋遵津浦路至滁州,张勋循运河出瓜洲渡江,挈徐宝山军队趋沪宁路,又有雷震春军自皖北开拔,会师攻宁。宁军第八师长陈之骥者,冯氏婿也,拔舍城外与北军合。轮船火车皆停驶。"参见(民国)陈酒勋编《新京备乘》,南京出版社 2014 年版。

门等地段向守城军民发起总攻。9月1日,北洋军在太平门至朝阳门一线城墙挖地道埋设炸药,炸塌城墙两丈多。北洋军用猛烈炮火击穿太平门和神策门,海陵门也被山炮洞穿,南京城破。北洋军从朝阳门、太平门、神策门、通济门和仪凤门等处攻入南京城。① 1913 年,北洋军阀用武力镇压了"二次革命",建立并巩固专制独裁统治,其势力达到了鼎盛时期。孙中山被迫再度流亡日本,准备重组力量发动新的革命。

第二节　20 世纪初城墙的兴与废

城墙在中国古代传统城市中占有重要地位,他作为冷兵器时代强大的军事防御体系,同时也是政治权力和社会等级的象征,其中包含着政治空间、军屯空间和生活空间等,体现着帝制时代的城市空间秩序。清末民初,中国传统城市逐渐向近代资本主义的商业开放型城市转变。20 世纪初,在北京、天津、汉口、上海、长沙、广州、梧州等地兴起一股拆改城墙的风潮。

1911 年 10 月 10 日,民主革命先行者孙中山先生领导的同盟会发动武昌起义,各省纷纷响应。12 月 2 日,江浙革命联军光复南京,为南京临时政府的成立奠定了基础。同时,宣布独立的各省代表选定南京作为中华民国中央政府所在地。12 月底,孙中山被宣布独立的 17 省代表共同推举为中华民国临时大总统。1912 年(民国元年)1 月 1 日,孙中山在南京宣布就职,建立中华民国临时政府。中华民国南京临时政府置南京府,设南京为国都,中华民国由此成立。

1912 年 2 月 12 日,清朝末代皇帝溥仪被迫宣布退位,在中国延续了 2000 多年封建帝制彻底灭亡。中国面临着从封建帝制走向民主共和的国体转变,封建王权以及帝制时代所建立的城市空间秩序失去了其合法性,作为体现帝制时代城市空间秩序的城墙体系必然面临价值的巨变。20 世纪二三十年代,在英、美等国家城市建设风潮的影响下,

141

---

① 中共南京市委党史办公室、中共南京市委宣传部编:《南京百年风云》,南京出版社 1997 年版。

中国也逐渐向城市现代化转变,这一时期成为中国城市现代化发展的一个重要时期。1927年4月,国民政府定都南京之后,南京古城的空间结构形态也随之发生了巨大改变。在民国时期南京城市早期的现代化进程中,国民政府将首都建设作为民族复兴的重要象征,作为代表执政能力和国家形象的政治工程。

(一) 1927—1937年中华民国首都10年建设

清末民初的南京城,经历太平天国战争的重创,数十年仍旧未能恢复。自1912年民国开基到1927年南京定都,南京的城市面貌并未有明显改观。1912年,中华民国临时政府建立。4月1日,根据南北议和秘密协议,孙中山被迫辞去临时大总统职务,由袁世凯担任中华民国大总统。中华民国临时政府迁往北京,为北洋军阀集团所控制。① 当中国社会正处于内忧外患之际,隐居在上海莫利爱路29号寓所②的孙中山先生聚焦于未来国家的基本建设,在1917年至1919年的数年间呕心沥血完成了鸿篇巨制——《建国方略》。它是孙中山的政治思想与建国思想的集大成之作,也是描绘中国现代化第一份蓝图,提出了改造和建设中国的宏伟计划。孙中山先生认为南京是最适合作为中国首都的城市,并设计了未来南京城市的发展规划。③

1926年至1927年,由孙中山先生创建的中国南方国民政府发动了讨伐北洋军阀的革命战争。这是一场规模空前的反帝反封建革命战争,是在国共合作基础上以国民革命军为主力的国家统一战争。北伐战争在中国近代史上占有重要的地位,它结束了帝国主义和北洋军阀集团在中国的统治,加速了中国革命的历史进程,为中国新民主主义革

---

① "南京府"存在近两年时间,1913年12月16日撤销南京府,复置江宁县。1914年,袁世凯在北京颁布《道官制》,设立"金陵道"管辖江宁县以及周边11县。1927年4月,改江宁为南京,废金陵道。参见南京地方志编纂委员会《南京建置志》,海天出版社1994年版。

② 今上海香山路7号孙中山故居。

③ 孙中山先生《建国方略》中写道:"南京为中国古都,在北京之前,而其位置乃在一美善之地区。其地有高山、有深水、有平原,此三种天工,钟毓一处,在世界之大都市,诚难觅此佳境也。南京将来之发达,未可限量也。"参见《孙中山全集》,中华书局1986年版。

命发展开辟了道路。1927年3月24日，国民革命军北伐攻克江宁。南京国民政府在北伐胜利之后宣告完成了国家统一。

此时，近代中国政治形态已从封建君主制转变为民主共和制，关于建都选址的问题，孙中山先生生前明确主张建都南京。① 1927年4月18日，国民政府成立并发表了《国民党中央政治会议关于奠都南京宣言》，根据孙中山先生的遗愿定都南京②，从而形成了一个全国性的政治和行政中心。1927年4月24日，国民政府任命刘纪文为市长，主持南京市政，并成立了以刘纪文为核心的南京市政委员会，开始民国首都南京的城市现代化建设。③ 1927年6月6日，国民政府定南京市为特别市，将明代外郭以内地域以及江北浦口商埠区域划为市区，形成南京跨江而治的格局。④

刘纪文出任第一任南京市市长，发表《南京市政厅宣言》⑤。作为国家政治中心和最高权力的象征，新的首都建设迫在眉睫。⑥ 首都的整体形象，既关乎国家威权和国民情感，又影响国际观瞻。国民政府希望通过首都建设，实现复兴民族与重建国家的整体战略，同时获得国际社会

---

① 孙中山先生认为，北京"房屋庭苑，虽云壮丽，然系帝制遗物，只可代游人观赏，不合共和国官吏居住。从来掌握北京政权之人，非帝制自为，即恋栈而不忍去者，盖帝王思想遗毒也。今既建都南京，从新建筑平民之衙署，铲平数千年封建专制遗毒，打破从来官尊民卑思想，名实相符"。参见中华民国十八年四月中国国民党中央执行委员会宣传部印《国都南京的认识》。

② 国民政府"遵总理遗教，定首都于南京"。参见(民国)国都设计技术专员办事处《首都计划》，南京出版社2006年版。

③ 新闻报道《南京市政厅开幕》，参见《申报》1927年4月26日。

④ 1929年4月16日，国民政府改南京特别市为首都特别市。1930年，改首都特别市为南京(直辖)市。

⑤ "南京为总理遗命定都之所，其在政治军事上地位之重要自昔已然，史称钟山龙蟠石头虎踞，即其明证。此次我军北伐奠定东南，我国民政府即遵总理遗命定都南京，从此南京为我国首都，将为中外观瞻所系。惟是今日南京空存大好之江山，殊鲜精华之物质，且屡经军阀之蹂躏、绅豪之剥削，其取诸市民者未尝为市民谋利益，以致市政上应举各端如公务、卫生、商场利益十数年来了无设备，不但此也，市厘之狭隘、道路之崎岖、娱乐之鄙俚、空气之恶浊，忍使数十万市民俱为时代的落伍者，良可慨已。市长受党国之重托，负市民之属望，出任艰巨。一面统筹大局，一面罗致人才，誓将不合新都市之种种现状一律除去，努力于造成革命的新南京，与欧美首都并驾齐驱。"《南京特别市市政府公报》第一号，参见《金陵全书》，南京出版社2012年版。

⑥ (民国)南京特别市政府:1928年1月发布的《南京特别市政公报》中明确表示:"只有把首都建成中国最好、世界上最好的城市，中国才能谈得上是第一等的国家。"参见《金陵全书》，南京出版社2010年版。

的广泛认同。① 国民政府决心要把南京建设成为世界上最好的城市②,成为堪与巴黎、伦敦、华盛顿、柏林等世界名城相比肩的首善之都。③

1928 年,国民政府着手制定首都建设蓝图,新成立的南京特别市政府组织国内外专家编制完成了民国南京的第一部城市规划《首都计划》。《首都计划》基于国情基础上,大量引进欧美国家现代化的城市规划论方法,基本确定了首都南京的道路系统和空间格局。虽然《首都计划》最终未被正式使用,但它为中国最早的一部现代城市规划《首都计划》提供了重要的借鉴和铺垫。

1928 年 11 月,国民政府设置"国都设计技术专员办事处"和"首都建设委员会"作为负责首都南京规划建设的最高机关。孙中山先生之子孙科作为中国第一代市政规划专家,曾于 1921 年至 1925 年间历任广州市市长,对于推动民国时期的城市现代化进程产生深远影响,在中国城市规划史上具有重要地位。首都建设委员会成立并由孙科负责,下设"国都设计技术专员办事处",以林逸民为主任,延揽技术专家从事设计,特聘美国人墨菲(Henry K. Murphy,亦翻译为"茂菲")、古力治(Ernest P. Goodrich)为顾问④,招请技术人员,办理首都南京的城市规划。⑤ 要求首都南京为未来百年城市建设而设,规划必须具有前瞻性与先进性。⑥

1929 年 12 月 31 日,国民政府正式公布了对首都南京进行现代化

---

① "南京昔为重镇,今为首都,中枢所在,观瞻攸系,其建设之亟需,尤千百倍于他处,盖建首都,树全国之模型,即所以增中枢之威望,而使全国民众,望风景仰,益具倾附之热情,国运之永隆,莫非由也。"参见(民国)南京特别市政府《南京特别市市政公报》第 10 期。参见《金陵全书》,南京出版社 2010年版。

② (民国)南京特别市政府《南京特别市市政公报》第 1 期,参见《金陵全书》,南京出版社 2010 年版。

③ (民国)南京特别市政府:《刘市长演讲建筑中山大道的经过》,《首都市政公报》第 31 期,参见《金陵全书》,南京出版社 2010 年版。

④ "此固科学、艺术专家之事,而今则犹不能不借才于外国者也。国民政府以是特聘美人茂菲、古力治两君为顾问,使主其事。两君于城市设计、宫室建筑之术,盖均有声于国际者。其所计划,固能本诸欧美科学之原则,而于吾国美术之优点,亦多所保存焉。"参见(民国)南京国都设计技术专员办事处编印《首都计划》,南京出版社 2006 年版。

⑤ 中央社新闻《国都设计会聘美人为顾问》,参见《世界日报》1928 年 12 月 9 日。

⑥ 《首都计划》的"全部计划皆为百年而设,非供一时之用",参见《首都建设计划完成》,《民国日报》1930 年 2 月 16 日。

改造的城市规划文件——《首都计划》①，它堪称是民国时期中国最重要的一部现代城市规划。《首都计划》作为城市总体规划文本，内容涵盖了南京首都建设的诸多方面内容，充分体现了规划设计者要将首都南京建设成为一个现代化都市的强烈愿望，它对现代南京城市格局与城市特色的形成发挥了主导作用。在规划理念与制度上，《首都计划》重视借鉴引入当时欧美国家城市规划的理论方法以及市政建设经验，批判性借鉴了欧美的模式。在涉及中外古今问题的选择上，既有继承又有所创新，成为中国近现代城市规划史上的一个重要里程碑。《首都计划》主要突出了首都性质的中央政治区、行政区、文化区以及市民住宅区的规划设计，体现了城市生产发展的工业区、仓库区以及具有现代城市功能的道路交通、车站码头等方面的规划设计，特别是结合南京特色而规划设计的环绕城墙与秦淮河的林荫大道。

《首都计划》的"道路系统之规划"章节中，道路规划包括干道、次要道路、环城大道、林荫大道和内街五种。南京旧城山水形胜，无限风景。②《首都计划》中，墨菲的构想是利用南京城墙设计成为"环城大道"最为适合，以市民游览风景为主，同时兼备交通功能。③《首都计划》中

---

① 孙科在《首都计划》序言中指出编制该规划的目的与意义："吾党遵总理遗教。定首都于南京，既三年矣。南京襟江为城，湖山之美，城郭之大，气候之适，以之建为首都，其前途发展，殆不可限制。然正惟其气象如此之宏伟，则经始之际，不能不先有一远大而完善之计划，以免错误，而资率循"，"首都之于一国，故不唯发号施令之中枢，实亦文化精华之所荟萃"，并提出"本诸欧美科学之原则，而于吾国美术之优点，亦多所保存焉"的指导方针，宏观上学习欧美先进的规划理念方法，具体微观建筑采用"中国固有之形式"空间布局以"同心圆式四面平均开展，渐成圆形之势"。参见（民国）南京国都设计技术专员办事处编印《首都计划》，南京出版社2006年版。

② "南京西、南两部，环有可通航之护城河；而东及东北两部，则具有湖山之胜；西及西北二部，又为扬子江之所经，故全部悉为山水所环绕，实具天然之胜概。"参见（民国）南京国都设计技术专员办事处编印《首都计划》，南京出版社2006年版。

③ "凡优良之都市，多筑环城大道，贯通重要地点，一方使市民往来不致必经城市中心，避免拥挤；一方亦使当地风景，往来者随时得之赏玩之机会。南京四周，既具无限风景，故环城大道，自有设置之必要"，"近代战具日精，城垣已失防御之作用，得用之以为环城大道，实最适宜"。参见（民国）南京国都设计技术专员办事处编印《首都计划》，南京出版社2006年版。

根据城墙顶面宽窄的不同,详细地提出了构筑"环城大道"的具体设想。①

《首都计划》的"公园及林荫大道"章节中,墨菲的设计是沿城墙外侧修筑环城马路,以供货车行驶;沿城墙内侧修筑一条林荫大道与环城相辅,另外再修筑一条沿秦淮河而筑的林荫大道,以增加河岸风景。②林荫大道的规划主要借鉴了西方国家"景观型道路"设计理念,将南京城墙的城防军事功能转变为公共交通游览功能。林荫大道的设计可以用作支路便于行驶车辆,以缓解商业区内车辆的集中拥堵;同时,林荫大道也可以便捷城区市民的交通往返,人们经过林荫大道,从建筑斜坡可以直接登上城墙的环城大道。③

《首都计划》是国民政府进行首都建设的纲领性规划文件,按照《首都计划》的规划设计方案实施的主要是城市道路工程建设。1927年民国定都南京之前,南京的街道混乱狭窄。④ 1928年,国民政府筹备孙中山奉安大典。1928年8月,南京特别市政府成立首都道路工程处,专职修筑迎梓大道——中山大道。中山大道是首都南京纬线方向的主干道,沟通南京全城东、西两端以及下关地区。中山大道起于江边的下关,经过挹江门,向西南方向到达城市中心的鼓楼;中山大道的第二段起于鼓楼,向南到达新街口广场;中山大道的第三段起于新街口广场,延伸向东出中山门至中山陵(即东西方向的中山东路)。其后,在中山路南北方向上修筑的子午线路(新街口以南的子午线路南段定名为"中

---

① "该城垣由海陵门南行,经南门东至通济门一部,城面宽度,几尽可筑为行驶两行汽车之道路,故此部应先兴筑,不过其中尚有小部,略需加工修理而已。东部一带,城垣城面狭窄,行驶两行汽车尚不敷用,可暂筑为只向一面进行之道路,即一边可以行驶汽车,一边可以停放汽车一辆者也。其余城面之更狭者,暂亦可用为人行道路。惟所有狭窄城面,将来均须加筑泥土,增其阔度,俾城垣全部皆可行驶两行汽车。"参见(民国)南京国都设计技术专员办事处编印《首都计划》,南京出版社2006年版。

② "该道车辆路与城垣距离之余地,亦含有公园作用,以为增加风景之助。"参见(民国)南京国都设计技术专员办事处编印《首都计划》,南京出版社2006年版。

③ 墨菲在《首都计划》中图示了汽车开上城墙的场景,"若在城垣上驾车游玩,则全城景物及附近乡落之风景,与夫紫金山、扬子江之山色波光,均将一一涌现于目前。"墨菲赞叹环城大道"不啻一天然之高架路也","此种游乐大道,世界上殆亦不易多得"。参见(民国)南京国都设计技术专员办事处编印《首都计划》,南京出版社2006年版。

④ "旧有道路,不能名为何种网状。鼓楼以北,几无道路可言,鼓楼以南的所谓城南繁盛区,路向不定,路幅不定,完全是些陋巷。商店林立的街衢,在其垂直与地平三面,没有一面是整齐的。"参见《时事月报》1933年第8卷第2期2号。

正路"；鼓楼以北的子午线路北段定名为"中央路"）成为南京城市的经线干道。民国首都南京修筑的路网轴线，一直沿用成为今日南京城市基本道路框架。

由于种种原因《首都计划》中包括中央政治区、商业中心区、环城大道、对外交通等大部分设计构想未能真正实现。以环城大道为例，将南京城墙改造为环城大道，虽然投资较少，但城墙自身状况并不符合道路建设的要求。1931 年，九一八事变的爆发成为日本武力征服中国的开端。随着战事临近，南京的首都建设被迫中断。自 1927 年国民政府定都南京至 1937 年抗日战争爆发，这"黄金十年"的首都营造是南京近代城市发展史上建设活动最为集中的一个时期。

（二）民国时期围绕南京城墙的拆保之争

20 世纪初，中国各地掀起一场拆城运动。广州、上海、武汉、长沙等城市拆除了城墙，并开始进行近代城市建设。全国性的拆城活动也波及首都南京，南京市政府陆续拆除了一部分城墙，对于南京城墙的处置，是拆除还是保留的问题引发社会各界的强烈争议。[1]

1927 年 4 月国民政府定都南京后，南京市政府为筹措新首都的建设资金，提出要标卖南京城垣城基的设想，直接引发南京城墙的存废之争。1927 年 7 月 12 日，江苏教育局经费管理局局长廉泉撰写《南京拆城计划中保留一二古迹之私议》呈文[2]，同意南京拆城计划，但特别提出

---

[1] 主张拆城的理由是"一避免军事上的危险；二便利交通，有了城墙，四面围着，交通方面就很感不便。如果把它拆除，就可以便利交通；三废物利用，南京城墙拆除之后，所有城砖大可利用，以供各项建筑之用。"反对拆城的理由是"一防御盗匪，二保护古迹"。参见 1929 年 2 月 4 日《申报》刊载《南京拆城问题》。

[2] "闻南京市政府以新都建设需费，将标卖南京全城城垣城基，化无用为有用，自属良策。查城之南门，俗名聚宝门，阛阓三重，气象闳壮，工程伟大，为全城各门之冠，亦为全国稀有之建筑。城北台城一段，尚为六朝遗迹，江南最古之建筑。拟应仿照北京前门、伦敦旧堡办法保存不拆，以留古迹，并应责令承办公司或商人加以修葺，俾便登涉，尤需酌留余地，建造公园。一则在人烟稠密之地，使市民得游息疏散之所；一则在北极阁、玄武湖畔，使游客得登临抒怀古之思。事属保存文化、永留纪念之举，尤为中外文物观瞻之所，系南京城周几九十里，留此区区，当于经费上无甚影响。"参见中国第二历史档案馆藏江苏教育局经费管理局局长廉泉送交国民政府常务委员、秘书长钮永建呈文《南京拆城计划中保留一二古迹之私议》。

要保护南京城墙聚宝门、台城等著名古迹。1927 年 11 月,南京市政府拆除旧王府年久失修的城墙。① 为制止民间私自买卖城砖,南京特别市政府工务局陆续制定并公布《取缔卖买城砖条例十条》等法律文件。② 1928 年 3 月,南京特别市政府工务局发布《关于修订取缔私运城砖条例的布告》③。1928 年 4 月,南京特别市市长何民魂提出拆除正阳门毁损的瓮城,将拆除的城砖用于铺筑燕子矶、观音门一带的马路,未获批准。④

　　1928 年 11 月,由军事委员会主席蒋介石任校长的中央陆军军官学校,向南京市政府提出拆卸城墙取用城砖的要求。⑤ 国民政府第六次国务会议向南京市政府下令,临时决议除保留台城一段城墙之外,拆卸神策门至太平门段城墙。⑥ 驻南京的各政府机关遂向南京特别市政府发函索要城砖。⑦ 1929 年初南京城墙被拆卸,遭到社会舆论的强烈反对。时任中央美术学院教授的徐悲鸿,同时兼任南京古物保管委员会委员。南京城墙面临被拆卸而消亡的厄运,使他终日忧愁难安,他向北平政治分会发出一份电报,力图保留南京城墙历史胜迹。⑧ 徐悲鸿又公开发表了题为《对南京拆城的感想》的时事文章,讽刺拆卸南京城墙的行为实

---

① 1927 年 11 月 3 日,南京特别市市政府工务局布告,"旧王府城墙年久失修,倒塌堪虞,有碍交通,车马行人俱感不便,兹定于本月 7 日起饬工前往拆除。仰该附近城墙居民人等务须事先暂迁他处,免致兴工时发生倒毁之危险。"参见南京市档案馆编《南京城墙档案》,南京出版社 2020 年版。

② 参见南京市档案馆藏 1928 年 1 月 17 日《南京特别市工务局年刊·公文摘录》

③ (民国)南京特别市政府:1928 年 3 月《首都市政公报》,参见《金陵全书》,南京出版社 2010 年版。

④ 参见中国第二历史档案馆藏民国 17 年《四月十六日国民政府文电摘由单对何民魂呈报的批示》

⑤ 新任南京市市长刘纪文向国民政府转呈军校函件,并呈报南京市政府,"军事委员会主席蒋面谕太平门至丰润门一段城墙,业经南京市政府议决拆卸。查太平门距军校甚近,即将所有城砖作军校建筑讲堂之用也。"参见中国第二历史档案馆藏民国 17 年《南京特别市市政府呈国民政府文电摘由单》。

⑥ "临时决议决拆除神策门至太平门城墙,但台城一段仍保留一案,经议决令知市政府照办在案。合行令仰该市政府知照此令。"参见中国第二历史档案馆藏民国 17 年国民政府第 63 号《训令》。

⑦ "本京城厢营房设计委员会、国民革命军总理奠事筹备处、国民革命军第四十军副官处、军事委员会航空处军官团等机关,均因建筑需用城砖,先后函请拨给前来。"参见中国第二历史档案馆藏民国 17 年《南京特别市市政府呈国民政府文电摘由单》。

⑧ 1929 年 1 月 10 日,北平政治分会向南京国民政府及内政部发来电文"据徐悲鸿自沪电称:'首都后湖自太平至神策、丰润门一带为宇内稀有之胜境,有人建议拆除此段城垣,务恳据理力争,留此美术上历史上胜迹。'众语所陈,不为无见,特电奉闻,乞饬保存为荷。"参见中国第二历史档案馆藏民国 18 年《国民政府文官处文书□密电室,第 4887 号电文》。

际上是继西湖雷峰塔被毁的续貂之举。[1]

关于南京拆城一事，市长刘纪文在1929年2月4日的《申报》上明确表态："本人自始至终没有拆除的主张，并且预备做种种的利用。"[2] 1929年3月5日，负责新首都建设的国民政府委员孙科向国民政府呈文要求停止拆城工作。国民政府向南京特别市政府下令停止拆城工作。[3] 时任国都设计技术专员办事处的美国顾问墨菲表示要求坚决保留南京城墙，他认为：中国建筑与西方建筑应享有平等地位。古代城墙虽然在近代已经失去了军事防御功能[4]，但城墙建筑是中国的象征，拆毁南京城墙将是一个巨大的错误。[5] 在《首都计划》中墨菲提出的规划设计方案，要求保存南京城墙，并将其融入新首都的城市空间与景观，在城墙上修筑现代化的"环城大道"。

在国民政府下令停止拆城的同时，态度强硬的蒋介石以中央陆军军官学校校长的名义于1929年3月14日再次向国民政府提交公文，

---

① "南京之为国都，在世界各都会上占如何地位，我不敢知。我所知南京之骄视世界者，则自台城至太平门，沿后湖二千丈一段之 Promenade，虽巴黎之 ChampsEises 不能专美。因其寥廓旷远，雄峻伟丽，据古城俯瞰远眺，有非人力所计拟及者。而后湖为一荒塘，钟山徐比邱垤。以国内胜迹言之，虽比福州之西湖亦且不及仅维藉乃绵延不尽，高巍严整，文艺复兴时代之古堞环绕之，乃如人束带而立，望之俨然，且亲切有味。于是寄人幽思，宣泄愁绪，凭吊残阳，缅怀历史，放浪歌咏，游目畅怀，人得其所，遂忘后湖为荒潦。视狮山各堡垒以其有城堞之美，情景易也，乃二十世纪筹人之子，弁髦史乘。敝屣美术，用其道教五千年来文明无所遗之华人，孳孳为利，乃毁灭大地五百年前 Donatelo 时代之奇观，欲以其转建一尚不知作何用之中华民国国民政府者。中山陵之地位，足以增益首都妙景否？ 其建筑视德 Loipoo，纪功塔，与罗马新建 Emannel 像为何如，虽溺爱中国者，不能乙彼而甲此，且恐不能成一比例。而欲毁灭世界第一等之巨工，溯其谋乃利其砖。呜呼！ 刘伯温胡不推算，令朱元璋多制亿兆大砖，埋之于今国民政府所欲建造之地，而使我四万万人拱戴之首都，失其低徊咏叹，徜徉登临，忘忧寄慨之乐国也。西湖雷峰塔，非以年代久远，建筑不固，而自倒者。因有妄人生病，食其砖当药石，因致万劫不复，遂丧西子湖之魂。乃不五年，又有此续貂之举，尤欲言美术，谈文化，噫嘻！ 是真无独有偶真正道地之 Chinoiserie。"参见王震编选《徐悲鸿艺术随笔》，上海文艺出版社1999年版。

② 新闻报道《南京拆城问题》，《申报》1929年2月4日。

③ 孙科呈文"当由茂菲(亦翻译为'墨菲')顾问发表关于南京城垣存废意见，以为南京城垣尚非无可利用之处。在计划未经决定以前，应暂予保留，以便设计。惟查现在该城垣有一部分，方在拆卸之中，似应即行制止，免与将来所定计划或有冲突。……伏乞迅予饬令南京特别市市政府即行停止拆城工作，以便设计"。国民政府令"呈请饬令京市政府停止拆城工作。由呈悉所请应予照办。仰候令行该市政府遵照可也。此令"。参见中国第二历史档案馆藏《第471号指令》，第194号《训令》。

④ "近代战具日精，城垣已失防御之作用。得用之以为环城大道，实最适宜。"参见(民国)国都设计技术专员办事处编《首都计划》，南京出版社2006年版。

⑤ Jerry W Cody，*Building in China：Henry K. Murphy's "Adaptive Architecture. 1914—1935"*，香港中文大学出版社2001年版。

提出由中央陆军军官学校自行拆卸神策门至太平门一段城墙,拆城取砖用于修建军校,甚至指示军校自行拆运城砖建校。① 3月19日,国民政府下发中央陆军军官学校公函拒绝了蒋介石提出的拆城取砖的请求。3月22日,南京特别市市长刘纪文向国民政府递交执行《停止拆城工作情形》的呈报。② 1929年5月,南京市政府颁布禁令,禁止市民在城墙附近搭盖芦棚木屋。③ 1931年5月,南京市政府向市社会局、工务局等机关单位正式发布了保护城墙的指令。④ 此后,南京城墙拆卸风波暂时平息。

民国时期,随着城市规模扩大和人口增长,城市发展突破城墙的限制,南京城墙上陆续开辟了海陵门、中华东门、中华西门、汉中门、中央门、新民门、武定门以及雨花门等城门作为交通孔道。南京的旧城门名称大多含有封建思想印记,与民国时期的民主共和思想潮流不符。⑤ 1928年4月,市长刘纪文致函邀请蒋介石、谭延闿、胡汉民、蔡元培、于佑任、戴季陶为南京城门题写新的匾额。⑥ 1928年6月,国民政府正式决定更改南京7座城门名称。⑦ 聚宝门改名"中华门",意为纪念中华民国,城门匾额由蒋介石书写;将正阳门改名"光华门",取光复中华之意;朝阳门改名"中山门",意在纪念总理孙中山,城门匾额由谭延闿书写;神策门改名"和平门",因总理孙中山遗训以和平为固有道德,且总理临终之言以和平奋斗救中国,城门匾额由胡汉民书写;仪凤门改名"兴中门",取总理孙中山提倡革命之初建立"兴中会"之名,并寓意兴旺中华,

---

① "军官学校在太平门之覆舟山后,自行拆运在案",参见中国第二历史档案馆藏民国18年《南京市特别市政府"呈接工务局呈复遵令停止拆城工作请鉴核"》
② 参见中国第二历史档案馆编《中华民国史档案资料汇编》,江苏古籍出版社2010年版。
③ (民国)南京特别市政府:1929年5月《首都市政公报》,《南京市政府为禁止城垣附近搭盖芦棚木屋致市公安局、工务局令》。参见《金陵全书》,南京出版社2010年版。
④ (民国)南京特别市政府:1931年5月《首都市政公报》,《南京市政府为饬保护城垣致市社会局、工务局指令》。参见《金陵全书》,南京出版社2010年版。
⑤ (民国)南京特别市政府:1928年1月《南京特别市市政公报》第13期,南京城墙"各城门原有名称,非寓有封建思想,即涉及神怪谬说,于现代潮流颇不适合"。参见《金陵全书》,南京出版社2010年版。
⑥ (民国)南京特别市政府:《首都市政公报》1929年第33期,刘纪文《敦请党国领袖书写城门匾额》。参见《金陵全书》,南京出版社2010年版。
⑦ (民国)南京特别市政府:1928年6月《首都市政公报》,《南京市政府为遵照国府改定各城门名称及改换各城门匾额令》,参见《金陵全书》,南京出版社2010年版。

城门匾额由谭延闿书写;将两座清末开辟的城门丰润门改名"玄武门"、海陵门改名"挹江门",城门匾额分别由蔡元培和戴季陶书写。[①]

(三)民国时期南京城墙的保护修缮

1931 年的九一八事变是由日本军国主义蓄意制造的一次军事冲突,它标志着日本军国主义发动侵华战争的开始。九一八事变的爆发揭开了第二次世界大战东方战场的序幕,成为世界反法西斯战争的起点。1931 年 9 月 18 日,驻扎在中国东北的日本关东军铁道守备队蓄意炸毁了沈阳北郊柳条湖东北军驻地北大营附近南满铁路的一段,发动了震惊中外的九一八事变,国民政府主张军事上不予抵抗,主要通过外交途径解决中日争端,日本由此开始大举侵占中国东北。九一八事变之后,日寇企图侵占上海,以上海为突破口夺取长江流域,继而占领全中国。1932 年 1 月 28 日夜,日寇突然对驻扎上海的国民党第 19 路军发动攻击,以迫使国民政府屈服。日本军国主义积极扩大侵华战争,已做好全面对华战争的准备。[②]

一·二八事变的爆发,拉开了淞沪会战的序幕。日寇在上海挑起战争,国民政府首都南京首当其冲。1 月 29 日,国民党中央政治委员会确定应对一·二八事变的原则,国民政府对日政策是预备外交交涉,同时准备积极抵抗。蒋介石部署了守卫首都南京与上海的防卫计划,同时国民政府外交部发表了《对淞沪事变宣言》,称将对日军的武装攻击采取自卫手段继续予以抵抗。1 月 30 日,为保护首都南京免受日本军事威胁,国民政府发表移驻河南洛阳办公的宣言,向全国人民及全世界表明了中国对于日寇侵略的态度与对策。2 月 4 日,国民党中央军事委员会为便于与日军周旋作战,决定将全国划为四个军事防区。国民政府迁都洛阳之后,召开了国民党四届二中全会和国难会议,制定了危机

---

① (民国)南京特别市政府:1928 年 6 月《南京特别市市政公报》第 14、15 期,"将最有窒碍之各门旧名一律取消,改用所拟之新名"。参见《金陵全书》,南京出版社 2010 年版。

② 参见日本防卫厅战史室编纂,天津市政协编译委员会译校《日本军国主义侵华资料长编》,四川人民出版社 1987 年版。

形势之下的国家总体战略,对抗御日寇和国内建设进行了统筹策划。[①]国民政府利用外交平台,积极开展外交努力,以实现最终的中日停战谈判。1932年5月5日,中日《淞沪停战协定》签订,中日有关一·二八事件的斗争与交涉暂时告一段落。11月底,国民政府自洛阳还都南京。

自1929年起,南京市政府开始整修南京城墙、城门等。民国时期,对南京城墙保护修缮最主要的动因是战争威胁之下的首都军事防御。1931年,国民政府将南京城墙列入保护范围,对城墙、城门等修缮遂成为南京市政府一项日常的部门工作。[②] 特别是1932年一·二八事变之后,南京市政府基于首都军事城防的重要性和急迫性,要求全城城墙不得拆毁,对城墙损坏之处迅速修理。[③] 1934年8月,南京警备司令谷正伦提出《关于南京城防建议案》六项,第一项提出修葺南京城墙[④],被国民政府军事委员会正式采纳并列入城防计划。[⑤] 1934年,南京城墙大规模环城修缮,国民政府令南京市政府维修南京城各城门,并兴修南京

---

① 秦孝仪:《中华民国重要史料初编——对日抗战时期:绪编(一)》,1981年(台北)国民党中央党史委员会编印。

② "本京城垣,在历史古迹上、首都安全上、风景形胜上,均有保存之价值","请中央转函国府,严令人民不得毁伤本京城垣,并饬负责机关切实保护"。参见中国第二历史档案馆藏民国20年《中国国民党南京特别市执委会呈中央执委会公函》。

③ 1932年3月《首都市政公报》刊登《南京市政府为勘估修理本市各处破坏城垣致市工务局的指令》,"查本京已宣告戒严,京城防务尤极关重要,所有全城周围城墙概不得拆毁,对于损坏之处,希迅速饬工修理,以重防备"。"本市城垣外廓,损坏者计有十八处之多"。参见《金陵全书》,南京出版社2010年。

④ 谷正伦提出《关于南京城防建议案》,"查首都城垣,曾于去年三月间由市府将草场门、覆舟山、光华门、和平门附近等处略予修葺后,迄今年余他处陆续崩坍,日见增多。查城墙在军事上之价值固属重大,然于市政上亦为必要之建设"。建议在1934年底完成城墙毁坏地段的修缮,以"巩固国防,保卫首都安全"。参见中国第二历史档案馆藏档案,1934年8月14日《南京警备司令谷正伦建议修葺南京城墙》。

⑤ 《行政院为抄发南京城防建议案第一项致市政府的密令(一九三四年八月十七日)》,"拟请转函行政院令饬南京市政府就铁道部月拨助款项下赶速修葺南京城墙以固城防案","案据南京警备司令谷正伦呈,关于南京城防建议案六项,其第一项系修理城墙","查城墙在军事上之价值固属重大,然于市政上亦为必要之建设。兹为巩固国防保卫首都安全计,若不从速修葺,将来愈坍愈大,竟至不堪修理,危险殊甚。拟请转函行政院令饬市政府仅于二十三年年内,将全部崩塌城墙修理完竣,并请在最近期间内,将西北两方面城墙先着手修理工竣。"密令要求南京市政府于1934年内完成环城城墙的修理工作。密令后附有南京警备司令部城防建议案一以及对南京城墙坍塌情形共计15项统计,包括中华门、水西门、清凉门、挹江门、兴中门(明代仪凤门)、中央门、和平门(明代神策门)、玄武门、太平门、光华门(明代正阳门)、共和门(明代通济门)、武定门等城门以及周边城墙。参见南京市档案馆编《南京城墙档案》,南京出版社2020年版。

东水关和西水关水利,加建东水关和西水关闸门,春夏防御江湖倒灌,冬季避免河水流出,以保护秦淮河水源。1936年,国民政府军事委员会颁布《南京市城砖保管及使用办法》,南京市工务局制定《修理(南京)城墙施工细则》。[①]

至1937年抗日全面爆发之前,国民政府军事委员会指令南京市工务局对中华门、水西门、太平门、中山门、挹江门等多处地段城墙进行局部加固修缮。南京城墙仍有大约16千米长度的城墙段落急待修缮。[②] 南京保卫战中,城墙作为主要战场在炮火中遭受严重破坏,从中山门到光华门、中华门、水西门、汉西门沿线的城墙多处损毁。1939年1月,伪督办南京市政公署工务局招工兴修战争中损毁的汉西门、光华门、中山门3座城门附近城墙。[③] 南京沦陷期间,由于工程人员偷工减料、玩忽职守等原因,南京城墙修缮质量低劣,直接引发城墙坍塌事故。[④] 1943年初,汪伪政府拨款对南京城墙的多处损坏进行了一次集中修补。[⑤]

1945年抗战胜利后,国民政府恢复南京市政府工务局负责市政管理。1946年,先后打开草场门、中央门、和平门等城门,以适应交通、商贸等需要。1948年9月21日,首都卫戍司令部召开南京城防暨护城河工事整建会议,提出了修整南京城墙以及城墙工事的决议。由南京市工务局负责整修南京城墙原有的工事,所缺的城砖直接拆用明故宫的城砖;在汉中门、中华门、光华门、中山门、水西门、挹江门6座重要的城门设置现代化的电动开关设备。[⑥] 1948年底,国民党南京卫戍总司令部组建了南京城防委员会,为对抗中国人民解放军占领南京,拟定以南京城墙工事为核心的城防计划。根据国民政府于1948年底完成的《南

① 参见南京市档案馆编《南京城墙档案》,南京出版社2020年版。
② 1937年6月8日《南京市工务局关于修理全部未修环城城墙工事预算书》,参见南京市档案馆编《南京城墙档案》,南京出版社2020年版。
③ 1939年1月14日《伪督办南京市政公署为修理汉西、光华、中山三门附近城墙报请拨款兴修鉴核备案致伪行政院、绥靖部的呈文》,参见南京市档案馆编《南京城墙档案》,南京出版社2020年版。
④ 1939年2月24日《公署委许炳辉、徐仲云二月二十四日验收报告》,1939年2月28日《伪南京市工务局为修理光华门城墙未及验收全部坍塌致伪督办公署的签呈》,参见南京市档案馆编《南京城墙档案》,南京出版社2020年版。
⑤ 1943年2月16日《伪首都宪兵司令部、首都警备司令部、首都监察总监署、市政府为拨款修复损坏城墙致伪行政院的会呈》。参见南京市档案馆编:《南京城墙档案》,南京出版社,2020年版。
⑥ 参见南京市档案馆编《南京城墙档案》,南京出版社2020年版。

京城防工事现况要图》,以南京城墙为主体的各类军事工事共计有62座。①

南京市档案馆完整保存了近代南京城墙相关的各类原始档案资料,记录了从 1929 年到 1949 年间南京城墙历次大大小小的修缮工程,国民政府因城防、治安和首都观瞻的实际需要,总体上对南京城墙进行了持续的保护和维修改造。受战争影响,南京城墙通行管理较为严格。但是,由于国民政府对城墙保护并没有完善的长期规划,颁布的保护管理规定未能得到很好地贯彻执行,机构单位以及市民等搭建房屋草棚、挪用或盗取城墙砖石、破坏城墙地基等情形屡禁不止。民国时期,南京城墙的修补工程质量参差不齐。自然侵蚀、战争破坏以及各种人为因素的综合影响,到 1949 年南京解放前,除了作为交通要道和观瞻重点的城门之外,南京城墙很多地段坍塌破败,存在诸多隐患险情。②

第三节　战争中的血色记忆

20 世纪中叶的第二次世界大战是人类历史上规模最大一场全球性战争,战争的一方是纳粹德国、日本帝国和意大利王国等组成的法西斯轴心国,另一方是世界反法西斯同盟以及全世界的反法西斯力量。日本的对华侵略战争是法西斯轴心国在世界侵略扩张行动的重要组成部分。中国人民抗日战争是世界反法西斯战争的重要组成部分,中国战场是世界反法西斯战争的东方主战场。第二次世界大战最终以美国、苏联、英国、中华民国等反法西斯国家和全世界人民战胜法西斯侵略者而赢得世界和平,二战的胜利彻底改变了世界历史的进程。

二战始于亚洲,世界反法西斯战争始于中国人民抗日战争。中国是第二次世界大战中最早进行反法西斯战争的国家,也是反法西斯战争持续时间最长的国家。从 1931 年日本蓄意发动九一八事变起,中国

---

① 参见中国第二历史档案馆藏《中国军事机关就南京附近修建永久工事一组文件》。
② 南京市档案馆编:《南京城墙档案》,南京出版社 2020 年版。

在世界上率先打响反法西斯战争。从 1937 年 7 月 7 日卢沟桥事变抗日战争全面爆发,到 1945 年 8 月 15 日日本正式投降,中国进行了长达 14 年艰苦卓绝的抗日战争,始终是抗击日本法西斯的主力,为世界反法西斯战争的胜利作出了巨大贡献。中国人民抗日战争的胜利在中华民族发展史上占有着重要的历史地位。南京作为中华民国首都是二战中著名的"三大惨案"①发生地和世界"四大殉难城市"②之一,古老的南京城墙见证了中华民族的屈辱与抗争。

长期以来,欧洲国家普遍将 1939 年 9 月 1 日纳粹德国入侵波兰认定为二战的起点,西方的二战史研究则更多关注的是欧洲在 1939 年至 1945 年间的战争,较少关注除欧洲之外的其他地区的世界反法西斯战争,中国在二战中的历史角色长期被忽略。早在 1937 年 7 月 7 日亚洲的中国发生了卢沟桥事变,日本发动全面侵华战争,那应当是二战的首个战场。中国人民长达两年多时间艰苦卓绝殊死抵抗日寇侵略的历史,被国际史学界遗忘在二战史之外,中国人民抗日战争史以及 1937 年至 1938 年发生在中华民国首都的南京保卫战、南京大屠杀惨案被国际社会所忽略,中国战场在二战中的重要地位和作用长期被忽视。在二战结束 70 年之后,很多西方学者逐渐打破地域局限和思维偏见,开始以更广阔的全球化视野重新审视二战历史,重新界定二战的起点,关注并重新认识到中国人民艰苦卓绝的抗日战争的重大意义,重新客观地评估中国在世界反法西斯战争中的巨大牺牲和卓越贡献。③

---

① 第二次世界大战中的南京大屠杀惨案、波兰奥斯威辛集中营惨案与日本广岛原子弹爆炸并称为二战史上的"三大惨案"。

② 中国南京、德国德累斯顿、英国考文垂和日本广岛同被称作第二次世界大战中的"四大殉难城市"。

③ 2015 年 4 月,由法国著名国际关系史专家罗伯特·弗兰克(Robert Frank)与法国、英国、德国、意大利、加拿大、奥地利等国历史学家最新研究成果《1937—1947:世界大战》,这一具有国际视野的巨著纠正了过去二战史中"欧洲中心主义"的许多错误。参见 2015 年 08 月 31 日中国日报山东记者站站长鞠传江专访《让历史告诉未来——对话国际历史学会秘书长罗伯特·弗兰克》。英国历史学家和政治学家,英国国家学术院院士,牛津大学中国研究中心主任拉纳·米特(Rana Mitter)2013 年出版英文著作《中国,被遗忘的盟友:西方人眼中的第二次世界大战全史》,该书从西方人视角研究中国抗日战争。拉纳·米特教授认为:中国不仅在二次世界大战中付出了巨大牺牲,中国的抗争也对改变世界局势起到了关键作用。真正研究中国抗战的西方学者非常少,抗战与今日中国有紧密的联系,理解抗战对理解当代中国非常重要。参见 2017 年 10 月澎湃新闻采访《拉纳·米特谈西方视角下的中国抗战》;2021 年 7 月深圳卫视直新闻采访《那个教西方认识中国的英国人——牛津大学中国研究中心主任拉纳·米特专访》。

（一）南京保卫战前中国军队利用城墙构建城防体系

明王朝初期的都城南京是中国古代城池军事防御艺术的集大成者，是中国乃至世界最大的设防城市，军事防御体系特色鲜明。南京城墙修筑"皆据岗垄之脊"，京城城墙 35.267 千米，外郭城墙 60 千米。南京城墙"高坚甲于海内"，并环绕以世界上最长的护城河体系，以长江天堑为天然屏障，外郭城面积 230 平方千米，京城周围的山丘军事制高点被收纳入城，外郭城之外再设布防，加大防御纵深。[①] 1927 年，国民政府定都南京。在国民政府 1929 年公布的南京首都规划文件——《首都计划》中明确指出："近代战具日精，城垣已失防御之作用。"民国时期，明代都城南京的四重城垣仅京城城墙大体上保存完好，已基本丧失其作为冷兵器时代的军事防御价值。

1931 年 2 月 20 日，蒋介石的高参——中国近代著名的军事理论家、战略家杨杰将军作为宁镇澄淞要塞司令，向蒋介石递呈《有关城垣意见书》，全面分析并提出了有关国防建设的意见。[②] 为统筹国防，杨杰建议交由"国防或负责机关审议"中国现有的古城垣。1931 年 2 月，由国民政府军政部召集内政部、参谋本部等各代表详细讨论后提出《保存城垣办法》。1931 年 4 月 30 日，由国民政府行政院正式批准出台。[③]

1931 年九一八事变，日本发动侵华战争。在中国东北沦陷之后，日本帝国主义加快侵略步伐。对日本的侵略行径，以杨杰为代表的爱国将领主张军事救国，坚决抵抗日寇的侵略。九一八事变之后，面对日寇步步紧逼，国民政府不得不采取抗战准备，加强国防建设，主要包

---

① 吴庆洲：《明南京城池的军事防御体系研究》，《建筑师》2005 年 4 期。

② 《民革领导人传：杨杰》一文，参见中国国民党革命委员会黑龙江省委员会网站。

③ 《保护城垣办法》共计五条，条款全文：一、全国各地方现有城垣及边界关塞一律保存。二、本案决定以前已经拆除或填平者不在此列。三、此后各地方如因市政发展或重要建设城垣城壕实有妨碍或已失其效用者得由地方政府呈请行政院发交军政部内政部会同参谋本部审核后准许拆除或填平其一部或全部。四、各地方如因交通关系得于城垣城壕多辟门洞多加桥梁。五、各地方所有城垣城壕若有破坏责成地方政府随时修理。参见张松《近现代城市规划史研究的现实意义》一文，刊载于《城市与区域规划研究》2013 年 1 期。

括：整编全国陆军，加强空军和海军；在国防重要地区构筑国防工事，整顿江防与海防要塞①；根据中日双方敌强我弱的现状，确定并建设战略大后方，成立国防决策机构；制定国防规划并划分国防区域。自 30 年代初期，国民政府已开始拟议在首都南京一带构筑国防工事。1932 年一·二八淞沪抗战爆发之后，完善首都南京的军事防御设施更为紧迫。1932 年 2 月，国民政府军事委员会军政部成立要塞实施委员会。同年 12 月，国民政府军事委员会参谋本部城塞组成立，参谋次长贺耀祖兼任城塞组组长，聘请德国军事顾问指导，统筹建筑和整理南京周边以及江阴、镇江、江宁等沿江要塞和国防工事。② 自 1932 年一·二八淞沪抗战至 1937 年南京保卫战期间，国民政府军事委员会制定了一系列军事防御计划，包括构建南京城防工事以及南京周边国防工事等。

为保卫首都南京，国民政府军事当局做了多种准备。抗战爆发之前，国民政府军事当局已规划了南京城的防守问题，在南京附近构筑军事阵地防御工事，分为外围阵地与复廓阵地。其中，复廓阵地以内廓与外廓构成一个整体，古城墙沿线为内廓阵地，紫金山、麒麟门、雨花台、下关及幕府山一线为外廓阵地。1934 年，国民政府军事委员会令参谋本部拟定南京防御计划③，同年 8 月，南京警备司令谷正伦向国民政府军事委员会呈递《关于南京城防建议案六项》，其中第一项建议为修葺

---

① 蒋介石命令参谋本部次长贺耀祖整顿江海防要塞，要求"宁镇澄淞各要塞急应修备"，"对于各要塞之修正与改良，以及镇海要塞与海州地区皆须积极筹务，分期完成"。参见中国第二历史档案馆藏档案《蒋介石对国防计划及各地工事设施指示文件》。

② 抗战前，国民政府构筑的国防工事以首都南京为中心，分为沿海与内陆两部分。首先部署沿海和黄河沿线，其次为黄河以北各战略要地。沿海与长江方面，南京政府陆续修整和加强在虎门、厦门、马尾、连云港、江阴、镇江、南京等处的江海防工事。其整理主要内容有：配属高射炮及高射机关枪；整理要塞守备队；构筑要塞之近战永久工事及各种障碍物；配置水雷；设置游动重炮阵地等等。参见秦孝仪主编《中华民国重要史料初编——对日抗战时期·绪编（一）》，中国国民党中央委员会党史委员会编印，1981 年版。

③ "当时警卫司令部参谋处拟定南京防守计划，是以决战防御的目的，选定大胜关、牛首山、方山、淳化镇、大连山、汤山、龙潭等处原城塞组既设永久工事之线为主阵地，简称东南阵地；以雨花台、紫金山、银孔山、杨坊山、红土山、幕府山、乌龙山之线为预备阵地（亦称复廓阵地）；在长江北岸，以浦口镇为核心，由划子口沿点将台（浦口北面高地）到江浦县西端为主阵地，与东南阵地夹江形成一环形要塞。"参见 程奎朗回忆录《南京复廓阵地的构筑及守城战斗》，参见全国政协文史资料研究委员会编《南京保卫战》，中国文史出版社 1987 年版。

南京城墙。① 宪兵部队具体负责构筑南京城墙永久工事。② 1935 年,日本发动华北事变,制造了一系列侵略事件,企图蚕食中国华北地区。国民政府加紧国防建设,1935 年 7 月拟定了《南京城防地带范围及其限制办法草案》③。1936 年春,国防工事的建设全面展开。④ 至 1937 年抗战全面爆发,首都南京附近军事阵地的构筑日趋完善,分别建立了外围阵地与复廓阵地两道防线,在江北浦口、铺镇设置桥头堡阵地。其中,复廓阵地依托南京城墙全线为核心阵地。为增强防御能力,在维修南京城墙本体的同时,在城墙上设置大量重机枪和平射炮掩体工事,城门附近建造碉堡等永久性工事。⑤

  1937 年全面抗战爆发后,日本侵略者企图速战速决,妄想在 3 个月内一举征服中国。日本侵略者向中国的华北地区调集重兵,同时伺机准备出兵上海,蓄意把战争范围由华北地区扩展到华中地区。⑥ 1937 年 8 月 9 日,驻上海的日军海军特别陆战队制造虹桥机场事件。8 月 13 日,日军向中国军队发起大规模的进攻,八·一三事变爆发,中日军队在上海及周边地区展开大会战,中国军民的英勇抵抗彻底粉碎了日本侵略者企图 3 个月灭亡中国的计划。至 11 月 12 日,淞沪会战中国军队战败,伤亡惨重。日军占领上海之后进攻气焰嚣张,直逼中国首都南京。

  1937 年 11 月中旬,国民政府为商讨解决首都南京的防守问题,连续召开三次最高国防会议。蒋介石召集军队高层何应钦、徐永昌、白崇

---

① 1934 年 8 月,南京警备司令谷正伦建议,参见中国第二历史档案馆藏档案 1934 年 8 月 14 日《南京警备司令谷正伦建议修葺南京城墙》。

② 中国第二历史档案馆藏《中国军事机关就南京附近修建永久工事一组文件》,参见张宪文主编《南京大屠杀史料集 2:南京保卫战》,江苏人民出版社、凤凰出版社 2005 年版。

③《南京城防地带范围及其限制办法草案》11 条。参见中国第二历史档案馆藏档案《中国军事机关就南京附近修建永久工事一组文件》。

④ 1936 年春季前后,国防工事建设全面展开,包括南京东南正面主阵地、南京长江渡河点暨城厢警卫与各地下室工事。参见李宝明著《国民革命军陆军沿革史》,中华书局 2018 年版。

⑤ 程奎朗回忆录《南京复廓阵地的构筑及守城战斗》,参见全国政协文史资料研究委员会编《南京保卫战》,中国文史出版社 1987 年版。

⑥ 1937 年 8 月 1 日《南京国民政府国防联席会议记录》,蒋介石提出"目前中国之情势,乃是生死存亡的最后关头,尤其是我们高级的长官,必定要切实认清国家的利害,为国家的利害着想,撇开个人的利害,求实际上牺牲个人的私益,谋所以复兴之道。"参见章伯锋、庄建平主编《抗日战争》第 2 卷上册,四川大学出版社 1997 年版。

禧、唐生智、李宗仁、刘斐、谷正伦等人就固守抑或放弃南京的问题进行了激烈的讨论。副参谋总长白崇禧和第五战区司令长官李宗仁从军事角度分析不主张固守南京。① 军委执行部主任唐生智坚决主张固守南京，因为南京是中国首都，也是国父孙中山陵寝所在之地，为国际观瞻所系，必须坚守南京才足以表现中国抗战的意志与决心，誓与南京共存亡。② 国民政府军事委员会高层认为南京是守不住的③，但是，为维护中国大国形象，短期固守成为国民政府守卫南京的总体方针。④ 蒋介石明确赞同固守南京，并决定组建南京卫戍司令部，任命唐生智为南京卫戍司令长官。⑤ 1937 年 11 月 20 日，国民政府宣布迁都重庆。11 月 25 日，蒋介石颁布了首都卫戍部队战斗序列。⑥ 12 月 1 日以后，国民政府各机关全部撤离南京。南京守城部队分别配置在外围阵地和复廓阵地，南京城内外布满战壕，各城门大都用沙包堵塞关闭。⑦

---

① 国防会议上蒋介石询问军队高层对防守南京的看法，李宗仁回答蒋介石说："我不主张守南京。我的理由是：在战术上讲，南京是个绝地，敌人可以三面合围，而北面又阻于长江，无路可退。以新受挫折的部队来坐困孤城，实难望久守，历史上没有攻不破的堡垒，何况我军新败之余，士气颇受打击，又无生力军增援；而敌人则夺标在望，士气正盛，南京必被攻破。与其如此，倒不如我们自己宣布南京为不设防城市，以免敌人藉口烧杀平民，而我们可将大军撤往长江两岸，一面可阻止敌人向津浦线北进，同时可拒止敌人的西上。让他得逞南京，对战争大局无关宏旨。"参见李宗仁口述，唐德刚笔录《李宗仁回忆录》下册，广西人民出版社 1995 年版。

② 据李宗仁回忆，最高国防会议上唐生智大声疾呼："现在敌人已迫近首都。首都是国父陵寝所在地，值此大敌当前，南京如不牺牲一二员大将，我们不特对不起总理在天之灵，更对不起我们的最高统帅。本人主张死守南京，和敌人拼到底！"唐生智声色俱厉，大义凛然，大有张睢阳嚼齿流血之概。参见李宗仁口述、唐德刚笔录《李宗仁回忆录》下册，广西人民出版社 1995 年版。据白崇禧回忆，"唐生智立起发言，慷慨陈辞，自愿防守。他批评自抗战以来中下级士官牺牲甚多，但未见有高级军官牺牲者，他愿担任责任与城共存亡。"参见白崇禧《白崇禧回忆录》，解放军出版社 1988 年版。

③ 刘斐：《抗战初期的南京保卫战》，参见全国政协文史资料研究委员会《南京保卫战》编审组编《南京保卫战：原国民党将领抗日战争亲历记》，中国文史出版社 1987 年版。

④ 参见中国第二历史档案馆馆藏第三战区司令长官部档案。

⑤ 对于南京的防守，蒋介石在 11 月 26 日的日记中写道："南京孤城不能守，然不能不守，对国对民殊难为怀也。"参见秦孝仪《总统蒋公大事长编初稿》第四卷（上册），（台北）中央文物供应社 1978 年编印。

⑥ 1937 年 11 月 25 日《蒋介石颁布首都卫戍部队战斗序列代电》，"（一）司令长官唐生智。（二）第七十二军孙元良部。（三）第七十八军宋希濂部。（四）首都警卫军谷正伦：（甲）桂（永清）总队；（乙）宪兵部队。（五）其他特种部队之一部。"参见中国第二历史档案馆编《抗日战争正面战场》（上），江苏古籍出版社 1987 年版。

⑦ 参见张宪文主编《南京大屠杀史料集 6：外国媒体报道与德国使馆报告》，江苏人民出版社、凤凰出版社 2005 年版。

（二）南京保卫战的浴血抵抗

　　南京保卫战是中国人民抗日战争中正面战场的一次重要战役，是中华民族反击日寇侵略的一段悲壮历史。淞沪会战失利后，中国军队为保卫首都南京与日寇展开激战。南京，作为中华民国首都饱受战火摧残。南京城墙作为冷兵器时代的军事防御体系，最后一次发挥了它的军事防御价值。南京城墙及其周边地区成为南京保卫战期间中国军队抵御日本法西斯侵略的重要战场以及南京大屠杀的发生地，大量与"南京保卫战""南京大屠杀"相关的战争遗址、遗迹至今留存，不仅见证了中国军队的奋勇抵抗，也承载着沉重的战争创伤记忆。

　　1937年后，日本开始有计划地实施全面侵华战略。7月7日，日军在北平郊外卢沟桥挑起事端，日本统治集团决定扩大侵华。卢沟桥事变爆发之后，日军继续挑起八·一三事变，大举进攻上海，扩大侵略范围，开始全面侵华。8月14日，中国政府发表《自卫抗战声明书》，举全国之力奋起抗战。[①] 8月15日，日本首相近卫文麿发表《帝国政府声明》进行全国总动员，这是一份实际意义上的宣战文书，公开表示要采取断然措施打击中国。[②] 这一天，日本海军航空队从日本长崎基地出动20架轰炸机袭击中国首都南京。[③] 日本海军和陆军航空队持续对南京城进行近距离袭击，南京城墙成为军事轰炸的目标之一。[④] 侵华日军利用其优越的航空力量，对中国首都南京进行了规模空前的无差别轰炸行动。9月4日，日本裕仁天皇颁布《致第72届帝国议会开幕式诏书》，

①《自卫抗战声明书》，参见《中国近代对外关系史资料选辑》下卷第2分册，上海人民出版社1977年版。

② 1937年8月15日，日本针对中国政府发表的《自卫抗战声明书》，发表《帝国政府声明》宣布"为了惩罚中国军队之暴戾，促使南京政府觉醒，于今不得不采取之断然措施"。参见（日）日本防卫厅战史室著《中国事变陆军作战史》（中译本，第1卷第1分册），中华书局1977版。

③ 日本海军航空队1937年8月14日23时30分下达一道紧急作战命令，要求20架轰炸机第二天从本土长崎基地起飞，袭击中国首都南京。参见张宪文主编《南京大屠杀史料集11：日本军方文件》，江苏人民出版社2006年版。

④ 日本航空队"轰炸南京飞机场及城墙，协助第一线兵团作战"，参见南京地方志编纂委员会编《南京人民防空志》，海天出版社，1994年版。

号召日本国民协力配合当下战争时局。① 20 世纪 30 年代开始,根据国际法规定禁止战争,首先对他国宣战者即为侵略行为。② 日本对中国不宣而战,极力否认侵华战争的侵略性质以逃避战争责任。

  1937 年 11 月 20 日,蒋介石任命唐生智为南京卫戍司令长官担负固守首都之责,守城部队人数达到十多万人。③ 国民政府高层却对此任命感到担心、忧虑与不满。④ 南京守城部队分为外围阵地(又称"东南阵地")与复廓阵地(又称"预备阵地")进行兵力配置。⑤ 11 月 25 日,唐生智与第 78 军军长宋希濂晋见蒋介石,策定"南京城垣守备计划"以固守南京。⑥ 11 月 26 日,国民政府军事委员会发布首都卫戍部队战斗序列。⑦ 南京的守城军队大部分是刚刚从淞沪战场败退后撤而来,其中既

---

① 日本裕仁天皇颁布的《致第 72 届帝国议会开幕式诏书》宣称日本军人"正排除万难发挥忠勇,只为促使中华民国醒悟,迅速建立东亚之和平",号召日本臣民"配合今日之局势,忠诚奉公,同心协力,达到所期待之目的"。参见(日)日本防卫厅战史室著《中国事变陆军作战史》(中译本,第 1 卷第 1 分册),中华书局 1977 版。

② 1933 年 7 月的"关于侵略定义的公约",参见世界知识出版社编《国际条约集:1924—1931》,世界知识出版社 1961 年版。

③ 参见刘斐《抗战初期的南京保卫战》,全国政协文史资料研究委员会《南京保卫战》编审组编:《南京保卫战:原国民党将领抗日战争亲历记》,中国文史出版社 1987 年版。

④ 白崇禧在其回忆录中记述说,"唐生智自告奋勇担任南京防守之重责,委员长令我协助唐侦察南京城内外之地形。时至冬令,白雪飘飞,唐率领参谋人员,我亦与唐同坐汽车先至城外汤山、栖霞、乌龙炮台、秣陵等地视察阵地;翌日继续巡视城内之蒋山、雨花台、天堡城等地。两天之视察,我发现唐之身体衰弱不堪,身着重裘,至平地,犹可下车看看;爬高山,便托我代为侦察。寒风白雪之中,我见他虚弱之身体,不禁为南京防守之担心,为他自己担心"。"参加南京保卫战的部队,多是由淞沪战场撤退,有的部队伤亡过半,至少也在三分之一以上,而沿途撤退,上有敌机,后有追兵,士气非常低落。以久战疲劳之师来保卫南京,这是我们对唐担心之最大原因。"参见白崇禧著《白崇禧回忆录》,解放军出版社 1988 年版。

⑤ 国民政府南京卫戍司令长官部参谋处第一科科长谭道平回忆:"讲到保卫首都的战争,不是在南京的城门口,而是在乍平嘉吴福与锡澄各线阵地,最少也应在溧水、句容与镇江之线。"谭道平回忆录《史无前页的首都卫戍战》,参见张宪文主编《南京大屠杀史料集 2:南京保卫战》,江苏人民出版社 2005 版。

⑥ "南京城垣守备计划"方针为"军以固守南京之目的,利用雨花台、天堡城、红山及幕府山已成骨干工事,编成坚固复廓阵地,以少数兵力顽韧抵抗,以期牵制敌军,使我主力军作战容易"。《陆军第七十八军南京之役战斗详报》《陆军第三十六师战斗详报》,参见张宪文主编《南京大屠杀史料集 2:南京保卫战》,江苏人民出版社 2005 版。

⑦ 第 88 师主力位于雨花台附近,担任水西门、中华门至武定门及雨花台守备;第 36 师主力位于龙王庙附近,担任玄武门、红山、幕府山至挹江门守备;教导总队主力位于小营,担任光华门、中山门至太平门及天堡城守备;宪兵队主力位于清凉山附近,担任定淮门至汉中门及清凉山守备,分别组成以城墙为依托的复廓阵地。参见《南京卫戍军战斗详报》,中国第二历史档案馆藏国民政府军令部战史会档案。

有中央军,又有地方军,装备落后,指挥不一,战斗力不高。外国军事观察家则指出中国军队依靠南京城墙被动防守的策略令人堪忧,在日军战机与大炮的轰击下,高大而古老的南京城墙将会化作破砖烂瓦。① 有西方记者在报道中指出,中国军事当局企图依靠古老的城墙层层设防,集结兵力于南京城墙内外打被动的防御战,将使十余万中国守城军队陷入被日军四面包围的可怕境地。② 11月27日晚6时,唐生智以南京卫戍司令长官身份举行中外记者招待会发表谈话,表明"誓与首都共存亡"的决心。11月28日,《中央日报》《大公报》等新闻媒体均予以报道。③

11月28日,日本参谋本部向侵华日军华中方面军司令官松井石根下达攻克南京的密令④,松井石根在其《阵中日记》中也留存了相关记录。⑤ 日本军国主义制定的战争方针是采取恐怖手段迫使中国屈服。松井石根在进攻南京之前,公然宣称要发扬日本武威而使中国畏服。⑥ 12月1日,由日本裕仁天皇批准,日本大本营以大陆命第7号下达命

① 1937年12月7日《纽约时报》报道中指出:"唯一能继续抵抗下去的机会是部分中国守军可以凭借城墙内的工事。这些数百年前明朝皇帝修建的城墙非常高大,绵延有30英里长,把南京围在墙内。上海的外国军事观察家昨晚指出,任何想利用古老的城墙进行抵抗的举动都是徒劳的。据说,城内的守军处于毫无希望的劣势,因为除遭受持续的空袭之外,一旦日军控制了城市四周的山丘,他们便完全处于日军炮火的直接打击之下。"参见张宪文主编《南京大屠杀史料集29:国际检查局文书·美国报刊报道》,江苏人民出版社2007年版。

② 美国《纽约时报》记者弗兰克·蒂尔曼·德丁在报道中分析:"中国守军指挥官完全清楚中国军队肯定会被包围在南京城墙之内——犹如瓮中之鳖。而日军则以陆、海军的大炮及飞机将他们炸成碎片。但中国将领仍自愿地将部队置于这种背水一战的境地,显然要以中国人崇高的英勇行为让日军攻占南京时付出最高代价。"参见张宪文主编《南京大屠杀史料集29:国际检查局文书·美国报刊报道》,江苏人民出版社2007年版。

③ 唐生智在记者会上的讲话,"中国为一爱好和平之民族,从不侵略他国,迨九一八后,日本以数十年之准备,大举进犯中国国土。中国在物质上虽乏准备,但精神上则具无上之抵御决心。自卢沟桥事件以来,我军在各地多遭挫败,但吾人将屡败屡战,至最后胜利为止。本人奉命保卫南京,至少有两事最有把握:第一,即本人及所属部队誓与南京共存亡,不惜牺牲于南京保卫战中;第二,此种牺牲定将使敌人付与莫大之代价。"唐生智特别声明将竭力保护外侨生命安全,"惟一旦局势转危,则各城门均将紧闭。"参见汉口《大公报》1937年11月28日。

④ (日)服部卓四郎:《大东亚战争全史》,台北军事译粹社1978年版。

⑤ 松井石根在《阵中日记》中写道:"参谋本部次长电告攻克南京之决定。……至迟可于12月5日许下令全军出击。"参见张宪文等编《南京大屠杀史料集》第8册载松井石根《阵中日记》。

⑥ 在进攻南京前,日军华中方面军司令官松井石根对4个师团长谷寿夫、牛岛贞雄、中岛今朝吾、末松茂治宣称:"南京是中国的首都,占领南京是一个国际性的事件,所以必须作周详的研究,以便发扬日本的武威而使中国畏服。"参见张效林译《远东国际军事法庭判决书》,群众出版社1986年版。

令,以松井石根为司令官,由上海派遣军和第十军约十余万人组成的侵华日军华中方面军战斗序列。又以大陆命第8号命令华中方面军与海军协同攻克敌国首都南京。[①] 当晚,华中方面军发布"中方作战命令第25号"部署军队攻占南京。[②] 12月2日,松井石根以华中方面军司令官名义下达了进攻南京的作战命令。日本裕仁天皇任命其叔父朝香宫鸠彦亲王接任上海派遣军司令,负责指挥攻打南京的战役。

12月4日起,中日军队在南京外围阵地持续进行激烈战斗。12月5日,日军向南京城发起猛烈进攻,南京保卫战正式拉开了序幕。12月7日,日军大本营下达攻击南京城的"大陆命第三十四号"令。[③] 松井石根向日军各部队下达了《攻占南京要略》命令各师团部队扫荡城内,炮兵实施炮击以夺占城墙。[④] 之后,松井石根制定了大屠杀方针。[⑤] 至12月8日,南京外围阵地相继被日军突破,日军推进至南京郊外。[⑥] 当日晚间,南京卫戍司令长官部发布命令,收缩外围战线,集中兵力固守南京,守城部队退守至南京的第二道防线——近郊以紫金山、雨花台和城墙为依托的复廓阵地继续抵抗。南京城墙成为防御重点,城墙附近各

---

① 1937年12月1日,日本大本营下达了"大陆命第八号"令"华中方面军司令官海军协同,攻占中国首都南京"。参见(日)吉田裕著《天皇的军队和南京事件》,青木书店1986年版。

②《日本军方文件》"中方作战第25号"命令:"一、华中方面军计划与支那方面舰队协同攻占南京。二、上海派遣军主力于12月5日前后开始行动。重点保持于丹阳、句容方面,击破当面之敌,进至磨盘山脉西部地区。以一部自扬子江左岸地区攻击敌之背后,同时截断津浦铁路及江北大运河。三、第十军主力于12月3日前后开始行动。以一部自芜湖方面进抵南京背后,以主力击破当面之敌,并进抵溧水附近。"参见张宪文等编《见证与记录:南京大屠杀史料精选(日方史料)》,江苏人民出版社2014年版。

③ 参见(日)吉田裕著《天皇的军队和南京事件》,青木书店1986年版。

④ 1937年12月7日,松井石根签发《攻占南京要略》中称:"若敌之残兵仍凭借城墙负隅顽抗,则以抵达战场之所有炮兵实施炮击以夺占城墙。"参见《侵华日军南京大屠杀史稿》,江苏古籍出版社1987年版。

⑤ 1937年12月11日,松井石根制定大屠杀方针:"决定在南京城内及其周围,将抗日军军人及抗日爱国中国人民从东西南北四方加以包围,逐次压缩包围圈,以实行一人不剩的大屠杀。"参见中央档案馆、中国第二历史档案馆、吉林省社会科学院编《日本帝国主义侵华档案选编·南京大屠杀》,中华书局1995年版。

⑥ 美国《纽约时报》1937年12月7日,记者弗兰克·蒂尔曼·德丁观察报道:"中国军队所谓的外围防卫,实质上是在延缓日军攻击首都城门的进程,争取时间,严防死守南京城的准备工作。"参见张宪文主编《南京大屠杀史料集6:外国媒体报道与德国使馆报告》,江苏人民出版社2005年版。

守城部队布置城防工事，埋设地雷，严阵以待日军进攻。[①]

图 3 - 13　1937 年日军攻击光华门

12 月 9 日，南京复廓战事开始，日军各部队向复廓阵地发动猛攻，与中国守城军队在紫金山、光华门、牛首山等处发生激烈战斗。[②] 南京城处于极度危急之中，日军全面突破中国守军的外围防御阵地，向复廓阵地的城墙步步推进，中日军队的博杀逐步推进到雨花台、通济门、光华门、紫金山临近南京城墙东南部一带。9 日正午，日军飞机在南京城内外轮番轰炸，并向南京城内空投散发松井石根致唐生智的《和平开城劝告书》数千份，以最后通牒的形式要求中国军队拱手让城。[③] 唐生智

---

① 中国第二历史档案馆馆藏档案《南京卫戍军战斗详报》，参见中国第二历史档案馆编《南京保卫战档案》第 8 册。

② 参见张宪文主编《南京大屠杀史料集 2：南京保卫战》，江苏人民出版社 2005 版。

③ "十二月九日，南京复廓战事开始了。从早晨七时起，敌为掩护地面部队攻城，以飞机六七十架在南京城内外反复轰炸，投弹数百枚。敌军总司令松井石根在当天由敌机掷下致唐生智的所谓最后通牒，劝唐投降。其全文如下：投降劝告书 百万日军已席卷江南，南京城处于包围之中，由战局大势观之，今后交战有百害而无一利。惟江宁之地乃中部古城、民国首都。明孝陵、中山陵等古迹名胜猬集，颇具东亚文化精髓之感。日军对抵抗者虽极为峻烈而弗宽恕，然于无辜民众及无敌意之中国军队，则以宽大处之，不加侵害；至于东亚文化，尤存保护之热心。贵军苟欲继续交战，南京则必难免於战祸，是使千载文化尽为灰烬，十年经营终成泡沫。故本司令官代表日军奉劝贵军，当和平开放南京城，然后按以下办法处置：大日本陆军总司令官松井石根对本劝告的答复，当于十二月十日正午交至中山路句容道上的步哨线。若贵军派遣代表司令官的责任者时，本司令官亦准备派代表在该处与贵方签订有关南京城接收问题的必要协定。如果在上述指定时间内得不到任何答复，日军不得已将开始对南京城的进攻。"国民政府南京卫戍司令长官部参谋处第一科科长谭道平回忆录《史无前页的首都卫戍战》，参见张宪文主编《南京大屠杀史料集 2：南京保卫战》，江苏人民出版社 2005 版。

断然拒绝了日军劝降,并令炮兵开炮报之以更加坚决的还击。[①] 9日晚,唐生智下达命令表示,复廓阵地为固守南京的最后战线,守城部队应以阵地共存亡的决心。[②] 国民政府在汉口发表声明,表示南京军民将尽量延长抗战,不屈服于日本侵略者的劝降。[③] 当日,由西方驻南京外侨创办的南京安全区国际委员会出面调停休战。12月10日,蒋介石代表中国政府答复南京安全区国际委员会拒绝和平交出南京城。

12月10日上午,南京守城军队用更加猛烈的炮火回应日军的劝降。[④] 松井石根见劝降不成,下令于12月10日下午1时向南京城发起总攻。[⑤] 日军炮兵与航空队协同作战,对南京城内外及附近机场实施更为猛烈的轰炸。中日军队在南京城墙附近展开激烈的攻防作战,日本陆军、海军的航空队从空中轰炸城墙,配合地面部队作战。[⑥] 日军同时向雨花台、通济门、光华门和紫金山的复廓阵地发起猛烈攻击。[⑦] 其中,

---

① 唐生智拒绝松井石根劝降通牒,并令炮兵开炮予以回答。日军称"南京守军不仅不听从我方劝降,反而继续抵抗。我军断然转入总攻,各部队以城墙为目标开始猛攻。"参见《侵华日军南京大屠杀档案》,江苏古籍出版社1997年版。

② 1937年12月10日,唐生智下达"卫参作字第36号"令,"本军目下占领复廓阵地为固守南京之最后战线,各部队应以与阵地共存亡之决心,尽力固守,决不许轻弃守地,动摇全军"。参见中国第二历史档案馆馆藏国民政府军令部战史会档案《第七十八军于南京战役之守备计划及战报》。

③ 1937年12月9日国民海通社汉口电讯,"据此间中国权威人士宣称,防守南京之华军,只要有一兵一卒,均必坚持到底。中国有利之战略,在尽量延长抗战,以待日本之枯竭。"参见《申报》1937年12月11日。

④ 1937年12月10日,"南京之战事,不因日军司令松井石根致牒唐生智将军,要求和平入城而缓和,抑且光华门、通济门、中山门一带战事,更形激烈,自朝至午,未有片刻喘息,华军对于死守南京,至为坚决,予日军以重大打击。"参见《申报》1937年12月11日。

⑤ 《中方作战命令第34号》,参见张宪文主编《南京大屠杀史料集11:日本军方文件》,江苏人民出版社2006年版。

⑥ 中华门、中山门、雨花门、光华门、通济门、水西门等城门均遭日军炮火轰击。南京城墙多处地段和城门被炸开缺口,中华门等城楼被炸毁。参见《南京人民防空志》,海天出版社1994年版。

⑦ "十二月十日,日军大批集结,向雨花台、通济门、光华门、紫金山第二峰一线同时猛攻。在光华门附近,日军一支小的敢死队为教导总队的工兵排所阻挡,展开了白刃的肉搏。战争愈演愈烈,光华门又复被日军突破两次,冲入城内的百余人,悉数被守军歼灭。长官部更以第一五六师增援通济门,并抢堵光华门。光华门的日军是被击退了,可是还有少数敌军已潜入城门的洞圈里,我们的火力不能扫射他们,而天又黑将下来,于是第一五六师挑选出敢死队员数十名,由城墙上缒悬下去,将潜伏在城门洞圈里的少数敌军用手榴弹、汽油把他们全部焚毙,并猛袭通光营房,将那里的日军全部驱逐;而他们在追击中间也没有一个生还。这数十位英雄的高贵牺牲,使光华门和通济门方面转危为安。在光华门,我军是由副长官刘兴将军亲自指挥,这一次的激战使敌人也为之叹服。"国民政府南京卫戍司令长官部参谋处第一科科长谭道平回忆录《史无前页的首都卫戍战》,参见张宪文主编《南京大屠杀史料集2:南京保卫战》,江苏人民出版社2005版。

中国军队固守光华门的战斗堪称南京保卫战中最壮烈的战斗。① 中华门也是日军重点打击目标,中国守军据守中华门瓮城,依托城墙与护城河与日军展开拼死作战。

日军以坦克为先导辅以机械化部队,使用重型火炮对城墙实施炮击。中国守军沿城墙扼守,以机枪、迫击炮、重炮向日军阵地轰击。② 12月11日,日军对南京城东南的光华门、通济门一线城墙久攻不下,转而集中精锐部队和重武器向雨花台、中华门一带猛攻。中华门城门内外遭到日军飞机持续不断的轰炸。中国守军第88师右翼阵地被日军突破,中华门城门被击毁,有小股日军冲入中华门内,被中国守军歼灭。③ 在复廓阵地战斗中,中日军队作战区域几乎涵盖了南京城墙各个城门以及城垣附近的阵地。④ 南京城战火四面迭起,处于日军全方位的猛烈

---

① 1937年12月12日《大公报》报道:"中央社南京十一日下午十时电:敌军自九日起每日向我东南郊猛攻,飞机大炮,不断轰炸,我军防部队抵死抗御,奋勇绝伦。十日傍晚光华门一带城垣为敌攻城炮击毁数处,敌军一部虽即冲入城内,当即被我包围歼灭,敌遗尸五百余具,仅十余人生还。城垣被毁之缺口,约经我工程队赶堵,并添置防御工事。我军士气悲壮,人人抱必死之心,敌图唾手而得南京之梦想,已遭受第一次之严重打击矣。"12月13日《申报》报道:"我军士气甚壮,人人抱必死之心,奋勇抵抗,故12日晚彻夜血战,迄13日晨4时,南京仍完全在我军控制之下。12日晨日军向光华门猛冲十数次,均告失败,其损失之惨重,为数日来所未有。我军已在和平门外筑就巩固阵地,日军虽仍不断猛攻,但已被我军击退至距城若干距离。飞机不断投弹,更以坦克车数十辆掩护其步兵前进。我阵地几全被毁,血肉横飞,双方伤亡均极惨重。"参见孙宅巍著《南京保卫战史》,南京出版社2014年版。

② 据1937年12月11日《申报》报道,中国守军"沿城扼守,对于逼进城脚之日军,以机枪及迫击炮轰射,并以重炮向日军阵地轰击","双方炮火之密,几无一分钟时间之停息"。据中央通讯社1937年12月11日夜11时发出的南京战地电讯,"下午一时余,敌大部又以坦克车先导,辅以机械化部队,仍向我东南郊猛冲,企图攻进城门,同时飞机滥炸,大炮频发,较昨晨尤烈。我军各部拼死御敌,奋厉无前,激战至晚,炮声始渐稀,敌我仍相持于大校场附近。我阵地视昨日未有变动,惟双方伤亡均极重。敌企图一举而入城之梦想,已为我忠勇将士坚强之抵抗所摧破矣。"参见汉口《大公报》1937年12月11日。

③ "日军鉴于进攻光华门、通济门的失败,十一日就以精锐部队猛攻中华门。中华门外驻有守军第八十八师,日机三五成群地来更番轰炸,使第八十八师无法站稳,他们被迫退入城内。日军紧接着追踪冲来,以致我军部队陷入混乱状态,云梯和城门撤闭不及,竟为敌军抢入约三百余人。副长官罗卓英将军亲至第一线指挥,在中华门一带我军和敌人展开了壮烈的巷战,把攻入的敌军全部击毙,始得喘息机会。"国民政府南京卫戍司令长官部参谋处第一科科长谭道平回忆录《史无前页的首都卫戍战》,参见张宪文主编《南京大屠杀史料集2:南京保卫战》,江苏人民出版社2005版。

④ 1937年12月12日美国《纽约时报》电讯《城墙阻挡住日军》:"高45英尺、厚30英尺的南京古老城墙上,中国军队星罗棋布地建起强化水泥砌制的机关枪座、炮座和各种掩体战壕。"参见张宪文主编《南京大屠杀史料集》第6册《国际检察局文件与美国主流媒体报道》,江苏人民出版社2005年版。

攻击之下,几乎被日军完全包围。① 中国军队以血肉之躯誓死抵抗,伤亡重大。② 南京复廓阵地防线即将被日军突破,当晚南京卫戍司令长官唐生智接到蒋介石关于撤退的电令。③

12月12日,日军炮火持续猛烈地炸开南京城墙,中国守城部队利用南京城墙进行最后的顽强抵抗。④ 历时数日的光华门争夺战是南京保卫战中最悲壮的战斗,中日军队反复展开拉锯战,城墙上的战斗异常激烈。中国守军坚守光华门城头阵地,直至唐生智下达撤退令之时。⑤ 雨花台阵地失守之后,日军对中华门阵地开始大规模进攻,坚守中华门附近城垣的战斗是南京保卫战中最为惨烈的守卫战之一。⑥ 当日下午5时,唐生智召集南京守城军队各部高级将领,召开首都卫戍司令部最后一次会议,下达守城军队全部撤退的命令,决定"大部突围,一部渡江"。⑦ 从下午开始,守城军队奉命全面撤退,在复廓城垣阵地留下少量部队掩护主力转移。守城军队放弃阵地,在一片混乱中开始突围撤退。大部分守城部队数万人溃退集中涌向城西北挹江门一带⑧,仅有挹江门

---

① 1937年12月11日美国《纽约时报》电讯《南京四面战火迭起 给中国人设下陷阱》,参见张宪文主编《南京大屠杀史料集6:外国媒体报道与德国使馆报告》,江苏人民出版社、凤凰出版社2005版。

② 据1937年12月12日《申报》战况报道,南京卫戍司令长官唐生智表示:"吾军以血肉之躯与钢铁相争,伤亡之数当然重大。且南京全城已处于猛烈轰炸之下,雨花台及紫金山附近仍在激战中。我军现正扼守雨花台山顶之炮台,猛力抵御。首都局势,仍在我军控制之下,现正坚决抵抗,我军之士气,殊为激昂。"

③ 国民政府军令部战史会档案《南京卫戍军抗战战报》,蒋介石电令"如情势不能久持时,可相机撤退,以图整理,而期反攻之要旨也。"参见张宪文主编《南京大屠杀史料集2:南京保卫战》,江苏人民出版社、凤凰出版社2005版。

④ 1937年12月12日《洛杉矶时报》电讯《南京筑起血肉城墙阻止日军进攻》:"震耳欲聋的日军炮火今日清晨震撼着南京城,步兵则在18座城门上短兵相接,进行着中国历史上空前惨烈的血腥攻防战。火焰映红了首都四周32英里长的城墙。炮弹在城中央和城南地区爆炸,日军猛烈的炮火估计以每分钟4发炮弹的频率持续着。中国的大炮进行反击,隆隆之声震耳欲聋。显然,日军正努力炸开南京的城墙,然后攻击城内人口稠密的地区。"参见张宪文主编《南京大屠杀史料集6:外国媒体报道与德国使馆报告》,江苏人民出版社、凤凰出版社2005版。

⑤ 根据日军步兵第36联队统计,在攻击光华门战斗中计有275人阵亡,546人负伤。《靖江步兵第三十六联队史》,参见张宪文主编《南京大屠杀史料集56:日军文献(上)》,江苏人民出版社2010年版。

⑥ 国民政府南京卫戍司令长官部参谋处第一科科长谭道平回忆录《史无前页的首都卫戍》,参见张宪文主编《南京大屠杀史料集2:南京保卫战》,江苏人民出版社2005版。

⑦ 1937年12月12日,南京卫戍司令长官唐生智下达守城军队全军撤退的书面命令"卫戍作命特字第一号"。参见张宪文主编《南京大屠杀史料集2:南京保卫战》,江苏人民出版社、凤凰出版社2005年版。

⑧ 参见南京市地方志办公室编"南京稀见文献丛刊"《外人目睹中之日军暴行》,南京出版社2017版。

半扇城门作为数万中国军队的撤退通道,但驻守挹江门的第 36 师却没有及时收到撤退命令,各部队相互火拼,导致极其严重的踩踏伤亡。① 当溃退的中国军队逃出挹江门,退到长江边,却没有找到任何可供逃生的船只,数万日军对南京城的合围,使中国军队完全陷入绝境之中。②

　　1937 年 12 月 13 日凌晨起,南京城的东、南、西各城门相继失守。日军第 16 师团步兵第 20 联队占据了中国军队撤离的中山门,在城门上写下"昭和十二年十二月十三日午前三时十分 大野部队占领"一行字,中山门门券几乎被炮火轰塌,日军蜂拥入城。日军第 9 师团步兵第 35 联队从中山门南侧城墙爆破缺口突入城内。③ 12 月 13 日上午,日军第 16 师团步兵第 33 联队占领太平门。④ 12 月 13 日凌晨,日军第 9 师团第 36 联队突击占领了无人防守的光华门。⑤ 日军第 3 师团步兵第

---

① "……(挹江门)城门紧闭,极端恐怖的是,士兵爬上城墙,用绳索、绑腿和皮带,或者是把衣服撕成布条,把自己垂下城外,许多人跌死。"参见章开沅编译《天理难容:美国传教士眼中的南京大屠杀》,南京大学出版社 1999 年版。

② 英国《曼彻斯特卫报》记者田伯烈在《外人目睹中之日军暴行》一书中写道:"通下关和江边的城门已经关闭,恐怖万分的士兵纷纷用绳子、绑腿布、皮带和布条吊下城墙,许多人是跌死的。而最为凄惨的景象则在江边,如痴如狂的士兵挤上江边的民船,因为载重太多,民船是倾覆了,沉没了,许多人是这样溺死的。"参见南京市地方志办公室编"南京稀见文献丛刊"《外人目睹中之日军暴行》,南京出版社 2017 版。

③ 1937 年 12 月 14 日《大公报》报道:"(汉口 13 日国民海通社电)截至今晨,日军未能在城门以内获得寸土。晨间双方肉搏甚烈,但日军均被击退。据午后接南京所来报告,谓日军于今日拂晓猛烈进攻,空军轰炸尤为活跃,掷弹密如疾雨,全城屋宇为之震撼"。"(汉口 13 日电)我空军一队 13 日下午 1 时飞京,在通济门外一带日军阵地猛烈轰炸,日军损失颇重"。"(汉口 13 日路透社电)华军虽壮烈牺牲,然日军虽拼命攻城,但终未得逞,南京仍在华军据守中。华军虽牺牲壮烈,然日军死伤亦复奇重。"1937 年 12 月 14 日《申报》报道:"(13 日同盟社电)日军伊佐、富士井各部队,上午 5 时由城垣破坏处冲入城内,沿中山路向明故宫方面进击。同时中华门方面之胁坂、人见、长谷川、冈本等各部队由南方入城内,于是南京城内东南地区发生大巷战。上午 6 时富士井部队占领中山门,胁坂、人见部队占领中山门、光华门间之城垣。上午 8 时许中山门外之日军炮兵向城内开始炮击,援助步兵作战。入城各部队到处与华军冲突,展开猛烈巷战。至上午 10 时,战况最激烈。"

④ 《步兵第三十三联队南京附近战斗详报》记载,1937 年 12 月"13 日早上 7 时 30 分左右,第二、第三大队相继占领了天文台高地。同日上午 9 时 10 分第二大队的部分部队(第六中队、一个机枪小队和一个工兵小队)占领了太平门并让日章旗高高飘扬在城门上"。参见张宪文主编《南京大屠杀史料集 11:日本军方文件》,江苏人民出版社 2006 年版。

⑤ 《步兵第三十六联队战斗详报》记录,1937 年 12 月 13 日凌晨光华门"枪声完全停止,也没有投掷来的手榴弹……第一线部队从城墙上对敌人进行追击性射击","凌晨 5 时,联队长手捧军旗来到城墙上,面向东方之皇宫进行遥拜,此时东方天空以及泛白"。参见张宪文主编《南京大屠杀史料集 32:日本军方文件与官兵日记》,江苏人民出版社 2006 年版。

68 联队 13 日占领通济门、武定门。^① 12 月 13 日凌晨 3 时，中日军队在中华门以及附近城墙持续激战中，日军第 6 师团 1 步兵第 13 联队占领中华门西侧两百米处城墙，架设云梯登上城墙，占领中华门。日军第 6 师团步兵第 23 联队攻击南京城西南角和西部的水西门，第 23 联队第 1 大队于 12 月 12 日下午攻占城墙，12 月 13 日早上 8 点 30 分左右，第 23 联队第 3 大队占领水西门。^② 日军同时派出部队从南京城东、城西向城北的下关方向夹击，截断中国军队渡江北撤的退路。南京城失陷前后，中国军队官兵自发地与日军进行了英勇顽强的激烈巷战。^③ 日军占领南京后，对南京人民实施了惨绝人寰的大屠杀暴行。

（三）南京八年沦陷的屈辱（1937—1945）

1937 年 12 月 13 日，中国首都南京沦陷。日本《东京朝日新闻》《读卖新闻》等各种媒体狂热地宣扬报道日军占领中国首都南京的消息，日本东京举行庆祝南京陷落大游行，显示日本人对于日本军队完全占领南京的狂喜。^④ 当日，蒋介石发表通电声明中国军队退出南京的意义，并表示仍将继续抵抗日军侵略的决心。^⑤ 12 月 15 日，蒋介石在湖北武昌发表了《为我军退出南京告国民书》，阐明中国坚持持久抗战的重要

① 《第三师团通信队志》记录，1937 年"12 月 13 日，作为先遣队的步兵第六十八联队位于第九师团左翼向南京城发起了攻击，在工兵第三联队的协助下，第二大队攻入并占领了武定门，接着第三大队攻入并占领了通济门"。参见张宪文主编《南京大屠杀史料集 56：日军文献（上）》，江苏人民出版社 2010 年版。

② 《第六师团战时旬报第 13、14 号》记录，1937 年 12 月 12 日"下午 4 时 45 分，步兵第二十三联队第一大队终于攻占了城墙，夜间还在城墙上逐步扩大战果"，参见张宪文主编《南京大屠杀史料集 11：日本军方文件》，江苏人民出版社 2006 年版。

③ 《东方杂志》报道 1937 年 12 月 13 日中日军队在中华门、水西门以及城南一带发生的激烈巷战，"至十三日晨，日军又冲破中华门，沿中山路进逼。我军节节抵抗，发生激烈巷战。日军又由紫金山发炮攻城，我军亦于狮子山还炮抵抗，枪声、炮声响若巨雷，自朝至暮无时或息，我军壮烈牺牲者甚众，日军伤亡亦极重。战至正午，水西门亦破，于是城之西南一带皆发生空前巷战，全城火光冲天"。《南京沦陷经过》参见张宪文主编《南京大屠杀史料集 2：南京保卫战》，江苏人民出版社 2005 年版。

④ 1937 年 12 月 14 日《东京朝日新闻》、1937 年 12 月 15 日《读卖新闻》对日军占领南京的"胜利"报道，参见张宪文主编《南京大屠杀史料集 59：〈东京朝日新闻〉与〈读卖新闻〉报道》，江苏人民出版社 2010 年版。

⑤ 《蒋介石发表通电声明退出南京之意义》，参见张宪文主编《南京大屠杀史料集 2：南京保卫战》，江苏人民出版社 2005 年版。

意义,既是为民族生存独立而战,同时也是为国际和平正义而战。文告中,蒋介石强调全国同胞持久抗战和取得最后胜利的信心。①

长期以来,日本当局一直对中国推行战争武力征服与恐怖威慑的侵略政策。20世纪30年代,中国人民的抗日救亡运动空前高涨。1937年6月,日本对华强硬派近卫文麿组织内阁。1937年七七卢沟桥事变爆发后,日本当局企图借机派重兵侵略中国,速战速决打败中国军队,迫使中国政府投降。日本首相近卫文麿甚至叫嚣,要把中国人民打得屈膝投降并摧毁其战斗意志。自1937年12月5日起,侵华日军发动进攻南京的战役,12月13日占领南京之后连续40多天内,对中国战俘以及平民百姓30余万人实施了惨绝人寰的大屠杀,"南京大屠杀"成为二战中最为残酷的战争暴行之一。

自1937年12月8日起,日军从郊外三面包围南京城,集中兵力向南京城复廓阵地发起进攻。除城北江边的挹江门外,南京的城门全部紧闭并以多层沙袋加固城防工事。此时,挹江门的城门仅留一扇,人多门窄,极其拥挤。南京保卫战老兵(原国民党南京卫戍司令部宪兵特务营迫击炮连士兵)周义云口述回忆证实了1937年12月12日夜晚从挹江门逃生离开南京的情形。②

12月13日,日军占领城墙阵地的同时,又从城东、城西兵分两路向

---

① 1937年12月15日,蒋介石在《为我军退出南京告国民书》中指出,"中国持久抗战,其最后决胜之中心,不但不在南京,抑且不在各大城市,而实寄于全国之乡村与广大强固之民心","诚使我全国同跑,不屈不挠,前赴后继,随时随地皆能发动坚强之抵抗力。敌之武力终有穷时,最后胜利必属于我"。参见秦孝仪主编《中华民国重要史料初编——对日抗战时期》第2编第2册,中国国民党中央委员会党史委员会,1981年版。

② 南京保卫战幸存老兵周义云口述记录,1937年12月12日晚"往江边的路上看到,被丢弃的来复枪、机枪,军用皮带、军装,甚至还有汽车和迫击炮,到哪里都是火,跟探照灯一样照得好像是白天。好不容易跑到挹江门,这个地方的人就更多了,脚都踩不下地。本来挹江门有三个门洞,现在在被封了二个,只剩下中间的一个,而且守备的部队还架设了机枪,不让通过。他们是宋希濂的部队,他们说他们并没有接到上峰要求撤退的命令,就是不肯开门,我的个天,几万人堵在哪里,你挤我,我挤你,你推我,我推你。就那样互相挤,互相推,就跟发了疯一样。我那时只有19岁,人又长得高大,刚快挤到门边,我就听见了枪声,是出城的士兵跟守城的36师打了起来,枪一响,人就更乱了,我看到好多人,脱下自己的绑腿用以从城墙上吊下去,跌死好多。靠门洞边的好多人被挤倒,爬不起来的就被踩死了,一层又一层,起码有四五层,哪恐怕死了有几千人。我们班的几个人,受的训练不一样,比其他的人还是厉害些,就都还冲了出来。"

城北的下关突击,截断中国军队渡江北撤的退路以围歼中国军队。① 金陵大学美籍教授贝德士在向上海友人的信件中描述了他在 1937 年 12 月 10 日至 16 日期间的南京见闻,其中描述了南京下关附近的悲惨景象。② 参加南京保卫战的 15 万中国军队,第 66 军、第 83 军从正面突围,第 2 军团在乌龙山附近渡江突围,其余约 10 万军队聚集在下关江边无法逃生,混乱之中伤亡惨重。大批中国军队官兵被围追堵截的日军俘虏并惨遭杀戮。③

图 3‐14　南京大屠杀期间的挹江门

---

① 《宪兵司令部战斗详报》记录,"今以一挹江门(沙袋均未撤去)而退出十余万大军,致被踏死者堆积如山","渡河准备不充分,致十余万大军云集江边,均无船可渡,不得已而扎筏,当时溺死于江中者甚多"。参见张宪文主编《南京大屠杀史料集2:南京保卫战》,江苏人民出版社 2005 年版。

② 书信内容被收录在 1938 年 6 月出版的英国记者田伯烈著《外人目睹中之日军暴行》一书中。

③ 1937 年 12 月 15 日《芝加哥每日新闻报》报道挹江门大屠杀的场景:"屠杀犹如屠宰羔羊。很难估计有多少军人受困,遭屠杀,也许在五千与两万之间……今天经此城门过,发现要在积有 5 英尺高的尸体堆上开车才能通过城门。已有数百辆日本卡车、大炮在尸体堆上开过。"1937 年 12 月 18 日《纽约时报》报道:"日军对下关城门的占领伴随着对守卫军队士兵的集体屠杀。他们的尸体混合着砂浆,堆积成一座高达 6 英尺的小山……军队的运输车轧在人、狗、马的尸体上,频繁的往来。"参见张宪文主编《南京大屠杀史料集 6:外国媒体报道与德国使馆报告》,江苏人民出版社 2005 年版。日军华中方面军司令官松井石根《阵中日记》在 1937 年 12 月 21 日的记录:"早上 10 时出发,视察了挹江门附近的下关。这一带还是一片狼籍,到处遗弃着横七竖八的尸体,清理工作还需要花费很多时间。"参见张宪文主编《南京大屠杀史料集 8:日军官兵日记》,江苏人民出版社 2005 年版。

　　1937 年 12 月 13 日,城墙环绕的南京城被日军占领。[①] 日军以扫荡残败兵为由,集体处决中国军队俘虏,对南京城内和附近村庄的平民进行了纵火、掠夺、强奸和杀人等残暴攻击行为。日军公然违反国际法基本准则,南京城中数以万计放下武器的中国士兵和手无寸铁的平民百姓进行长达 6 个星期的野蛮屠杀,南京大屠杀是日军有计划、有组织的集体行动。[②] 日军命令文书、战斗详报、阵中日记以及老兵回忆录中出现大量所谓的"扫荡""处理""解决""处置""处分""扫除"词汇等都是指屠杀。[③] 日军对大批被俘中国军人以屠杀手段加以全体消灭,最初的野蛮杀戮就出现在南京城墙周边。1937 年 12 月 13 日南京陷落后,日军首先对中山门、光华门、通济门、雨花门、水西门一线复廓阵地受伤被俘的中国军队官兵进行集体屠杀。[④] 南京城内中华门、太平门[⑤]、中山

---

① 日军第 16 师团师第 30 旅团旅团长《佐佐木到一日记》1937 年 12 月 13 日:"我们登上和平门,高呼三声大元帅万岁。今天的天气十分晴朗。金陵城墙头到处飘扬着日章旗。"参见张宪文主编《南京大屠杀史料集 8:日军官兵日记》,江苏人民出版社 2005 年版。

② 当时关东军参谋田中吉隆证实,"如此大量的屠杀,如果不是在军队的统一指挥下采取集体行动的话,那是绝对不可能办到的,而且这种集体行动只有遵照上司的命令才能进行"。参见(日)富洞雄著、毛良鸿等译《南京大屠杀》,上海译文出版社 1987 年版。当时德国驻南京使馆政府报告评论,"犯罪的不是这个日本人或那个日本人,而是整个的日本皇军……它是一个正在开动的野兽机器"。参见《南京大屠杀图证》编纂委员会编《东史郎诉讼案与南京大屠杀真相》,人民出版社 1998 年版。

③ 日军第 16 师团师团长中岛今朝吾《阵中日记》1937 年 12 月 13 日记录:"因采取大体不留俘虏之方针,故决定全部处理之。""守备太平门的一名中队长处理了约 1300 人。在仙鹤门附近集结的约有七八千人……处理掉这七八千人,需要一个相当大的壕沟,很不容易找到。所以预定把他们先分成 100 人、200 人一群,然后诱至适当地点处理之。"

④ 1937 年 12 月 13 日本《东京日日新闻》特派记者铃木二郎在南京随军采访报道:"我随同攻陷南京的日军一道进城,在城内待了四天,目击日军无数暴行。""十二月十三日,在中山门附近城墙见到极其恐怖凄惨的大屠杀。俘虏们在城墙上排成一列,许多日本兵端着插上刺刀的步枪,齐声大吼,冲向俘虏们的前胸或腹部刺去。一个接着一个被刺落到城外去了。只见飞溅的血雨喷向半空,阴森的气氛使人汗毛直竖,我站在那里,吓得目瞪口呆,不知所措。"

⑤ 日军第 16 师团野田联队士兵大泽一男的口述回忆,该联队在太平门外屠杀了 1300 名以上的战俘,其中 800 多人被活埋,500 多人被焚烧而死。"败兵被集中起来,用铁丝网围在城墙一角。城内的防空壕也挤满了人。我们拿来汽油,从城墙上向败兵的头上浇去。中国人似乎都死心了,一动不动。"参见松冈环著《南京战:寻找被封闭的记忆——侵华日军原士兵 102 人的证言》,上海辞书出版社 2002 年版。日军第 16 师团师第 30 旅团旅团长《佐佐木到一日记》1937 年 12 月 14 日:"太平门外的大护城河中堆满了死尸。"参见张宪文主编《南京大屠杀史料集 8:日军官兵日记》,江苏人民出版社 2005 年版。

门、光华门、和平门、武定门、挹江门、汉中门①、水西门②等各处以及城郊，日军对中国军队俘虏和平民百姓施暴、掠夺和屠杀。③ 在二战结束之后同盟国组织的国际军事法庭举行"东京审判"，《远东国际军事法庭判决书》将南京大屠杀定性为"战争暴行"。④

1937 年 12 月 17 日，侵华日军在南京中山门至国民政府大门前耀武扬威地举行"占领敌国首都"的"入城式"，标志着日本对中国首都南京的军事占领。华中方面军最高指挥官松井石根、上海派遣军司令官朝香宫鸠彦王与第 10 军柳川平助等从中山门入城，数万名日军队列于中山门至国民政府的道路两侧接受检阅，并出动陆海军战机以显耀武力。侵华日军舰队司令长官谷川清等海军将领由下关挹江门入城直达国民政府。侵华日军第 16 师团步兵第 30 旅团旅团长佐佐木到一在日记中记录了南京入城阅兵仪式的场景。⑤ 次日，松井石根在中山门附近的明故宫机场主持了"忠灵祭"，祭奠在上海、南京等战斗中阵亡的 2 万多名日军官兵亡灵。松井石根写下一首赞扬侵略战争的挽诗《奉祝攻克南京》，炫耀日军攻克南京的"赫赫战功"，彰显日本企图侵占世界的狼子野心。⑥ 入城式结束后，日军对中国战俘和平民又开始新一轮的疯狂大屠杀，南京古城变成一座"人间地狱"。

残暴的南京大屠杀是侵华日军蓄意制造的反人类罪行，战争中滞

---

① 1937 年 12 月 15 日，日军在汉中门外屠杀 2000 多人。参见中国第二历史档案馆藏 1946 年《审判战犯军事法庭谷寿夫战犯案件判决书》。

② 1937 年 12 月，日军在水西门外上新河一带屠杀 2.8 万余人。《盛世徵、昌开运结文》，参见中国第二历史档案馆编《侵华日军南京大屠杀图集》，江苏古籍出版社 1997 年版。

③ 1945 年《远东国际军事法庭判决书》记录："大批男性南京市民，被有组织的和大规模地杀害，这是日军司令部的指令，借口他们是脱下军装、混入平民的中国士兵。中国平民被分成一组一组，双手绑在背后，押送到城墙边，然后被机关枪和刺刀成批杀害。大约有 20000 名处在服役年龄的中国男性死于这种方式。"参见张校林译《远东国际军事法庭判决书》，上海交通大学出版社 2015 年版。

④ 参见张效林译《远东国际军事法庭判决书》，上海交通大学出版社 2015 年版。

⑤ 日军第 16 师团师第 30 旅团旅团长《佐佐木到一日记》，1937 年 12 月 17 日"建国以来，首次占领敌国首都并举行隆重的入城仪式……从中山门进来的方向，右侧是上海派遣军，左侧是杭州湾登陆部队（即第 10 军）。按规定时间，朝香宫中将、柳川中将两军司令官及方面军和各军的幕僚骑马跟随方面军司令官松井石根大将，举行庄严的入城阅兵仪式。在嘹亮的军号声中，接受各部队的致敬。"参见张宪文主编《南京大屠杀史料集 8：日军官兵日记》，江苏人民出版社 2005 年版。

⑥ 《松井石根阵中日记》中《奉祝攻克南京》挽诗"灿矣旭旗紫金城，江南风色愈清清，貔貅百万旌旗肃，仰见皇威耀八纮。"参见张宪文主编《南京大屠杀史料集 8：日军官兵日记》，江苏人民出版社 2005 年版。

留南京的一些传教士、新闻记者、使领馆人员、医生、教师等外籍人士，用日记、信件以及各种文字材料记录、见证并向世界揭露了人类历史这一惨绝人寰的暴行。在众多论述南京大屠杀的相关著作中，1938年由汉口国民出版社出版的英国《曼彻斯特导报》驻华记者田伯烈（Harold John Timperley）所著《外人目睹中之日军暴行》一书，出版时间最早，它全面而客观地向国际社会揭露了南京大屠杀的暴行。

日本当局以军事上的武力征服和恐怖威慑政策占领中国首都南京并对中国军民实行大规模的野蛮屠杀，但日军的暴行却更加坚定中国民众的抗日斗志，中国战场进入了战略相持阶段，对华持久战使日本当局不得不陷入长期战争的泥潭。自1937年12月南京沦陷至1945年8月日本投降，这期间驻防日军对南京长期实行法西斯军事占领和管理。1937年12月13日南京失陷之后，国内的一批汉奸投靠日军。在日军操纵之下开始筹组自治委员会。1938年元旦，南京市自治委员会成立。1938年3月，日本扶持梁鸿志等人在南京成立傀儡政权"中华民国维新政府"。

1939年9月3日，德国入侵波兰，英国、法国对德国宣战，西欧成为二战的主战场。在中国战场，日本最高当局为统辖对中国的政略和战略，决定改变在华陆军体制。1939年9月，日本大本营在南京组建设立"中国派遣军总司令部"作为日军在中国关内战场最高军事指挥机构，任命西尾寿造陆军大将担任日本"中国派遣军"总司令。1939年10月，西尾寿造大将在南京就任日本"中国派遣军"总司令官。[①] 由于日军在华兵力不足，同时南京也成为日军在中国占领区的后方腹地，日本当局积极扶植汉奸伪政权，并减少驻防南京的日军数量，以显示汉奸政权的独立性。1940年3月30日，日本扶持的汪精卫傀儡政权"汪伪国民政府"在南京成立，并定南京为"首都"，它一直是日本当局控制中国华中沦陷区的重要工具。日本当局对南京长期的军事占领主要依靠汉奸伪政府的军队对南京沦陷区实行警备，建立殖民统治秩序。伪军成为日军的补充力量与日军守备部队联合担任南京城内外的警备，而南京人

----

① 参见天津市政协编译委员会译《日本军国主义侵华资料长编（上册）》，四川人民出版社1987年版。

民则变成日军刺刀之下的亡国奴,南京完全沦为一座被征服的城市。

自日军占领南京之后,南京各城门作为交通要道由日军南京警备司令部的宪兵部队掌管警卫与盘查,搜捕中国军人与抗日分子,同时严密监视南京居民出入各城门。① 此种情形一直延续到 1938 年 2 月,日军才允许中国百姓自由出入城门。② 但日军把守检查南京各城门通道,经常对中国百姓进行公开勒索与人身侮辱。③

图 3-15　南京沦陷 8 年期间日军看守的通济门

① 据逸龙著《南京的铁路》,在城门口"平民必须脱帽向日军行礼,否则,就遭打骂,根本没有人权可言。那时,小百姓为了谋生糊口,小本经营的单帮客特别多,带着大包小包的货物进出城,更感困扰,因此,为了方便及避免受辱起见,乘火车进出城,是不二的途径,所以那时火车的生意特别好。"参见《南京文献》第二辑,(台北)南京文献社 1998 年版。

② 1938 年 2 月 23 日,日本特务机关致函伪"南京市自治委员会",通告日军警备司令部的决定,"今接南京警备副官通牒,内开:'向来许可人民通过城门,以持有安居证者为限,自本年二月二十五日起,凡为人民者,无论安居证之有无,均得自由通过城门,但过门时,须对站岗兵士行礼后,方可过门。如有举动可疑者,站岗兵士得行查问,等因……'"参见南京市档案馆藏伪"南京市自治委员会"档案。

③ 1938 年 5 月 19 日,伪南京警察厅厅长王春生呈报中报告城东通济门执勤日军在城门口猥亵中国妇女,日军"对于进出城之中国人检查颇严,对于青年妇女使之衣扣解开,裤带解脱,彼见得赤身裸体均拍手大笑……诸如此类,不胜其数"。参见南京市档案馆藏伪"督办南京市政公署"档案。在日军把守下的南京重要城门(城北挹江门与城东中山门)的状况,"挹江门和中山门是开着,但是能出城的人,也都通要受检查,如遇女的经过,那守城的倭寇,所谓宪兵者,更大肆调笑,任意上下身乱摸"。参见中国第二历史档案馆馆藏档案整理《沦陷区惨状记——日军侵华暴行实录》,中国文史出版社 2016 年版。

1937 年 12 月南京保卫战中的光华门令日本侵略者印象极其深刻，它是战斗最惨烈的一座城门，也是让日军伤亡最大的城门。12 月 11 日，日军第 9 师团第 18 旅团 36 联队伊藤义光大队长在攻击光华门战斗中被中国守城军队击毙。南京战役之后，日军当局在光华门内为伊藤义光建造一座纪念碑，并在被日军炮火轰击坍塌的光华门城墙缺口处设置纪念木牌，以此炫耀战绩。由于南京战役中日军在光华门死伤惨重，这里成为日本军政要员到达南京时视察和凭吊的必选之地。1937 年 12 月 20 日，日本上海派遣军司令官朝香宫鸠彦亲王曾专程视察光华门战场遗迹。

图 3-16　1938 年 4 月，日本皇族东久迩稔彦亲王前往光华门战场遗址视察

1939 年 1 月,伪"维新政府行政院"院长梁鸿志下令修复南京汉西门、光华门、中山门等处破损城墙。日本当局指示南京伪政府对南京战役中毁损严重的光华门城墙、城门作为"战绩保留,不必修理"。① 在南京沦陷 8 年期间,日本当局刻意保存炸毁的光华门城墙,以此恐吓中国人民只有归顺日军才能获得和平。直至 1945 年抗战胜利之后,国民政府南京市工务局才修补了南京保卫战中被损毁的光华门城墙。

① 南京市档案馆藏伪"督办南京市政公署"档案,参见南京市档案馆编《南京城墙档案 城墙的修缮与堵塞(上)》,南京出版社 2021 年版。

第四章　南京城墙的文化记忆

　　南京位于中国东南部的长江下游中部,是中华文明重要的发祥地之一,黄河文明与长江文明在此融汇。作为中国著名的历史文化名城,南京拥有 2500 多年的建城史和 450 多年的建都史,在中华文明的发展赓续中发挥了重要作用。长期以来,这里一直是中国南方地区重要的政治、经济和文化中心,浑然天成的山水形胜成为历代帝王建都的首选,形成了南京"六朝古都""十朝都会"的叠压型古都格局。六朝建康城、南唐金陵城、明初南京都城形成了南京城市发展史上三个高峰时期。35.267 千米长的明代京城城墙所围合的范围是历史上南京城市的主要核心地区,始终没有较大的位移。

　　南京是古典中华文明的代表,作为"天下文枢",具有南北交汇、兼容并蓄、开放包容的鲜明特征。南京的"都城文化"主要包括六朝文化、明文化和民国文化。六朝时期的南京城与欧洲的罗马被并称为"世界古典文明中心",在人类历史上影响深远。自六朝以来,因着虎踞龙盘的山水形胜、"十朝都会"的沧桑历史以及灿若星河的名家名作,金陵文脉绵延长盛不衰,大量诗词绘画以及传世名篇佳作使南京成为中国重要的文化中心。南京古城屡遭劫难,城郭宫阙被毁,"金陵怀古"成为广泛的文学主题,明清时期通俗文学、小说、戏剧等留下无数经典之作。2019 年 10 月 31 日,南京成功入选联合国教科文组织世界"文学之都",成为中国首座获此殊荣的城市,充分彰显了独具魅力的古都文化底蕴。

第一节　古代诗文绘画

（一）六朝京都

　　南京是跨越长江南北的历史古都,它由江南地方性城市和地区性政权的都城逐步发展成为大一统王朝的首都。[①] 南京建城的历史最早可以追溯到春秋战国时期。历史上小江(秦淮河)[②]和大江(长江)对于南京城的形成和发展具有至关重要的作用,它们曾经是南京城重要的军事屏障。公元前 472 年,越王勾践灭吴之后,范蠡受命在秦淮河畔筑"越城"(今雨花台西)。越城是有明确记载的今南京市区内最早的古城,一直遗留到明清时期。公元前 333 年,楚威王灭越设置金陵邑,并筑城(今石头城)。金陵邑位于控扼秦淮河北的入江口,以长江为天然的军事屏障,南京城沿用千百年的古名"金陵"由此而来。公元 3 世纪至 6 世纪,这一时期是中国历史上魏晋南北朝时期,战乱频繁,南北对峙。中国南方先后有东吴、东晋、宋、齐、梁、陈 6 个王朝建都金陵,史称"六朝"。南京是中国历史上著名的"六朝都城",繁华时代下的社会环境多元包容。考古学实证六朝时期是中国历史上重要的文化繁荣期,它创造了中华文明的一个高峰,为隋唐盛世的到来奠定了坚实深厚的基础。

　　六朝都城建康是南京城市历史上的第一个高峰时期。今南京市区范围是中国封建王朝在东部近海区域最早建都的地方,南京建都史始于三国时期。东汉末年孙权在江东扩张势力。孙吴割据政权的行政中

---

① 春秋战国时期,南京地区是吴、越、楚三国接壤的地带,这里最早属于吴国。金陵"其地居全国东南,当长江下游,北控中原,南制闽越,西扼巴蜀,东临吴越;居长江流域之沃野,控沿海七省之腰脊;所谓'龙盘虎踞,负山带江'是也。"参见朱偰《金陵古迹图考》,中华书局 2006 年版。
②《三国志》记载,吴大帝孙权在京口(今镇江)准备将政治中心迁到秣陵(今南京)时说:"秣陵有小江百余里,可以安大船,吾方理水军,当移居之。"小江即秦淮河。(西晋)陈寿撰《三国志》,上海古籍出版社 2016 年版。

心很不稳定,经历了地点频繁变更的时期。东汉建安十六年(211),孙权将治所从京口(今镇江)迁移至秣陵(今南京)。公元212年,孙权改秣陵为"建业",并在金陵邑故址建石头城作为驻军和屯粮之地。东吴黄龙元年(229),吴王孙权在武昌(今湖北鄂州)称帝,国号吴。东吴统治的区域范围主要为今长江中下游地区,包括福建、两广以及越南北部、中部。东吴与曹魏、蜀汉3个政权形成对峙鼎足之势。九月,吴王孙权将都城从武昌迁至长江下游的建业。东吴(229—280)是中国历史上第一个建都南京的王朝,由此揭开六朝都城建设的序幕,东吴定都建业开启了南京建都史。① 孙吴建业都城在相对安定的社会环境中迅速发展,成为长江中下游地区和东南沿海政治、经济和文化中心,成为全国性的繁荣大都市,并且与南洋诸国有频繁的国际交往。

晋武帝太康元年(280),西晋灭吴结束三国鼎立的局面,完成了全国统一大业。晋武帝司马炎建都洛阳,对孙吴都城建业在名称和行政区划上进行变更。西晋太康三年(282),将孙吴国都建业降为地方性城市,更名为旧称"秣陵";并划分秣陵北部为建业,改建业为"建邺",另置临江县。② 西晋建兴元年(313),为避晋愍帝司马邺之名讳,将"建邺"之名改为"建康"。

西晋著名文学家左思(约250—305)根据大量史籍、方志、地图等创作了传颂千古的纪实性文学作品《三都赋》,此赋由三国都城《魏都赋》《蜀都赋》和《吴都赋》三部分组成。其中,《吴都赋》通篇描绘铺叙东吴

---

① 《建康实录》卷二《太祖下》黄龙元年(229年)条载:"秋九月,帝迁都于建业。冬十月至自武昌,城建业太初宫居之。宫即长沙桓王故府也,因以不改……初,吴以建康宫地为苑,其建业都城周二十一里十九步。"许嵩撰,张忱石点校:《建康实录》卷二《太祖下》,中华书局1986年版。《建康实录》卷七《显宗成皇帝》咸和五年(330年)条载:"九月,作新宫,始缮苑城,修六门。案,苑城,即建康宫城。六门。案,《地舆志》(或《舆地志》之误):都城周二十里一十九步,本吴旧址,晋江左所作,但有宣阳门。至成帝作新宫,始修城开晋阳等五门,与宣阳为六。今谓六门也。"许嵩撰,张忱石点校:《建康实录》卷七《显宗成皇帝》,中华书局1986年版。

② 《宋书》州郡志一 扬州 丹阳"建康令,本秣陵县。汉献帝建安十六年置县,孙权改秣陵为建业。晋武帝平吴,改秣陵。太康三年,分秣陵之水北为建业。"参见(梁)沈约撰《宋书》,中华书局1974年版。

建业都城繁华富丽景象，生动而细致地描述建业都城的营建①以及繁荣的商业贸易②。《吴都赋》从整体上记录了建业的都城格局和城市繁华，为人们研究孙吴建业都城以及三国末期至西晋初年中国的城市文化提供了详实的史料。

西晋末年，北方动乱使中原城市遭到严重破坏。西晋怀帝永嘉五年(311)发生"永嘉之乱"，匈奴攻陷洛阳并大肆烧杀抢掠，俘虏了晋怀帝等王公大臣。"永嘉之乱"后晋怀帝为匈奴所杀，其侄愍帝在长安即位，丞相司马睿率皇室成员、世族门阀等大批中原汉族臣民从京师洛阳迁至江南，史称"衣冠南渡"。晋愍帝被俘之后，西晋政权灭亡，这是中国历史上汉族政权第一次被外族推翻。东晋太兴元年(318)，晋元帝司马睿即位，以建康为都，史称"东晋"。永嘉南渡使得中国古代出现了第一次人口南迁的高潮，客观上促使了中原文明大规模地从中国北方地区向南方地区转移，推动了中国南北文化的交流融合。北方人口大规模南迁带来了南北文化的整合，自先秦以来定位于黄河流域的中国文化重心因此也迁移到长江流域，为江南六朝文化的发展提供了历史机遇。建康都城作为六朝江南的政治中心，也是最具文化创造活力的地区，成为华夏文明的避难所。六朝文化在中国历史乃至东亚历史发展

① 左思《三都赋·吴都赋》描绘东吴建业都城是天下都城的楷模。城郭四围，外城围内城，城角相对望。城门十六，水道、陆路，畅通四方。开始经营，规划千秋万代安居。兴造宫室，参照紫微星垣式样，庭院开阔，气势宏大。"徒观其郊隧之内奥，都邑之纲纪。霸王之所根柢，开国之所基趾。郛郭周匝，重城结隔。通门二八，水道陆衢。所以经始，用累千祀。宪紫宫以营室，廓广庭之漫漫。寒暑隔阂于邃宇，虹霓回带于云馆。所以跨跱焕炳万里也。造姑苏之高台，临四远而特建，带朝夕之浚池，佩长洲之茂苑。窥东山之府，则坏宝溢目；观海陵之仓，则红粟流衍。起寝庙于武昌，作离宫于建业。闾阖闓之所营，采夫差之遗法。抗神龙之华殿，施荣楯而捷猎。崇临海之崔巍，饰赤乌之翬晔。东西胶葛，南北峥嵘。房栊对横，连闼相经。闒闿谲诡，异出奇名。左称弯碕，右号临硎。雕栾镂楶，青琐丹楹。图以云气，画以仙灵。虽兹宅之夸丽，曾未足以少宁。思比屋于倾宫，毕结瑶而构琼。高闱有阆，洞门方轨。朱阙双立，驰道如砥。树以青槐，亘以绿水。玄荫眈眈，清流亹亹。列寺七里，侠栋阳路。屯营栉比，解署棊布。横塘查下，邑屋隆夸。长干延属，飞甍舛互。"
② 左思《三都赋·吴都赋》描绘东吴建业都城商业贸易繁荣的景象："开市朝而并纳，横阛阓而流溢。混品物而同廛，并都鄙而为一。士女伫眙，商贾骈坒。纻衣絺服，杂沓傱萃。轻舆按辔以经隧，楼船举帆而过肆。果布辐凑而常然，致远流离与珂玽。纂賄纷纭，器用万端。金镒磊砢，珠琲阑干。桃笙象簟，韬于筒中。蕉葛升越，弱于罗纨。儋赪米粖，交贸相竞。喧哗喤呷，芬葩荫映。挥袖风飘而红尘昼昏，流汗霡霂而中逵泥泞。富中之畮，货殖之选，乘时射利，财丰巨万。竞其区宇，则郭疆兼巷。矜其宴居，则珠服玉馔。"左思《吴都赋》用"轻舆按辔以经隧，楼船举帆而过肆"之句描述建康市场的繁华，这里是全国最大的商业都市。

中发挥了重要作用,对人类历史产生了深远影响。①

东晋之后,南朝的宋、齐、梁、陈相继建都于建康。东晋和南朝时期的建康都城大体在东吴建业都城的基础上,继承魏晋洛阳都城形制布局加以不断重修改建。六朝时期是南京城市历史上第一次大发展时期。南京第一次成为汉民族正统王朝的政治中心,六朝建康城由地区中心升为中国南方政权的国都,政治地位的上升为城市发展带来契机,逐步发展成当时世界上最大的都城,人口超过百万。六朝建康城与同时期欧洲的古罗马城,被誉为是"世界古典文明两大中心"。六朝建康城作为当之无愧的全国性政治、经济和文化大都市,孕育出辉煌灿烂的六朝、文学、书法、科技及绘画艺术等丰富的文化成果。来自北方的移民文化与建康都城的江南自然人文风貌不期而遇,产生了多元文化的融合,也展开了东晋南朝文学思潮的不断流变。东晋时期的孙绰、许询;刘宋时期的谢灵运、鲍照、颜延之;齐梁时期的萧衍、谢朓、王融、萧琛、范云、任昉等文人才俊汇集,形成了建康都城丰富多彩的"六朝文化",富有江南水乡特色的山水文学不断兴盛和繁荣。② 文人雅士登临高处,俯瞰六朝建康城山川形势,以山水作都邑诗。南朝著名文学家、山水诗人谢朓(464—499)在建康都城生活多年,写下大量歌咏金陵的名篇佳作,《入朝曲》诗句③纵情描绘了帝都金陵的富丽堂皇与繁荣昌盛。谢朓的诗句"江南佳丽地,金陵帝王州"对南京自然山水的赞美,也成为南京流传千载的"诗歌名片"。

位于南京城西北的长江和石头城,自古以来就是军事要塞。石头城与六朝建康宫城"台城"作为六朝遗迹的代表,两者有着唇齿相依的关系。东汉建安十三年(208),诸葛亮使吴,观察金陵山川地貌,曾赞叹

---

① "六朝文化"是以六朝京都建康(孙吴时称建业)为中心而形成的具有时代特色的地域文化,它继汉开唐,诸学兼容,丰富多彩,留下大量文献典籍、文物遗存和历史传说,在中国文化和世界文化史上都占有重要地位。参见许辉论文《"六朝文化"发展的历史经验及其应用价值述论》,《南京晓庄学院学报》2009 年第 1 期。

② 六朝文学以诗见长,诗歌作品以"吟咏性情"和"新致美奇"为主,不拘一格地表现行旅、山水、宴游等丰富的生活内容。参见庄辉明论文《六朝文化的发展及其特点》,《许昌师专学报(社会科学版)》1991 年第 4 期。

③ 谢朓《入朝曲》:"江南佳丽地,金陵帝王州。逶迤带绿水,迢递起朱楼。飞甍夹驰道,垂杨荫御沟。凝笳翼高盖,叠鼓送华辀。献纳云台表,功名良可收。"

"钟山龙蟠,石城虎踞,真帝王之宅也"。石头城是东吴立国之前孙权在南京所建的第一座城垒,其前身是始建于战国时期的金陵邑。石头城北缘长江,南抵秦淮河口,是当时建业都城西部的重要关隘。孙权还将石头城下的江面作为水军训练基地。此后370年间,石头城经过多次大规模的修筑,成为六朝都城外围规模最大的城池,也是六朝都城重要组成部分。作为江防军事重镇的石头城控江扼淮,是六朝都城城西的门户咽喉,军事地位极其重要,历来为兵家必争之地,南朝刘宋以后设立了领石头戍事一职,石头城防务在南朝政治中具有重要的战略地位。[1] 六朝唐宋等历代文人有大量吟诵石头城的名篇佳作,"石头城"成为南京的代称,是最具古金陵特质与象征意义的代表性意象符号之一。石头城既是城市的物理空间,也是历代诗人凭吊的对象。晚唐五代以后,随着地理地貌和城市发展的变迁,石头城逐渐失去军事防御功能,被改建为佛寺、离宫,多种意象的叠加使石头城成为一种"象征"的文化符号。[2]

南朝宋文学家鲍照从湖北沿长江来到南京,石头城耸立于江边,险峻无比,雄伟壮观,城墙逶迤如带,城门巍峨高大,雉堞如在云端。鲍照作诗《还都至三山望石头城》[3]描写了京师建康以及石头城的地势险要与山川之美,诗句中"两江皎平迥,三山郁骈罗"描写建康的山水形胜;"襟带抱尊华"指长江与秦淮河围绕着建康都城,"长城非壑险,峻岨似荆芽"指石头城的险峻超过了长城,其高楼聚集遮蔽了阳光,城堞在霞光中隐约可见。南朝梁武帝萧衍(464—549)是魏晋南北朝时期以文学著称的帝王,在位期间大兴文教,促进了梁代文学的繁荣。称帝之前的萧衍以军功起

① 西晋左思《吴都赋》中称:"戎车盈于石城,戈船掩乎江湖。"描写石头城内东北高处的"石头库"或称"仓城"存储大量军用器械。"六朝以石头为重戍,府库甲兵萃焉","自六朝以来皆守石头以为固,以王公大臣领戍军为镇,其形胜盖必争之地云。"《南京稀见文献丛刊·景定建康志(二)》,南京出版社2009年版。

② 王志高:《六朝唐宋诗词中的石头城》,《史志学刊》2018年第4期。

③ 鲍照《还都至三山望石头城》诗:"泉源安首流。川末澄远波。晨光被水族。晓气歇林阿。两江皎平迥,山郁骈罗。南帆望越峤。北榜指齐河。关前绕天邑。襟带抱尊华。长城非壑险。峻岨似荆芽。攒楼贯白日。摘堞隐丹霞。征夫喜观国。游子迟见家。流连入京引。踯躅望乡歌。弥前叹景促。逾近勤路多。偕萃犹如兹。弘易将谓何。"

家,曾经出镇石头领石头戍事。① 萧衍《直石头诗》②开头引述经典"率土皆王士",石头城为京城重地,萧衍的职责是辅助藩王,为君主守土,责任重大。诗中,依山而建的石头城城堞雄伟壮丽,代表着建康都城的气势和君主帝王的威严。南朝文学家谢朓作《和萧中庶直石头诗》③以应和萧衍《直石头诗》,谢朓和诗中的"皇州"指帝都建康城,和诗的开头描述了极具气势的万千景象,与其后的"井干艳苍林,云甍蔽层峤"的瑰丽景致应和了萧衍《直石头诗》中对于都城建康的赞美。"君子奉神略"指的是萧衍在石头城"瞰迥凭重峭",奉君王之命执行政务。南朝梁诗人何逊作《登石头城诗》④诗中描写了石头城地势险要,山岭迂回;诗中也描写了石头城城堞环绕,城内"石头库"粮仓丰盈;石头城外秦淮河入江口停泊大量舟船,路上车马络绎不绝。诗人在居高临下的视野里,呈现了虎踞龙蟠的山水地理形势和政治都邑建康的飞甍宫雉,俯瞰山川形势之外凸显了宫苑意象。

东晋南朝时期的建康宫城称作"台城"⑤,六朝时期的南京屡遭 3 次

---

① 参见张金龙《南朝的石头城防务与领石头戍事》,《浙江学刊》2005 年第 2 期。

② 萧衍《直石头诗》:"率土皆王士,安知全高尚。东垄弃黍稷,西游入卿相。属逢利建始,投分参末将。尺寸功未施,河山赏已谅。摄官因时暇,曳裾聊起望。郁盘地势远,参差百雉壮。翠壁绛霄际,丹楼青霞上。夕池出濠渚,朝云生叠嶂。笼鸟易为恩,屠羊无饰让。泰阶端且平,海水本无浪。小臣何日归,顿辔从闲放。"参见曹融南《谢宣城集校注》,上海古迹出版社 1991 年版。

③ 南朝谢朓《和萧中庶直石头诗》:"九河亘积岨,三夔郁旁眺。皇州总地德,回江欸岩徼。井干艳苍林,云甍蔽层峤。川霞旦上薄,山光晚自照。翔集乱归飞,虹蜺纷引曜。君子奉神略,瞰迥凭重峭。弹冠已籍甚,升车益英妙。功存汉册书,荣并周庭燎。汲疾移偃息,董园倚谈笑。麾斾一悠悠,谦姿光且劭。燕嘉多暇日,兴文起渊调。曰余厕鳞羽,灭影从渔钓。泽渥资投分,逢迎典待诏。咏沼邈含毫,专城空坐啸。徒惭皇鉴揆,终延曲士诮。方追隐沦诀,偶解金丹要。若偶巫咸招,帝闾良可叫。"见曹融南《谢宣城集校注》,上海古迹出版社 1991 年版。

④ 南朝梁诗人何逊《登石头城诗》:"关城乃形势,地险差非一。马岭逐纡回,犬牙傍隆窣。百雉极襟带,亿庾兼量出。至理归无为,善守竟何恤。眺听穷耳目,远近备幽悉。扰扰见行人,晖晖视落日。连樯入回浦,飞盖交长术。天暮远山青,潮去遥沙出。薄宦恧师表,属辞惭愈疾。愿乘鹢艓牛,还隐蒙笼室。"

⑤ 唐代史学家许嵩的编年体著作《建康实录》是现存南京地方史较早的文献,全书记事上起东汉兴平元年(194),下至陈后主祯明三年(589)间以建康地区为中心的六朝历史,记录了六朝时期发生在南京的政治、军事等重大事件,包括重要人物事迹以及著名地理景观等。其中记载六朝遗迹百余处,如太初宫、建康宫、苑城、台城以及帝陵等重要建筑景观。《建康实录》是研究中国魏晋南北朝历史和南京市区域历史地理文化的重要史料。据《建康实录》记载,东晋咸和五年(330)秋九月,晋成帝在孙吴苑城上建造宫城,并在都城外围设置篱门 56 所,历时两年基本完成,奠定了建康城的规模。"成帝七年冬十一月壬子朔,……是月,新宫成,署曰建康宫,亦名显阳宫,开五门,南面二门,东西北各一门"。"即今之所谓'台城'也,今在县城东北五里,周八里,有两重墙。"参见(唐)许嵩撰《建康实录》卷七,中华书局 2009 年版。

"毁城"的历史命运给它蒙上了浓重的悲情色彩。东晋年间苏峻之乱造成南京历史上的第一次毁城。咸和二年(327),东晋地方官苏峻反叛起兵进攻建康,攻打台城,焚毁宫室。苏峻之乱历时一年零四个月(328—329),建康都城几乎毁于一旦。公元548年至552年间爆发侯景之乱,建康都城再遭劫难。548年,投降梁国的北方东魏将领侯景在寿阳(今安徽寿县)起兵叛乱。[①] 549年,侯景率军攻占梁朝建康都城,攻入台城。梁武帝萧衍被囚禁之后饿死台城。其间,侯景军队大肆放火焚烧民居、楼馆和城门等,引后湖之水灌入台城,梁朝台城宫阙大都成为灰烬,曾经繁华的建康都城一片狼藉。[②] 551年,侯景自立为汉帝,萧梁政权瓦解。侯景之乱长达4年之久,江南地区社会经济遭到毁灭性破坏,南朝政权遭受沉重打击,南朝的大片土地被北方两国趁机吞并。552年,梁湘东王萧绎收复建康都城,侯景之乱被平息。[③] 侯景之乱使南朝蒙受空前浩劫,南北朝时期文学家庾信所作故国的抒情大赋《哀江南赋》有"赋史"之称,寄托了当时南朝人思乡之情和亡国之恨。

隋文帝开皇九年(589),隋军攻陷建康城,隋朝灭陈,统一全国。在武力征服江南的过程中,隋朝极力摧毁南朝首都建康。隋文帝下诏令"建康城邑宫室并平荡耕垦,于石头城置蒋州"[④],建康城以及东府、丹阳诸城均遭平毁,台城就此被毁。[⑤]这是六朝建康城遭遇的第三次毁城,繁华六朝帝都化为一片丘墟,地位也一落千丈。

(二) 唐宋金陵

自隋开皇九年(589)隋灭陈,隋、唐两代是南京历史上的低潮时期,

---

① 侯景叛军进逼建康城的过程中,一路烧杀抢夺,无恶不作。《南史·侯景传》记载:"景每出师,戒诸将曰:'若破城邑,净杀却,使天下知吾威名。'故诸将以杀人为戏笑,百姓虽死不从之。"(唐)李延寿撰:《南史》卷八十,中华书局1975年版。

② 侯景之乱中南朝梁都城建康被毁,百济使者目睹之后痛哭不已:"百济使至,见城邑丘墟,于端门外号泣,行路见者莫不洒泪。"参见(唐)姚思廉撰《梁书》,中华书局2014版。

③ 参见《资治通鉴》卷164"梁纪",中华书局1956年版。

④ (唐)魏徵等著《隋书》卷三一"地理志",中华书局1973年版。

⑤ 宋代王象之《舆地纪胜》"江南东路建康府"条记载:"台城一曰苑城,即古建康宫城也。本为吴后苑城,晋成帝咸和五年(公元330年)作新宫于此,其城唐末尚存。"

南京政区为州县建制。唐末五代,藩镇割据,群雄相争,中国北方战乱不息。南唐立国金陵城,成为南京城市发展史上的第二个高峰时期,此后一千年金陵城依旧是江南地区性的政治、经济和文化中心。

六朝至唐代的金陵因屡遭战祸,城池宫苑严重损毁。中唐时期史学家许嵩编撰的六朝史料集《建康实录》,大约成书于唐肃宗至德元年(756)。《建康实录》为一部记录编年体史著,记载了唐代以前的金陵史地详情。它起笔于汉献帝兴平元年(194),落笔于南朝陈祯明三年(589)。因六朝历代建都建康(东吴时都城名为"建邺"),故名《建康实录》。《建康实录》保存了大量唐初以及唐前至今已亡佚的典籍,尤为珍贵。[1]《建康实录》作为一部篇幅宏大的史学巨著具有通史特征,详尽叙述了东吴、东晋、宋、齐、梁、陈六朝史事,以六朝政治变迁和兴亡起伏为叙事主线,完整再现了六朝政治演变及其更替兴亡的历史沧桑。[2] 六朝政治的特色主要体现在战争和政变,《建康实录》在论述政治兴亡的重大历史事件过程中,描写了六朝时期发生的大量战争,其中包括赤壁之战、西晋灭吴之战、苏峻之乱、侯景之乱等重要战争都有较详细的记载。六朝政变频繁为后世仅有,《建康实录》几乎详细记叙了每一位帝王在位期间的每一次政变过程。[3] 根据《建康实录》自序,东汉和西晋末年,河北高阳许氏家族在东汉和西晋末年两度南下。隋灭陈后,隋文帝曾下令对建康城大肆破坏以摧毁其"金陵王气",至唐肃宗时六朝遗迹大多濒于湮废。许嵩生活在唐玄宗和唐肃宗时代,曾长期居住在建康,熟悉周围地理,对六朝遗迹作过详实的考察。许嵩关注城市历史研究,有感于一代名都的兴衰荣辱,记录了六朝建康都城及周边地区的宫殿、城池、名山大川等,并记录100多处六朝遗址遗迹,包括太初宫、建康宫、台城、青溪、南朝诸帝陵等。《建康实录》还记载了相关土地、山川、城池、宫苑的变迁,

① 许嵩《建康实录》自序:"嵩述而不作……今质正传,旁采遗文,所记六朝史事,当是以不同史书为蓝本。"参见国家图书出版社影印出版《宋本建康实录》,2017年版。

② 许嵩《建康实录》自序,全书"始自吴起汉兴平元年(194年),终于陈末祯明三年(589年),通西晋革吴之年,并吴首事之年,总四百年间。著东夏之事,勒成二十卷,名曰《建康实录》。"参见国家图书出版社影印出版《宋本建康实录》,2017年版。

③ 张忱石点校《建康实录》,中华书局1986年版。

为后世保存了弥足珍贵唐代之前的地方史资料。[①]

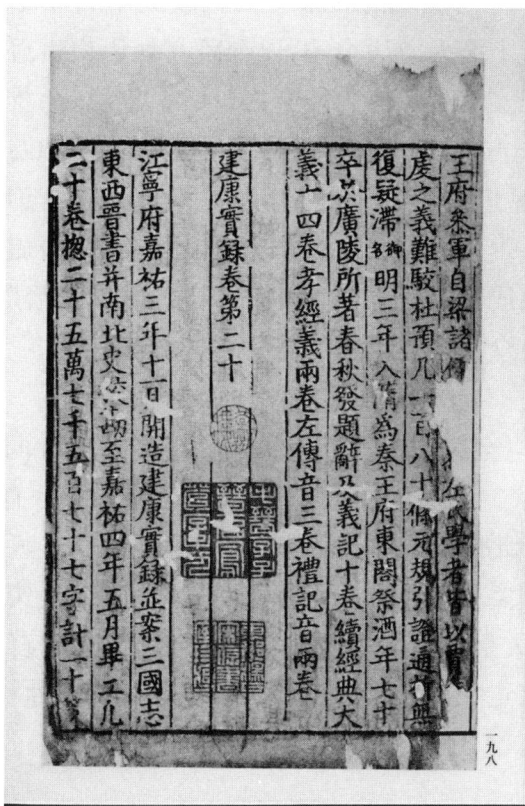

图4-1　2017年国家图书出版社影印出版《宋本建康实录》(全五册)

　　金陵"六朝古都"上承汉朝,下启隋唐,在中国历史上占据着无可替代的地位。六朝几代兴亡更替,时代特色鲜明。"丘墟"审美是中国传统的一种审美类型,隋唐时期早已沦为建筑丘墟的六朝建康宫殿、宗庙、社稷、都城等礼制性遗址遗迹残毁荒凉,却持续成为文学家笔墨书写的重要对象。它们作为国家政治和礼制空间的象征,蕴含着政治、文化和艺术等多元价值,承载着战争的流离困苦与国破家亡的痛楚,令后世之人目睹而难免感怀悲凉之情。[②] 自隋唐直至民国年

---

① 唐代许嵩编撰《建康实录》序言:"若土地山川,城池宫苑,当时制置,或互兴毁,各明处所,用存古迹。"参见国家图书出版社影印出版《宋本建康实录》,2017年版。

② 席格:《丘墟作为审美类型的文学阐释》,《郑州大学学报(哲学社会科学版)》2022年第2期。

间，历朝历代忧国忧民者借六朝兴亡之事寄慨言志，书写了无数经久不衰的金陵怀古诗词歌赋。唐宋时期金陵文学名家辈出，金陵怀古题材作品兴盛。唐宋文人游历金陵，以金陵六朝历史古迹为承载，感怀当下的社会政治现实。著名诗人如李白、杜甫、刘禹锡、杜牧、李商隐等都在此留下传颂千古的诗词佳作。初唐，王勃一首《江宁吴少府宅饯宴序》①凝练地概括了金陵古城跌宕起伏的历史兴衰和悲恨相继的深刻教训。诗仙李白一生与金陵古城关系密切，早年在金陵旅行交友，探访名胜古迹。后李白成为追随永王李璘的幕府，出于政治层面的考量而钟情金陵。在李白众多金陵题材的诗作中，《金陵三首》②为开金陵怀古之风的诗歌经典。

　　入唐以来，以金陵"石头城"为主题的怀古咏史诗词甚多，如李白有《金陵歌送别范宣》诗。③　中唐时期"诗豪"刘禹锡写有《西塞山怀古》诗④以及金陵六朝遗迹组诗《金陵五题》第一首《石头城》。⑤　唐宋时期，石头城城垣及相关遗迹虽然仍有保存，但基本上已是废城，成为后世的凭吊对象，留下大量以石头城为主题的怀古诗咏。"石头城"成为最具金陵特质与象征意味的地名意象之一，这与石头城地控江扼淮的地理

---

① 王勃《江宁吴少府宅饯宴序》诗句："蒋山南望，长江北流。伍胥用而三吴盛，孙权困而九州裂。遗墟旧壤，数万里之皇始；虎踞龙盘，三百年之帝国。阙连石塞，地实金陵；霸气尽而江山空，皇风清而市朝改。昔时地险，实为建邺之雄都；今日太平，即是江宁之小邑。"参见（清）曹寅等编纂《全唐诗》，中华书局1991年版。

② 李白《金陵三首》诗句："晋家南渡日，此地旧长安。地即帝王宅，山为龙虎盘。金陵空壮观，天堑净波澜。醉客回桡去，吴歌且自欢。地拥金陵势，城回江水流。当时百万户，夹道起朱楼。亡国生春草，离宫没古丘。空馀后湖月，波上对瀛州。六代兴亡国，三杯为尔歌。苑方秦地少，山似洛阳多。古殿吴花草，深宫晋绮罗。并随人事灭，东逝与沧波。"参见（清）曹寅等编纂《全唐诗》，中华书局1991年版。

③ 李白《金陵歌送别范宣》："石头巉岩如虎踞，凌波欲过沧江去。钟山龙盘走势来，秀色横分历阳树。四十余帝三百秋，功名事迹随东流。白马小儿谁家子，泰清之岁来关囚。金陵昔时何壮哉，席卷英豪天下来。冠盖散为烟雾尽，金舆玉座成寒灰。扣剑悲吟空咄嗟，梁陈白骨乱如麻。天子龙沉景阳井，谁歌玉树后庭花。此地伤心不能道，目下离离长春草。送尔长江万里心，他年来访南山皓。"参见（清）曹寅等编纂《全唐诗》，中华书局1991年版。

④ 刘禹锡《西塞山怀古》诗："王濬楼船下益州，金陵王气黯然收。千寻铁锁沉江底，一片降幡出石头。人世几回伤往事，山形依旧枕寒流。从今四海为家日，故垒萧萧芦荻秋。"参见（清）曹寅等编纂《全唐诗》，中华书局1991年版。

⑤ 刘禹锡《金陵五题》第一首《石头城》："山围故国周遭在，潮打空城寂寞回。淮水东边旧时月，夜深还过女墙来。"参见（清）曹寅等编纂《全唐诗》，中华书局1991年版。

形势相关,也与石头城见证朝代更替与亡国伤痛的历史背景相关。① 唐代以后诗人词家吟咏金陵的作品,大多沿用刘禹锡《石头城》诗歌意境,如元萨都剌《念奴娇》、北宋周邦彦《西河》等。"台城"作为六朝宫城见证了六朝的盛衰兴亡,台城废墟成为后世诗人凭吊怀古的场所。唐代著名诗人杜牧游览金陵创作《台城曲二首》,诗中提及六朝兴废旧事。② 刘禹锡诗《金陵五题》之三《台城》③以六朝帝王起居临政的宫殿为题,寄托了吊古伤今的无尽感慨。晚唐诗人韦庄身处唐朝走向衰落的时期,昔日繁华已荡然无存,诗人凭吊金陵古迹,亦以《台城》诗④怀古伤今。

隋唐时期,南京地区依旧是中国东南地区的经济与文化中心,军事地位举足轻重。五代十国时期,割据江南的杨吴、南唐政权相继统治金陵 70 余年,金陵成为杨吴西都和南唐国都,迎来新一轮发展的高潮,在南京古代城市建设史上具有承前启后的非凡意义。南唐金陵城囊括六朝都城之外的秦淮河两岸,在六朝建康都城基础上有了进一步的发展。南唐金陵城后来成为宋元府城的基础,两宋时期沿用为江宁府城、建康府城,元代继续沿用为集庆路城,甚至持续影响了明清时期南京的城市格局。⑤

北宋是中国历史上强盛繁荣的王朝。公元 960 年北宋王朝的建立,结束了中国自唐末以来形成的割据分裂的局面,归于统一。北宋建立后不久开始发动统一战争。宋开宝八年(975),宋军攻破金陵城,南唐后主李煜率文武百官"开门奉表纳降",南唐亡国,李煜一行 300 余人被押解至汴京(今河南开封),李煜抚今思昔以诗词抒发满怀哀怨和悔恨。⑥ 北宋时,改南唐旧宫为府治。北宋时期的金陵称"江宁府",经

---

① 王志高:《六朝唐宋诗词中的石头城》,《史志学刊》2018 年第 4 期。
② 唐代杜牧《台城曲二首》:"整整复斜斜,随旗簇晚沙。门外韩擒虎,楼头张丽华。谁怜容足地,却羡井中蛙。王颂兵势急,鼓下坐蛮奴。潋滟倪塘水,叉牙出骨须。干芦一炬火,回首是平芜。"参见(清)曹寅等编纂《全唐诗》,中华书局 1991 年版。
③ 刘禹锡《台城》诗:"台城六代竞豪华,结绮临春事最奢。万户千门成野草,只缘一曲后庭花。"参见(清)曹寅等编纂《全唐诗》,中华书局 1991 年版。
④ 晚唐诗人韦庄《台城》诗:"江雨霏霏江草齐,六朝如梦鸟空啼。无情最是台城柳,依旧烟笼十里堤。"参见(清)曹寅等编纂《全唐诗》,中华书局 1991 年版。
⑤ 苏则民主编:《南京城市规划史稿》,中国建筑工业出版社 2008 年版。
⑥ 李煜代表作《虞美人》:"春花秋月何时了,往事知多少。小楼昨夜又东风,故国不堪回首月明中。雕栏玉砌应犹在,只是朱颜改。问君能有几多愁,恰似一江春水向东流。"

济富庶，人口众多，社会一片繁荣。北宋采取重文抑武的政策，国家承平日久，军事实力却非常虚弱。与宋朝同时代的北方辽、金、西夏等国不断强大，宋金战争使北宋政权始终处于外族的威胁之中。北宋著名政治家、文学家王安石（1021—1086）曾创作《桂枝香·金陵怀古》词①，通过赞美金陵故都景物和感喟历史兴亡，寄托对国家命运的忧虑。

北宋靖康二年（1127）"靖康之难"，金军南下攻破北宋首都汴京（今河南开封），掳走包括北宋皇帝宋徽宗、宋钦宗和皇族宗室、官吏等3000人，导致北宋灭亡。同年，宋高宗赵构在南方重建宋王朝，史称"南宋"。南宋朝廷偏安江南，金陵成为军事重镇。南宋建炎三年（1129），宋高宗赵构改北宋江宁府为建康府，南宋建康城承接了南唐金陵城格局。② 南宋建炎三年（1129），金兵南下，建康府成为宋金战争的主要战场之一，遭受战火摧残。这是金陵城在六朝之后500多年所遭受的最大一场浩劫。宋高宗赵构接受抗金名臣李纲等人的建议，以江宁府为东都，修筑城池和宫阙。南宋绍兴五年（1135）至三十二年（1162），曾4次重修在宋金战争中被毁的建康府城垣。③

宋绍兴十一年（1141），宋金签订"绍兴和议"，南北方进入对峙时期。社会发展进入较为安定的阶段。宋孝宗在位时的南宋王朝，政治清明，经济兴盛，思想文化繁荣，史称"孝宗中兴"。这一时期，以尤袤、

---

① 王安石《桂枝香·金陵怀古》词："登临送目，正故国晚秋，天气初肃。千里澄江似练，翠峰如簇。归帆去棹残阳里，背西风，酒旗斜矗。彩舟云淡，星河鹭起，画图难足。念往昔、繁华竞逐，叹门外楼头，悲恨相续。千古凭高对此，谩嗟荣辱。六朝旧事随流水，但寒烟、衰草凝绿。至今商女，时时犹唱后庭遗曲。"

② 建康府城"周二十五里四十四步，上阔二丈五尺，下阔三丈五尺，高二丈五尺，内卧羊马城，城阔丈一尺，皆伪吴顺义（921—927）中所筑也。"参见（宋）周应合修纂《景定建康志》卷二〇《城阙志》，南京出版社 2009 年版《南京稀见文献丛刊》。

③ 南宋著名诗人陆游《老学庵笔记》中记述建康府城墙："建康城，李景所作，其高三丈，因江山为险固，其守敌为东北两面，而濠堑重复，皆可坚守，至绍兴（1131—1162）间已二百余年，所损不及十之一。"参见（宋）陆游《老学庵笔记》，三秦出版社 2003 年版。

杨万里①、范成大②、陆游③为代表的"中兴四大诗人",作品反映了建功立业、恢复统一的信念与决心,将南宋文学推向了高峰。南宋著名词人辛弃疾曾游览了众多金陵名胜,并创作不少传世名作。④ 南宋末年,蒙古大军连年南侵。德祐元年(1275),元军攻陷建康府,进逼临安。祥兴二年(1279),元军攻陷崖山,南宋灭亡。南宋将领文天祥临危受命转战各地,最终兵败被俘,押至大都(今北京)囚禁3年后慷慨就义。文天祥被元军押送途经金陵之时,曾悲壮诗篇《金陵驿》⑤以寄托亡国之恨。

南宋建康府城上承六朝京师,下启明都南京。南京著名方志《景定建康志》成书于南宋景定二年(1261),由建康知府马光祖主持,实录院官员周应合修纂,是一部极为重要的历史著述,涉及建康府城的山川地貌、政治、经济、军事、文化教育、人物风俗等。建康城地理位置特殊,南宋初年在此建行宫,故称"留都"⑥,为南宋都城临安北面的门户所在,对于保卫临安都城具有重要意义。建康城临近长江天堑,在南宋王朝特殊的历史背景之下,军事意义凸显,宋朝历代特别重视对建康城的军事防守。⑦ 据《景定建康志》记载,建康府城自宋宝祐五年(1257)开始历时

① 南宋杨万里诗《陪留守余处恭、总领钱进思、提刑傅景仁游清凉寺三首》,其一"山自新亭走下来,化为一虎首重回。平吞雪浪三江水,卧对雨花千丈台。点检故城遗址在,凄凉浩叹宿云开。六朝踪迹登临遍,底事兹游独壮哉!"其二"万里长江天上来,石头却欲打江回。青山外面周如削,紫府中间划洞开。苏峻战场今草树,仲谋庙貌古尘埃。多情白鹭洲前水,月落潮生声自哀。"其三"已守台城更石城,不知并力或分营。六师只遣天关阙,一垒真成借寇兵。向者王苏俱解此,冤哉隗协可怜生。若言虎踞浑堪倚,万岁千秋无战争。"
② 南宋名臣范成大有山川行旅诗《望金陵行阙》:"圣代规模跨六朝,行宫台殿压金鳌。三山落日青鸾近,双阙清风紫凤高。石虎蹲江蟠王气,玉麟涌地镇神皋。太平不用千寻锁,静听西城打夜涛。"
③ 南宋陆游诗《夜泊龙庙回望建康有感》:"我醉行水上,身轻如飞烟。鱼龙互悲啸,伴我夜不眠。羽扇挥浮云,月挂牛斗间。河汉横复斜,风露方浩然。坡陁石头城,寂莫七百年。世事感予怀,竦身入青天。"陆游诗《登赏心亭》:"蜀栈秦关岁月遒,今年乘兴却东游。全家稳下黄牛峡,半醉来寻白鹭洲。黯黯江云瓜步雨,萧萧木叶石城秋。孤臣老泪忧时意,欲请迁都涕已流。"
④ 南宋著名词人辛弃疾代表作《水龙吟·登建康赏心亭》:"楚天千里清秋,水随天去秋无际。遥岑远目,献愁供恨,玉簪螺髻。落日楼头,断鸿声里,江南游子,把吴钩看了,阑干拍遍,无人会,登临意。休说鲈鱼堪脍,尽西风,季鹰归未?求田问舍,怕应羞见,刘郎才气。可惜流年,忧愁风雨,树犹如此。情何人唤取,红巾翠袖,揾英雄泪。"
⑤ 南宋文天祥诗《金陵驿》:"草合离宫转夕晖,孤云漂泊复何依?山河风景原无异,城郭人民半已非。满地芦花和我老,旧家燕子傍谁飞?从今别却江南路,化作啼鹃带血归。"
⑥ 建康城"外连江淮,内孔湖海,为东南要会之地"。参见(宋)周应合修纂《景定建康志》卷一《留都录一》,南京出版社2009年版《南京稀见文献丛刊》。
⑦ 守御建康城可"壮外攘夷狄之略,恢北定中原之规"。参见(宋)周应合修纂《景定建康志》卷一《留都录三》,南京出版社2009年版《南京稀见文献丛刊》。

12 年的城市建设。宋景定元年(1260),建康知府马光祖修浚城濠长达 4700 多丈、宽 30 丈,在城濠与城墙之间修筑羊马墙,以便战时收容城外的羊、马、牛等家畜,又筑栅寨门瓮城,修浚清溪以及府城内外桥梁。宋景定三年(1262),知府姚希得重修建康府城各城门及行宫等。宋咸淳元年(1265),复任建康知府的马祖光创建四郭门接官亭。除了几次集中修建之外,宋宝祐五年(1257)至宋咸淳五年(1269)间,几乎每年都有城建工程,城市面貌焕然一新。到南宋末期,建康府城 100 多年未曾经历战乱,成为长江下游经济中心之一,形成了持久不衰的繁荣景象。清代画家杨大章绘有《仿宋院本金陵图》,画卷以 2 座城门为界,描绘了建康城东郊的乡野景致、建康城东门至下水门和龙光门之间的内秦淮河沿岸市井风貌以及建康城西下水门外的郊野风光,生动细致地再现了南宋建康府城乡风貌,城中的画面部分集中呈现出建康城繁华的街市景观,图卷承载了极为丰富的历史文化信息。

(三) 明清南京

南京是大明王朝的开国京师和留都,城市建设活动达到了一个前所未有的高峰。元至正十六年(1356)三月,农民军领袖朱元璋率红巾军攻取元朝江南统治中心集庆路,改集庆路为应天府,经营以应天为中心的根据地。元至正二十年(1360)十二月,在龙湾江边筑虎口城以对抗陈友谅军队。龙湾城固如金汤[①],守城将士斗志饱满,众志成城。龙湾之战的胜利是一个重要转折点,稳固了朱元璋的政权,也为建立明王朝打下了坚实的基础。洪武元年(1368),明太祖朱元璋在应天府称帝,建立明王朝。朱元璋颁布《立南北两京诏》,仿照古代两京之制,以应天为南京,"南京"之名由此始。从至正二十六年(1366)八月起,朱元璋开始拓展应天府城,将宋元旧城纳入新城,南京城建设在明初洪武年间几

---

① 朱元璋的大臣孙炎写下诗《龙湾城》:"龙湾城,壮如铁,城下是长江,城头有明月。月色照人心不移,江水长流无尽时。"孙炎(1323—1362)明应天府句容人,字伯融,有诗名。朱元璋下金陵,孙炎从征浙东,以功授池州同知,进华阳知府,擢行省都事,克处州,授总制,措置有方。后为苗将贺仁德部俘杀,年四十。太祖即位,追封丹阳县男,谥忠愍。有《左司集》。

乎从未间断。明太祖朱元璋定鼎金陵,经过近 30 年,缔造了规模恢弘
的都城。几近功成之时,朱元璋考虑到天下之大无以周览都城形势,诏
令礼部编纂《洪武京城图志》,以颁示天下,以展示"神京天府之雄,龙盘
虎踞之盛"。①

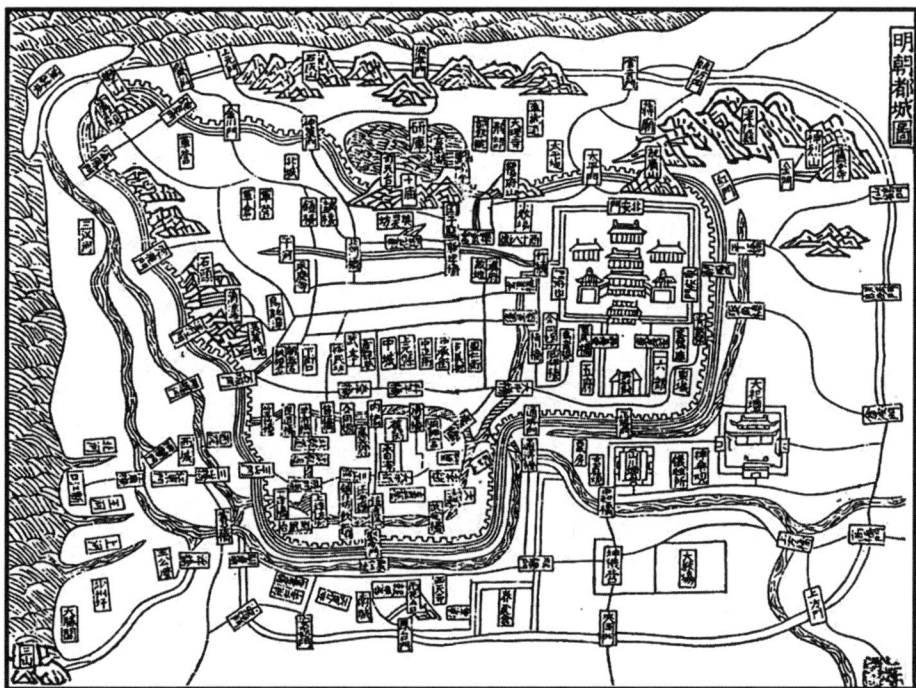

图 4 - 2 《洪武京城图志·明朝都城图》

明初,明太祖朱元璋奉行和平外交,实行厚往薄来的朝贡政策,明
确将朝鲜、日本等 15 个周边国家(或地区)列为世代不与交战的"不征
之国"。明初经济繁荣,文化发达,并与周边国家保持友好关系,都城南
京"四夷宾服,万国来朝"的盛世景象一直延续到永乐迁都北京之时。
明洪武元年(1368)十二月,明太祖朱元璋遣使往高丽、安南,开始与周
边国家建立友好关系。明朝与周边国家的友好关系是通过朝贡的形式

① 《洪武京城图志》分宫阙、城门、山川、坛庙、寺观、官署、学校、仓库司局、桥梁、街市、楼馆、厩牧、园囿
13 类,并附有《皇城图》《京城山川图》《大祀坛》《山川坛》《庙宇寺观图》《官署图》《国学图》《街市桥
梁图》《楼馆图》等 9 幅图,"城郭宫室、郊庙坛遗,街衢楼馆、山川河道详矣"。参见(明)礼部编纂《洪
武京城图志》序言,南京出版社 2017 年版。

维系的。这些来访的外国使团均受到盛情接待，获得大量赏赐。南京作为明初的都城是全国性的政治、经济和文化中心，逐渐发展成为国际化大都市，南京明故宫附近设有接待外国使团的机构会同馆和乌蛮驿，外国商人们则住在南京城外江边的龙江驿和江东驿。① 韩国中央博物馆收藏的《送朝天客归国诗章图》中描绘了应天府城外官员在长江边送行的场景②，全面展现了明代中晚期应天府城（今南京）外郭、京城、皇城、宫城以及山川、湖泊、建筑等历史风貌。"朝天客"指的是到天子之

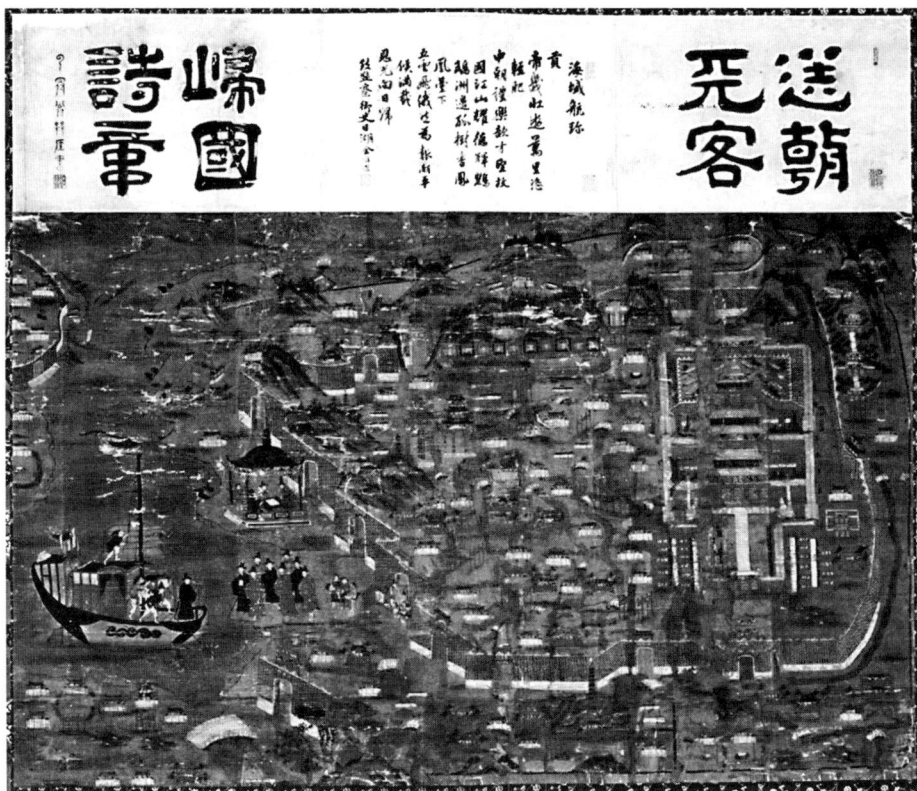

图 4-3　韩国中央博物馆藏《送朝天客归国诗章图》

---

① 明朝发挥对海外藩国的影响力，并增强海外藩国对明朝的向心力，参见范金民、杨国庆编撰《南京通史·明代卷》，南京出版社 2012 年版。

② 韩国中央博物馆收藏的《送朝天客归国诗章图》诗堂左右两边书写有"送朝天客归国诗章"8 个篆字，署题"云冠翁梅厓书"。中间题写有一首律诗："海域航珍贡帝畿，壮游万里恣轻肥。中朝礼乐歆才望，故国江山耀德辉。鹦鹉洲边孤树杳，凤凰台下五云飞。俄然为报潮平候，满载恩光向日归。"后题有"致监察御使日湖金唯深"。

国——中国的使臣。当时朝鲜经常派出数百人规模的使节团前来朝贡,据《明仁宗实录》和《明宣宗实录》记载,公元1425年至1435年曾有67个朝鲜使节团来到中国,使节团中有天文官、军官、医员和翻译研修生。①

明太祖朱元璋开创的洪武时代,使南京首次成为中国封建大一统王朝的首都长达53年,为大明王朝近300年的辉煌奠定了基础,在华夏文明的历史演进过程中开启了新篇章。明永乐十九年(1421)迁都北京之后,南京作为留都(南都)仍设有中央六部等机构,成为仅次于北京的政治副中心。明代在南京城市发展史上是极为重要的一个历史时期,留下了明城墙、明故宫遗址等众多的历史文化遗存以及大量的诗词书画文献。明朝定都南京所开创的“明文化”代表着中国历史文化发展的一个高峰,在中华文明薪火相传中发挥了重要作用。

明初的南京城为世界第一大城,城郭壮观,街市有序。② 明嘉靖、万历年间,资本主义萌芽在江南、广东、江西、福建等地出现。明中叶以后,南京成为重要的商业、手工业城市和文化城市,大宗商品的转运贸易成为南京商业最重要的组成部分。收藏于中国国家博物馆的明代写实作品《南都繁会景物图卷》(简称《南都繁会图卷》),重点描绘了自南唐以来金陵城南最繁华的传统街区,真实生动地描绘了明代后期南京城市的社会生活面貌以及经济繁荣的景象。南京地处长江中下游之交,历代不断开凿新航道,逐渐成为沟通苏杭江浙、长江流域与华北平原的水运枢纽。以长江和南北大运河为主干,形成水上交通网络,发达的水上交通成为南京城市经济发展的有利条件。③ 南京也有船港,成为往来客船和商船的汇聚之地。大宗商品的转运贸易

---

① 全正熙,张尹珠译:《韩国国民日报》2008年5月6日,《朝天客与中国留学生》。参见 http://www.taiwan.cn/xwzx/hwkzhg/200805/t20080506_635939.htm。

② 明代南京城“城郭延袤,市衢有条”,参见(明)礼部编纂《洪武京城图志》,南京出版社2006年版。明代南京的京城城墙“东尽钟山之南冈,北据山控湖,西围石头,南临聚宝,贯秦淮于内外,横缩屈曲,记周九十六里。”参见(明)陈沂《金陵古今图考》,南京出版社2006年版。

③ “秦凿淮,吴凿青溪、运渎,杨吴凿城濠,宋凿护龙河,宋元凿新河,国朝(明朝)开御沟城濠。”参见《万历上元县志》卷十二。

成为南京商业的重要组成部分,围绕商品的运销,客商云集,物流与人流带动了相关行业的兴盛。《南都繁会景物图卷》生动描绘了南京城繁忙的商业景象。

图4-4　北京故宫博物院藏《南都繁会景物图卷》(局部)

明初南京为京师,明王朝为巩固政权,利用传统士大夫文化教化臣民。明太祖朱元璋重视教育,大力发展官学,设立国子监,并将宋元以来的书版集中到国子监编辑出版。南京成为明代最主要的官营雕版印刷业中心,中国古代最大的一部百科全书《永乐大典》在明代南京国子监编抄成书。永乐帝迁都北京之后,南京依旧是江南乃至全国重要的文化中心。这里山水自然环境优越,书籍印刷出版业发达,江南贡院每三年举办一次科举乡试,文化资源得天独厚吸引大批文人汇聚。南京虽号称都城却远离国家权力核心,独特的政治人文环境反而成为广纳各方文士才俊的宝地,使南京成为文人寄寓政治理想的文化空间场域,成为文艺社集活动的汇集地。明代中后期,商品经济快速发展,城市范围扩大,市民阶层大幅增长,一系列形式多样的市民文学,如小说、传奇等体裁逐渐繁荣,并产生了一大批优秀的文学作品。

在明代洪武、建文和永乐三代,南京是全国人口最多的城市,保持大约 40 万人口的水平。① 明万历年间进士、南京文人顾起元②编撰的南京史料笔记《客座赘语》③，堪称里程碑式的明代南京城记事百科全书，为后世的人们了解、研究明代的政治、经济、文化以及世俗民情等提供了丰富而珍贵的史料。《客座赘语》成书于明神宗万历四十五年（1617），书中记事除来自口述客谈之外，还包括大量的文献搜集和典籍考证以及田野考察，全景式呈现了晚明时代南京城市的日常生活。南京是明朝在南方地区的留都，这里水陆交通发达，各地的商船均要停靠南京，使得南京成为全国物流的集散地，经济发展迅猛。④ 明朝南京是经济和手工业发展中心，城市商业活动活跃。⑤ 清代江宁府（今南京）为东南重镇，沿用明代城垣为江宁府城垣，清康熙、雍正年间，江宁府人口达百万。清代江宁府为中国南方"首善之区"，丝织业规模在全国居首位，设有规模庞大的江宁织造府，生产丝织品以供应皇家需求。康熙皇帝 6 次沿京杭大运河线路而行，巡幸江南，均到达江宁府。⑥《康熙南巡图》绘画长卷记述了康熙皇帝第二次南巡盛典，由都察院左副都御史宋

① 参见范金民、杨国庆编撰《南京通史·明代卷》，南京出版社 2012 年版。

② 顾起元（1565—1628），字太初，号遁园居士，江宁（今南京）人。进士及第，授翰林院编修。累官南京国子监司业、祭酒，礼部左侍郎。

③ 顾起元在《客座赘语》自序中说："余生平好访求桑梓间故事，则争语往迹，近闻以相娱，间出一二区号奇诞怪者以助欢笑。至可裨益地方舆夫考订载籍者，亦往往有之。"书中记述明朝南都金陵（今南京）地区的地理形势、水陆交通、户籍赋役、街道坊厢、山川河流、名胜古迹、方言俗语、名物称谓、天文历法、科举制度、风土人情、习俗变化、僧尼寺庙、历史掌故、名人传略、名人轶事、文学美术、论著方志、书画金石历代碑刻、经义注疏、考据辩论、传说故事、酒茶果品、花鸟虫鱼、衣冠服饰等，内容丰富多彩，无所不有。参见 顾起元《客座赘语》，南京出版社 2009 年版《南京稀见文献丛刊》。

④《客座赘语》记载："然要而论之，唐不如宋，宋不如今之京师，而京师又不若南都。"参见顾起元《南京稀见文献丛刊·客座赘语》，南京出版社 2009 年版。

⑤ 明代南京城内外设有大小市场几十处，最繁华的地区是三山街，"如铜铁器则在铁作坊；皮市则在笪桥南；鼓铺则在三山街口，旧内西门之南；履鞋则在轿夫营；帘箔则在武定桥之东；伞则在应天府街之西；弓箭则在弓箭坊；木器则则钞库街，北则木匠营。"参见顾起元《南京稀见文献丛刊·客座赘语》，南京出版社 2009 年版。

⑥ 康熙皇帝先后于康熙二十三年（1684）、二十八年（1689）、三十八年（1699）、四十二年（1703）、四十四年（1705）、四十六年（1707）6 次到达江宁府。参见中国第一历史档案馆编《康熙起居注》，中华书局1962 年版。

骏业主持，并由清初著名画家王翚等人，历时 6 年绘制完成。①

图 4－5　《康熙南巡图》中的南京通济门周边景色
（南京城墙保护管理中心提供）

　　中国唐宋社会文明变革在南宋时期达到顶峰，并在元、明、清三代延续。两宋时期中国的文学绘画艺术为承前启后的重要历史阶段，南宋时期文化中心从北方移至江南地区，使建康城聚集了大量寓居在此的社会名流文人。诗、文、词等曾经流传于社会中上层文人间的文学形式，逐渐向着小说、话本、口头文学等世俗化的文学形式发展。明清时期是中国古代小说创作的鼎盛阶段，清代以南京为城市的小说数量很多，存在大量对南京城的描述。在明清文学作品中，人们一直强调南京的都城地位。清代小说中往往以"南京""金陵""应天""江宁"等称呼南京，叙事以明代帝都南京为背景，实际上反映的却是清代南京的社会状况，南京是中国南部地区政治中心与经济中心。在明清小说中，最具代表性的两部文学作品是《红楼梦》与《儒林外史》，这两部作品的创作及描述的内容都以南京为蓝本。

　　清代南京最重要的手工业莫过于丝织业，当时民间丝织业主要集中在聚宝门一带，丝织业则首推云锦的织造。《红楼梦》作者曹雪芹自幼生活在南京，其曾祖曹玺在康熙初年担任江宁织造，其后曹寅、曹颙、

①《康熙南巡图》第十卷、第十一卷主要描绘清代江宁府。《康熙南巡图》第十卷现藏于北京故宫博物院，描绘康熙皇帝一行从浙江北返，过江苏句容和江宁府的情景。图景始于南京城外的句容，康熙皇帝经金陵南郊秣陵关，由通济门入城，沿内秦淮河经三山街、内桥等商业繁华地段，抵达演武场，后经鸡鸣山至后湖止。画卷中依次标注着"秣陵关、通济门、秦淮河、钞库街、贡院、文庙、三山街、旧王府、内桥、通贤桥、校场、关帝庙、鸡鸣山、钟山、观星台、版籍库、后湖"等清代南京地名。《康熙南巡图》第十一卷现藏于北京故宫博物院，图景始于金陵城南大报恩寺，沿着金陵城西的外秦淮河，经水西门、旱西门、清凉山等处，入江顺流而下，至镇江止。画卷有题字"皇上发自江宁水西门，过石头城，途中树木交荫，风物清美，遂历观音门至燕子矶，驾乘舟泛江。"画卷中依次标着"报恩寺、水西门、旱西门、石头城、弘济寺、观音门、关帝阁、燕子矶、大江"等南京老地名。参见周维新《关于〈康熙南巡图〉的研究》，《沈阳故宫博物院院刊》第 2 辑，2006 年。

曹历任此职,三世四人将江宁织造一职掌控在家族手中,曹家在南京声势显赫。雍正五年(1727),曹家遭受灭顶之灾而衰败。《红楼梦》中多次出现关于南京的场景,但表达得较为隐晦。《红楼梦》中第二回:"雨村道:'去岁我到金陵时,因欲游览六朝遗迹,那日进了石头城。'"第五回:"宝玉道:'常听人说,金陵极大,怎么只十二个女子? 南京不仅极大,而且很美,有众多古迹吸引游人'。"清代吴敬梓[①]小说《儒林外史》中描写了清代江宁府城繁华景象和城市日常生活。[②]吴敬梓在南京的生活困顿,冬日苦寒之时,与友人几乎每晚自南门(聚宝门)沿城墙行走到天明,进入水西门。[③] 水西门,即明代的三山门。明代都城南京共有13座京城城门,《儒林外史》也中记录了民间流传的关于南京这13座城门名称的顺口溜。[④]

　　明代以降,历代文人名流留下大量以"金陵胜景"为内容的诗文画作,生动展现了金陵山水地理风貌,带有鲜明的时代特征与人文印记,可以补充史料记载的空缺,成为一种特殊的历史见证,具有非同寻常的历史文化意义。自明代中期以来,南京城墙逐渐成为金陵山水名胜组景的有机组成部分。中国古代传统城市的营建充满了自然山水特色,

① 清小说家吴敬梓(1701—1754),字敏轩,号粒民。安徽全椒人,家业衰落后,移居江宁。善诗赋,尤以小说著称。所作《儒林外史》是中国古典讽刺小说中的杰出作品。
② 《儒林外史》第 24 回:"这南京乃是太祖皇帝建都的所在,里城门十三,外城门十八,穿城四十里,沿城一转足有一百二十多里。城里几十条大街,几百条小巷,都是人烟凑集,金粉楼台。城里一道河,东水关到西水关,足有十里,便是秦淮河。水满的时候,画船箫鼓,昼夜不绝。城里城外,琳宫梵宇,碧瓦朱甍,在六朝时是四百八十寺,到如今,何止四千八百寺! 大街小巷,合共起来,大小酒楼有六七百座,茶社有一千余处。不论你走到一个僻巷里面,总有一个地方悬着灯笼卖茶,插着时鲜花朵,烹着上好的雨水。茶社里坐满了吃茶的人。到晚来,两边酒楼上明角灯,每条街上足有数千盏,照耀如同白日,走路人并不带灯笼。那秦淮到了有月色的时候,越是夜色已深,更有那细吹细唱的船来,凄清委婉,动人心魄。两边河房里住家的女郎,穿了轻纱衣服,头上簪了茉莉花,一齐卷起湘帘,凭栏静听。所以灯船鼓声一响,两边帘卷窗开,河房里焚的龙涎、沉、速香雾一齐喷出来,和河里的月色烟光合成一片,望着如阆苑仙人,瑶宫仙女。还有那十六楼官妓,新妆袨服,招接四方游客。真乃'朝朝寒食,夜夜元宵'!"南京城聚宝门与水西门,在《儒林外史》第 24 回中写道:"水西门与聚宝门相近,这聚宝门,当年说每日进来有百牛千猪万担粮,到这时候,何止一千个牛,一万个猪,粮食更无其数。"第 28 回写道:"三人一路走出了南门。那南门热热闹闹,真是车如游龙,马如流水! 三人挤了半日,才挤了出来,望着报恩寺,走了进去。"参见(清)吴敬梓《儒林外史》,中华书局 2009 年版。
③ 吴敬梓与友人"乘月出城南门,绕城堞行数十里,歌吟啸呼,相与应和;逮明,入水西门,各大笑散去,夜夜如是,谓之'暖足'。"参见(清)吴敬梓《儒林外史》,中华书局 2009 年版。
④ 南京城门名称顺口溜,"三山聚宝临通济,洪武朝阳镇太平。神策金川定钟阜,仪凤淮清到石城。"参见(清)吴敬梓著《儒林外史》,中华书局,2009 年版。

与周边自然山水高度协调融合,充分体现了中国古人"天人相应""天人合一"哲学思想体系的传承与发展。南京是典型的依山傍水的传统城市,有着独特的地理景观格局。千百年来,山水城林交相辉映,自然与人文融为一体,成为古都金陵人文地理的重要特征,同时也形成了一系列著名的景观组景,古城墙则是这些景观组最重要的构成要素。自明代中期至民国,"金陵胜景"不断丰富演变,由"八景"逐渐发展为"十景""十八景""四十景"及"四十八景"。明朝嘉靖年间黄克晦游金陵后所作《金陵八景图》,现收藏于江苏省美术馆,保存有"石城霁雪""风台夜月""白鹭春潮""乌衣夕照""天印樵歌""秦淮渔笛"6 幅。明朝画家郭存仁于万历二十八年(1600)编绘《金陵八景图卷》,现收藏于南京博物院。这一图卷堪称是"金陵八景"风景画中的代表作。郭存仁所画的"八景"为:"钟阜祥云""石城瑞雪""龙江夜雨""风台秋月""乌衣夕照""白鹭晴波""秦淮渔笛""天印樵歌"。明末清初编绘的胡玉昆《金陵景物图册》(又名《金陵胜景图》),是南京历史上现存最早的"金陵十景"风景画卷,现为美国私人收藏。明天启三年(1623)朱之蕃编、陆寿柏绘《金陵图咏》(又名《金陵四十景图考诗咏》)。高岑与龚贤、樊圻、邹喆、吴宏、叶欣、谢荪、胡慥并称"金陵八家",为清朝康乾时代活跃在南京地区的一大画派。高岑《金陵四十景图》绘制于清朝康熙年间,现收藏于中国科学院南京地理与湖泊研究所。清宣统二年(1910),徐上添编绘《金陵四十八景》,包括狮岭雄观、石城霁雪、钟阜晴云、龙江夜雨、北湖烟柳、桃渡临流、青溪九曲、凤凰三山、长干故里、幕府登高、鸡笼云树、秦淮渔唱、谢公古墩等山水组景,城墙、城河、长江共同构成其中突出的基本要素。①

---

① 参见(清)徐上添绘《金陵四十八景》,南京出版社 2012 年版。

狮 猊 峰 观

在府治西北二十
里高三十丈
洞高三里形如狮
子以随得名狮
南麓旧林禅
院弘觉寺如高
祖命金陵指建
郛俯瞰湖虏
徙途一阁景
勃石纪事

金陵四十八景

一四

图 4-6　金陵四十八景之"狮岭雄观"

雪 霁 城 石

在府治西南
吴孙权作江
外今新作江
大江环绕江
此整台当时
氏居作民破
数里结连江
屏陵容之史
遥可徵验已

金陵四十八景

一五

图 4-7　金陵四十八景之"石城霁雪"

201

图 4 - 8　金陵四十八景之"幕府登高"

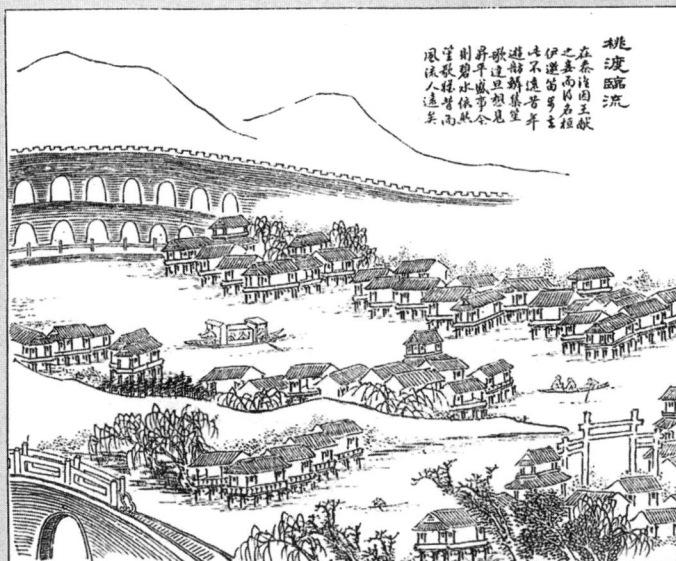

图 4 - 9　金陵四十八景之"桃渡临流"

图4-10　金陵四十八景之"北湖烟柳"

第二节　民俗传承

中国是世界文明古国之一,传承千百年的岁时节日民俗是中国文化中重大的民族文化遗产,凝聚着中华民族的情感、知识、智慧、伦理规范等,是凝聚中华民族情感与行动的文化核心。在长期的社会生活中约定俗成的岁时节日民俗,是由特殊的名称、时间、空间、形式、情感等共同构成的城市文化时空,成为城市文化的独特而重要的组成部分。南京地处中国东南部,长江下游,自古为中国南北交通枢纽和军事战略要地,为历代统治者所重视,先后有十朝在此建都,形成古都南京独具特色的民俗文化。作为中国著名的历史文化名城,南京深厚的民俗文化兼收并蓄,源远流长。作为城市标志物的南京城墙不仅构成了古代政治空间与军事防御体系,也承载与守护着人们的日常生活。在现代社会中,蕴含南京城墙文化元素的传统民俗,正与时俱进,焕发出勃勃生机。

（一）新春贴春联

春节是中华民族最隆重的传统佳节，也是融汇中华传统文化最丰富的节日。春节习俗代代传承不息，延续至今。春节蕴含着中国传统价值观以及中华民族的精神追求，展现了中国人的核心价值观和文化精神，对中国乃至当今世界都有着重大意义。南京作为中国著名的历史文化名城，本地区独特而丰富的民俗文化源自十朝都会的文化积淀以及五方杂处的大规模人口迁徙。千百年来，南京的春节年俗代代相传。明代出现贴春联、走百病等春节习俗，至今仍然影响着南京人的社会生活。

春联，原为中国古人用来驱鬼辟邪并祈福佑家的桃板、桃符等物品[①]，宋代以红纸取代桃木板，明代改称"春联"。明太祖朱元璋定都南京以后，为歌颂太平盛世，大力提倡对联，经常为大臣们题写对联。[②] 朱元璋大力提倡普及贴春联，命令每年除夕之前官员大臣和平民百姓必须在家门上贴春联，并微服出巡，挨门挨户观赏取乐。春联由此在民间日益盛行，成为社会风尚。[③] 因书写春联使用朱砂染红纸张，被赋予吉祥的称谓"万年红"，以此寓意大明江山万年永固和百姓千门万户兴旺发达。[④] 每到辞旧迎新之际，南京城在就流传着贴春联的习俗。贴春联是中国

[①] 南朝梁人宗懔(499—563)编撰的笔记体文集《荆楚岁时记》是中国第一部地域时间民俗志，记录中国古代楚地岁时节令风物故事，对中国岁时文化的传播和发展产生了重要影响。中国古代用桃符来驱鬼辟邪并祈福佑家，据《荆楚岁时记》记载："正月一日是三元之日也……造桃板着户，谓之仙木……桃者，五行之精，厌伏邪气，制百鬼也……贴画鸡户上，悬苇索于其上，插桃符其旁，百鬼畏之。"参见宗懔编撰《荆楚岁时记》，湖北人民出版社 1985 年版。

[②] (明)周晖《金陵琐事》记载，朱元璋称帝后，除夕御书两副对联"始余起兵于濠上，先崇捧日之心；迄兹定鼎于江南，遂作擎天之柱"和"破虏平蛮功贯古今人第一，出将入相才兼文武世无双"赐予开国名将徐达，又赐予大学士陶安对联"国朝谋略无双士，翰墨文章第一家"。参见(明)周晖《金陵琐事》，南京出版社 2007 年版《南京稀见文献丛刊》。

[③] (清)陈云瞻《簪云楼杂说》记载："春联之设，自明孝陵昉也。时太祖都金陵，于除夕忽传旨，公卿士庶家，门上须加春联一副。太祖微行出观，以为笑乐。偶见一家独无之，询知为阉豕苗者，尚未倩人耳。太祖为大书曰：'双手劈开生死路，一刀割断是非根。'投笔径去。嗣太祖复出，不见悬挂，因问故，答云：'知是御书，高悬中堂，燃香祝圣，为献岁之瑞。'太祖大喜，赍银三十两，俾迁业焉。"转引自(清末民初)潘宗鼎《金陵岁时记》，南京出版社 2006 年版。

[④] 清末民初南京地方文献学者潘宗鼎《金陵岁时记》记载："元旦，千门万户更易春联，以朱砂染笺，佳者谓之万年红。其制自明初始。"(清末民初)潘宗鼎《金陵岁时记》，南京出版社 2006 年版。

千百年来所传承的文化习俗,如今在古都南京"城门挂春联活动"已延续二十余载,成为春节期间的一项重要的文化活动。每年举办的南京城墙全球征集春联活动,不仅体现了中华传统文化与历史意义,更深刻体现了人们寄予新年的美好愿景。

(二) 秦淮灯会

每年春节期间举办元宵节灯会是中国的传统习俗。历史悠久的秦淮灯会又称"金陵灯会",是流传于南京地区的民俗文化活动,每逢春节至元宵节期间举办。[1] 自六朝建康都城出现元宵灯会,成为中国最早的灯会。秦淮灯会日益繁盛,明清时期达到鼎盛,至今仍然是南京民俗文化的一种主要形式。[2]

明初,明太祖朱元璋定都南京之后,竭力提倡以元宵灯节营造盛世景象,将正月十三上灯日改为正月初八,延长至正月十八落灯,灯节长达10天之久[3],要求应天府军民元宵灯节同乐,南京秦淮灯彩与画舫灯船逐渐蜚声天下。[4] 明永乐七年(1409)明成祖朱棣即位之初,沿用明太

---

[1] 秦淮灯会的历史最早可以追溯到魏晋南北朝时期,唐宋时期已成为南京地区重要的春节民俗。唐宋时期,为期3天的元宵灯会延长到10天,即从农历正月初八为上灯节,正月十五元宵节,正月十八落灯节。后来,又延长为从农历正月初一至正月十八为灯市。秦淮灯彩文化至今已有1500多年的历史,秦淮灯彩汲取了中国传统扎纸、绘画、书法、剪纸、皮影、刺绣、雕塑等艺术之长,除了传统的宫灯、走马灯以外,还有兔子灯、荷花灯、狮子灯等。参见杨献文主编《十里秦淮志》,方志出版社2002年版。

[2] 东晋文学家习凿齿描写金陵灯彩盛景:"煌煌闲夜灯,修修树间亮。灯随风炜烨,风与灯升降。"参见《晋书》卷八十二《习凿齿列传》。南朝梁简文帝萧纲诗《正月八日燃灯应令》:"藕树交无极,花云衣数重。织竹能为象,缚荻巧成龙。落灰然蕊盛,垂油湿画峰。天宫倘若见,灯王愿可逢。"

[3] 明代学者郎瑛文言笔记小说《七修类稿》记载:"闻太祖初建南都,盛为彩楼,招徕天下富商,以实国本,元宵放灯,多至十余日。"参见(明)郎瑛著《七修类稿》,上海书店出版社2009年版。

[4] 明代王圻撰《续文献通考》记载,明洪武五年(1372)的元宵节(上元节),明太祖朱元璋因四海统一,下令在秦淮河上燃放水灯万盏以示欢庆,还亲赐对联,鼓吹秦淮河上的风月繁华,发动贵戚功臣和官绅商民坐灯船画舫观赏,传为一代盛事,秦淮灯船由此兴盛。参见俞允尧编著《秦淮古今大观》,江苏科技出版社1990年版。

祖朱元璋上元节放灯十日的做法。① 朱棣下令筹办灯会与民同乐,召集能工巧匠在宫城承天门外制作大型彩灯"鳌山万岁灯"。② 公元1615年,意大利传教士利玛窦的《中国札记》出版,轰动欧洲。利玛窦曾3次到达南京城,作为当时世界上屈指可数的大都市之一,利玛窦所见秦淮灯彩正是明朝南京经济文化繁盛的缩影。③ 明末清初文学家余怀于清康熙三十二年(1693)所著《板桥杂记》中绘声绘色地描述了十里秦淮两岸的灯船画舫流动的光影景致。④ 清代吴敬梓在著名小说《儒林外史》中对秦淮灯火也有相似的描述。⑤ 2006年,秦淮灯会被国务院批准列入首批国家级非物质文化遗产名录。

① 明成祖朱棣即位沿用明太祖放灯十日的做法,"永乐间文皇帝赐灯节假十日,盖上元游乐,为太平盛事,故假期反优于元旦,至今循以为例。……永乐七年正月十一日,钦奉太宗文皇帝圣旨:太祖开基创业,平定天下,四十余年,礼乐政令,都已备具。朕即位以来,务遵成法,如今风调雨顺,军民乐业,今年上元节正月十一日至二十日,这几日官人每都与节假,著他闲暇休息。"参见(明)沈德符撰《万历野获编》,文化艺术出版社1998年版。

② 明嘉靖时期史学家所撰明代通史专著《皇明通纪》记载:"永乐十年(1412年)正月元宵,上赐百官宴,听臣民赴午门外观鳌山三日,自是岁以为常。"参见(明)陈建撰《明皇通纪》,中华书局2008年版。

③ 利玛窦的《中国札记》对明代中期之后的南京城有详细描述:"在整个中国和邻近各邦,南京被称为第一座城市。它为三座城墙环绕,最里面的是皇宫,最为华丽,宫殿依次由三层拱门墙所围绕,四周是壕沟,其中灌满流水。世界上没有一个国王能有超过它的宫殿。第二座宫墙包围着包括皇宫在内的内墙,囊括了该城的大部分重要区域。第三重墙是不连续的外墙。"利玛窦赞赏南京城的秀丽和雄伟,认为"在这方面,或许很少有其他城市可以与它匹敌或胜过它"。明代中叶,南京工商业的发达也引起了利玛窦的关注,在目睹了盛大的灯节烟火表演和灯笼演出之后,利玛窦评价道:"在烟火制造技术的表演这一科学方面,南京超过了全国其他地区,或者也超过了全世界的其他地区","家家户户都挂着用纸板、玻璃或布巧妙地做成的各种灯笼,大家购买惹自己喜欢的样式。"参见《利玛窦中国札记》,中华书局2010年版。

④ 清代"秦淮灯船之盛,天下所无。两岸河房,雕栏画槛,绮窗丝障,十里珠帘。……薄暮须臾,灯船毕至,火龙蜿蜒,光耀天地,扬槌击鼓,踏顿波心,自聚宝门水关至通济门水关,喧阗达旦。桃叶渡口,争渡者喧声不绝。"参见(明)余怀著、薛冰点校《板桥杂记》,南京出版社2006年版。

⑤ 清代,"(南京)城里一道河,东水关到西水关足有十里,便是秦淮河。水满的时候,画船箫鼓,昼夜不绝","每年四月半后,秦淮景致渐渐好了,到天色晚了,每船两盏明角灯,一来一往,映着河里,上下明亮,自文德桥至利涉桥、东水关,夜夜丝歌不绝。"参见(清)吴敬梓《儒林外史》,人民文学出版社1981年版。

（三）正月十六爬城头

"走百病"是中华民族古老的一项传统习俗。[1] 自明末清初起，为了"走百病"，每年"正月十六爬城头"就成了南京地区的特色民俗。初春的正月十六日，南京的老百姓扶老携幼登上城墙，聚宝门、三山门、石城门和通济门这 4 座城门是主要的登城处，聚集的游人特别多。人们精神焕发地登城游玩，敲锣打鼓，燃放爆竹，极目远眺，期盼着新年里可以祛病除灾。晚清著名文人甘熙曾热衷于收集考据南京历代岁时民俗、地方掌故等，编纂有《白下琐言》等多部南京地方志，在《白下琐言》第四卷里记录了清代江宁府的老百姓"正月十六爬城头"的热闹场景。[2] 南京城南聚宝门是最热闹的地方，游人敲锣打鼓，燃放爆竹。人们在城下、城门口或城上沿途买卖"走百病"的一种过节之物，就是将有刺的小树枝插上爆开的玉米花并染成红色，以此模拟梅花迎春绽放。[3]

清末著名教育家程先甲的传世之作《金陵赋》是研究南京岁时民俗的重要文献资料。程先甲对《金陵赋》中的风土民俗证古求源，并加以注释考证。在《金陵赋注》中记载了"正月十六爬城头"的习俗，提及登城"走百病"的另外两种过节之物"煮红豆"和"吹糖饴"，并提及清光绪十八年（1892）清政府曾对南京城墙进行大规模修缮的史实。[4] 清末民初，南京地方学者潘宗鼎著有《金陵岁时记》一书，这部重要文献深入研究南京地区以及中华民俗的传承发展脉络，全面系统地记述了清末民初南京地区最富特色的岁时民俗。在《金陵岁时记》里也提及了过节之

---

[1] 明清时期，包括江苏在内，黑龙江、吉林、陕西、北京、河北、山东、浙江、关东、福建、四川、贵州、云南、广西、海南、台湾等地方志书，多见"走百病"的记载。参见陈恩维《"走百病"民俗的渊源与流变》，《民俗研究》2017 年第 2 期。

[2] 甘熙《白下琐言》记载："岁正月既望，城头游人如蚁，萧鼓爆竹之声，远近相闻，谓之'走百病'，又云'踏太平'。聚宝、三山、石城、通济四门为尤盛"。参见甘熙《白下琐言》，南京出版社 2006 年版。

[3] "走百病"岁时民俗有特殊的节物，"正月十六，以棘刺穿玉黍作假花，执以上城，谓之'走百病'"。参见《金陵琐志九种·炳烛里谈》，南京出版社 2008 年版。

[4] 程先甲《金陵赋注》记载南京正月十六"爬城头"习俗以及修城史实："今则此风唯聚宝门为盛，有煮豆作红色，焙蜀黍成花（即爆玉米花）缀诸棘刺上以肖梅枝，抑或以饴（即饴糖）吹作榴实等缀其上，沿道而卖，游人必择一枝而归。走百病之名尚如旧，特罕有称踏太平者矣。光绪癸巳（1892 年）刘制军因新修城禁止，此风渐废。"参见（清）程先甲撰《金陵赋》，凤凰出版社 2019 年版。

物"煮红豆"和"吹糖饧"。① 近现代国学家、诗人夏仁虎撰有多部关于南京风俗习尚的著作,其中《岁华忆语》一书详尽地介绍了南京节日习俗活动以及节日饮食等,也有类似记载。② 潘宗鼎《金陵岁时记》中,也提及清光绪癸巳(1892)曾大规模维修江宁府城墙及 13 座城门楼。③

"正月十六爬城头"的风俗在南京曾几盛几衰。清末战乱频仍曾一度禁绝,民国时此风又盛。20 世纪初,因南京城墙多处倒塌,"走百病"之风逐渐冷落。20 世纪 50 年代,南京城墙遭到拆毁,"走百病"的习俗趋向衰亡。20 世纪末,南京市政府修复南京城墙,修缮后的台城、石头城、中山门、中华门等段落城墙陆续向市民开放,"正月十六爬城头"的风俗在南京又渐渐兴起。因城墙而形成的岁时活动使物质文化遗产与非物质文化遗产产生有机融合,有利于这一民俗文化的动态传承。

第三节　地名文化

所谓"地名",是指世人对于特定范围和方位的地理实体空间的专有"命名"。历史地名承载着国家与民族千百年的历史文化记忆和文明成果,它是一种具有突出的地域性、时代性、民族性和社会性的特殊文化形态,包含着国家、民族以及区域社会历史发展的丰富信息与线索,具有多元文化内涵。历史地名是华夏文明鲜活载体与传播媒介,是一种独特的集体人文记忆,也是人们探索历史、沟通古今的纽带。对于历史城市而言,地名留存着城市发展的宝贵印迹,是城市历史文化的真实

---

① 潘宗鼎在《金陵岁时记》中记载:"正月十六登城,谓之踏太平,亦走百病。石城、三山、聚宝、通济四门之上,锣鼓炮竹之声相续。道旁有煮豆作红色,焙蜀黍成花,缀棘刺上以肖梅枝,或吹饧作榴实、柿子缀之,游人必售(购)一枝而归。"参见潘宗鼎、夏仁虎《金陵岁时记·岁华忆语》,南京出版社 2006 年版。

② 夏仁虎在《岁华忆语》中记载:"十六日,居人相率由东南城之老虎头石观音山,以登南城,曰'走百病',谓能免疫,与登高之意同。城上马道,亦市玩物,以棘枝上安红豆及炒米花,游人购之而归。"参见潘宗鼎、夏仁虎《金陵岁时记·岁华忆语》,南京出版社 2006 年版。

③ 潘宗鼎《金陵岁时记》中提及"光绪癸巳(1892 年),刘岘庄制军因城新修禁止"。史料中的"刘岘庄制军",指的是晚清军事家、政治家、湘军宿将刘坤一(1830—1902),字岘庄。清光绪十八年(1891),刘坤一受命"帮办海军事务",并任两江总督。曾主持大规模维修江宁府城墙及 13 座城门楼。参见《江苏省志·大事记·清代》,1892 年 9 月(清光绪十八年),修江宁城垣、城垛、重建 13 门城楼等工程完工。

记录和客观反映,蕴含着民族、历史、地理、语言、民俗等多元文化信息,是城市历史文化的重要组成部分。历史地名具有非物质文化遗产属性,被联合国纳入世界遗产保护体系之中。[①] 自 2004 年起,中国启动了"中国地名文化遗产保护工程",这将激发中国人民的民族自豪感并提升民族凝聚力,有利于实现中华民族伟大复兴中国梦的伟大目标。2022 年,国务院公布修订后的《地名管理条例》,提出要加强地名文化遗产保护,要将具有重要历史文化价值、体现中华历史文脉以及有重大社会影响的地名文化遗产依法列入非物质文化遗产保护范围。

地名承载着人与自然环境之间的互动关系,体现人类生生不竭的创造力;地名作为都城文化的认同元素,则突出地体现了中国传统文化的精髓和中国古代政治制度的理念;地名也是一种民俗文化,真实记录了中国古代传统城市中的商业文化和手工技艺及其空间变化等。南京是全国率先把历史地名列入非物质文化遗产保护的城市。南京拥有近7000 年文明史、2500 多年建城史以及近 500 年建都史。南京作为华夏文明的重要发祥地和中国著名的"四大古都"之一,通过地名可以清晰地触及南京古城的发展脉络。作为城市历史基因,南京的地名文化源远流长,地名文化遗产是南京地域文化的重要组成部分。保护地名文化遗产,可以充分展现城市文脉,并且发挥延续文化传承的重要作用。[②]

(一) 南京城名

南京是国务院公布的首批国家历史文化名城。在中国历史上,南京城市的地位沉浮变迁,或为一国之都,或为州治、府治、县治等。南京

---

① 1987 年联合国第五届地名标准化会议和 1992 年联合国第六届地名标准化会议通过的重要决议,均认为"地名是民族文化遗产","地名有重要的文化和历史意义,随意改变地名将造成继承文化和历史传统方面的损失"。2007 年召开的联合国第九届地名标准化会议作出决议,确定地名属于非物质文化遗产,适用于《保护非物质文化遗产公约》。2012 年第十届联合国地名标准化会议"把地名作为民族文化遗产的一部分",明确地名在文化遗产的地位和保护的必要性并形成了地名文化遗产保护鉴定的国际原则标准。

② 著名城市规划大师与城市历史学家刘易斯·芒福德认为,"如果我们仅只研究集结在城墙范围内的那些永久性建筑物,那么我们就还根本没有涉及城市的本质问题。"参见(美)刘易斯·芒福德著,宋俊岭、倪文彦译《城市发展史——起源、演变和前景》,中国建筑工业出版社 2005 年版。

的历史地名记录了古都南京延续千年的发展脉络,标记着南京独特的地域文化特征和深厚的历史文化底蕴。今天南京市域所属范围内,在改朝换代过程中曾经交替更迭过 70 多个不同的城市名号。① 南京城的名称变化极其纷繁复杂,成为南京这座城市兴衰起伏、保留历史进程的鲜活见证。

1. (春秋战国)棠邑、濑渚邑、越城、金陵

棠邑与濑渚是南京地区最早的两座古城邑。春秋时期,南京地处"吴头楚尾"之地,南方诸侯国吴国、楚国纷争不断。长江北岸的古棠邑城始建于周灵王十三年(前 559),是南京最早见于历史记载的城池名称,为南京辖区建置之始。旧志记载,古棠邑故址在今南京地区长江北岸六合县境内滁河下游一带。楚国在此设邑筑城,具有重要的军事地位。周景王四年(前 541 年),吴国在濑渚置邑筑城,它是南京历史上在长江以南建造的最早的一座城邑。濑渚邑地处吴头楚尾的咽喉要道,濑渚邑为夯土筑成,城池坚固,又名"固城"。

根据考古发掘,越城的建城年代(前 472)被公认为是南京城区建城之始。周元王三年(前 473),越国灭吴国。次年,筑一座土城"越城",又名"范蠡城"。越城"周回二里八十步",实际为一座军事城堡,城中驻扎有越国军队,为南京城区历史上最古老的城池。②

"金陵"是古代南京地区的通用名称,涵盖了南京历代政区名称所能承载的荣辱兴衰。据史书记载,楚威王曾东行南京,认为南京地域作

---

① 南京城名历经更替变迁,从古至今南京有"棠邑""越城""冶城""石头城""金陵""秣陵""建业""建邺""建康""江宁""丹阳""白下""上元""江乘""湖熟""江宁""南京"等 70 多个名号。其中,属于国都的南京名称有:东吴"建业",东晋南朝"建康",五代杨吴"西都",南唐"金陵",南宋"留都""陪都""行都",明朝"南京""京师""南都""留都""陪都",太平天国"天京",中华民国"南京"。属于州治的南京城名有汉末六朝时期"扬州"。属于府治的南京城名有汉末六朝时期的"丹阳郡""琅琊郡",隋朝时期的"蒋州""丹阳郡",唐朝时期的"丹阳郡""扬州""蒋州""江宁郡""昇州",五代十国的"昇州""金陵府""江宁府",宋代的"昇州""江宁府""建康府",元代的"建康府""建康路""集庆路",明代的"应天府",清代的"江宁府",太平天国时期的"天京省",中华民国的"南京府""金陵道"。属于县治的南京城名有:"金陵""秣陵""临江""江宁""建邺""归化""金陵""白下""上元"以及"棠邑""濑渚""江乘""同夏""湖熟""临沂"等。参见卢海鸣《南京历代名号》,南京出版社 2018 年版。

② 《左传》哀公二十二年(前 473)记载:"冬十一月丁卯,越灭吴",尽取吴故地。越王勾践次年命范蠡筑城于秦淮河入江口附近的古长干里,史称"越城""范蠡城"或"越台",是南京市区最早的一座城池。宋《太平御览》卷一九三转引南朝宋山谦之《丹阳记》所录《越绝书》的记载,"东瓯越王所立,元王四年范蠡筑"。

为楚国东疆可以"控江海之利"。楚威王决定废弃越城,设置金陵邑,在长江东岸的石头山(今南京清凉山一带)上重建一座城池作为治所。金陵邑城周"七里一百步",临江控淮,地理位置险要,这是南京主城区历史上的第二座古城池,大约延续了110年之久,为秦所废。

2.(秦汉)秣陵、丹阳、江乘

秦始皇帝二十六年(前221),秦灭六国,统一天下,行郡县之制。秦始皇帝二十六年(前220),秦始皇嬴政出巡,沿途"坏诸侯郡县城"。改"金陵"为"秣陵"[1],秦始皇嬴政废金陵邑置秣陵县,将治所迁离战略要地,贱名迁治。秦始皇嬴政过今南京江宁丹阳镇,置丹阳县。秦始皇嬴政经今南京栖霞摄山乡北返,在此置江乘县。秣陵、丹阳、江乘与溧阳县同属会稽郡。[2]

3.(六朝)建业、石头城、建邺、江宁、建康

汉献帝建安十六年(211),吴主孙权自京口(今镇江)移治秣陵(今南京)。次年,改"秣陵"为"建业",于金陵邑故址筑石头城,"周七里一百步",用作军事基地。[3] 三国吴黄龙元年(229),孙权于湖北武昌(今鄂州)正式称帝后迁都建业,开始修建建业都城,都城"周廿里一十九步"。[4] 这是南京历史上第一次被定为国都,开创了南京作为"六朝都城"的历史,经东吴数十年的建设,建业都城迅速成为全国性的大都市。[5]

南京城市史上,"江宁"是一个影响深远的重要名号。西晋太康元年(280),西晋灭吴,结束了东汉末年以来三国分裂割据的局面,中国进入短暂的统一时期。西晋灭吴之后对吴都建业实行贬抑政策,西晋太康元年(280),废三国东吴"建业"都城之名,恢复其秦汉时期的旧称"秣

---

① 秦始皇帝二十六年(前220),秦始皇嬴政毁金陵邑城,移其县治于今南京江宁秣陵镇,改金陵邑为秣陵县。西晋虞溥《江表传》记载,秦时有望气者说,"金陵地形有王者都邑之气"。相传秦始皇嬴政在金陵凿钟阜断长陇以泄气。秦始皇嬴政掘断连冈,改"金陵"为"秣陵",破坏风水以泄王气。

② 参见马伯伦主编《南京建置志》,海天出版社1994年版。

③《三国志·吴书·孙权传》记载,汉献帝建安"十六年,权徙治秣陵。明年,城石头,改秣陵为建业"。

④ (唐)许嵩编纂《建康实录》卷二。

⑤ 东吴始建建业都城,世称"一代宏图开建业",南京成为"十代名都"由此肇始。之后"东晋及齐梁因之。虽时有筑,而其经画皆吴之旧。"参见(宋)周应合《景定建康志》卷一〇《城阙志一·古都城》引《东南利便书》,宋元方志丛书刊本,中华书局1990年版。

陵"，并分设临江县。从年，将临江县更名为"江宁县"，隶属丹阳郡。从此，南京有"江宁"之名。①

西晋太康三年(282)，将秦淮河以北地方重设建业，分设秣陵县，改"建业"之名为"建邺"。西晋建兴元年(313)，晋愍帝司马邺于长安即位。因避晋愍帝讳改"建邺"之名为"建康"，南京的古名"建康"自此而始。两晋时期少数民族迁至中原，北人南迁。公元316年，西晋灭亡。次年，晋元帝司马睿即晋王位，东晋是由西晋皇室后裔司马睿在南方建立的政权，东晋以建康为国都104年。公元420年，东晋灭亡，刘宋政权建立，江南地区相继出现的宋、齐、梁、陈4个朝代连续以建康为都，史称"南朝"。同时期，在中国的北方地区相继有北魏、东魏、西魏、北周、北齐等政权，史称"北朝"。南北朝长期对峙，分裂割据近300年，建康都城始终是南方政治、经济、文化中心。公元589年，隋军攻入陈朝都城建康，陈朝灭亡。

4. (隋唐)蒋州、归化、昇州、上元

隋、唐两代的南京地区位于南北要冲，仍旧是东南地区经济、文化中心，军事上具有举足轻重的重要地位。隋、唐两代的朝廷立都于北方，刻意压制、贬低南京地区的政治地位，降低南京政区建制，政区更迭频繁，城名变化复杂。

隋文帝开皇九年(589)，隋朝设置蒋州，蒋州治于江宁，以刺史主州政，治所位于建康故都军事城堡石头城。隋唐时期，南京一度称作"蒋州"。②

公元618年，唐朝建立。唐武德三年(620)，唐高祖李渊更改丹阳郡(治今南京)为"扬州"，更改江宁县(今南京)为"归化县"。③ 唐武德八

---

① 南朝顾野王《舆地志》记载："故江宁县城在县南七十里。晋永嘉中，帝初通江南，以'江外无事，宁静于此'，因置江宁县。南门临浦水，至今呼江宁。"参见宋朝乐史《太平寰宇记》卷90，"江南东道二·昇州江宁县"引南朝顾野王《舆地志》。

②《资治通鉴·隋纪》记载，隋文帝开皇九年(589)，隋文帝杨坚诏令"建康城邑并宫室荡平耕垦，于石头城置蒋州"，建康城及东府、丹阳诸城均遭平毁，只留石头城用作蒋州治所。

③ 唐朝李吉甫《元和郡县图志》记载："武德三年，杜伏威归化，改江宁为归化县。"

年(625)，更改归化县为"金陵县"。① 唐肃宗乾元三年(760)，改"乾元"年号为"上元"。唐肃宗上元二年(761)，唐朝政府废除昇州建置，由州城降为县城。将昇州统辖的江宁县改为"上元县"。同年，"上元"年号被唐朝废除，但"上元"作为南京城市历史名号却被长久保留下来。唐末五代，北方藩镇割据，群雄相争。南方的杨吴、南唐则偏安江淮，南京地区成为杨吴西都金陵府，其后成为南唐国都江宁府。

5. (宋)建康府：留都、陪都、行都

宋、元两代的南京为东南重镇，设置有州、府或路。北宋开宝八年(975)，宋朝变更南唐江宁府为昇州，以南唐旧宫为治所，成为江南首府。北宋至道三年(997)，北宋始定全国为15路，其中江南路治所设于昇州。北宋天禧二年(1018)，宋真宗赵恒改昇州为江宁府，江宁府又称"昇国"。南宋建炎三年(1129)，宋高宗赵构改江宁府为建康府。建康府治原在南唐宫城，改府治为行宫，为仅次于都城临安的军政要地。南宋时期，建康被称为"留都""陪都"。②

6. (元)集庆路

元朝集庆路是江南地区政治、军事、经济和文化中心。公元1277年，元朝政府改宋建康城为"建康路"。公元1329年，改建康路为"集庆路"。③

7. (明)应天府、南京、京师、南都

公元1356年，朱元璋攻克集庆路，改元代集庆路为"应天府"，取

---

① 唐玄宗天宝十四载(755)，安史之乱爆发。因金陵地位重要，唐朝政府认为"以金陵自古雄踞之地，时遭艰难，不可以县统之，因置昇州，仍加节制，实资镇抚。时人艰弊，力难兴造，因旧县宇以为州城。禄山平后，复废州，依旧为县。"唐至德二载(757)，唐朝政府于江宁县置金陵郡，不久改为江宁郡。唐肃宗乾元元年(758)，改江宁郡置昇州。安史之乱平定后，废昇州，仍为江宁县。参见南京市地方志编纂委员会编《南京建置志》，海天出版社1994年版。
② 南宋《景定建康志》称"建康为今留都，视它郡为重"。参见《景定建康志》卷一五《志总序》。
③ 元朝张铉《至正金陵新志》记载，元天历二年(1329)，元文宗图帖睦尔诏令改建康路为集庆路。建康路为元文宗的藩邸所在地，为龙兴之地，"集庆"之名寓意"汇集喜庆"。明朝宋濂等撰《元史》记载，元天历二年(1329)，"改潜邸所幸诸路名：建康曰集庆，江陵曰中兴，琼州曰乾宁，潭州曰天临"。

"上应天命"之意。① 公元1368年,明太祖朱元璋在应天府称帝,建立大明王朝。同年,朱元璋颁布《立南京北京诏》,实行两京制,以应天为南京,以大梁(今河南开封)为北京。明洪武十一年(1378),明太祖朱元璋改南京为京师,确立南京为大明帝国都城。② 明永乐元年(1403)至十八年(1420)间,明成祖朱棣恢复两京制,将全国的政治和军事中心逐步从南京转移至北京。明永乐十九年(1421)九月,明成祖朱棣诏令京师正式改称"南京",撤销其都城地位,南京成为陪都,称"留都"或"南都"。

(二) 护城河名称

人类生存与水源紧密相连,对于中国古代传统城市而言,水脉是城市形态的重要组成部分。城池是不可分割的一个整体,除城墙、城门、瓮城、城楼、镝楼、闸楼、角楼等建筑要素,还包括护城河以及水关涵闸、墙体排水系统等附属建筑。明初南京都城的规划和营造充分结合了山水自然地理条件,堪称中国古代都城建造史上的经典之作。

1. 长江

千百年来,长江是中国地理区域重要的南北分界线。在南京古代城市营建的过程中,长江构成其重要的地理元素。长江也是抵御北方入侵的天堑,具有重要的军事防御作用。③ "龙盘虎踞"是南京山水形势的代名词,今日南京还有与此相关的"龙盘里""虎踞关"等古老地名。明初南京都城跨江而治,以长江天堑为天然屏障。位于南京城西南的长江,环绕南京城西南至东北,构成长达80千米的军事防御天堑。

2. 秦淮河

位于南京城南及南郊的秦淮河古称"淮水",全长约100多千米。

---

① "应天"之名源自《周易·革卦·象传》:"天地革而四时成,汤武革命,顺乎天而应乎人,革之事大矣哉!"应天,意为"顺乎天命,合乎人心"。明初应天府城营造竣工之时,由明朝礼部编纂的《洪武京城图志》云:"钦惟皇上,当元纲解纽之际,会上天更运之时,应天顺人,特起中夏,定都江左,四征弗庭"。参见(明)《洪武京城图志》,南京出版社2017年版。

② (清)张廷玉等撰《明史》卷四〇《地理志一》。

③ 汉建安十三年(208)赤壁之战前夕,三国蜀汉政治家、军事家诸葛亮(181—234)途径秣陵,赞叹秣陵山川形胜"钟山龙盘,石头虎踞,此乃帝王之宅也"。参见(南宋)张敦颐撰《六朝事迹编类》卷二《形势门》。

它是长江下游的一条支流,也是南京第一大河,与南京城市发展关系密切。秦淮河上游东源在句容境内,南源在溧水境内,汇合于方山附近之后抵达南京城墙之下,在南京城东的通济门分流为内秦淮与外秦淮两支。内秦淮一支从通济门附近的东水关入城,横贯南京城区向西流出水西门附近的西水关之后汇入长江。外秦淮一支为明代应天府城外南面的护城河,河水自东向西流淌不息,在水西门附近与内秦淮一支汇合之后流向长江。有关秦淮河的别称很多,秦淮河的主干分别被称作"水""浦""河"或"江",有"龙藏浦""淮水""秦淮河"和"小江"之称。秦淮河的支流分别被称作"渎""溪""渠""沟""濠""套"等,例如支流的名称有"运渎"、"青溪"(又称"东渠")、"潮沟"、"杨吴城濠"、"荷包套"等。相对于长江作为"大江"而言,秦淮河被称为"小江"。

早在春秋战国时期,护城河已经成为城池军事防御的重点。城墙与护城河共同组成保卫城市安全的军事防线,并且划定城市边界,城池遂形成了区域性的政治、经济、交通和文化中心。东吴时期,孙权把政治中心移至建业,于秦淮河入江口附近的清凉山砌筑石头城作为军事重地戍兵屯粮。孙权以水军立国,高度重视发挥秦淮河的军事防御作用。[①] 秦淮河是六朝建康都城南面重要的交通要道与军事屏障,六朝时期建康城发生的各个战事几乎都与秦淮河相关。[②] 六朝建康都城水系密布,秦淮河与长江以及青溪、运渎、潮沟、破岗渎等水道相互连接沟通,在军事防御、交通运输等方面发挥了重要作用。南唐金陵城是中国东南地区政治、经济中心。南唐金陵城与原六朝建康城水系连通,利用长江、秦淮河、金川河等自然水道并且以人工河道作为辅助,对水系进行了大规模的整理改造,形成了环绕金陵城的"杨吴城濠"[③],南唐金陵城完整的护城河系统为宋、元两代沿用,也为后世南京城水系分布奠定

---

① 东吴孙权以水军立国,"秣陵有小江百余里,可以安大船,吾方理水军,当移据之"。参见(清)顾祖禹撰《读史方舆纪要》,中华书局 1955 年版。

② "大抵六朝都邑,以秦淮为固,有事则沿淮拒守。"参见(南宋)周应合等撰《景定建康志》,南京出版社 2009 年版。

③《金陵古今图考》记载:"自北门桥东南于大中桥,截于通济门外,旁入秦淮。又自通济城外,与秦淮分流,绕南经长干桥,至于三山门外,于秦淮复合者,杨吴之城濠也。"参见(明)陈沂撰《金陵古今图考》,南京出版社 2006 年版。

了基础。明初营建应天府都城，充分利用山水形胜，山川、河流、湖泊与城墙之间关系紧密，宫城、皇城、京城与外郭四重城垣之外均建有护城河，相互连通的护城河水系成为世界上最长的护城河。

（三）城门名称

中国古代城市大多由城墙构筑而成，城墙与城门相互依存，城门既是人们出入城的交通通道，也是城市的防卫体系，城门具有军事防御、社会管理和对外交流等多种重要的功能。明代是中国历史上第一个定鼎江南完成统一大业的封建王朝，南京第一次成为大一统中国的都城。明初都城南京为宫城、皇城、京城和外郭四重城垣环环相套的基形制，是当时世界上规模最大的城市，奠定了明初至今600多年来南京城市发展的基本框架。

1. 宫城与皇城

明代初期，明太祖朱元璋与明成祖朱棣先后大规模营建凤阳、南京和北京三都。元至正十六年（1356），朱元璋率军攻占元集庆路（今南京），改称"应天府"。元至正二十四年（1364），朱元璋自称吴王。元至正二十六年（1366），开始营建吴王新宫。① 明洪武元年（1368），明太祖朱元璋正式即位，迁入南京新宫；次年兴建凤阳明中都城，至洪武八年（1375）罢建中都，再次集中力量大规模修建南京都城。明洪武八年（1375）九月，朱元璋诏令改建大内宫殿，至明洪武十年（1377）十月工程竣工。② 皇城辟有承天门、西安门、东安门、北安门、长安左门、长安右门和洪武门。宫城内前朝后寝，辟有午门、左掖门、右掖门、东华门、西华

① 《明太祖实录》记载，元至正二十六年（1366）"八月庚戌朔，拓应天城，朱元璋命刘基等卜地定作新宫于钟山之阳"，"吴元年（1367年）九月癸卯，新内成……周以皇城，城之门：南曰午门，东曰东华，西曰西华，北曰玄武。制皆朴素，不为雕饰。"

② 明万历《大明会典》卷一八一记载改建后的南京宫城："洪武十年十月，改建大内宫殿成。阙门曰午门，翼以两观。中三门，东西为左右掖门。午门内曰奉天门，门之左右为东西角门。内正殿曰奉天殿，御以受朝贺；殿之左右有门，左曰中左门，右曰中右门；两庑之间，左曰文楼，右曰武楼。奉天殿之后曰华盖殿，华盖殿之后曰谨身殿，谨身殿后则后宫正门。奉天门外两庑之间有门，左曰左顺门，右曰右顺门。左顺门之外为东华门，内有殿为文华殿，为东宫视事之所；右顺门之外为西华门，门内有殿曰武英殿，为上斋戒时所居。"

门和玄武门。① 明代宫城的正南门为午门，旧称"午阙"或"五凤楼"，午门前设有南北中轴线御街和御道。午门是官员出入之门，也是明初传达圣旨、朝廷告书以及举行国家大典的重地。② 明初，南京作为大明王朝的国都长达 53 年，南京明故宫为北京故宫营造的蓝本。③ 南京作为留都长达 200 多年。明末，南京一度成为南明弘光一朝的都城。

2. 京城与外郭

南京京城与外郭的城门，民间流传有"里十三外十八"之说。明代南京的京城城墙长达 35.267 千米，辟有 13 座城门。明代，南京城东有朝阳门、太平门；城南有通济门、正阳门、聚宝门；城西有三山门、石城门、清凉门、定淮门、仪凤门；城北有钟阜门、金川门、神策门。明代后期，南京地区流传民间歌谣里唱道京城城门的名称，"神策金川仪凤门，怀远清凉到石城。三山聚宝连通济，洪武朝阳定太平"，将南京的京城城门名称串联起来，但其中把明初的国门——正阳门误称为"洪武门"。清代江宁府陆续在城墙上开辟了草场门、小北门、丰润门和后湖小门。民国时期的南京城墙陆续开辟了海陵门、武定门、新民门、汉中门、中央门、雨花门、新开门、中华东门和中华西门。1928 年，国民政府为消除旧城门名称中不合宜的旧封建思想，将首都南京的 7 座城门集体更名。聚宝门更名为"中华门"，海陵门更名为"挹江门"，仪凤门更名为"兴中门"，神策门更名为"和平门"，丰润门更名为"玄武门"，朝阳门更名为"中山门"，正阳门更名为"光华门"。1929 年 4 月，南京市市长刘纪文函请国民政府要员为南京城墙题写新的城门匾额，蒋介石题写"中华门"，戴季陶题写"挹江门"，谭延闿题写"兴中门"和"中山门"，胡汉民题写"和平门"，蔡元培题写"玄武门"。新中国成立之后，南京城墙上陆续开辟解放门、集庆门、华严岗门、后标营门、长干门

---

① 明万历《大明会典》卷一八一记载："吴元年作新内，正殿曰奉天殿、前为奉天门、殿之后曰华盖殿、华盖殿之后为谨身殿，皆翼以廊庑。奉天殿之左右各建楼，左曰文楼，右曰武楼，谨身殿之后为宫。前曰乾清宫，后曰坤宁宫，六宫依次序列。周以皇城，城之门，南曰午门，东曰东华，西曰西华，北曰玄武。"
② 《明太祖实录》记载："诏于午门外择空地立亭建碑，刻国家政事可为定式及凡政令之善者，著以为法。"参见《明太祖实录》卷 54，上海书店出版社 2018 年版。
③ 《明实录》记载，明永乐年间"营建北京，凡庙社、郊祀、坛场、宫殿、门阙，规制悉如南京"。

等城门作为交通孔道。

明代应天府都城外郭城墙长达 60 千米,辟有外郭城门 18 座,明初修筑的外郭城门为 16 座,有沧波门、高桥门、上方门、夹岗门、凤台门、大驯象门、小驯象门、大安德门、小安德门、江东门、佛宁门、上元门、观音门、姚坊门、仙鹤门、麒麟门等城门。明末增辟石城关(即栅栏门)、外金川门 2 座外郭城门。

第四节　考古遗址

在人类发展史上,中华文明博大精深、源远流长。中国文化遗产的价值内涵,是树立国家形象和文化自信的根本。考古研究成果可以追溯中华文明起源与发展,深刻揭示中华文明的丰富内涵,全面展现中华文明的灿烂成就和对世界文明的重大贡献。开展古代城址的考古调查、勘探与发掘工作是保护文化遗产的重要手段,也是揭示、阐释和展示文化遗产价值的重要依据。数十年来,通过持续开展南京城市考古和研究工作,充分揭示和彰显了古都南京的文化特质。南京是跨越长江南北的文化古都,是赓续中华文明发展过程中不可或缺的重要城市,也是中华文明交流交融与创新发展的核心区域,在中华文明起源、形成与发展进程中发挥了重要作用。南京城墙是南京城市最具代表性的历史文化遗产。近年来南京城市考古一系列的重大发现,正不断显现出南京城墙全球性的突出的普遍价值。

(一) 城市考古遗址

历史文化名城南京为古今叠压型城市。近年来,越城、六朝建康城、明初南京都城等南京城市考古项目取得了丰硕成果,成为展现南京古都数千年历史文脉的重要实物见证。

1. 越城遗址考古

南京古城的建城历史,一般是以公元前 472 年的越城为起点。越城作为南京的最早城池,有确切建造年代记载可考,被视为南京建城史的开端。越城遗址是南京历史文化名城的历史见证,反映了中华文明传承延续不断的特质。2017年10月,南京市考古院对中华门长干里古居民区及越城遗址区内西街地块展开考古勘探和发掘。西街遗址地层叠压从西周时期一直跨越到明清乃至近现代,其中遗址遗迹以及各种出土文物的重大发现完整地呈现南京城的起源、发展与繁荣。为南京建城史提供了重要见证。①

2. 六朝建康都城遗址考古

公元4—6世纪的六朝建康都城是中国南方政治、经济和文化中心,代表着南京古代城市发展史上一个极其辉煌的时代。中国古代都城发展史上,六朝建康都城具有承前启后的重要地位,对同时期北魏都城洛阳、东魏北齐都城邺城以及隋唐时期都城的规划营建都产生了深远影响。

(1)建康宫城台城遗址

近年来,在南京大规模城市建设中,南京考古团队结合南宋《景定建康志》等相关史料记载,在今大行宫及其周围一带发现了大量重要的六朝城市建筑遗存,建康宫城台城城墙、城濠以及道路、桥梁、水闸等遗址遗迹相继被发现。②

(2)六朝石头城遗址

六朝建康都城的营建,依托石头山、钟山、长江、秦淮河等周边山水地理形势,在宫城和都城之外设置众多城垒以加强军事城防。石头城是六朝建康都城西部规模最大的军事城垒。经过多次考古发掘,2018

---

① 王婕好:《穿越3000年前,从越城文物看南京生活变迁》,参见《南京考古》公众号。

② 有关台城城垣的数次发现包括:在南京图书馆新馆工地北部发现了台城第三重城墙的东墙、南墙及相关城壕遗迹;在利济巷西侧长发大厦工地发现了台城外重城垣的东墙及其城壕遗迹;在邓府巷东侧工地发现了台城遗址最外重城墙的西墙、城壕及涵闸遗迹;在游府西街小学工地发现了保存较好的台城外重城垣的南墙及其城壕遗迹;在总统府院内偏北发现了3段东西向城墙,结合文献记载,确认其为台城北界的三重城墙。台城四界基本确定,与文献记载基本吻合。参见王志高《六朝建康城遗址考古发掘的回顾与展望》,《晓庄学院学报》2008年第1期。

年 11 月石头城遗址考古工作取得突破性成果。①

　　3. 明代南京都城考古

　　近二十年来,南京明代都城考古主要包括:明故宫遗址区新发现的重要建筑遗存,如奉天殿和武英殿配殿焕章殿的发掘,以及一些道路、桥梁及水道;都城城门、城墙、外郭城考古发掘。如水西门、通济门瓮城基址、定淮门、光华门、集庆门段、前湖段城墙涵洞口、虎踞路涵洞口与西水关遗址等;外郭城的发掘则主要集中在仙鹤门段和观音门段,通过发掘,基本明确了外郭城门的具体形态;重要的手工业遗存发掘,如龙江宝船厂、下燕路采石场、琉璃窑、栖霞官窑山窑业遗存等。

　　1954 年在明故宫东侧、1958 年在东华门内 200 米处、1972 年在西华门内侧以及在午门西侧 300 米处的施工工地,南京市文物保管委员会曾经分别发现了地表约 1.5 米夯土层下排列密集的杉木桩,最长的木桩有 15 米。②

图 4-11　晚清时期的明故宫午门(1888 年摄)

----

① 南京大学历史学院文化与自然遗产研究所和清凉山公园管理处组成的联合考古队对南京清凉山公园内六朝石头城的考古发掘表明:石头城遗址迄今已有 1800 年历史,它是南京六朝都城的重要组成部分,是南京作为六朝都城的开篇之作,在南京城市发展过程中占有重要地位。此次考古发掘出土了一块模印有"石头"二字的东晋晚期城砖,"石头"砖文为石头城遗址提供了准确的考古实证。参见杨逸尘《南京清凉山石头城遗址最新考古成果发布》一文,国家文物局网站可见。

② 杨国庆、王志高《南京城墙志》,凤凰出版社 2008 年版。

1990 年 6 月,在南京市中山东路 522 号信息产业部五十五所院内建筑施工中,发现明代宫城西华门的城门建筑基础。同年 7 月至 11 月,南京市博物馆考古部对其进行清理发掘。2006 年 2 月至 5 月,南京市博物馆对位于南京金城摩托车厂厂区内的金城科技大厦工地进行了考古发掘,发掘出土了明故宫皇城西垣等重要遗迹。2007 年,南京市博物馆对南京军区司令部明故宫 12 号营院地进行现场考古发掘,发现两条明故宫宫城城垣遗存以及大量尖头木桩遗存,其功能为承重地钉。此次发掘确定了明故宫宫城东部城墙的具体位置,为复原明故宫宫城的四至范围提供了重要依据。[1]

图 4－12　明故宫西华门遗址现状（南京城墙保护管理中心提供）

1991 年,南京市博物馆考古部对集庆门两侧城墙进行考古调查发掘,基本弄清该段城墙结构。[2] 近年来,南京市考古工作者多次对通济门遗址进行考古勘探。2002 年发现通济门东侧城垣遗存,2006 年再次发现通济门瓮城东墙遗迹。2016 年发现通济门瓮城西北角墙体。

---

① 杨新华主编:《南京明故宫》,南京出版社 2009 年版。
② 王志高:《从考古发现看明代南京城墙》,《南方文物》1998 年 1 期。

2006 年,南京市博物馆对光华门遗址的 2 处民国堡垒遗迹进行考古发掘,该遗迹为依托明代城墙构筑的二战时期城防工事。①

外郭又叫"外城""罗城"。明代应天府外郭规模宏大,大致呈菱形。②

2009 年,南京市考古工作者对位于郑家营和仙鹤门的 2 处明代南京都城外郭遗址进行考古发掘。2010 年,南京市考古研究院对明代南京外郭城遗址进行考古调查,调查发现外郭城墙整体格局基本清晰完整。2011 年,南京市博物馆对明代南京都城外郭的佛宁门遗址开展了考古发掘。

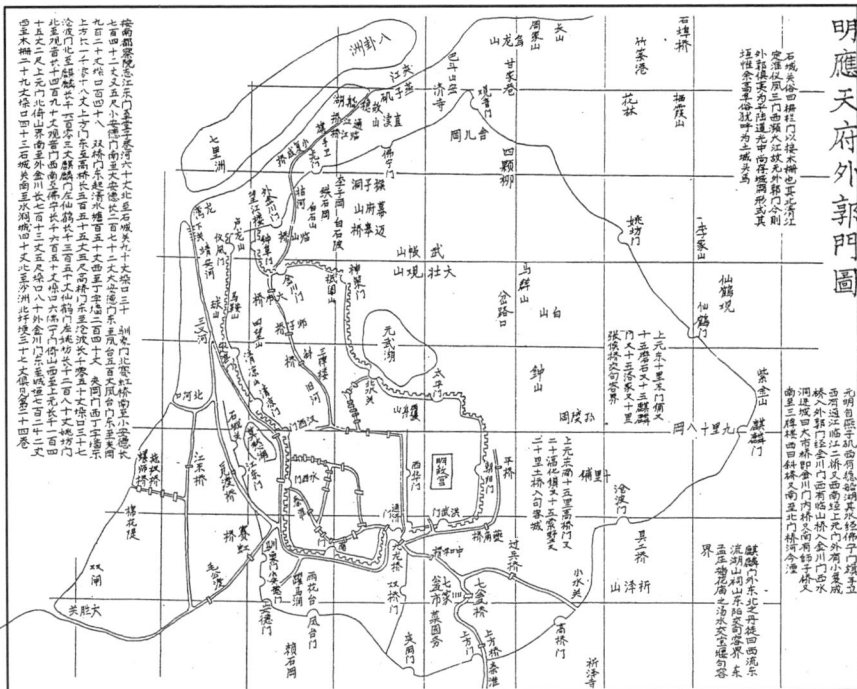

图 4‑13　明应天府外郭城门图

---

① 1937 年冬日军进攻南京,光华门是中国守军抵御日寇最为顽强的战场之一,发现的民国砖筑堡垒遗迹是这段历史的重要见证,因而具有重要的历史价值。

② 明朝陈沂《金陵古今图考·国朝都城图考》记载,外郭西北据山襟江,东南阻山带岗,逶迤曲折,形成一个不规则的圆环。它将幕府山、雨花台、紫金山等重要山丘,以及秦淮河、金川河、玄武湖、莫愁湖等重要水域,甚至大片的农田全都包罗在内,同时还将太平门外的都察院、刑部、大理寺等中央机构包罗在内。由于在大多数地方都是依据自然山丘地形用土夯筑垒砌而成,只有在重要的具有标志性的城门位置才用砖石砌筑,所以南京人俗称外郭为"土城"或"土城头"。清代以后外郭逐渐荒芜,如今外郭城门均已不存,但作为地名大多保留下来,如"观音门""仙鹤门""沧波门""安德门"等。

图 4-14　南京明外郭麒麟门北侧城垣遗址(南京城墙保护管理中心提供)

(二) 南京城墙砖窑遗址群的发现

　　"文化线路"是当今世界遗产保护领域的重要概念和遗产类型。对"文化线路"的理解与保护,有利于提升文化遗产价值,有效整合文化遗产资源。今日南京是长江中下游极具影响力的中心城市,南京城墙是重要的长江文化遗产。在中国的长江国家文化公园建设中,"文化线路"的重要性愈发引起社会广泛关注。南京城的兴衰发展与长江密不可分。明初营建都城,城砖大都沿长江水系运输至都城南京。20多年来,长江中下游地区的江苏、江西、安徽、湖南和湖北都相继发现了明初南京城墙砖窑遗址。根据文化遗产真实性和完整性保护原则,长江中下游地区分布的明初南京城墙砖窑遗址均为南京城墙文化遗产相关要素。

　　14世纪中叶,南京都城营建是一项重大的国家工程,耗时近30年之久。由宫城、皇城、京城和外郭四重城垣及护城河组成的城池体系,是中国古代筑城史上的巅峰之作。被誉为"高坚甲于天下"的南京城墙,其主体建材为城砖与条石。城砖是明初建造南京都城最主要的建材。南京城墙砖来源于长江中下游水系的广袤地区。明朝政府为营建都城,大范围调动了长江流域基层政府的力量和大量工役,设立了数百处官窑窑场,并采用了"物勒工名"的官营手工业传统。① 明朝廷建立了完善的质量保证体系和奖惩制度,为明初南京城墙的营建提供了重要的制度保障。

南京城墙砖建造之时,采用"物勒工名"的生产责任制,烧制城砖产地、负责官员和工匠名字以及烧造年月均刻印在城砖上,包括各府、州、县负责造砖的官员(提调官)姓名、明初"黄册里甲"制度中农村基层组织相关负责人(总甲、甲首、小甲)姓名以及负责造砖的窑匠、造砖人夫的姓名,以确保各地府、州、县的城砖烧制质量,以便统计各地人夫、窑匠城砖的摊派数量,传承和发展了中国官窑产品质量的责任制度。南京城墙砖产地广泛,大约包括长江中游地区今江苏、安徽、江西、湖南、湖北五省 100 多个州县以及军队、卫所序列和中央工部烧制的城砖。

城砖大都沿长江水系被运输至都城南京。数十年来,在长江中下游江苏、江西、安徽、湖南和湖北等省都陆续发现明初为南京都城营建烧制城砖的官窑遗址,主要包括:江苏省南京市栖霞区明代应天府上元县砖官窑遗址、安徽省繁昌县新港镇明代太平府繁昌县砖官窑遗址、繁昌县新淮乡明代宁国府(南陵县)砖官窑遗址,江西省宜春市袁州区彬江镇明代袁州府宜春县砖官窑遗址、新余市分宜县明代袁州府分宜县砖官窑遗址、黎川县明代建昌府新城县砖官窑遗址、湖口县明代九江府湖口县砖官窑遗址、余干县明代饶州府余干县砖官窑遗址、万载县康乐镇明代袁州府万载县砖官窑遗址、丰城县赣江河床出土明代赣州府南宁县砖官窑生产的南京城墙砖,湖北省武汉市江夏区明代武昌府江夏县砖官窑遗址、武汉市新洲区明代黄冈县砖官窑遗址,湖南省岳阳市君山区明代岳州砖官窑遗址、醴陵市新阳乡明代长沙府醴陵县砖官窑遗

---

① 南京城墙保护管理中心编:《南京城墙砖官窑遗址研究》,南京出版社 2019 年版。

址、永州市江永县明代永州府永明县砖官窑遗址等。[1]

1. 江苏省南京市栖霞区明代应天府上元县砖官窑遗址

江苏省南京市栖霞区明代应天府上元县砖官窑遗址位于南京栖霞区东北郊的官窑山及其附近地区,当地群众相传这里曾有过 72 座官窑。2013 年,此处被列为南京市栖霞区级文物保护单位。自 2016 年 6 月起,南京市考古研究院在官窑村及其附近开展了考古调查、勘探与试掘工作,这是首次对南京城墙相关窑址群进行大规模考古发掘,发现近百座明代官窑,从中出土的明代城砖残件上清晰地带有"应天府上元县"砖文,基本确认官窑村一带为一处烧造明代南京城墙砖的大型官窑窑场遗址。

栖霞区官窑村发现大型明代砖窑群遗址,成为 2016 年南京最重要的考古发现之一。该窑址群的发现,对于研究揭示明代南京都城的营建过程具有重要意义,同时也涉及明初政治体制、行政区划、户籍制度、赋役制度、造砖技术等多元文化信息。鉴于考古成果的重要性,南京市决定对栖霞区官窑村窑址密集的大面积区域进行原址保护,规划建设考古遗址公园。这处大规模明代官窑群的考古发现,将作为"中国明清城墙"联合申遗的一处遗产点,实证中国明清城墙文化遗产的重要价值。

2. 湖南省岳阳市君山区明代岳州砖官窑遗址

湖南省岳阳市君山区明代岳州砖官窑遗址位于湖南省岳阳市郊君山区西北部的白浪湖、横垱湖沿岸,是明洪武年间朝廷因营建南京都城而相继设置的"官搭民烧"的城砖窑址群。据《岳阳市君山区志》记载:"明初,境域西南紧靠洞庭湖的金鸡垅一线设立 99 座官窑,烧制南京皇城建筑所需的长方体青砖。"

2010 年,岳阳市文物考古研究所对金鸡垅砖窑群进行抢救性考古发掘。2011 年,君山区人民政府办公室公布君山明代南京城墙砖官窑遗址为区级文物保护单位。2012 年,岳阳市文物考古研究所等单位对金鸡垅砖窑群进行了全面勘探调查。

① 南京城墙保护管理中心编:《南京城墙砖官窑遗址研究》,南京出版社 2019 年版。

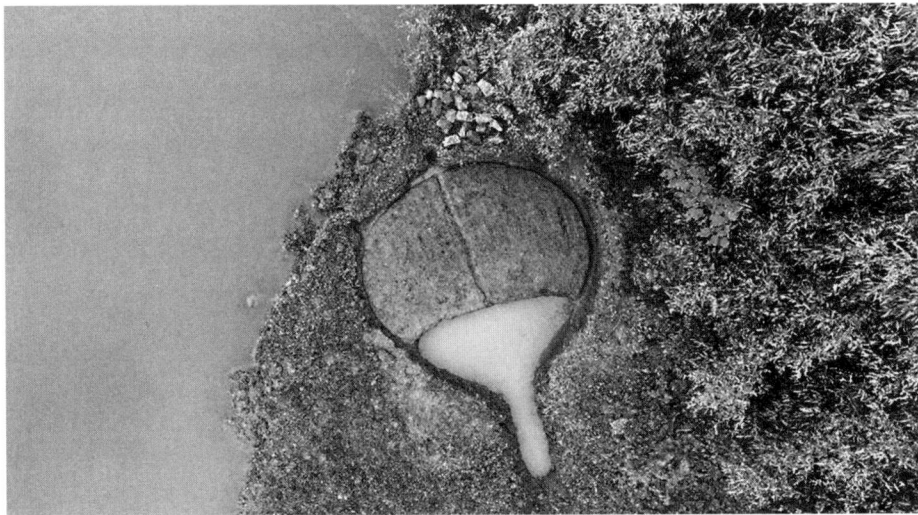

图 4－15　湖南省岳阳金鸡垅砖窑遗址群
（南京城墙保护管理中心供）

据岳阳市文物考古研究所发布的《湖南省岳阳市郊君山明代南京城墙砖官窑遗址金鸡垄窑址群调查发掘简报》，它是明初洪武年间烧制南京城墙砖所留下的官置民烧的官窑遗迹，具有极其重要的时代特征与遗产保护价值。在金鸡垄窑址群遗址所在地君山区许市镇，还发现了"总甲石继先"与"甲首金受七"相关的两份族谱。金鸡垅明代城墙砖窑遗址出土的"总甲石继先""甲首金受七"砖文与南京城墙本体同类砖文完全一致，与当地的石继先、金受七相关族谱相互印证，首次发现南京城墙砖文中关于"民"的文献记载。这一发现，对于明初南京城墙营造均工夫役制度以及明初农村基层组织的研究，具有重要意义。

3. 江西省宜春、新余两地明代南京城墙砖官窑遗址

2007 年，江西省宜春市袁州区彬江镇和新余市分宜县分宜镇两地首次发现较大规模的明代南京城墙砖官窑遗址群，进一步揭示了明初长江中下游地区征派民夫烧造南京城墙砖的史实，弥补了有关明初南京城墙砖长江水系运输等诸多方面文献记载的不足。

图4-16 江西省宜春市彬江镇霞塘村明代城墙砖窑遗址
（南京城墙保护管理中心供）

据《宜春市彬江镇镇志》记载，宜春市袁州区"彬江镇东偏北三公里小山坡上，居曾、宋二氏。共计四十六户，二百八十二人。村后袁河边上有明洪武年间南京城墙砖窑遗址"。据宜春市史志办主任袁赣湘回忆，早年在彬江镇听当地老人讲述：明洪武年间，沿袁江（当地人称"袁河""秀江"）一线设有砖窑，长达数公里。砖窑遗址的范围大致从彬江镇顺河而下，直到分宜县境内。位于袁河北岸的宜春市袁州区彬江镇宋家组村民中也有类似的口头传说，村主任介绍说：明代曾有几万人在这里烧砖，挑灯夜战。从河边一路过来，窑址有几公里长。明洪武之后，这里除了为南京烧砖之外，还为南昌府、袁州府烧造过城砖。当地村民对明太祖朱元璋建造南京城的历史并不陌生，几乎都能脱口而出"高筑墙，广积粮，缓称王"的句子。在村民宋国华带领下，文物部门同志在村后临河坡地上发现一组窑址群，初步查勘有8座"馒头窑"。与宋家村相距约3公里之外的分宜县分宜镇岭背村也在袁河北岸，文物部门在袁河边上地名为朱氏棚"窑背上"的地方发现一组古砖窑，该砖窑群整体情况与彬江镇宋家组的窑址群相似，在残窑回填土中还发现多块残砖,砖文内容与南京城墙砖文基本一致。

在江西宜春和分宜两地同一条河道坡地发现的砖窑群,是规模较大的为南京城墙烧制城砖的明代"官搭民烧"窑址群,对揭示明初朝廷在长江中下游流域征派城砖徭役等史实具有重要意义。江西省文物部门结合第三次全国文物普查工作,对本地明初砖窑遗址进行了全面调查。

4. 江西省黎川县明代建昌府新城县砖官窑遗址

江西省黎川县明代建昌府新城县砖官窑遗址群,位于江西省黎川县中田乡渔潭、公村及日峰镇八都村等地,属洪门水库下游淹没区。2016年冬,因水库开闸放水,河道两岸古窑址显露。2017年春,南京城墙保护管理中心对江西省黎川县明代砖窑遗址初步调查后发现窑址115座、砖坯堆放地、古道路遗迹,以及铁叉、带有铭文的南京城墙砖等遗物。

图 4-17 江西省抚州市黎川县明代砖窑遗址
(南京城墙保护管理中心供)

结合南京城墙现存城砖材料及文献资料,确认这一砖窑遗址属于明代初期为南京城墙营建烧制城砖的官窑。由于长期沉没于黎滩河中,该窑址群保存状况良好,是长江中下游地区迄今为止发现的规模最大、保存最完好的南京城墙砖官窑遗址群。特别是砖坯堆放地属国内同类型遗址中首次发现,意义重大,是还原明初南京城墙砖烧制工艺极为珍贵的物质文化遗产,与砖窑、古道路遗址等共同构成了较为完整的南京城墙砖生产供应链,较为完整地再现了明初南京城墙砖的烧造历史。[①] 为更好地保护南京城墙文化遗产,南京城墙保护管理中心对江西黎川砖窑遗址中的一座砖窑及一处砖坯遗存实施异地保护,现展陈于南京城墙博物馆。

① 南京城墙保护管理中心、南京城墙研究会:《江西黎川明代南京城墙砖官窑遗址调查简报》,《东南文化》2019 年第 4 期。

第五章　南京城墙的和平记忆

南京在历史上多次遭受战争的摧残和伤害。第二次世界大战中，南京与英国考文垂、德国德累斯顿、日本广岛并称为世界四大"殉难城市"。苦难历史不容忘却，追求和平是对创伤历史的最好修复和纪念。在维护历史真相的基础上，把南京这份历史伤痛转化成为和平建设的不竭动力，是南京在新时代的责任，体现了中国人民热爱和平、渴望和平、珍惜和平的强烈愿望。2017 年，南京正式成为全球第 169 个"国际和平城市"。南京致力于传播和平理念、开展和平行动、构筑"全面、多元与持久的和平愿景"。面向未来，要以构建人类命运共同体思想，进一步引领和深化南京国际和平城市建设，以促进实现全球性的积极和平目标。

和平是人类文明进步最为重要的标志，和平发展、合作共赢是不可阻挡的时代潮流。中国是"人类命运共同体"理念的倡导者。构建人类命运共同体是习近平新时代中国特色社会主义思想的重要组成部分，超越种族、文化、国家与意识形态界限，为思考人类未来提供全新视角，指明人类文明前进方向，具有重大的时代价值和现实意义。

和平是全人类的共同价值。2014 年国家主席习近平在联合国教科文组织总部发表的演讲中郑重指出："教科文组织诞生于 69 年前，那时世界反法西斯战争硝烟刚刚散去。面对战争给人类带来的惨烈后果，人类又一次反思战争与和平的真谛。在教科文组织总部大楼前的石碑上，用多种语言镌刻着这样一句话：'战争起源于人之思想，故务需于人之思想中筑起保卫和平之屏障'。只要世界人民在心灵中坚定了和平理念、扬起了和平风帆，就能形成防止和反对战争的强大力量。人们希望通过文明交流、平等教育、普及科学，消除隔阂、偏见、仇视，播撒和平理念的种子。这就是教科文组织成立的初衷"①。

当今世界正经历百年未有之大变局。按照《中共中央关于制定国民经济和社会发展第十四个五年规划和二〇三五年远景目标的建议》的安排部署，我们要"积极营造良好外部环境。高举和平、发展、合作、共赢旗帜，坚持独立自主的和平外交政策，推进各领域各层级对外交往，推动构建新型国际关系和人类命运共同体"；要"坚持多边主义和共商共建共享原则，积极参与全球治理体系改革和建设"②。江苏省和南京市的"十四五"规划《纲要》也提出，要引领实现更高质量发展，对标国家中心城市，进一步深化南京国际和平城市建设。南京作为中国首个国际和平城市有其使命担当，为落实联合国 2030 年可持续发展目标，为推动实现人类社会持久和平，为构建人类命运共同体作出努力。

和平与发展是当今世界的主题，和平建设与可持续发展相辅相成。2015 年，联合国通过题为《改变我们的世界——2030 年可持续发展议程》（*Transforming our World*：*The 2030 Agenda for Sustainable Development*）的文件，设定了全球未来 15 年在减贫、健康、教育、环保等 17 项可持续发展目标和 169 项具体目标。③这是一个具有"普世价值"的、推动变革和追求人类美好未来的完整愿景，它将持久和平作为实现可持续发展的重要保障。联合国教科文组织特别在中期发展战略中强调文化遗产的保护是建设和平和可持续发展的重要因素。世界遗产对于联合国 2030 年可持续发展议程的积极贡献和意义在于：促进不同文明之间的交流、消除贫困、建设和平以及实现全球可持续发展。

"一切基于遗产价值"，是当今国际社会对世界遗产申报与保护管

---

①《习近平在联合国教科文组织总部的演讲》，2014 年 3 月 27 日。
② 杨洁篪：《积极营造良好外部环境》，《人民日报》2020 年 11 月 30 日。
③《改变我们的世界——2030 年可持续发展议程》，http://genevese. mofcom. gov. cn/article/yjbg/201604/20160401295679. shtml，2023 年 7 月 1 日可见。

理的共识。积极申报和保护世界遗产的目的在于全面提升遗产地管理和利用的水平,消除威胁和破坏遗产突出普遍价值的因素,推动遗产的可持续保护与发展。遗产项目保护的意义、行为、目标、策略和途径都是以遗产价值的保护为核心,包括由此产生的各种保护、管理、利用、研究和监测的具体措施,也包括对世界遗产文化的多领域研究、记录和记忆的传播。南京城墙历经岁月的洗礼,经受过战争的硝烟,也遭受过命运的跌宕起伏,是有待无限挖掘的文化宝库。

第一节　城墙发挥警示战争作用

明朝初期的都城南京是中国古代城池军事防御艺术的集大成者,是中国乃至世界最大的设防城市,明南京城军事防御体系特色鲜明。明初南京都城城墙修筑"皆据岗垄之脊",京城城墙 35.267 千米,外郭城墙 60 千米。南京城墙"高坚甲于海内",并环绕以世界上最长的护城河体系,军事设防功能更是达到了中国城垣建筑的巅峰之作。以长江天堑为天然屏障,外郭城面积达 230 平方千米,京城周围的山丘军事制高点被收纳入城,外郭城之外再设布防,加大防御纵深。[①] 至民国初期,明代都城南京建造的四重城垣中,宫城、皇城和外郭三重城垣或被改筑,或大部圮废,只有京城城垣基本维持原状。

南京城墙及其周边地区至今保存着大量与南京保卫战和南京大屠杀相关的战争遗迹、遗址。南京城墙是二战中中国国家和民族历史记忆不可或缺的物质载体,代表了中华民族为世界和平所作出的努力和对战争暴力的无畏抗争,因而超越了国家和民族的局限,对当今世界和平与人类社会的和谐发展具有普世意义。

1931 年九一八事变,日本发动侵华战争。为了抵御日寇侵略,国民政府开始在国防重要地区构筑国防工事,由南京参谋本部城市要塞组(后扩成为城塞局)负责。1934 年 8 月,南京警备司令谷正伦提出《关

---

① 吴庆洲:《明南京城池的军事防御体系研究》,《建筑师》2005 年 4 期,第 86—91 页。

于南京城防建议案》,提议修葺南京城墙,将其列入城防计划,以"巩固国防,保卫首都安全"①。为抵御日军进攻,中国军队战前构筑了三道阵地带和核心据点,南京地区主阵地配置在龙潭、栖霞山、青龙山、沧波门、大胜关、上新河、下关、燕子矶一线,形成闭合性的环形阵地;以南京城墙全线为核心阵地,并在城外设有复廓阵地;在江北浦口、铺镇设置桥头堡阵地。为增强防御能力,在维修南京城墙本体的同时,在城墙上设置了大量重机枪和平射炮掩体工事,城门附近建造了碉堡等永久性工事。据1948年国民政府编印的《南京城防工事现况要图》统计:城墙工事共有62处,其中钢筋混凝土构筑的重机枪掩体50座,砖砌的重机枪、轻机枪、步枪堡垒式工事9座,钢筋混凝土构筑的堡垒式工事2座,观察所1座。②

　　在1937年南京保卫战期间,南京作为中华民国首都,南京城墙本体及其周边是重要战场所在。南京城墙作为冷兵器时代的军事防御体系,在二战期间最后一次发挥了它的军事防御价值。1937年11月15日至25日,侵华日本陆军航空队第三飞行团对南京空袭,"轰炸南京飞机场及城墙"③。12月7日,侵华日军华中方面军司令官松井石根签发《攻占南京要领》,下达命令"进行炮击夺取城墙"。12月9日,侵华日军参战各师团为配合日军地面机动和步兵部队,使用迫击炮、山炮、榴弹炮、加农炮等重型火炮,陆续对城墙多地段实施炮击。④日本陆军航空队与海军航空队也配合地面部队猛烈轰炸南京城墙。⑤中华门、中山门、雨花门、光华门、通济门、水西门等城门均遭侵华日军炮火轰击,中华门等城楼被炸毁,南京城墙多处地段和城门被炸开缺口。

　　1937年12月1日到12日,8万中国守军在南京与20万日军激战12天⑥,成为二战中最惨烈的首都保卫战之一。12月17日,日军陆军

① 1934年8月14日《南京警备司令谷正伦建议修葺南京城墙》,中国第二历史档案馆收藏。
② 杨国庆、王志高:《南京城墙志》,凤凰出版社2008年版,第582页。
③ 南京市地方志编纂委员会:《南京人民防空志》,海天出版社1994年版,第30页。
④ 中国第二历史档案馆、南京市档案馆编:《侵华日军南京大屠杀档案》,江苏古籍出版社1997年版。
⑤ 南京市地方志编纂委员会:《南京人民防空志》,海天出版社1994年版,第32页。
⑥ 南京保卫战:守军虽败犹荣! 可见 https://www.krzzjn.com/show - 349 - 79978. html,2023年7月1日。

和海军分别在南京中山门、挹江门入城,举行了攻占首都的"入城式"。在其后的南京大屠杀事件中,南京太平门、汉中门、武定门、挹江门、江东门等处为日军进行集体屠杀的地点或是遇难者丛葬地。南京成为第二次世界大战中"三大惨案"发生地和世界"四大殉难城市"之一。

南京是中华民国的首都,在抗日战争中对中日两国都具有特殊意义。南京城墙作为直接战场,经历了外族入侵的屈辱,经历了奋勇的抗争,经历了惨绝人寰的大屠杀,也见证了反法西斯战争的最后胜利。1945 年 8 月 15 日,世界反法西斯战争取得最后胜利。根据《波茨坦公告》精神,中、美、苏等国磋商解决滞留海外的日侨日俘问题。1945 年至 1946 年 6 月,在南京城墙兴中门两侧(明代仪凤门)曾设立"南京市日侨集中营管理所"。

日本战败之后,约有 650 万日本人滞留在亚洲、西伯利亚和太平洋地区。① 远居中国的日侨也因日本投降而丧失了日本政府的保护,约有 2 万多人滞留南京。中国政府为他们划立了战犯集中营。一些日本居民自愿携家带口来此居住。这里有土地可以耕种,几乎可以让他们过上与世隔绝的生活,也成了他们的安身之所。

中国政府对他们进行了人道管理。在集中营里,他们的生活规律而简单。每日衣食住行,都由自己的劳动供应。集中营内的生活比较自由,中国军方还特地为集中营的人安排了医疗服务,每月固定时间可以安排人员外出采药。在等待遣返的这段时间里,他们也被安排从事一些劳动,诸如修路、清理下水道等。② 不过大多数集中营在 1946 年 6 月之前就解散了。在此期间大多数日侨已由日本政府遣返回国。

南京城墙及其周边地区是二战时期的一个战场遗址,既包括战后遗留下来的物质遗存,如建筑物、作战工事、武器器械等,也包括交战中发生的一些历史事件。它们不但具有遗址的一般属性,如文物、历史、环境等属性,也同时具有军事、精神、政治等特殊属性。它们向人们述说着战争的残酷,警示着和平的珍贵。它们具有史料价值、军事学价

---

① 参见[美]约翰·W.道尔《拥抱战败:第二次世界大战后的日本》,胡博译,生活·读书·新知三联书店 2016 年版,第 17 页。

② 参见梅菁菁《抗战时期的南京城市与建筑》,东南大学出版社 2020 年版。

值、纪念价值等,具有重大的纪念和教育意义。它们作为文物遗产,是历史的客观见证,具有不可替代性和不可再生性。它们具有真实性,可以客观反映历史与环境,可以提供给军事史和军事科学研究者真实的原始资料,是进行人类和平教育的最佳课堂。同时,由于现代的生产和生活方式对南京城墙及周边地区遗址的历史环境有不可避免的影响,既有历史遗存,又有现代环境生成,遗址的历史原生环境在现代环境中显得极其脆弱。①

根据中国第二历史档案馆所藏民国档案资料《全国已成国防工事报告表》记载,至 1937 年 8 月南京四周合计共完成国防工事 533 座。2010 年,江苏省行政管理科学研究所开始在南京周边地区寻找南京保卫战遗迹,开展紫金山南京保卫战遗址、南京保卫战炮台遗址、明代外郭城墙南京保卫战遗址等专项调查,发现现存的南京保卫战遗址不超过 110 处,其中紫金山南京保卫战遗址有 62 处,其他地区合计不过三四十处,而且还在不断减少。明代外郭城墙沿线原来有数十座碉堡,现在仅留存 6 座。在中华门、挹江门、龙脖子段、清凉门、神策门、中山门、前湖、琵琶洲、雨花门、定淮门、小桃园、太平门、富贵山等处城墙上至今还可以找到十几座重机枪射孔。

2014 年几位有志于研究南京保卫战的民间人士自发成立了“南京保卫战战迹寻研团”,寻找南京保卫战的战场痕迹,以佐证历史资料。根据寻研团的走访,南京保卫战遗址共有 200 多处,但是随着时间推移,城市建设不断发展,南京保卫战留存的遗迹正在一点点消失②,因此迫切需要相关部门关注和重视,对南京现存二战遗迹进行系统的梳理或普查,制定保护规划,尽可能地保存这些遗址遗迹,将南京保卫战遗址纳入国家级抗战遗址目录,发挥其警示战争的作用。

① 方程、李菁、杨波:《基于集体记忆视角的战争景观遗产保护研究——以南京抗日战争景观遗产为例》,《现代城市研究》2017 年 7 期。

② 抗战中的南京保卫战:有些部队打到只剩下番号,可见 http://www.xinhuanet.com/politics/2015-06/08/c_127891801_2.htm,2015 年 6 月 8 日。

第二节　日本友好人士与城墙记忆

　　1937 年,日军在南京制造了震惊中外的南京大屠杀惨案。南京城墙承载着这份创伤记忆,也是这段悲惨历史的见证者。近年来,一些日本友好人士认识到日本军国主义的战争罪行,投身到南京城墙的保护工作中。他们希望借用这种方式,号召人们正确认识这段历史,共同保护历史遗产,为中日两国创造一个积极的未来。

(一) 平山郁夫与城墙修复

　　平山郁夫,1930 年出生于日本广岛。他的童年时代正是日本国内军国主义思想蔓延、积极对外扩军备战的时期。日本政府鼓吹国家和社会的各个方面都要服从对外战争的需要,大批日本青年在武士道精神蛊惑下,参军入伍奔赴侵略战争的前线。平山郁夫整个少年时代都是在战争乌云的笼罩下度过的。

　　广岛是世界上第一个被原子弹严重破坏的城市。二战中,广岛是一个小型的日军补给及物流基地,也是一支军队的通信、存储中心与集结区域。当时日本的中心城市东京、大阪等都遭到了美军的燃烧弹攻击,并制造了“东京大轰炸”的惨案。为了向日本法西斯施加结束战争的压力,美军选择广岛作为攻击目标。美战机“艾诺拉·盖伊号”在上午 8 时 10 分进入广岛上空,8 时 15 分投下原子弹,目标是广岛中央太田川上的 T 字型大桥相生桥,由于侧风的缘故,原子弹偏离瞄准点约240 米,在广岛医院上空 600 米处引爆。它的爆炸能量相当于 16,000吨 TNT 炸药,一瞬间约 30％的广岛人口(70,000 至 80,000 人)在原子弹爆炸及产生的暴风中丧生,另外有 70,000 人受伤,90％以上的建筑物被摧毁,城市几乎被夷为平地。遍地的废墟和尸体给平山郁夫这个只有 15 岁的孩子造成了巨大的精神恐惧。战后多年,平山郁夫不幸罹患核爆炸后遗症——白血病。

　　平山郁夫从记事开始,因受到家庭影响,对佛教产生了浓厚兴趣。

在对生命的迷惘中，中国唐代高僧玄奘赴印度求法的故事给了平山郁夫极大的激励。玄奘历尽艰辛，克服重重困难的求法之路，让他深受感动，并给予他极大的精神鼓舞。以此为灵感来源，平山郁夫创作了著名的绘画作品《佛教东来》，获得了美术界的高度评价。最终战胜病魔的平山郁夫有着与画中玄奘同样的喜悦。在与死亡的抗争中，平山郁夫对生命有了更深刻的感悟和理解，佛教文化成为他艺术世界中一个宏大的主题。

平山郁夫一直对中国文化怀有感恩之心。作为美术研究专家，平山郁夫对中国敦煌石窟艺术推崇备至。30多年间，他近百次沿丝绸之路考察敦煌文化。丝绸之路是平山郁夫绘画作品的主题。在寻访丝绸之路的艰难历程中，平山郁夫看到了文化惊人的穿透力、无限的包容力、强大的凝聚力和永不磨灭的生命力，形成了他审视文明的世界眼光。平山郁夫先生也从中顿悟：人与人之间是可以沟通的，即使存在民族、文化、宗教、语言、习惯等种种差异，也不应互相排斥，更不要诉诸战争。

自1988年起，平山郁夫先生担任联合国教科文组织亲善大使，主要负责抢救世界文化遗产方面的工作。平山郁夫一直致力于战争冲突地区的历史文物保护，为世界文物保护和国际文化艺术交流做出了重要贡献。2002年在古城西安，平山郁夫代表联合国教科文组织签署《西安宣言》，呼吁各国通过保护世界文化遗产来促进不同文化之间的对话和相互了解。平山郁夫先生积极倡导"文物红十字精神"，呼吁各国超越国家制度、意识形态、民族、宗教的不同，以博爱之心去拯救和保护文物。他认为："再小的国家，再少的民族，都有自己的文化。不能只让强者生存，要承认文化的多元性。承认文化的多元性，就意味着对对方的尊重，就会产生保护他的愿望。如果对方的经济状况不好，很自然就会一起去帮助他们，让文化得到传承，而大家都这样做，世界和平就一定能实现。"平山郁夫强调"不从政治角度做事"，提倡"用文化来推动和平"。

同时，作为中日友好协会会长，平山郁夫一直主张中日两国的年轻人，都能去对方的国家走一走、看一看，以加深两国青年之间的了解和沟通。在 1995 年二战结束 50 周年之际,平山郁夫先生呼吁日本国民,特别是年轻人积极参与"中日联合修复南京城墙"的活动,通过亲手劳动,抚平历史创伤,建立心灵纽带。

为了进行宣传并募集资金,平山郁夫在 1994 年下半年和 1995 年初两次赴南京写生创作,画了 60 多幅写生作品,在日本全国各大城市进行巡展,共有 30 万人前来参观。1995 年,为反思日本侵华战争给中日两国人民带来的深重灾难、推动中日和平友好事业,平山郁夫先生发起"中日联合修复南京城墙"的活动,为中国文化遗产保护和中日两国的友好与文化交流做出卓越贡献。他认为:"协助修复南京城墙,不单纯是文物保护,更有不寻常的意义。"在"共同修复南京城墙,架起日中友好桥梁"的宗旨下,平山郁夫先生积极奔走,在日本国内发起大规模的募捐活动,呼吁日本国民前往南京,共同修复古城墙。共计有 2 万名日本学生和市民,还有一些日本老兵参与了南京城墙修复。

平山郁夫先生认为,"应当让中日两国的年轻人之间加强理解,他们是支撑未来两国的力量。让他们了解真正的中国、真正的日本。不让错误的观念占据他们的脑海,不要让他们感情用事讨厌对方。要友好相处下去才行"。"应该以正视历史的态度看待过去的战争,绝不能让侵略战争重演。未来是年轻人的,但他们对过去历史不甚了解。21 世纪需要更多的年轻人了解历史,并投入日中友好事业中去"。"只要中日两国人民,特别是青少年更加了解和尊重对方的历史和文化,中日两国和平友好就会有新的希望。"

1998 年,平山郁夫与日本前首相村山富市一行专程来南京参加中日合作修复南京城墙三周年纪念活动,村山富市亲笔写下"正视历史,以史为鉴,祝愿中日友好,永久和平"的题词,在国内外产生较大影响。2002 年 9 月,中国政府为平山郁夫先生颁发"文化交流贡献奖",这是中国政府在文化交流领域的最高奖,用以褒奖为中外文化交流事业做出卓越贡献的国际人士。2005 年,为纪念世界反法西斯战争胜利 60 周年以及中日合作修复南京城墙活动开展 10 周年,平山郁夫先生再度来宁,率日本各界友好人士共 12 个代表团计 280 多人专程参加"为了和平相聚南京"大型纪念活动。从 1995 年"中日联合修复南京城墙"活动正式启动,3 年时间修复城墙约 3 公里。之后 5 周年、10 周年、15 周年、20 周年,每次都会举行相应图片主题展等纪念活动。2015 年,日中友好协会代表以及近百名日本大学生共约 400 名中日友好人士参加了"中日联合修复城墙"20 周年纪念活动。平山郁夫先生将城墙修复与中日交往相连,治疗战争给人们心灵上带来的创伤,提醒人们不要忘记历史,也不要忘记中日两国的友好情谊和对和平的共同心愿。

(二) 松冈环与太平门立碑

松冈环于 1947 年出生在日本。她从关西大学历史系毕业后,在大阪府一所小学当历史老师。但她发现学校使用的日本教科书在二战历史的描述上存在问题:书中极力渲染日本民众在战争中的悲惨境遇,却绝口不提日本对包括中国在内亚洲各国的加害历史。

在松冈环看来,教育应该培养孩子的公正心,应该客观表述历史的真相。于是,她开始查阅各种历史资料,却发现了一个令她震惊的事实:日军侵华时曾制造了惨绝人寰的南京大屠杀,而历史学出身的自己竟对此一无所知。

为了探寻这段历史的真相,她于 1988 年首次来到南京,并第一次参观了有关日本侵华战争的历史展览。那些受害者的照片和视频,给她的内心带来了很大的震撼。在这次南京之行中,松冈环第一次面对面地接触到了这场战争的受害者,也就是南京大屠杀幸存者李秀英老人。虽然那时的她还不懂中文,但看到老人身上留下的伤疤和诉说时的痛苦神情,松冈环心如刀绞、羞愧不已。

南京大屠杀历史真相的巨大痛楚,让她下定决心要把这些告诉日本学生。自此,松冈环频频往返于日本和南京之间,寻访日本侵华老兵和南京大屠杀幸存者。在当时的社会氛围中,寻找亲历过南京大屠杀的日本老兵非常不易。从 1997 年开始,日本"铭心会"与"旅日华侨中日友好促进会"等团体,在日本东京、名古屋、大阪、广岛等 6 座城市开设"南京大屠杀情报热线",向参加日本侵华战争的日本老兵征集加害者证言等资料。调查组成员还走访了 200 多位参加过南京大屠杀的日本老兵,并多次来南京收集受害者证言,拍摄记录了大量珍贵的影像资料。这些日本友好人士不畏艰辛,自发搜集战争史料,不仅仅是为了维护历史的真相,只因为他们懂得,不了解战争的惨痛,就无法意识到和平的珍贵。

后来,松冈环女士将调研成果中 102 个日本老兵的证言,汇集成《南京战·寻找被封闭的记忆》一书公开出版发行。从书中参加南京大屠杀的日军第 16 师团 33 连队第 6 中队的 6 名老兵的证言以及文字资料中,新发现在南京太平门城墙附近有一处日军集体屠杀地,这处日军集体屠杀地已无幸存者。根据当年日本老兵描述,1937 年 12 月 13 日,第 6 中队将 1300 名中国俘虏绑在一起,押到了太平门外城墙边。日军士兵登上城墙,往城墙下浇汽油引爆地雷将这些中国俘虏集体屠杀。第二天,日军还用刺刀刺杀尚活着的人。此外,还有在中山门、通济门、武定门等处的集体屠杀。至 2018 年 12 月,松冈环访问南京共计 100 次。2002 年,松冈环编著的《南京战·寻找被封闭的记忆——侵华日军原士兵 102 人的证言》一书在日本出版。她还制作了基于各方证言的纪录片《南京——被撕裂的记忆》。

2006 年 8 月,松冈环带领日本大学生,分别凭吊南京市江宁区汤山社区湖山村和西梅村西岗头的侵华日军南京大屠杀遇难同胞纪念碑,那是在纪念抗战胜利 60 周年的时候农民们自费建立的。2007 年 8 月 15 日,松冈环以"铭心会"访中团团长身份再次来到南京,提议在太平门立一座遇难者纪念碑。4 个月之后,这座由南京市人民政府与日本友人共同建设的侵华日军南京大屠杀太平门遇难同胞纪念碑在南京太平门落成,以纪念当年在南京太平门被日军血腥屠杀的 1300 多名遇难者。据历史资料和南京大屠杀幸存者、侵华日军老兵等人的回忆,南京市已经发现了多处侵华日军南京大屠杀的集体屠杀地和丛葬地。截至目前,南京市已经在 23 处当年的集体屠杀地、丛葬地建立了遇难同胞纪念碑。

正如松冈环所言:"前事不忘,后事之师。我所做的一切也是为了日本更好地发展。真诚希望日本能够在教科书中写入侵略战争等内容,以此教育下一代,吸取历史的教训,以史为鉴,才能开拓未来。"同样,我们也看到在日本还有一些正直善良的有识之士,他们尊重历史,反对战争。他们对中国人民怀有友好感情,正在用自己的力量为中日和平事业添砖加瓦。

第三节　城墙融入国际和平建设

南京,饱含着中华民族热爱和平的历史,这里曾是郑和下西洋的策源地、起锚地,也是中国海上丝绸之路的节点城市。600 多年前,航海家郑和从南京出发,进行 7 次远洋航行。郑和的船队所到之处,调和矛盾、平息冲突;同时与所到各国交换物产,繁荣贸易,留下了中国同沿途各国人民友好交往的佳话。南京的历史名人孙中山先生一生以天下苍生为己任。他手书的"博爱"二字,端正镌刻在中山陵石牌坊中央。孙中山的"博爱"首在爱我中华民族、爱我中国同胞。用推广"博爱主义"来实现"世界大同",使全世界不同人类相互爱慕、共同发展、共同进步,这成为孙中山毕生的政治追求[1],也是南京和平精神的重要印证。南京的历史遗址一直与和平紧密相连。明城墙、夫子庙、秦淮河风光带、老门东、颐和路、南京六朝博物馆、朝天宫、江南造船博物馆、牛首山、总统府、园博园等,不断拓展着南京的和平文化资源。

中华民族是一个热爱和平的民族。中国的和平文化源远流长。中国自古就提出了"国虽大,好战必亡"的箴言。儒、道、释三大家中蕴含着丰富的和平思想。2014 年,习近平总书记在柏林的演讲中也提到:"有着 5000 多年历史的中华文明,始终崇尚和平,和平、和睦、和谐的追求深深植根于中华民族的精神世界之中,深深溶化在中国人民的血脉之中……中国历史上曾经长期是世界上最强大的国家之一,但没有留下殖民和侵略他国的记录。我们坚持走和平发展道路,是对几千年来中华民族热爱和平的文化传统的继承和发扬。"[2]

---

[1] 林家有、黄彦:《孙中山社会建设思想研究(修订版)》,中山大学出版社 2014 年版,第 452 页。
[2] 习近平在德国科尔伯基金会的演讲(全文),新华网,可见 https://www.gov.cn/xinwen/2014－03/29/content_2649512.htm,2023 年 7 月 22 日。

自 2001 年起,南京将创建和平城市作为发展目标,着力进行和平文化建设。2017 年,南京成功入选全球第 169 个"国际和平城市",成为中国首座"国际和平城市"。这既是多年来南京和平文化建设取得的突出进展,也为南京城市的后续发展提出机遇与挑战。南京借鉴英国考文垂这座著名国际和平城市建设的历史经验,充分发挥自己的城市特色,提升南京作为国际和平城市的知名度和影响力,把和平的种子播撒到世界各地。

(一)"国际和平城市"的概念

"和平城市"(City of Peace)的概念最早可追溯至几千年前的古以色列,作为文本记载见于 19 世纪末 20 世纪初,但真正将其付诸现代城市实践是在二战以后,最近十余年在全球的发展尤为迅速。和平城市作为一种追求卓越与可持续发展的先进理念,得到国际社会的广泛认可,推动了世界和平,也促进了城市自身的发展。

"国际和平城市协会"(International Cities of Peace)主要负责国际和平城市的认证和评选工作,也是唯一得到联合国正式认可的和平城市协会。目前,全球共有 380 多座国际和平城市[1],主要分布在南美、北美、东南亚、非洲和欧洲。世界上的许多著名城市,如英国的考文垂、美国的费城、瑞士的日内瓦、荷兰的海牙、德国的柏林等都有"国际和平城市"的称谓。中国目前有 3 座国际和平城市,分别是南京、潍坊和芷江。

一般认为,"和平城市"有 6 个基本要素:一是共享和平理念的城市,以和平建设为共同的愿景、任务和目标;二是开展和平教育、和平研究与和平活动;三是通过媒体、网站、报纸等媒介传播和平,保存和平文化遗迹;四是寻求和平建设的合作伙伴,进行开拓性的和平建设;五是在图书馆、博物馆等公共场所举办和平主题展览;六是提交城市的和平倡议。

---

① "Listing of International Cities of Peace",可见 http://www.internationalcitiesofpeace.org/cities-listing/,2023 年 5 月 1 日。

和平城市应遵守的共同宗旨是：促进联合国教科文组织倡导的和平文化，即致力于建设和平，调解、预防和化解冲突，和平教育，有关非暴力、宽容、接纳与尊重的教育，文化和宗教间的对话与和解。

为此，我们将"和平城市"定义为：在特定的城市行政区内，继承城市的和平传统，倡导和平与和解，联合政府、高校、社会团体和城市市民，以和平为城市发展理念，融合历史、记忆、遗迹中的和平元素，通过和平维护、和平创建、和平构建的途径，实现多维度的和平项目创建，全面提升城市发展并推动国际和平的一种城市形态。[①]

国际和平城市的十种分类

根据和平城市研究的著名学者彼得·邓金博士（Peter van den Dungen）确定的标准，和平城市可以分为10类：

（一）该城市发生过战争并已通过缔结和平条约结束。这类城市官方可能没有明确宣布其为和平城市，但城市本身或其居民正积极投身和平建设，如奥斯纳布吕克（德国）等。

（二）该城市设有对于维护世界和平有重大意义的国际机构，如日内瓦（瑞士）、海牙（荷兰）。

（三）该城市在历史上获得过重要的和平奖项或有重大的纪念和平活动，如奥斯陆（挪威）、法兰克福（德国）。

（四）该城市遭受过战争的摧残，并利用历史遗产致力于和平建设，如考文垂（英国）、广岛（日本）、格尔尼卡（西班牙）、安特卫普（比利时）。这类和平城市在世界所有和平城市中的比例最大。

（五）该城市诞生过杰出的和平倡导者和实践者，如亚特兰大（美国）是黑人民权运动领袖马丁·路德·金的出生地和主要活动地。

（六）该城市曾设有重要的和平机构，或主办过重要的和平大会，并继续利用和拓展这些和平记忆，如卢塞恩（瑞士）。

（七）该城市建有重要的和平研究或培训机构，但历史上并未遭受

---

① 刘成、白爽：《和平学视域下创建国际和平城市的思考》，《日本侵华南京大屠杀研究》2018第1期，第128—136页。

战争的显著影响。如布拉德福德(英国),在其同名的大学设有和平学系,授予和平学的学士、硕士和博士学位。

(八) 该城市设有重要的国际和平组织并发挥重要作用,如曼彻斯特(英国)、代顿(美国)。

(九) 该城市在和平实践方面做出了重要贡献,如费城(美国)、利尼翁河畔勒尚邦(法国)。

(十) 该城市曾颁布或出现有利于推动国际和平的重要文件,但尚未开展创建和平城市的工作,如哥廷根(德国)、塔乐礼(法国)等。[①]

(二) 南京——中国首座国际和平城市

多年来,南京已经在和平研究、和平教育和和平活动方面做了大量的开拓性工作,"和平"已经成为南京城市发展的新趋向。在此基础上,2017年,南京大屠杀史与国际和平研究院和南京大学和平研究所共同向"国际和平城市协会"提交申请报告。谈到为何萌生了这个想法,侵华日军南京大屠杀遇难同胞纪念馆原馆长张建军表示:"南京是二战殉难城市之一,南京大屠杀为我们留下了难以磨灭的创伤记忆,因此我们更加懂得和平的价值。"联合国教科文组织和平学教席持有人刘成教授也认为:"和平,是对创伤历史最好的修复和纪念。"

2017年9月4日"国际和平城市协会"通过视频向全球公告,南京通过申请成为第169座国际和平城市,也是中国首座国际和平城市。"国际和平城市协会"项目执行会长弗雷德·阿门特先生说,南京成为国际和平城市有很多重要原因,其中特别强调:"南京这座城市是在第二次世界大战中饱受战火摧残的一个典型。"[②]南京成为"国际和平城市"后,能够让世人更多地了解中华民族热爱、追求和平的悠久传统,以及中国在构建世界和平城市目标中做出的努力。从和平的国家到和平

---

① Listing of International Cities of Peace,可见 https://www.internationalcitiesofpeace.org/cities-listing/,2023年6月30日。

② 南京获准成为中国首个"国际和平城市"可见 http://www.guancha.cn/society/2017_09_09_426430.shtml,2018年1月20日。

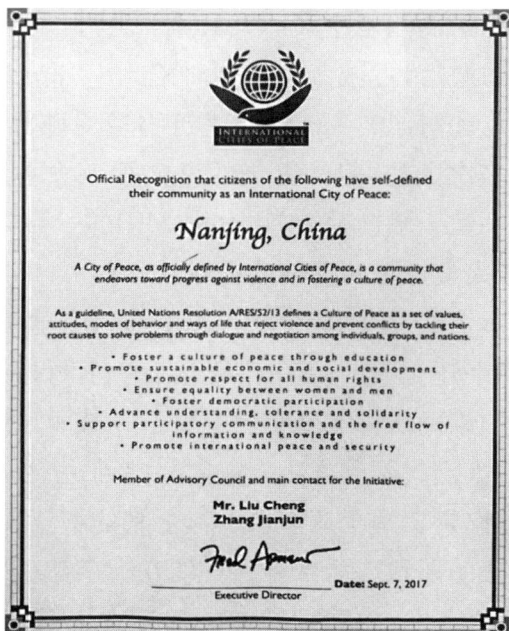

图 5‑1　国际和平城市证书

的城市,再从和平城市,关注到和平的家庭,最后寻找内心的和平。这是对南京的战争历史真相与和平建设工作的双重肯定,也是对南京城市未来发展的美好祝愿。在此背景下,利用历史遗产宣传南京的国际和平城市形象至关重要。南京将成为全世界人民了解中华民族热爱和平、追求和平的重要窗口,南京城市记忆的和平构建也将开启新篇章。

(三) 英国考文垂市利用城市遗址和平建设的经验

英国考文垂市是公认的国际和平城市的典范,被誉为"宽恕与和解之城",二战期间曾与南京同为世界"殉难城市"。两者有着不同的历史遭遇,但在刻骨铭心的战争创伤面前,两者都选择了和平,并义无反顾地建设和平。城市历史古迹得到充分的应用,在和平城市建设中发挥了无法替代的作用。

考文垂位于英格兰西米德兰兹郡,是英国第十一大城市。二战前,考文垂是英国主要的工业基地,市内多为金属加工行业,经营范围包括自行车制造、汽车制造、飞机引擎以及军需工厂。二战时,考文垂作为制造业重镇遭到德军的闪电空袭。1940 年 11 月 14 日夜,3 万多枚炸弹从德军的战机中抛落,古城考文垂顿时陷入一片火海。城中 550 多人丧生,1000 多人受伤,50,000 多处建筑物遭受破坏。① 此后德军又对考文垂进行了多次轰炸,曾经繁华的考文垂一去不返。考文垂市的历史文化瑰宝——圣·米迦勒大教堂(St Michael's Cathedral)也难逃厄运,只留下被战火熏烤过的断壁残垣。

民众对考文垂大轰炸的即时反应十分复杂。轰炸之后的几个星期,人们在呼吁和平还是"以血还血"的念头中不断挣扎。残损的城市住宅和成千上万的难民仿佛时刻在提醒着这场战争给人们带来的无尽的伤害。一时间,人们找不到未来的方向。然而,就在教堂被毁的第二天,大教堂的石匠修好了两个从屋顶上掉下来的横梁,并把这黑黢黢的木棍捆成了十字架的形状。后来有人自发在十字架上方写下了"父恕"(Father Forgive)的字样,并在大教堂的遗址之上建了一个祭坛,为这个残破的空间里注入了"宽恕"的理念。

图 5 - 2　被燃烧弹击中的大教堂②

---

① Norman Polmar,Thomas B. Allen,*World War II:The Encyclopedia of the War Years 1941 - 1945* ,New York:Random House,1996,p. 227

② oldukphotos. com/warwickshire-coventry. htm,2021 年 4 月 1 日。

圣诞节当日，教堂主教霍华德借此机会呼吁和平和宽恕，劝诫听众："我们想要告诉世界的是，今天基督在我们心中重生，我们正尽最大努力消除所有报复的念头。我们正在努力完成这项拯救世界免受暴政和残忍的伟大任务。在这场战争余后的日子里，我们将尝试构造一个更加可亲、更加简单、基督更愿意看到的世界。"以暴制暴并不能为城市的发展带来未来，反而可能引发新的灾难。和平才是最好的选择。在这种理念的影响下，战后的考文垂利用战争遗产，考文垂大学、市政府、大教堂"三位一体"，密切合作开展和平城市建设。

在 1962 年，新的考文垂大教堂在老教堂的遗址旁边落成。新的设计完整保留了圣马可教堂的废墟，并在北侧与废墟以垂直的角度建起新的考文垂教堂，两者以一个过廊连接。这种创新式的超越时空的对话，将战争废墟与新的教堂建筑相结合，给人带来强烈的视角冲击。让人驻足在历史和现实之中，反思战争的罪恶，表达对和平的渴望。教堂外墙的雕塑作品为"圣·米迦勒①和恶魔"铜像，表现了大天使圣·米迦勒对战恶魔的情景。圣米迦勒脚下的魔鬼脚缠枷锁，一副愤怒、失落的神情。圣米迦勒手持权杖，呈现出一种正义战胜邪恶的形象。大教堂西墙玻璃窗上刻有圣徒和天使的形象，向人们传递基督教历代相传从未间断的信念，它是新老教堂连接的纽带。大教堂每周都会在圣坛上诵读"和解祷文"，重申和平与和解的使命。考文垂大教堂自此成为和平与和解的新地标，并将此理念推广到整个英国的基督教教会。依托大教堂这个重要的"记忆之场"，考文垂市全年面向学校、族群和市民等不同群体举办形式多样的和平活动，如和平节、大屠杀纪念日等。大教堂还主动担当考文垂与世界其他城市联系的媒介。怀着同样的和解精神，考文垂与包括德累斯顿、广岛、斯大林格勒等缔结友好城市关系，为世界各地城市的和平发展提供榜样和支持。

① 上帝身边的首席战士、天使军最高统帅。《圣经》中说他有非凡的勇气与无可比拟的威力，是"绝对正义"的化身，非常英俊并充满慈悲心。

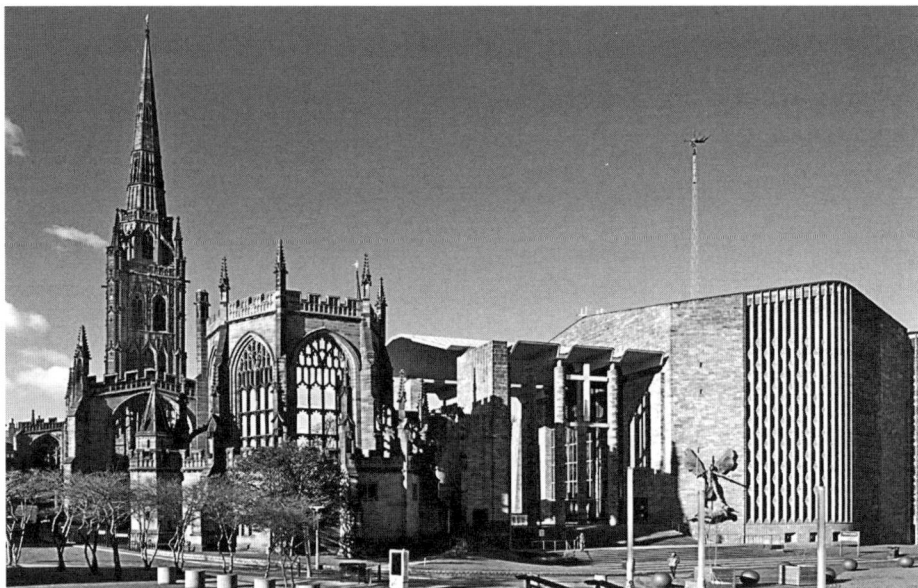

图 5-3　修复后的圣·米迦勒大教堂(2018 年)(来源：Wikipedia. org)

　　1995 年即第二次世界大战结束 50 周年之际,在被炸毁的大教堂废墟前又设立了"和解雕像"(Reconciliation)。雕塑的灵感来自一个英国女人在二战后徒步跨越欧洲去寻找丈夫的真人真事。作为"不列颠空战"的见证地,这座城市经历过不堪回首的毁灭与牺牲,痛苦与离别。拥抱的男女人像代表着因战争而分离的人重新相聚,也代表着因战争而分裂的人们走向和解。同样的雕像也竖立在日本广岛、贝尔法斯特和柏林,被视为"和解"的象征。

　　赫伯特艺术画廊与博物馆(Herbert Art Gallery and Museum)是考文垂的艺术陈列馆,1960 年由当地企业家、慈善家艾尔弗雷德·赫伯特(Alfred Herbert)爵士出资设立。在馆内设有"和平与和解画廊",展品主题有关友谊、和平、和解,涉及本地、区域和国际不同层面,用艺术的形式体现考文垂这座城市的战争经历以及战后追求和平与和解的承诺。

　　1999 年,考文垂大学成立的"宽恕与和解研究中心"(Centre for the Study of Forgiveness and Reconciliation)使考文垂的"和平城市"形象得到了进一步加强。该中心经历两次改名,第一次为"和平与和解研究

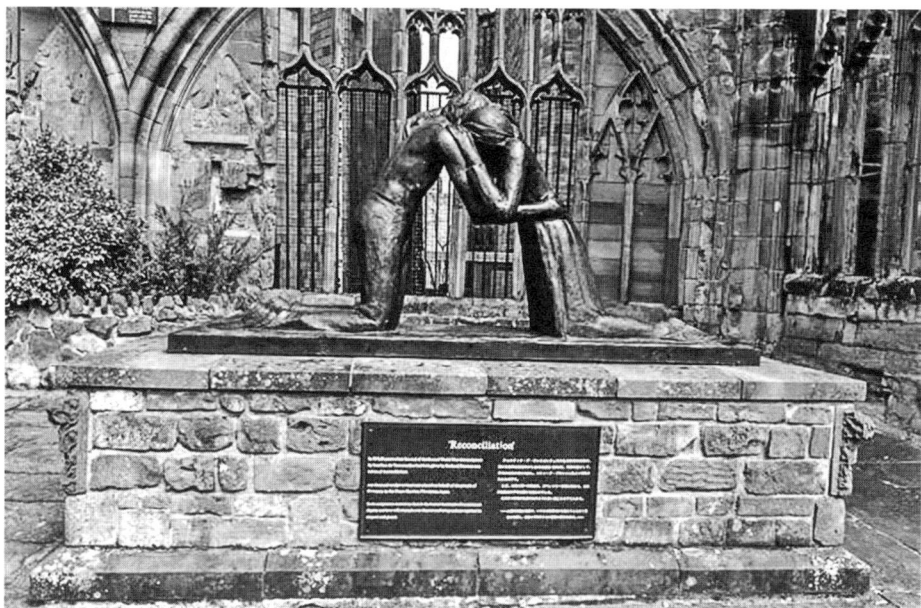

图 5 - 4 考文垂"和解"雕塑（Reconciliation）

中心"（Centre for Peace and Reconciliation Studies），现为"和平、信任与社会关系中心"（Centre for Trust，Peace and Social Relations），名称的变化反映出了和平学研究范畴的拓展。经过多年的发展，该中心从最初的 3 位教师：安德鲁·瑞格比（Andrew Rigby）教授、艾伦·亨特（Alan Hunter）教授、卡罗尔·兰克（Carol Rank）博士，到现在拥有 80 多名全职研究人员，6 个研究方向，其规模和影响力居于全球领先地位。2000 年起，南京大学与该中心建立了长期合作关系。2017 年，考文垂大学校长、和平学中心主任与考文垂市长访问南京，与南京大学签订了两校合作协议，主要议题之一就是推动和发展和平学教育，促进两校间的学术资源合作与交流。

"三位一体"的和平建设是考文垂城市发展的主要特征。多年来，考文垂大学与市政府、大教堂通力合作，每年在圣玛丽议事厅举办世界和平论坛（Peace Lecture），邀请资深政治家、外交官、专家学者参会发言；组织考文垂儿童和平与和解歌咏比赛，并设立了"考文垂国际和平与和解奖"（the Coventry International Prize for Peace and Reconciliation）用于表彰促进和平的杰出人物。考文垂还与国际上有类似战争经历的其他城市建立官方联系,如南京、贝尔格莱德、广岛、伏尔加格勒、华沙、德累斯顿等,加强彼此的和平交流与合作。虽然德国法西斯在二战中给考文垂带了深重的灾难,但考文垂与德国德累斯顿早在 1956 年结为姊妹城市,共建和平与和解城市。目前,考文垂已将市中心 30 个有关和平的场所组合起来,形成了名为"考文垂和平之旅"的热门旅行线路,它始于被德军闪电战袭击的米迦勒大教堂,在千禧广场结束,让人们在游览的过程中切身体悟这座城市与和平的联系。考文垂市以其和平遗产而自豪。通过形式各样的和平行动,提高人们对考文垂成为和平与和解国际城市的认知,向世界传播考文垂这座古老城市的和平理念。

全球性的文化遗产保护事业在促进文明交流互鉴、消除贫困、建设和平、促进可持续发展等方面对实现《联合国 2030 可持续发展议程》具有重要贡献。南京城墙不仅是中国古代杰出的历史文化遗产,也是二战时期中国军队顽强抵抗日本法西斯侵略的重要战场和南京大屠杀事件的发生地,它也见证了世界反法西斯战争的最后胜利,南京城墙及其周边地区至今仍保存有大量二战遗址遗迹。南京城墙是人类文明的创伤,充分发挥其警示性遗产价值,它将为深化南京国际和平城市建设、构建人类命运共同体,乃至世界和平建设发挥出独特作用。

第六章　南京城墙的保护与利用

墙,是实体的墙,也可以是人们心中的精神之墙。今天的南京城墙,已不再是当年的军事堡垒,而成为新的城市景观,它在向世人展示独特的军事文化同时,也让人们全面了解中华文明史上的政治、建筑、文化、经济、民俗,甚至艺术和美学的价值。历史的足迹,随着时光的流转而消散,但终究会通过某种形式重新唤起有关这座城市的文化记忆。随着城墙早期的军事功能逐渐消失,探寻其多元内涵就尤为重要。让南京城墙与南京的历史文化相连,与南京的城市相连,与南京的人民相连,和世界相连。

第一节　文化景观与城墙保护

在 1992 年的第 16 届世界遗产大会中,"文化景观"这一源于地理学的概念进入世界遗产体系。在 2005 年联合国教科文组织新修订的《操作指南》中,"文化景观"被定义为"自然和人类的共同作品",反映了因物质条件的限制或自然环境带来的机遇。在一系列社会、经济和文化因素的内外作用下,人类社会和定居地的历史沿革分为三类:(1) 由人类有意设计和建筑的景观;(2) 有机进化的景观;(3) 关联性文化景观。[1]

---

① UNESCO:《实施〈保护世界文化与自然遗产公约〉操作指南》,2005 年版。

"文化景观"这一遗产概念的提出和发展,有效地填补了世界遗产体系中文化与自然之间的鸿沟,为文化遗产与自然遗产架起了一座沟通和融合的桥梁,展示了人类与自然环境之间的相互作用。文化景观强调"自然与人类文化的联系和互动"。韩锋认为,文化景观的核心思想"是以动态、具体的文化角度来剖析和解读景观的生成、形态及意义,强调人与自然的互动性"。认识到国内遗产界在文化景观研究上的差距,她呼吁"借助这个概念的视野、方法和工具,重新确立新时期的景观价值和秩序,审视、传承和发展传统文化,建构本土的景观保护体系,创建人与自然和谐相处的人居环境"。[①]

全球首个文化景观遗产是新西兰的汤加里罗国家公园,位于新西兰北岛中部火山平原。汤加里罗境内有 3 座火山,这一火山群是土著毛利人的圣地。1990 年因不同类型的火山和不同层次的生态系统被列为世界自然遗产。因为"文化景观"概念的提出,也因为认识到公园境内的火山对毛利人的重要文化价值,考虑到作为社区和环境联系的精神纽带,1993 年,汤加里罗成为第一处根据修改后的文化景观标准被列入世界遗产名录的遗址,成为"文化景观"遗产概念提出后的首个实践者,很好地体现了自然与文化的联系,以及对当地民族文化的尊重。根据世界遗产委员会的描述:地处公园中心的群山对毛利人具有文化和宗教意义,象征着毛利人社会与外界环境的精神联系。公园里有活火山、死活山和不同层次的生态系统以及与众不同的美景。

可以看出,文化景观的核心是人与自然的关系。人是遗产的重要组成;文化景观强调人类活动和自然环境的互动;文化景观遗产不是单一的实体,而是将自然与文化结合在一起;强调整体保护;最重要的是,文化景观遗产将遗产作为一个活态遗产而非静态遗产来看待,十分强调景观遗产本身的发展变化。保护文化景观遗产,不只是保护某一时空的状态,也要保护它发展变化后的结果。

因此,文化景观遗产保护作为一项可持续的事业,不能局限在保护现有的文化景观遗产上,而应该以更加开放的思维、长远的眼光,将具备

---

① 韩锋:《世界遗产文化景观及其国际新动向》,《中国园林》2007 年第 11 期。

潜力的文化创造成果培育为未来的文化景观遗产。南京地区历史文化遗存众多,按历史时期来分,有六朝文化、明朝文化、太平天国文化、民国文化等;按文化类型来分,有军事文化、革命文化、佛教文化、民俗文化等,这些文化同样附着在城墙上,经由人们的想象和传播,不断丰富着城墙的历史内涵。随着时代的变迁,南京城墙的防御功能不断消失,逐渐从"实用型"过渡为"文化型",更需要不断挖掘城墙文化的内涵价值,突出城墙的唯一性和多元化。与此同时,不能一味地照搬国外文化景观遗产保护理论,要结合我国文化景观遗产的特点进行创造性实践,确立文化景观遗产保护的科学理念,走出有中国特色的文化景观遗产保护新路。

(一)南京城墙与山水城林

南京以"因天时就地利"的山水城林格局而闻名。既有"襟江带湖、虎踞龙盘"的自然环境风貌,城市选址在独特的山川形势之中,又有"依山就水、环套并置"的城市格局,南京城墙便蜿蜒于其中,串联着南京的城市风光带,彰显出南京的独特风采。

近年来,南京城墙保护利用更加强调人与自然的整体互动。南京加大对城墙周边环境整治力度。系统整治了护城河,实施河道清淤、控源截污,连通主城水系。引流补水,提升水体环境容量和自净能力,整体提升护城河段河道水质,打造城市"清水走廊"。同时,提升城墙周边绿化,按照《南京城墙墙体两侧绿地植物应用导则》的要求,对城墙两侧郁蔽的植物进行处理,重点疏剪、移植城墙外侧乔木,打通景观视廊。优化沿城墙地段樱花、桃花等观赏植物种植,提升城墙周边景观品质。增加城墙外侧绿道 23 千米,内侧 14.6 千米。以明城墙为中心,形成环城慢行系统、生态绿化系统、人文景观系统、湖河水景系统,体现南京山水城林的特色。[①]

明初由于城墙范围的扩大,护城河的开凿也规模空前。护城河是城墙防御体系的重要组成部分,成语"固若金汤"中的"汤",指的就是

①《南京城墙,赋能美丽古都建设》,《新华日报》2020 年 6 月 15 日第一版。

"护城河"。城墙与护城河可谓是"相得益彰"。冷兵器时期主要依靠步兵、战车和骑兵,仅有坚固的城墙是不够的,护城河能够有效地抵挡外来进攻。为了更好地发挥其防御效用,古人又对护城河的规格作了明确的限定:"石城十仞,汤池百步。"即"城要高,池要深"。古时护城河一般面阔底窄,面阔在 2 丈以上,深约 1 丈左右。护城河的作用在于使敌军人马及大型攻城器械隔河而阻,不得接近城墙,难以进行攻城作战。因此,护城河是一种阻隔式城防工事。除此之外,护城河的重要作用还在于,它可以有效地阻止敌人采用"地道战"的方式进入城内。假若护城河足够深的话,在敌人挖掘地道的时候,护城河里的水就可以倒灌敌军。从而打破敌人自地底攻入的阴谋,确保城池的万无一失。明朝历史上,著名的"靖难之役"便发生在此。因此,对南京城墙河道的保护是工作的重点。

明城墙的修建注重与地理自然环境充分结合。金川门的修建与金川河密切相关,并因此得名。金川门为单孔城门,有 1 座门券,门外设有金川桥,东侧有金川门涵洞和水闸,用来控制护城河和内外金川河的流通。围绕"山水相融、城水相依、林水相映、文水相传、人水相亲"的发展理念,南京市根据省、市 1 号总河长令——"2025 年建成区河湖基本建成幸福河湖、2035 年全市河湖总体建成幸福河湖"的总目标,制定了《南京幸福河湖建设行动计划(2021—2023 年)》,拟定 3 年建成 300 条幸福河湖。

南京明城墙历经 600 多年的风吹雨打,因其大部分暴露在室外的特殊性增加了保护的难度。例如,墙体存在受损和塌陷的情况,有些墙体的墙面已经出现了膨胀的现象;城墙顶部的排水口损坏,出现墙面积水问题。以及由于工业发展带来的环境污染加快了城砖老化等问题。此外,部分城墙墙体的石缝中长出杂草或藤类植物,这些也对城墙的坚固程度造成破坏。由于游客人数的增加,带来一些对城墙的人为损坏,同时在游览过程中产生的生活垃圾,也给城墙景区的自然环境造成伤害。此外,开发城墙项目造成的二次伤害,给城墙及其周围环境的保护带来了很多亟待解决的问题。最终需要通过科学的保护与利用,以南京城墙为媒介,串联起南京的山水城林,让南京释放出更多的城市魅力。

（二）城墙作为军事城防类遗产的利用

国际古迹遗址理事会（International Council of Monuments and Site，ICOMOS）于 1965 年成立于波兰华沙，由世界各国文化遗产保护专业人士组成，是古迹遗址保护和修复领域唯一的国际非政府组织。是联合国教科文组织三大专业咨询机构之一，可以评估申遗项目能否有资格列入《世界遗产名录》于 2005 年成立的城防与军事遗产专业委员会，主要分管 ICOMOS 中军事遗产方面的专业工作，其主要职能是以顾问的身份协助 ICOMOS 开展相关申遗咨询工作以及加强对世界城防和军事遗产相关研究工作、国际合作等。

2021 年 11 月 10 日，由国际古迹遗址保护协会城防与军事遗产委员会（ICOFORT）起草的《军事城防类遗产导则》（*ICOMOS Guidelines on Fortifications and Military Heritage*），经过年度 ICOMOS 会员大会的审议和投票表决，正式获得通过。作为遗产学界内有关军事城防类遗产的首个国际性导则，该文件旨在为国际范围内的遗产从业者提供有关军事城防类遗产的保护、展示阐释等在内的一系列帮助和指引。

在国家文物局的指导下，该协会又发布了《关于加强城墙类文物保护管理工作的倡议》，对作为我国城墙类文物的保护管理工作提出了六点倡议，反映了我国在以城墙为代表的军事城防类遗产保护管理层面的实践成果与理论指导。

军事城防类遗产是由社群通过自然材料（如地质原料、植物原料等）或合成材料建造的，以保护自身免受攻击伤害的建构筑物之和。以此为定义，军事城防类遗产包括但不限于军事工程设施、军工厂、码头、海军船坞、军事基地、试验场，以及其他用于军事进攻和防守目的的飞地和其他工程造物。军事文化景观包括但不限于内陆和沿海地区的防御设施和土质工程，以及与其他遗产和建筑有着相似及自身独特价值的历史遗存。

该份文件指出，由于军事行动的不断变化意味着军事城防类遗产不能按照其原有功能进行利用。军事城防类遗产原本设计的目的是防止敌人的进犯，因而当下军事城防类遗产的可及性和再利用要求面临着严峻的挑战。

并且提出了以下几点目的：

1. 以可持续和恰当的利用为目标为军事城防类遗产提供合适的干预措施；

2. 在避免损害遗产原真性和完整性的前提下平衡合理地活化遗产；

3. 加强遗产的活化利用，并将军事城防类遗产转化为一个见证地区发展和人类聚集形成社群的承载体；

4. 加强遗产的活化利用，将军事城防类遗产转化为传播知识的场所，例如有关军事遗产的历史、科学、科技话题等；

5. 加强遗产的活化利用，将军事城防类遗产转化为传递包容和和解精神的场所。

在保护方法上，该文件认为，决策者应当聘请专业的团队，避免在军事城防类遗产的活化项目评估、发展和总体保护规划的落实中武断地改变、修复、重建或者移除遗产本体的建造材料。制定与军事城防类遗产完整性保护相协调的保护规定和法律。运用相关科学技术，加强军事城防类遗产的可及性。[1]

作为历史古迹，军事城防类遗产有着作为建成结构的文献学价值。其代表了与促成其建造的历史事件和随着时间发展而获得的重要性相关的建筑、技术、艺术、历史价值。作为一种独特的系统和领土组织架构，军事城防类遗产有其独特的价值。对以上价值的认可决定了作为遗产的军事城防设施具有的独特要素，在多大程度上影响其保护、活化和整体的价值。

1. 建筑和科技价值

军事城防设施的分类反映了独特的战争技术。技术价值的评估需要对军事武器和军事技术演变有深刻理解，以便能够识别和评估到那

---

① ICOFORT：《ICOMOS 军事城防类遗产导则》（中译文）。

些为适应军事科技和军事工程发展而做出的那些创新进展。

2. 土地和地理价值

军事城防工事作为一种领土资源组织,其价值是防御系统价值的重要组成部分。虽然一些军事城防设施可能是独立的个体构件,但另一些可能构成了一个更大且不相邻的防御系统的一部分,这些组成部分塑造了其所处周边环境的文化景观,需要在更广泛的背景下进行评估。在这种情况下,整个防御系统的价值将大于其每个组成部分的价值;然而,所有的这些组成部分都需要得到保护,不管其在整个系统中的占比多少。

在这些价值的定位中,还需要注意军事防御设施的战略位置,设计如何反应武器装备的空间分配、预定围攻或进攻的类型、防御外延以及要保卫的领土的地形和生态系统。

3. 文化和景观价值

文化景观的价值有助于更好地理解军事城防类遗产的材料和功能背景;此外,还会考虑到对其飞地的尊重、出于防御目的的军事建设的作用、其与周围领土相对主导地位、视觉和物理关系。

4. 战略价值

军事城防设施是多种形态知识融合的象征。军事城防设施的战略价值大于其所承载的领土或地理价值,因为它反映了决策的能力、知识的深度以及社会统治阶级的内聚力。

5. 人类价值

军事城防设施建造的目的是在一方人类群体的攻击下保护另一方。因此,军事城防设施往往可以和冲突地点联系起来。军事城防设施有时会与压倒性的残酷和毁灭性的战争相联系,也可以在国家民族建设中所扮演重要的角色。军事城防设施和其周边的文化景观有可能承载着对整个军事城防类遗产的理解起重要作用的重要考古信息,对于理解整个军事城防遗产和相关设施历史使用情况起到重要的作用,

6. 记忆、身份、教育价值

军事城防设施在社会的记忆中扮演着重要的角色。它直接描绘了冲突的场景,允许人们从一部分社区共享的历史中获得激烈的,通常是

个人的认知体验,这些集体记忆与军事城防设施所在的文化景观息息相关。军事城防设施之所以有教育价值,是因为它可以提供与军事遗产文化体验相关的环境氛围。

7. 历史价值

军事城防类遗产体现了有关其建设和使用时期的态度和世界观。这些态度可以通过学习和阐释军事设施与当代社会之间的关系来理解。

8. 社会、经济价值

通过适当的加强行动,激活刺激效应,为社区带来经济利益,促进对于新价值和知识的认识,从而实现对于军事城防设施社会价值的理解。[1]

2020 年 3 月 18 日,南京城墙保护管理中心(南京城墙博物馆)成为国际古迹遗址保护协会城防与军事遗产委员会(ICOFORT)机构会员,也是中国首个加入 ICOFORT 的文博单位。

2006 年,江苏南京与陕西西安、湖北荆州、辽宁兴城 4 座城市城墙组成的"中国明清城墙"联合申遗项目,列入《中国世界文化遗产预备名单》。2012 年国家文物局公布更新后的名单,增加了湖北襄阳、浙江临海、安徽寿县、安徽凤阳 4 座城市城墙,共同组成"中国明清城墙"申遗项目。南京城墙作为其重要组成部分,在成为 ICOFORT 会员之后,可以更多地向外宣传自己,邀请权威专家来宁切身体会南京城墙的魅力。与此同时,也可以凭借这一平台增强国际交流,接触和学习更多先进的国际文化遗产管理保护经验,让南京城墙更快地"走出去",彰显中国的文化自信,传播中华文明。

城墙界定了城市的边界,守护着城市的安全。城墙围合着城市,与居民的日常生活紧密相连,根植在每个南京人的记忆中,人们也逐渐将各种情感寄托于南京城墙之上。例如,《明诗评选》是王夫之三部诗歌评选著作(《古诗评选》《唐诗评选》《明诗评选》)之一,共选入明诗 1097首,其中明确提到南京城墙的诗歌累计 12 首。除两首以龙湾城和台城

---

① ICOFORT:《ICOMOS 军事城防类遗产导则》(中译文)。

为直接描写对象外，其余均以城墙部分节点名称或模糊处理的城墙为意象，主要作为起兴或背景，用以抒情怀古。南京城墙在明诗之中虽常作为苍凉悲切的怀古之意象，诗中的南京城墙的作用和定位主要还是城防和地标，这与其当时价值内涵息息相关。①

　　作家朱自清先生曾多次路过南京，他对南京情有独钟。1934年，朱自清以旅行者的视角写作了散文《南京》。在这篇游记中，朱自清用深情素雅的文字介绍了南京城的鸡鸣寺、明城墙、玄武湖等著名景点。南京的明城墙屹立600多年，是岁月的遗迹，也是文化的地标，当年朱自清先生慕名而来，抚今追昔，感慨万千："从寺后的园地，拣着路上台城；没有垛子，真像平台一样。踏在茸茸的草上，说不出的静。夏天白昼有成群的黑蝴蝶，在微风里飞；这些黑蝴蝶上下旋转地飞，远看像一根粗的圆柱子。"当年朱自清就是通过鸡鸣寺旁的城墙步道，登上台城段城墙。彼时的南京城墙，疏于管理、比较荒凉，加之1931年爆发九一八事变的时代背景，难免让人心生惋惜之情。"城上可以望南京的每一角。这时候若有个熟悉历代形势的人，给你指点，隋兵是从这角进来的，湘军是从那角进来的，你可以想象异样装束的队伍，打着异样的旗帜，拿着异样的武器，汹汹涌涌地进来，远远仿佛还有哭喊之声。假如你记得一些金陵怀古的诗词，趁这时候暗诵几回，也可印证印证，或许更能领略作者当日的情思。"②世事变迁，故影犹在，站在朱自清先生当年伫立的地方，依稀还感受到了他笔下的台城的幽静。2021年，中央电视台科教频道还将这段作品拍成了《跟着书本去旅行》节目《南京印象——南京城墙》，让观众们跟随朱自清先生的脚步，一起登览南京城墙，品味其文化意蕴。2019年，南京城墙保护管理中心组织曾摄制中英文专题片《中国城墙故事》，在新华社、中国新华新闻电视网（CNC）客户端等平台上线播出，讲述南京城墙的故事。2020年10月，联合申遗办、南京城墙保护管理中心出版《中国明清城墙》图书，该书入选"十三五"国家重点图书出版物出版规划项目，并获得国家出版基金资助。

① 郑孝清：《南京城墙文化意象研究》，《中国城墙（第一辑）》2018年，第1—15页。
② 朱自清：《朱自清作品精选》，云南人民出版社2019年版，第153—154页。

南京大型赛事、文娱活动也积极引入南京城墙元素。老南京人都有在正月十六登墙的习惯。据说，正月十六这一天到城墙上走走，有"祛百病""踏太平"的作用。此习俗来源于明末清初，旧时男女老少都爬城头，对老年人来说象征着"祛除百病"，对年轻人来说意味着"步步高升"。今日也成为南京民俗的一部分。一年伊始，当天气转暖，一家老小在南京的城墙上走走遛遛，锻炼身心，同时也表达对社会和谐、共享太平的朴素期望。此外，如今健跑的人越来越多，南京城墙作为一条天然的人工跑道，再加上两旁的自然风光，吸引着广大的健跑爱好者前来。2019 年，南京城墙举办了"第七届明城墙全民健身运动"，此次活动以太平门白马公园广场站为起点，中山门月牙湖公园为终点。2020年，南京城墙保护管理中心和扬子晚报又共同举办了"奋斗新时代"登城迎新健步走活动，起点为明代 13 座内城门中保存最完整的城门之一的神策门，终点则是因韦庄、刘禹锡等诗人的名诗名句中的台城。市民行走在南京城墙上，在强身健体的同时，亲身感受历史的痕迹，体味中华文明的伟大之处。

南京城墙也是各种重大赛事的重要举办地。在 2013 年第二届亚青会期间，亚青火炬实现了从解放门到神策门的传递。该线路将紫金山、玄武湖、明城墙等最具南京特色的著名景点串连为一体，立体呈现了六朝古都山水城林的美丽自然风貌。玄武区开展了"城墙宝宝迎亚青"系列活动，玄武团区委推出了文明观赛的宣传漫画、公益广告和童谣，并专门制作了手偶，发行"城墙宝宝微图书"系列，编辑少儿音乐剧等。

2014 年 8 月，南京举办青年奥林匹克运动会，这是中国首次举办的青奥会，也是中国第二次举办的奥运赛事。南京青奥会实体火炬全程在明城墙上传递，意在展现南京古城风貌，线路从明城墙东水关遗址公园出发，途经中华门城堡，最终在集庆门进行收火仪式，全程 5200 米，共有 45 棒火炬手。

2015 年 11 月，南京首届国际马拉松赛将赛道设置途经集庆门、水西门、汉中门、清凉门、草场门、定淮门、挹江门和仪凤门八大明城墙遗址以及秦淮河风光带。这些文体活动融入了城墙元素，极大提升了南京城墙的品牌形象和知名度,并让南京城墙的文化和元素出现在国际场合,对城墙的利用也体现了人们积极开发城墙遗产、更好地为现代城市生活服务的意识。

(三) 气候变化下的文化遗产保护

近年来,气候变化给文化遗产保护带来了严峻挑战,并开始得到国际社会的关注。2007 年,世界遗产委员会通过了政策文件,旨在搭建世界遗产和《联合国气候变化框架公约》(UNFCCC)之间的联系。该公约的目标是通过全球合作促进温室气体排放的减少,以共同遏制气候变化的进程。2015 年以来,世界遗产委员会也开始重视缔约国关于《巴黎协定》的落实,以降低气候变化对自然和文化遗产带来的风险。不过,与自然遗产相比,文化遗产与气候变化的关联似乎不那么明显。我们习惯于关注极端气候灾害对古建筑、古遗址等文化遗存造成的损失。实际上,在过去的 150 年里,我们所处的气候基本态已经发生了显著变化。伴随工业革命的进程,大量煤炭、石油和天然气等化石燃料的使用,大气中二氧化碳的浓度增加,这种气体产生的温室效应会引发一系列连带反应。联合国教科文组织的最新数据警告说,世界遗产地的冰川正在加速融化,到 2050 年,三分之一遗产地的冰川将消失。我们还看到文化和自然遗产地,包括许多联合国教科文组织世界遗产,受到火灾、洪水、风暴和大规模白化事件的威胁。[①]

2021 年 12 月,由联合国教科文组织、联合国政府间气候变化专门委员会和文化遗产领域最重要的国际咨询机构国际古迹遗址理事会(ICOMOS)发起的国际文化、遗产和气候变化联合会议(International Co-Sponsored Meeting on Culture, Heritage and Climate Change),强调文化和遗产在理解气候变化的成因和影响以及设计对策(比如低碳的气候适应性途径)方面发挥着关键作用,推动基于遗产和文化的行

动，以应对气候变化和减少碳排放。同时也向社会表明：文化遗产是全球事务中的一项核心议题。

作为世界上最大的发展中国家，中国始终高度重视全球气候变化对人类社会带来的影响，也深度关切其中的遗产保护议题。2021年，国务院新闻办发表《中国应对气候变化的政策与行动》白皮书。中共十八大以来，在习近平生态文明思想指引下，中国贯彻新发展理念，将应对气候变化摆在国家治理更加突出的位置，不断提高碳排放强度削减幅度，不断强化自主贡献目标，以最大努力提高应对气候变化力度，推动经济社会发展全面绿色转型，建设人与自然和谐共生的现代化。[1] 国家文物局一直积极贯彻落实应对气候变化战略，着力探索构建文物防灾减灾体系，建立汛期文物灾情信息报告与应急处置制度，对特定类型文物应对极端气候提出了指导意见。

当下，因气候变化给文化遗产保护所带来的极端影响颇具复杂性。气候变化及其所造成的影响已远远不是单一国家或是学科所能够处理应对的。例如，这些年国内时常出现极端降水，此前应对雨患经验较少的北方也饱受灾患。强降雨对古遗址、古建筑、历史城镇带来了很大破坏，甚至有"中国旱极"之称的敦煌也出现了极为罕见的冰雹雨现象。气候变化复杂性的影响对不同地区、不同类型的遗产有着明显的区别，因而尚缺少统一的经验可以参考。

2022年4月4日，政府间气候变化专门委员会第六次评估报告第三工作组报告《气候变化2022：减缓气候变化》正式发布。这份报告提供了对气候变化减缓进展和承诺的最新全球评估，并审查了全球排放源。报告解释了减排和减缓活动的发展，评估了国家气候承诺对长期排放目标的影响。在此背景下，中国古迹遗址保护协会积极呼吁，在文物保护工程中贯彻落实习近平总书记关于碳达峰碳中和的重要讲话和重要指示批示精神，践行国家减碳目标，探索使用环保材料与技术，创造更多遗产保护与可持续、绿色发展有机结合的优秀案例。

中国秉持人与自然生命共同体理念，提出共建地球生命共同体等主

---

[1]《中国应对气候变化的政策与行动》白皮书，2021年10月。

张。敬畏自然、融入自然、适应自然,是中华文明的优秀传统。中国考古和历史学者已经通过大量证据说明,在广袤的华夏大地上,数千年来经历着气候的起起伏伏。中国古人也不断适应着这种变化,因地制宜创造适宜的生活方式。今天,尽管我们所面临的局面更加复杂,但应对气候变化的种种行动和举措,其实早已蕴含在我们祖祖辈辈适应气候和环境的智慧之中。

南京城墙主动承担起文化遗产守护者的使命。2022 年 4 月 18 日,国际古迹遗址日到来之际,南京城墙保护管理中心策划题为《全球气候变化下的文化遗产保护——写在"国际古迹遗址日"之际》科普宣传活动。此次活动旨在向社会公众阐释国际遗产保护的先进理念,介绍南京城墙文化遗产常态化保护管理工作,鼓励公众积极参与遗产保护事业,推动全球气候变化大背景下的南京城墙文化遗产全面科学保护管理。中国古迹遗址保护协会还发布了《关于应对气候变化、促进文化遗产可持续发展的倡议书》,号召遗产保护者与社会各界人士共同推动中国气候变化应对和遗产保护事业的发展,创造更多遗产保护与可持续、绿色发展有机结合的优秀案例。

南京城墙不仅仅是中国的古城墙,也是世界共同的文化遗产。因此,除了加强对明城墙的有效保护和自身建设外,还需要在城垣遗产保护方面进行国际交流与合作。尽管每个国家的历史文化背景各不相同,但这些城垣是人类智慧和团结精神的结晶,具有共同属性。通过从其他国家古城墙发展变化的历史和保护经验中汲取经验养分,从而将南京城墙的历史和精神发扬光大。

(四)南京城墙与文化传播

南京市明城垣史博物馆正式成立于 1998 年,坐落在江苏省南京市玄武区解放门 8 号、南京明城墙原址——台城段城墙。"台城"原属六朝宫殿皇城北垣之所在,是南京城垣建设中最古老最重要的地点之一。这里东接紫金山,北揽玄武湖,风景十分秀丽。该馆是一座集中收藏、展示和研究南京城墙的专题性历史类博物馆。馆内设有 7 个陈列厅及接待厅,展出城垣全貌模型、城砖实物、砖铭拓片以及城墙墙体结构等。明城垣史博物馆重点收藏明代铭文城砖及众多相关的文物资料和文献资料,标本城砖达 600 多种,其中还有明代宫廷专用的"金砖"。南京城墙砖文蕴含丰富的文化内涵,是极其珍贵的历史文物资料。博物馆还收藏有明故宫的基础木桩和古代战争中使用的垒石等文物。

该馆系统地介绍了南京城墙的历史沿革、建造特点以及它在中国和世界城市发展史上的地位和价值,是弘扬我国优秀民族文化的文物旅游活动中心,也是一处有关古代文明和现代文明知识的教育中心。2001 年,明城垣史博物馆被列为"江苏省爱国主义教育基地"。博物馆在不断完善基础设施建设,增强综合接待能力的同时,还积极筹备形式多样的群众性文化活动。明城垣史博物馆和城墙管理处积极发挥管理和维修职能,每年承担多处地段的城墙维修抢险工程,年收运城砖量达 40 多万块,为城墙的保护做出了巨大贡献。2007 年,"城墙科学保护论坛暨中国古都学会城墙保护专业委员会首届学术研讨会"在南京开幕,同时成立了中国古都学会城墙保护专业委员会,成为第一个全国范围的古城墙科学保护交流平台。

南京城墙保护管理中心于 2014 年 2 月正式挂牌成立。它是在原南京市明城垣史博物馆、南京市城墙管理处的基础上将南京中华门管理所、午门公园、仪凤门划入,从而实现了对现存城墙的统一管理,管理范围含宫城、皇城、京城、外郭及其附属建筑,包括城墙(城门)、护城河、城墙遗迹和城墙遗址,其职责是明确保护控制范围内的南京城墙保护管理、开发利用和申遗工作。南京城墙保护管理中心内部设置有办公室、宣传人事部、文化遗产部、文物保护部、陈列研究部、藏品保管部、社会服务部、旅游规划部、安全保卫部、文创产业部 10 个部门和解放门、神策门、挹江门、中华门、午门 5 个管理办公室。[①] 2016 年南京城墙研究会、南京古都城墙保护基金会又相继成立。

南京城墙研究会主要负责学术研究事宜,业务范围包括:(一)组织会员开展南京城墙保护、维修、历史、文化等课题的研究;(二)组织和举

---

① https://www.njcitywall.com/,2022 年 6 月 1 日。

办各类关于南京城墙历史、文化的研讨会、报告会、座谈会;(三)收集、整理有关南京城墙论文、资料,编写协会刊物、论文集、图集,举办研究成果展览;(四)开展与国内外有关的研究单位、组织的学术文化、研究成果和资料的交流,加强与他们的合作,提高研究水平;(五)向行政部门、主管部门反映会员意见和建议;(六)承接政府及有关部门关于城墙研究、评审、咨询等委托事项。

南京古都城墙保护基金会业务范围包括:(一)接受关心和支持南京城墙保护、研究事业的自然人、法人或其他组织的自愿捐赠(包括资金、物品和劳务);(二)资助南京城墙的科学保护和修缮;(三)宣传与南京城墙保护有关的法律、法规及有关方针政策,提高全民对城墙保护意识;(四)资助有关南京城墙的科研项目、学术交流、科研成果出版及人才培养;(五)同国内外有关研究机构、团体或个人合作开展有关南京城墙保护等社会活动;(六)支持并推动南京城墙的申遗工作,对外提供、发布有关南京城墙保护捐赠、资助、修缮等信息。

2017 年 9 月,南京市明城垣史博物馆受制于空间狭小,大量城墙文物藏品无法展示。按照国家文物局"建成南京新的文化地标"的批复意见,南京城墙博物馆设计方案启动全球征集。2018 年,南京城墙博物馆破土动工,2021 年 12 月开放试运行。南京城墙博物馆位于江苏省南京市秦淮区边营 1 号,毗邻中华门瓮城,总建筑面积 12000 平方米,是中国规模最大的地方城墙专题类博物馆。截至 2019 年末,南京城墙博物馆藏品有 1718 件/套,其中珍贵文物 166 件/套,举办展览 16 个,教育活动 30 次,参观人数 242 万人次。

2020 年,南京城墙保护管理中心(南京城墙博物馆)成为中国首个加入 ICOFORT 的文博单位。"据 ICOFORT 方面的反馈,南京城墙作为中国乃至世界最大的军事建筑遗产,加强对其保护、利用与研究,是与 ICOFORT 宗旨完全吻合的。加之南京城墙扎实的研究水平及各项工作成绩,因此才会被批准入会"。[①]

[①] 南京城墙成为中国首个 ICOFORT 会员单位,可见 https://www.njcitywall.com/Article/xinxizhongxin/meitiguanzhu/2020/1119/1082.html,2023 年 5 月 1 日。

图 6-1 ICOFORT 古代战争与城防古迹遗址保护世界学术研讨会(2019)

图 6-2 ICOFORT 古代战争与城防古迹遗址保护世界学术研讨会(2019)

与国际相关遗产保护组织建立联系以后,可以加深国际社会对南京城墙遗产价值的了解,提升南京城墙与国际领域专家交流的水平和层次,有利于更好地摸清申遗的规则,厘清其中重点,便于向成功案例吸收经验。南京城墙领衔的中国明清城墙申报世界文化遗产工作如果从 2006 年第一次被列入国家申遗预备名录开始,已进行了 18 年。加强与同类型城墙间的合作交流是南京城墙可持续发展的重要一环。在古城墙的保护和开发方面,意大利有很多优秀的理论成果和成功的实践经验。

卢卡(Lucca),是位于意大利中部托斯卡纳大区的一个古老小镇。它是整个欧洲唯一完整被城墙包围的,而且在从城防用途转变为公共场所过程中基本保留其原本风貌的城市。整座城镇都被坚固的城墙包围着,城墙内有宫殿、教堂、广场和住宅等。早在公元前 2 世纪,这里就修建了第一座城墙,这种城墙主要用于区域划分。最完备的一次修建在 1544 年至 1645 年间,是大量使用火器后城防技术的代表,也是今天卢卡城墙的最终式样。经过多次改筑后的卢卡城垣全长 4195 米,由 12 段 30 米厚的墙体及 11 座城门、堡垒组成,并且在城垣四周建有护城河。城墙内外墙体表面都用红砖砌筑,上面可以驻军、架大炮。城墙周边堡垒的主楼内部都有旋转楼梯通向地下,那里设有存放军需物资及军火的地下室,并建有由堡垒的炮耳掩盖的通道,以便在紧急情况下逃生。城墙周边有突出的三角形堡垒,又称"棱堡",尖角向外,使城墙外表面及棱堡的两个斜边全都处在守城火器保护之下。[①]

随着城墙防御功能的逐渐消失,在 19 世纪,西班牙卡尔四世国王的女儿曾将部分卢卡城墙改变为公共花园,这也为卢卡城墙保护提供了新的方向。之后,也有人提出仿效意大利其他城市将卢卡城墙彻底拆除,但这里的人们深爱着这份历史遗产,并没有付诸实践。在卢卡人看来,"城墙永远是一个开放的建筑工地,以及一座值得让热爱历史、传统与文化的人们去挖掘并分享的宝库"。对卢卡城墙而言,市政当局并

① 葛维成、杨国庆、叶扬:《意大利卢卡城墙的历史与保护》,《中国文化遗产》2006(01):98 – 105 + 5+7.

没有设立专门的法律加以保护，但人们依然自觉地爱护这份遗产。因此，卢卡城墙成为全欧洲保存最完整的城墙，成为卢卡市政府最引以为豪的名胜古迹。

为了学习交流欧洲遗产保护与修缮方面的先进理念、措施，2005年5月，南京文物代表团应意大利卢卡市之邀，前往卢卡商谈明城墙保护交流合作项目。2005年10月，南京朝天宫展出了《意大利卢卡城墙历史文化展览》。在此之前，南京东南大学与罗马萨皮恩扎大学正式确定了在城市城墙保护与研究上的合作关系，并于2008年签署了文化合作协议文件，确定将南京城墙和罗马城墙作为首个联合研究对象。2008年11月，南京举行了第四届国际城市化论坛，两校学者举办了南京与罗马城墙比较研究研讨会，初步展示了合作初期和中期的成果。此后，双方又合作出版了《南京城墙与罗马城墙比较》①一书。这是一部对中国和西方两个著名历史城市城墙进行比较的中英双语专著，两位作者——陈薇和意大利的戈佐拉，尝试揭示这两个具有中西方古典文明代表意义的城墙存在差异的形成过程。全书在大量实地调查研究的基础上，采用图文对照的形式，对南京古城墙和罗马古城墙进行了全面的比较研究，内容涉及两个城市城墙的历史演变、城墙、景观与城市肌理、城墙修复、城墙规划、城墙与都市计划等方面，以期探索认识中西方城市文化遗产保护的有效途径，是一次展开中西方城市城墙、文化、遗产比较的尝试和创新之作。书中强调："城墙不只是一道防御工事，更是一座城市，甚至是一个国家的象征。并且在城墙周边曾发生过很多重大历史事件，城墙是这些事件的见证，所以要充分认识并尊重城墙的多重价值，特别是在城墙失去了防御作用的今天，不能将其视作城市发展的障碍。"②

南京城墙也积极进行新媒体建设。南京城墙保护管理中心在新浪微博平台上开设了微博账号，分享城墙的照片、活动和相关历史知识。截至2023年8月，该账号发布微博超9000次，视频累计播放量达528

---

① 参见陈薇、路易吉·戈佐拉《南京城墙与罗马城墙比较》，东南大学出版社2013年版。
② 同上书，第141—146页。

万次。同时,南京城墙保护管理中心还开设了微信公众号,可线上预约参观游览,及时发布相关活动和展览信息。

第二节　南京城墙与世界文化遗产

(一)世界文化遗产的概念与实践

"文化遗产"一词最早出现于 20 世纪中叶,是随着世界遗产运动的出现而传播的。自出现至今,国内外对"文化遗产"都还没有一个完整而准确的界定,因为对其内涵的认识一直在不断地深化。

早在 19 世纪后期,战争的灾祸就让人们意识到文物古迹的脆弱性,并开始探索通过交战各方的约定来保护文物古迹免受战火损毁。1946 年,联合国教科文组织成立后,在世界范围内展开了一系列专门针对古迹遗址的保护工作。直到 20 世纪 60 年代,联合国教科文组织在"努比亚行动计划"中认识到,一部分具有突出的普遍价值的文化遗产和自然遗产是人类共同的遗产,应当进行保护。联合国教育、科学及文化组织(UNESCO)力求鼓励对世界各地被认为对人类具有突出价值的文化和自然遗产进行识别、保护和保存。1972 年,联合国教科文组织成立世界遗产委员会,通过了《保护世界文化和自然遗产公约》(*Convention Concerning the Protection of the World Cultural and Natural Heritage*),其宗旨在于促进世界各国和各国人民之间的合作,为合理保护和恢复全人类共同遗产作出积极贡献。①

这份公约首次对"文化遗产"进行了定义:"从历史、艺术或科学角度看具有突出的普遍价值的建筑物、碑雕和碑画、具有考古性质成份或结构、铭文、窟洞以及联合体;从历史、艺术或科学角度看,在建筑式样、分布均匀或与环境景色结合方面,具有突出的普遍价值的单立或连接

---

① 世界文化遗产官网,可见 https://whc.unesco.org/,2022 年 11 月 10 日。

的建筑群；从历史、审美、人种学或人类学角度看具有突出的普遍价值的人类工程或自然与人联合工程以及考古地址等地方"①，这是"文化遗产"一词首次在联合国公约中出现。

可以看出，早期人们对"文化遗产"的定义比较偏向于其在历史、艺术或科学角度的显性价值。1982 年，《墨西哥城文化政策宣言》补充了"文化遗产"的定义，提出文化遗产包括物质与非物质的形态，这也是"非物质文化遗产"一词首次作为官方术语被正式使用。自 20 世纪 80 年代起，对非物质文化遗产的保护机制逐渐建立起来，直至 2003 年《保护非物质文化遗产公约》获得联合国教科文组织全会通过，并于 2006 年在缔约国数目达到 30 个之后生效。

对世界遗产公约各缔约国而言，向国际社会申报世界遗产是一种国家行为。

世界遗产分为自然遗产、文化遗产和复合遗产三大类。世界文化遗产的类型主要包括：文物（从历史、艺术或科学角度看，具有突出普遍价值的建筑物、雕刻和绘画以及具有考古性质的成分或结构的铭文、洞穴以及其综合体）、建筑群（从历史、艺术或科学角度看，在建筑式样、分布均匀或与环境景色结合方面具有突出普遍价值的单独或相互联系的建筑群）、遗址（从历史、美学、人种学或人类学角度看，具有突出普遍价值的人造工程或人与自然的共同杰作以及考古遗址）。

近年来，"世界遗产"的概念与实践不断在发展。《奈良真实性文件》确认了世界遗产对多元文化的尊重，2000 年的《凯恩斯决议》提出新的提名政策并经由《苏州决议》部分修正后落实执行，以期贯彻世界遗产"全球策略"，追求世界遗产所应具备的全球代表性和平衡性。

世界遗产的选出是由联合国教科文组织世界遗产委员会来投票开会决定的。这个委员会于 1976 年召开第一届会议，并从那时以后，每年在全球不同的缔约国举行一次正式会议；必要时也会紧急召集临时会议。选出世界遗产的目的在于呼吁人类珍惜、保护、拯救和重视这些

---

① 《联合国教科文组织保护世界文化和自然遗产公约》，1972 年。

地球上独特的景点。① 根据《保护世界文化和自然遗产公约》及其操作指南的要求，文化遗产的评审标准包括：申报项目自身价值、遗产地当地政府和公众保护该遗产项目的自觉性和积极性、该遗产项目环境的协调以及对不协调状况的克服程度等。②

一个国家首先需要对本国有价值的文化和自然遗产列出一份详细的目录。这被称为"预备名单"，没有列入预备名单的遗产不能进行申报。然后该国可以从预备名单中筛选出一处遗产，列入提名表中。世界遗产中心会对如何准备一份详尽的提名表提供建议和帮助。

提交给世界遗产中心的提名表会被国际古迹遗址理事会和国际自然与自然资源保护联盟这两个机构独立地审核，之后评估报告被送到世界遗产委员会。委员会每年举行一次会议，讨论决定是否将被提名的遗产录入《世界遗产名录》。有时候，委员会会延期作出结论并要求会员国提供更多的信息，或者决议不予列入，被拒绝列入《世界遗产名录》中的提名遗产地将不得再次提出申请。一处遗产需要满足以下 10 个条件之一方可被录入世界遗产。提名的遗产必须具有突出的"普世价值"以及至少满足以下 10 项基准之一：

（1）表现人类创造力的经典之作。

（2）在某期间或某种文化圈里对建筑、技术、纪念性艺术、城镇规划、景观设计之发展有巨大影响，促进人类价值的交流。

（3）呈现有关现存或者已经消失的文化传统、文明的独特或稀有之证据。

（4）关于呈现人类历史重要阶段的建筑类型，或者建筑及技术的组合，或者景观上的卓越典范。

（5）代表某一个或数个文化的人类传统聚落或土地使用，提供出色的典范，特别是因为难以抗拒的历史潮流而处于消灭危机的场合。

（6）具有显著普遍价值的事件、活的传统、理念、信仰、艺术及文学

---

① 世界文化遗产名录，可见 http://whc. unesco. org/en/list/，2023 年 5 月 10 日。
② 陈启东：《世界遗产希腊罗得岛中世纪古城及其保护管理研究》，《中国城墙》2018 年，第 234—235 页。

作品，有直接或实质的联结（世界遗产委员会认为该基准应最好与其他基准共同使用）。

（7）包含出色的自然美景与美学重要性的自然现象或地区。

（8）代表生命进化的纪录、重要且持续的地质发展过程、具有意义的地形学或地文学特色等的地球历史主要发展阶段的显著例子。

（9）在陆上、淡水、沿海及海洋生态系统及动植物群的演化与发展上，代表持续进行中的生态学及生物学过程的显著例子。

（10）拥有最重要及显著的多元性生物自然生态栖息地，包含从保育或科学的角度来看，符合普世价值的濒临绝种动物种。

以上（1）至（6）项是判断文化遗产的基准，（7）至（10）项是判断自然遗产的基准。

大多数已登录的世界文化遗产都满足以上的多款基准条例，

少数只满足基准6的世界遗产是：原子弹爆炸圆顶屋（日本），格雷岛（塞内加尔），奥斯威辛集中营（波兰）等。

全部6项文化遗产基准都达到的有世界文化遗产2处：敦煌莫高窟（中国）和威尼斯（意大利），以及自然文化遗产的泰山（中国）1处。

多数世界自然遗产都能满足上面多项基准条款，其中全部的4项判断基准都达到的有：大堡礁（澳大利亚）、次南极群岛（新西兰）、姆禄国家公园（马来西亚）、卡耐马国家公园（委内瑞拉）、贝加尔湖（俄罗斯）、中国南方喀斯特以及三江并流等。

截至2021年的第44届世界遗产年会，世界上共有世界遗产1157项，其中文化遗产900项，自然遗产218项，文化与自然双重遗产39项。总共有190个世界遗产公约缔约国中的167国拥有世界遗产。[①]

2000年，在南京市人民政府的支持下，南京市文物局正式成立了"南京明城墙申报世界文化遗产可行性报告"调研小组，对南京城墙各

---

① 世界文化遗产名录，可见 http://whc.unesco.org/en/list/，2023年7月10日。

个地段开展了初步调查,在比照长城、平遥、西安等一批"申报"成功或未通过的项目基础上,撰写了《南京城墙申报世界文化遗产调研报告》,迈出了南京明城墙"申遗"的第一步。自此,南京城墙保护步入了一个新的阶段,开始从中国走向世界。将南京明城墙申报为世界文化遗产,是南京人民共同的期盼,让多彩的城墙文化发扬光大,也是当代人将这一历史文化遗产推向世界的责任和使命。

(二) 城墙申遗与景观保护

中国建造城墙的历史源远流长,几乎在每个重要历史朝代中都有修建城墙的传统。中国繁体汉字"國"字的主体就是围合在一起的城墙,因此,城墙一直是国家的象征。据不完全统计,中国境内的城墙数量约在 6000 座以上。明清城墙自修建以来,历经风风雨雨。在城市现代化进程中,因各种原因,明清城墙有 99％都遭受了不同程度的破坏,而这剩下的 1％,是极其珍贵的。它不仅是简单的一道墙体,而是中国城市发展转型的"里程碑"和纪念地,拥有非常丰富的文化内涵和独特价值。

经过多年的努力,南京城墙保护渐入佳境、初显成效,由于明城墙风光带项目的有效实施,2004 年南京市明城墙保护项目被国家建设部授予"中国人居环境范例奖"。2006 年,南京市文物局完成了南京明城墙申报"世遗"可行性报告;同年,国家文物局公布《中国世界文化遗产预备名单》,南京、西安与辽宁兴城三地联合申报的"中国明清城墙"榜上有名;2014 年,明清城墙联合申遗工作会议在南京召开,会上正式成立了"中国明清城墙联合申报世界文化遗产办公室",经来自全国 8 个城市的代表推举,南京市成为联合申遗的牵头城市,"中国明清城墙"联合申遗正式进入实质阶段。

在漫漫的申遗过程中,南京城墙保护的力度不断加大,标准也显著提高。规划引导方面,南京又先后编制了《南京城墙保护规划(2008—

273

---

① 世界文化遗产名录,可见 http://whc. unesco. org/en/list/,2023 年 7 月 10 日。

2025)》(2008 年)、《南京城墙沿线城市设计》(2014 年)等多项规划,对城墙保护提出了更深入细致的规划引导。修复治理方面,大规模修复治理逐渐转向常态化管养。

近年来,南京城墙十余年大规模抢险维修维护工作已基本结束,日常的管理和看护成为城墙保护工作的重点。2010 年起,南京市财政专门为城墙日常维修管养配备了专项资金,采用物业管理的形式对城墙进行日常维护、保养、保洁和本体亮化,对小的破损随时修补;并使用全线监测设备等设施对城墙进行昼夜监测看护,对城墙本体裂缝、鼓胀、位移和沉降进行数据监测,每年采集 10 次并进行结构安全分析,为维修保护城墙提供科学依据。法律法规方面,2015 年 1 月,《南京城墙保护条例》通过江苏省人大常委会批准,并将于 2015 年 4 月 1 日起施行。自 1996 年起开始制定的《南京城墙保护管理办法》在 18 年间经历 3 次修改,终于从《办法》升级为《条例》,南京城墙保护有了更为有力的法律保障。

此外,南京城墙也进一步加大了对其合理利用的力度。2014 年,城墙本体维修和相关配套设施建设完成后,明城墙实现全线开放,成为南京一个全新的标志性旅游景点。"城门城门几丈高,三十六丈高。骑花马,带把刀,走进城门抄一抄……"这首极具地方特色的童谣,被一代代生活在城墙脚下的南京人传唱。玄武湖公园、鸡鸣寺、钟山风景区、夫子庙景区、老门东、大报恩寺遗址公园、阅江楼……修缮后的南京城墙串起这一个个文化地标,圈成一条美丽的"古城项链"。城墙沿线增设的登城口、游客服务中心以及生态绿环和慢行绿道系统,让市民更好地欣赏沿途的风景名胜。2023 年 1 月至 7 月,南京城墙接待总客流 320 万人次。2023 年 8 月,大型沉浸式光雕艺术演出《心印·中华门》开始上演,引来众多游客观赏。《心印·中华门》演出通过真人实景演绎、3D 投影秀、光影互动等创新方式,将中华门的历史呈现出来,让文物"活"起来,为市民游客打造夜间文化体验新空间。

(三) 城墙作为二战"记忆遗址"的积极价值

对战争遗产价值的认知及保护利用工作起步于二战后。人们愈发认识到战争对人类的巨大危害以及对和平的向往，具有特定文化意义的战争遗产始终为国际社会所关注与重视。20世纪70年代开始，联合国教科文组织开始关注战争遗产的保护。在联合国教科文组织世界遗产分类体系中，物质文化遗产主要被划分为纪念碑/文物（monuments）、遗址（sites）和建筑群（groups of buildings）三大类。

纪念性遗产具有时空范围的广泛性和意义内涵的包容性，主要是指历史上重要人物使用过的或与重要历史事件相关的、经历历史检验与文化积淀并完成了代际传承的"物件"和"场所"。这些"物件"或"场所"承载了特定地域、特定文化乃至于全人类的集体记忆，在世人心目中具有相对的永恒性、标志性和神圣性。"纪念性遗产"具有两方面的要素：一是形成社会群体长期集体记忆的人和事，二是附着这些历史记忆的物件和场所。"纪念性遗产"通过物质性的构建和精神的延续，来达到回忆历史和传承文化的目的。"纪念性遗产"具有启示、激励和教化作用，有益于人类社会未来的可持续发展。①

广义上的"纪念性遗产"不仅包括战争遗迹，同样包含与人类历史上重大历史事件相关的物质遗存，这类遗产在世界遗产名录中数量不少。与代表科学或艺术价值的世界遗产不同，"纪念性遗产"主要内涵体现为其历史象征性。遗产本体可能没有多少艺术性或审美要素，甚至可能是残缺不全的，但隐含在普通外表背后的，是塑造人类集体记忆的重要力量。

在"纪念性遗产"中，有一类表现的是人类历史上黑暗、丑陋的一面。当今世界遗产领域，众多与战争有关的遗址被称为"sites of memory"，出自法国著名历史学家皮埃尔·诺拉（Pierre Nora）关于"记忆场所"的经典概念，特指那些展现"战争记忆"的遗址，也特指那些可能令记忆者产生"冲突"的记忆，涉及一些体现人类历史上残酷一面的记忆，学术界也称之为"difficult heritage"（警世遗产）。在"记忆场所"理论中，诺拉认为，真正承载鲜活记忆的"环境"已经不复存在，以今天

---

① 孙华：《纪念性遗产与纪念碑》，《中国文物报》2014年5月30日。

的人们只能通过残存下来的某些物质载体去装载和塑造回忆。①

保存和保护二战警示性文化遗产逐渐为国际社会所接受和认可，联合国教科文组织设立了"警示性文化遗产"名录，以铭记那些有过惨痛教训、应当永久保留的文化遗存。二战"三大惨案"遗址中，波兰奥斯威辛集中营和日本广岛和平纪念公园分别于1979年、1996年被列入"世界文化遗产"。经历了二战的国家也都希望能够以战争遗产的保护来实现对历史的记忆与尊重。将这些与战争罪恶相关的历史保存和诠释给全人类，目的是想通过它们告诫人们勿忘历史，从历史的教训中汲取反思的力量，构建一个和平的世界。②

第二次世界大战是人类历史上规模最大、范围最广的一场战争冲突，给人类带来巨大的苦难和创伤，对世界影响之深前所未有。中国战场是亚太地区战场的核心部分，在亚太地区乃至于整个二战中占有重要地位。世界各地为铭记二战历史设有纪念日和纪念地。2014年，中国政府以立法的形式将9月3日确定为中国人民抗日战争纪念日，又将12月13日设立为南京大屠杀死难者国家公祭日。伟大的抗战精神，是中国人民弥足珍贵的精神财富。国家公祭日是对死难者的尊重，表达了对生命的敬畏；另一方面也有助于民族情感的凝聚与集体记忆的认同。

中国是世界反法西斯战争中开始最早、持续时间最长的国家。1931年"九一八"中国抗战的起点，是世界反法西斯战争的起点。中国从1931年至1945年进行了长达14年的抗战，是二战中最早参战也是抗战时间最长的同盟国，是二战胜利的中坚力量之一，对同盟国赢得二战的最终胜利发挥了至关重要的作用。在1941年12月日军偷袭珍珠港挑起太平洋战争之前，中国是亚太地区唯一抵抗日本法西斯侵略的国家。中国战场对日本法西斯的顽强抵抗，极大地影响了亚太地区以至于整个二战的战场局势。中国政府和人民为赢得胜利、守卫和平付出了巨大的牺牲和贡献。

---

① 中国古迹遗址保护协会：《世界遗产大会的学术解读：记忆遗址》2018年6月27日。
② 参见燕海鸣《警世遗产与申遗政治》，《文化纵横》2015年4期。

二战期间,南京作为中华民国的首都,发生了震惊中外的南京大屠杀惨案,南京承受了无法忘却的战争创伤。然而,长期以来,中国战场在二战中的地位和作用往往被世人忽视和遗忘。中国是二战中亚洲最大的受害国,是遭受日本军国主义暴行伤害最深的国家。在现代城市发展中,人们由于缺乏对二战"记忆遗址"及其遗产价值的基本认知,不知不觉中损毁了本应永久保留的抗战记忆遗址。南京城墙真实记录着中日两国之间侵略与反侵略的历史,对全人类同时具有普遍的战争警示意义。南京城墙战争遗产的相关记忆载体类型多样,记忆既存在于具体的文字、图片、影像、口述历史等记录形式中,也存在于物质性生活空间里。面对人类共同承受的苦难和暴行,不能选择轻松地放弃或遗忘,需要对南京城墙及其周边二战警示性遗产价值的认知、阐释、传播等保护管理措施重新进行反思,以警示全世界"要和平,不要战争",为构建人类命运共同体发挥其重要作用。

第三节　南京城墙的申遗与发展

(一) 以和平建设凸显保护特色

文化遗产是建设和平的重要手段,冲突问题也经常与文化遗产相伴。在许多情况下,恐惧、不信任甚至对"他人"的攻击都诉诸一种传统感来证明自己;"我们的"边界、"我们的"遗产、"我们的"身份被用来服务于特定的、越来越多的暴力议程。[1] 在讨论遗产与建设和平之间的关系时,遗产对建设和平的贡献在很大程度上被低估了。遗产的内涵呈现和利用的单一性,对和平建设的影响非常有限。特别是,如何凸显出其特殊内涵,让更多人认识到其价值并投入其中,是一个亟待解决的问

---

[1] D. Walters, D. Laven, & P. Davis eds, *Heritage and Peacebuilding*, Boydell & Brewer, 2017, pp. 1 - 4.

题,和平建设为此打开了大门。

联合国教科文组织一贯提倡要坚持所有教育制度都把和平教育列为必修课。2015年,联合国教科文组织在《反思教育:向"全球共同利益"的理念转变》报告中强调"教育是全人类共同的核心利益,是实现全球可持续发展的关键"。随着"和平"的内涵与外延不断深化,和平已经从反对战争向应对饥饿、歧视、环境污染等全球化问题拓展。和平不仅意味着没有战争,更要通过积极践行"可持续发展"的理念,从根源上消除战争和冲突的威胁。和平不仅局限在人类社会之中,也存在于人与自然的关系之中,要共建地球生命共同体。

教科文组织通过强调"遗产与后冲突"(Heritage and Post-Conflict),将保护"世界遗产"的使命与后冲突时代建设和平联系起来[1],如下所示:

> 随着世界的发展,我们在近几年目睹了对文化遗产的更多破坏,因为遗产可以成为首要的攻击目标,特别是在国家内部冲突中,原因包括其象征意义、身份认同、侵略、误解和排斥。在过去的十年里,联和国教科文组织在不同伙伴力量的协助下,不论是公共领域还是私人领域,在国际协调保护受到冲突破坏或威胁的遗产的复杂行动方面都发挥了领导和令人瞩目的作用。[2]

南京是一座博爱和平之都,拥有深厚的和平文化底蕴。多年来,南京始终坚持和平城市发展理念,积极开展国际和平城市建设。南京也是一座山水城林融为一体、河流绿道串珠成链的生态之城。南京通过积极的生态文明建设,诠释了人与自然"和合共生"的和平意义。作为中国首座"国际和平城市",南京具备培育和平建设者的教育高地的优势,要在和平组织建构、和平学术研究、和平教育推广、和平活动开展、和平价值传播等进一步方面开展工作。要充分发挥南京大学联合国教科文组织和平学教席的核心作用,让和平教育走进课堂,从幼儿园到小学到初中、高中、大学甚至整个社会体系,全年龄段实施和平教育,开展

---

① Chadwick F Alger, *Peace Research and Peacebuilding*, Springer, 2014, p. 83.

② www. unesco. org. 2023年9月1日。

各种形式的和平教育。

"遗产最重要的不是关乎过去，而是我们与现在、未来的关系。"2013年，习近平总书记在莫斯科国际关系学院发表演讲，强调："这个世界，各国相互联系、相互依存的程度空前加深，人类生活在同一个地球村里，生活在历史和现实交汇的一个时空里，越来越成为你中有我、我中有你的命运共同体。""人类命运共同体"是习近平总书记提出的重要外交理念，是新时代中国特色社会主义基本方略的重要内容之一。构建人类命运共同体思想是建立最广泛国际统一战线的根本战略，为构建国际统一战线提供了全新的宏大视野和思维方式，开辟了更为广阔的目标前景，它将引领新时代统战工作的价值导向，赋予新时代统战工作以新的重要任务。国际统一战线是以构建人类命运共同体为总体目标而建立，它由不同国家和民族参与，寻求人类和平发展，建立新型国际关系和国际政治秩序，助推中国参与全球治理中发挥更大作用。以南京为代表的国际和平城市网络建设将为国际统战工作带来新机遇。

全球性的文化遗产保护事业在促进文明交流互鉴、消除贫困、建设和平、促进可持续发展等方面对实现《联合国2030可持续发展议程》具有重要贡献。南京城墙不仅是中国古代杰出的文化遗产，也是二战时期中国军队抵御日本法西斯侵略的重要战场和南京大屠杀事件的发生地，它也见证了世界反法西斯战争的最后胜利，南京城墙及其周边地区至今仍保存有大量二战遗址遗迹。南京城墙二战警示性战争遗产是人类文明的创伤，具有警示性遗产价值，它将为深化南京国际和平城市建设、建设世界和平、构建人类命运共同体发挥重要作用。将南京城墙打造成一个新的和平建设的工具，即将新兴的和平工具作为一个全球性的历史学习过程的证据。和平教育者面临的挑战不仅是使人们能够获得有关越来越多的和平工具的知识，而且要促使学生拥有使用这些工具的能力[1]，并且可以将这种能力传递给更多的公民。因此，和平不是结果，和平是一个长期的过程。

---

① Chadwick F Alger, *Peace Research and Peacebuilding*, Springer, 2014, p. 83.

（二）搭建城墙文化网络，多方协同合作

南京城墙具有厚重的历史文化内涵。这份历史遗产包括对所有相关的有形和无形的文化遗产的保护、保存和利用。充分挖掘南京城墙的遗产价值，开发创新多种手段对遗产价值进行广泛传播。

一、加强南京城墙二战资料整理，夯实城墙的历史基底。结合江苏省和南京市有关抗战遗址的保护规划，系统梳理有关南京城墙重要的二战档案文献、影像资料、口述历史等；做好南京城墙二战遗址遗迹的摸底调查以及阐释、展示、书籍出版等工作，对南京城墙二战遗址遗迹进行系统性保护。

二、充分挖掘同类文化遗产，打造规模性发展形态。将南京城墙与南京历史文化、旅游景点、民俗文化、考古挖掘等精准结合，并在此基础上开发整合同类资源，打造全新的整体景观。也可将合作平台延展至周边城市，或具有鲜明意义的历史景观。如，由南京城墙保护管理中心发起的"南京城墙寻根之旅"，已在长江中下游地区发现15处明代南京城墙砖官窑遗址，涉及江苏南京栖霞、安徽芜湖繁昌、江西抚州黎川、湖南岳阳君山、湖北武汉江夏等地。南京以其特殊的地理位置和文化，作为"中国明清城墙"和"海上丝绸之路"的联合申遗牵头城市，城墙的重要性毋庸置疑，也必将发挥更大的价值。

三、让互联网数字技术参与文化遗产的保护，推动文化遗产价值的充分释放。文化遗产保护的本质是信息管理，从信息的挖掘、存储到信息的处理和再利用，几乎涵盖了文化遗产保护工作的各个环节。而互联网公司在这些维度也有着天然的技术积累和理念准备。目前国内已有相关成功案例。比如，腾讯公司在2016年就与中国文保基金会联合成立了"长城保护公益专项基金"，已捐赠超过3500万元用于长城的修缮和公众传播；2021年，腾讯游戏发起了"Play for Good"的公益号召，吸引了亿万玩家以互动参与的游戏形式为公益项目献出一份力。基于这些爱心行为，腾讯公益基金会定向捐赠了包括敦煌莫高窟第427窟、第145窟和第138窟的数字化，以及云冈石窟第16—1窟数字化在

内的多个数字文保项目。

（三）彰显文化自信，发扬"普世价值"

党的十八大以来，习近平总书记反复强调文化自信。南京城墙的开发与保护与提升文化自信密切相关。城墙的历史，是城市的历史，是人的历史。通过专业的解说、展览、表演等方式，展示城墙与人、与历史、与自然、与城市、与文化之间的多元关系和独特价值。同时，要提升其对世界和人类的"普世价值"，进一步揭示遗产地的意义。它能提升对城墙的历史认知度，能鼓励游客去探索遗址地的其他部分，以便获得更广泛的关于它的正确评价。南京城墙作为文化遗产能够发挥它的文化作用，能够发挥文化传承的功能、纪念符号的功能、提升城市文化形象的功能、展示教育功能、生态功能、增强民族自豪感的功能。

南京城墙展现了多民族统一国家不同级别城市差序格局的逻辑体系，反映了中国传统宇宙观、风水堪舆、人地和谐及天人合一理念的实践成就。南京城墙还是中国古典城市形态与现代城市形态的参照系，是人类不同时期、不同地域城市文明多样性的稀见案例，也是人类传统城市文明与现代城市文明有机融汇、传承发展、和谐共生的典范。

风水堪舆学说对城址选择方法及城墙布局的独特之处，是赋予山水以生命，求得人居之城与周边环境的共生与协调，形成心理上的满足、景观上的美丽与小气候的改善。如把山当作"龙"，根据"龙"的形态特征做出吉凶判断，趋吉避凶；把水当作天地的血脉，根据"血脉"流向判断是否适宜万物生长；把城墙围合空间的中心当作天地的穴位，以寻找到永久的安全控制中心和心理安慰中心等等，体现了中国古人在筑城工程中对自然的敬畏之心以及追求安全幸福生活的理想。[①]

自 2006 年联合申报世界文化遗产以来，政府和社会对南京城墙的重视程度与日俱增，这充分保证了南京明城墙在现代功能实现方面的

---

① 贺云翱、陈思妙：《中国明清城墙"体系下的南京城墙突出普遍价值分析》，《古都南京》2016 年第6 期。

效果体验。近年来,南京城墙上举办的公益活动越来越多,各类文化品牌也相继创立,网络宣传工作也颇具成效,使得南京明城墙在国内外的知名度均获得显著提高。

　　未来如何继续加大南京城墙文化遗产的创新保护力度,保存发挥这一历史遗迹的重要价值,服务南京地方特色文化建设,提升中国话语,继承和弘扬中华优秀传统文化,服务于全人类的和平与发展。我们拭目以待,未来任重道远!

结　语　从军事遗产到建设和平

　　"墙",自古以来是为防卫而建筑在城边界的高峻坚厚的围墙。东汉王充《论衡·须颂》有云:"城墙之土,平地之壤也,人加筑蹈之力,树立临池。"中国古代的"墙"不仅代表了"实体意义上的空间边界",还蕴含着丰富的文化内涵。城墙是中国古代人们抵御侵害、划定城市界限的一种手段。《说文》云:"垣蔽日墙。"《释名》云:"墙障也,所以自障蔽也。"由此可见墙的基本作用是蔽护与阻隔。

　　城墙的建设深受中国古代防御思想的影响。早在春秋战国时期,我国著名思想家墨子就提出了防御战争的理论。春秋战国时期,各地战事连绵,民不聊生。墨子认为,如果能爱别人,把别人的身体看作自己身体的一部分,人与人就不会打仗。所以,他主张天下所有人都应当不分高低贵贱、彼此相爱。但他也认识到,只呼吁停止打仗,相亲相爱还不够,还要有能制止战争的手段,也就是说,要讲求备御之法。《七患》说:"城郭沟池不可守","自以为安强,而无守备,四邻谋之而不知戒",是国之患。并说:"库无备兵,虽有义不能征无义。城郭不备全,不可以自守,心无备虑,不可以应猝。"

　　在墨子的军事哲学思想中,"守"与"攻"同样具有深刻的辩证思想。《墨子·尚贤中》说:"人守则固,出诛则强。""守固"即坚固地防守,"诛强"即强力地诛讨不义。守固与诛强,相反相成,相互为用。守固方能诛强,诛强才利守固。守固诛强兼顾,才能实现积极防御的战略目的。

消灭敌人,是为了保全自己。因为若不消灭敌人,自己将被消灭。墨子提倡"守"而"善"。历来有"墨翟之守""墨守成规"的成语流传。墨子的防守讲求的是积极防御,即采取积极攻势行动,挫败进攻之敌的防御,而不是消极防御,即只阻挡进攻,只被动挨打,不采取积极的回击攻势,或单纯防御。坚固防守,积极防御,是墨家军事思想的出发点和基本点。这种思想也被历代军事家所汲取,并被应用在建筑城墙的实践之中。

城墙历经世事沧桑,风云变幻。在中国传统的价值观念中,城墙的有无,标志着现代与传统城市的边界。比如,美国的城市就没有拆除过城墙,因为它们从来没有修筑过城墙,或者说从来没有修筑过有形的城墙。在今日的城市世界中,曾经隔绝敌人与危险、权力与权威的高墙已成断壁残垣。① 城墙的内涵并非一成不变的,其自身也经历了曲折的变化。近年来,南京城墙的历史记忆、文化内涵、艺术价值得到了充分挖掘,留下了丰硕的果实。在日新月异的城市环境中,南京城墙究竟应该扮演什么样的角色,更加真切地参与城市机体的运转,彰显城市的文化魅力,同时保护和发挥城墙这一文化遗产的最大价值,这富有挑战性的任务吸引着人们孜孜不倦地投入这项工作。

第一,南京城墙的保护和开发是一个永续不断的过程。南京城墙是南京的地标性建筑,承载着这座城市的历史文脉。历史上,南京城墙虽遭受多次破坏,但保护和传承一直是发展的主题。这份文脉的延续,也正是南京特色的关键所在。借鉴国内外先进文化遗产保护理念,持续开发城墙的外在资源,城墙的价值将会得到更大范围的认同和发挥。

第二,南京城墙深刻影响了人们的思维和生活。南京城墙本身蕴藏着极其丰富的内涵,除了城墙、台城、外郭、城门、护城河等所体现的建筑布局、造型、砖技、雕刻等艺术外,还形成了与南京城墙相关联的特色民俗文化,有诗文绘画、民间戏曲、考古遗址等。如今,城墙文化已经深嵌在南京市民的日常生活中,服务于民、取悦于民、让城墙文脉代代相传。

---

① 侯深:《无墙之城:美国历史上的城市与自然》,四川人民出版社 2021 年版,第 4 页。

第三,以和平为基超越战争内涵,助力国际和平城市建设。曾几何时,城墙是战争的产物,它守护着家国人民,对抗着敌人和危险。时空流转,如今的南京城墙是南京的核心意象,代表着安居乐业、国泰民安的城市状态。2017 年 9 月,南京成为中国首座"国际和平城市"。南京在历史上多次受到战争和暴力的伤害,和平是人们最大的希冀和对受难者的慰藉,城墙在其中也扮演着至关重要的角色。建设和平将为南京城市发展和城墙保护打开更多的可能性。

未来,南京城墙如何在新的时代中不断唤起人们的关注,把握时代命运,融入城市发展,这是值得不断研究思考的问题。

参考文献

一、古籍、档案

1. （梁）宗懔撰：《荆楚岁时记》，湖北人民出版社，1985年。

2. （明）陈沂撰：《金陵古今图考》，南京出版社，2006年。

3. （明）葛寅亮：《金陵玄观志》，南京出版社，2011年。

4. （明）李时勉等：《明太宗实录》，中央研究院历史语言研究所，1962年。

5. （明）吴应箕撰：《留都见闻录》，吴孟坚楼山堂康熙十九年（1680）版刻本。

6. （明）徐必达：《南都察院志，金陵全书》，南京出版社，2015年。

7. （明）余怀著，薛冰点校：《板桥杂记》，南京出版社，2006年。

8. （明代官修）《明太祖实录》，上海书店出版社，2018年。

9. （民国）国都设计技术专员办事处：《首都计划》，南京出版社，2006年。

10. （民国）南京特别市政府发布：1928年《南京特别市市政公报》，见《金陵全书》，南京出版社，2010年。

11. （民国）叶楚伧、柳诒征主编，王焕镳编纂：《首都志》，南京市地方志编纂委员会办公室1985年根据正中书局1935年版翻印出版。

12. （南宋）马光祖修，周应合纂：《景定建康志》，南京出版社，2009年。

13. （南宋）张敦颐：《王进珊校点：六朝事迹编类》，南京出版社，1989年。

14. （南宋）周应合：《景定建康志》，南京出版社，2009年。

15. （清）曾国藩：《曾国藩全集：奏稿（下）》，河北人民出版社，2016年。

16. （清）陈文述：《秣陵集》，南京出版社，2009年。

17. （清）甘熙撰：《白下琐言》，南京出版社，2017年。

18. （清）龚柴撰：《江苏考略》，（清）王锡祺辑：《小方壶斋舆地丛钞》第1册，杭州古籍书店，1985年。

19. （清）顾祖禹撰：《读史方舆纪要》，中华书局，1955年。

20. （清）蒋启勋，（清）赵佑宸修，（清）汪士铎等纂：《金陵全书甲编方志类·府志·光绪续纂江宁府志1》，南京出版社，2011年。

21. （清）吕燕昭修、姚鼐纂：（嘉庆）《新修江宁府志》，南京出版社，2011。

22. （清）马寿龄：《金陵癸甲新乐府·拆皇城》；中国史学会主编：《太平天国4》，上海人民出版社，上海书店出版社，2000年。

23. （清）莫祥之，（清）甘绍盘修，（清）汪士铎等纂：《同治上江两县志》，江苏古籍出版社，1991年。

24. （清）欧阳昱：《见闻琐录》，岳麓书社，1986年。

25. （清）潘宗鼎撰：《金陵岁时记》，南京出版社，2006年。

26. （清）吴敬梓著：《儒林外史》，中华书局，2009年。

27. （清）谢介鹤撰：《金陵癸甲纪事略》，上海古籍出版社，1996年。

28. （清）张汝南：《巴蜀书社》，1993年影印《中国野史集成》本。金陵省难纪略。

29. （清）张廷玉等撰：《明史》，中华书局，1997年。

30. （清）张之洞：《张文襄公全集1：海王邨古籍丛刊》，中国书店，1990年。

31. （清末民国）金陵关税务司编：《金陵关十年报告》，张伟翻译，南京出版社，2014年。

32. （宋）乐史著、王文楚等点校：《太平寰宇记》，中华书局，2009年。

33. （唐）许嵩撰：《建康实录》，中华书局，2009年。

34. （西晋）陈寿：《裴松之注：三国志》，上海古籍出版社，2016年。

35. "南京大屠杀"史料编辑委员会编：《侵华日军南京大屠杀史稿》，江苏古籍出版社，1987年。

36. "南京大屠杀"史料编辑委员会等编：《侵华日军南京大屠杀档案》，江苏古籍出版社，1997年。

37. 《宫中档案·硃批奏折》（工程类），光绪十六年（1890）十二月初九，陈明奏折，中国第一历史档案馆藏。

38.《关于拆除南京城墙问题的报告》档案,1956年11月14日,南京市城建档案馆藏。

39.《两江总督刘坤一奏请核销江宁城垣等工用过银两事》,光绪十九年七月二十日,《宫中朱批奏折》,档号:04-01-37-0142-011,中国第一历史档案馆藏。

40.《南京保卫战战斗详报》档案,中国第二历史档案馆藏。

41.《南京警备司令谷正伦建议修葺南京城墙》档案,1934年8月14日,中国第二历史档案馆藏。

42.《南京市拆除城墙计划草案》档案,1954年,南京市城建档案馆藏。

43.《南京市城墙损坏情况调查表》档案,1954年,南京市城建档案馆藏。

44.《侵华日军南京大屠杀档案》,江苏古籍出版社,1997年。

45.《中国军事机关就南京附近修建永久工事一组文件》(1934—1935年),中国第二历史档案馆藏。

46.《中华门拆除东西两门工程情况简报》档案,1955年,南京市城建档案馆藏。

47. 江苏省财政志编辑办公室编:《两江总督端方署江苏巡抚陈启泰奏报江南工赈捐输收支数目折,江苏财政史料丛书第1辑第2分册》,北京方志出版社,1999年。

48. 刘锦藻:《清朝文献通考》第192卷,杭州古籍出版社,2000年。

49. 鲁平、姚禹谟、王宗唐、周文保等发表《南京古城墙沿革及保护维修意见》档案,1984年11月,南京市城建档案馆藏。

50. 南京市军事管制委员会《关于城墙解放前后损坏情况调查等函》档案,1949年,南京市城建档案馆藏。

51. 赵尔巽主编:《清史稿》第十四册,中华书局,1976年。

52. 中国第一历史档案馆整理:《康熙起居注》,中华书局,1984年。

53. 中国审判战犯军事法庭《谷寿夫战犯案判决书》,中国第二历史档案馆藏。

54. 中央研究院历史语言研究所校勘:《明太祖实录》,上海书店,1982年。

二、中文专著

1. 陈恭禄:《太平天国历史论丛》,广东人民出版社,1995。

2. 陈宁骏、欣辰:《解密总统府》(全彩版),东南大学出版社,2019 年。

3. 陈迺勋编:《新京备乘》,南京出版社,2014 年。

4. 陈薇、路易吉·戈佐拉:《南京城墙与罗马城墙比较》,东南大学出版社,2013 年。

5. 顾起元:《客座赘语》,南京出版社,2009 年。

6. 纪念伟大航海家郑和下西洋 580 周年筹备委员会,中国航海史研究会编:《郑和下西洋》,人民交通出版社,1985 年。

7. 江苏省文物局:《江苏阅读遗存》,南京出版社,2015 年。

8. 蒋赞初:《南京史话》,南京出版社,1995 年。

9. 金陵图书馆:《21 世纪中国城市图书馆丛书·金陵图书馆》,天津大学出版社,2017 年。

10. 李晨森编:《中华上下五千年》,煤炭工业出版社,2016 年。

11. 刘旭:《中国古代火药火器史》,大象出版社,2004 年。

12. 刘成:《和平学》,南京出版社 2006 年版。

13. 马伯伦主编:《南京建置志》,海天出版社,1994 年。

14. 茅乃登、茅乃封:《辛亥光复南京记事》,收录于祁龙威、周新国编《辛亥革命江苏地区史料合集》,江苏人民出版社,1961 年。

15. 南京城墙保护管理中心、南京大学文化与自然遗产研究所编:《南京明外郭遗址调查研究》,南京师范大学出版社,2021 年。

16. 南京地名大全编委会编,《南京地名大全》,南京出版社,2012 年。

17. 南京市档案馆编:《南京城墙档案·城墙的保护与管理》,南京出版社,2020 年。

18. 南京市地方志编纂委员会编:《南京水利志》,海天出版社,1994 年。

19. 南京市地方志编纂委员会编:《南京人民防空志》,海天出版社,1994 年。

20. 南京市考古研究所:《明代南京外郭城遗址考古调查报告》,南京文物考古新发现(第四辑),文物出版社,2016 年。

21. 南京市委党史工作办公室、南京市委宣传部编:《南京百年风云 1840—1949》,南京出版社,1997 年。

22. 上海中国航海博物馆:《海帆远影——中国古代航海知识读本》,上海书店出版社,2018 年。

23. 宋希濂:《鹰犬将军——宋希濂自述》,中国文史出版社,1986 年。

24. 陶起鸣：《金陵名园愚园》，南京出版社，2018年。

25. 全国政协文史资料研究委员会编：《南京保卫战——原国民党将领抗日战争亲历记》，中国文史出版社，1987年。

26. 王剑英：《明中都遗址考察报告·明中都研究》，中国青年出版社，2005年。

27. 王佩良：《江苏辛亥革命研究》，国防科技大学出版社，2008年。

28. 王嵬、叶南客主编：《南京对外文化交流简史》，五洲传播出版社，2011年。

29. 王震编选：《徐悲鸿艺术随笔》，上海文艺出版社，1999年。

30. 夏维中、张铁宝、王刚等编著；南京市地方志编纂委员会办公室编：《南京通史·清代卷》，南京出版社，2014年。

31. 夏维中、张铁宝、王刚等著；南京市地方志编纂委员会办公室编：《南京通史·清代卷》，南京出版社，2014年。

32. 杨国庆、王志高：《南京城墙志》，凤凰出版社，2008年。

33. 杨国庆：《符号江苏·南京城墙》，江苏人民出版社，2014年。

34. 杨宽：《中国古代都城制度史研究》，上海古籍出版社，1993年。

35. 杨献文主编：《十里秦淮志》，方志出版社，2002年。

36. 杨心佛：《金陵十记》，古吴轩出版社，2003年。

37. 杨新华主编：《南京明故宫》，南京出版社，2009年。

38. 杨植、王燕文主编：《南京历代风华：远古—1840》，南京出版社，2004年。

39. 叶兆言：《叶兆言作品系列·南京传》，译林出版社，2019年。

40. 俞允尧：《秦淮古今大观》，江苏科技出版社，1990年。

41. 喻学才、贾鸿雁、张维亚、龚伶俐：《中国历代名建筑志（下）》，湖北教育出版社，2015年。

42. 张国辉：《洋务运动与中国近代企业》，中国社会科学出版社，1979年。

43. 张宪文主编：《南京大屠杀史料集》，江苏人民出版社，2006年。

44. 张效林译：《远东国际军事法庭判决书》，群众出版社，1986年。

45. 张新奇：《南京传》，岳麓书社，2019年。

46. 章开沅编译：《天理难容：美国传教士眼中的南京大屠杀》，南京大学出版社，1999年。

47. 中共南京市委党史工作办公室、中共南京市委宣传部编：《南京百年风云》，南京出版社，1997 年。

48. 朱炳贵编著：《老地图·南京旧影》，南京出版社，2014 年。

49. 朱偰：《金陵古迹图考》，中华书局，2006 年。

50. 朱正：《1957 年的夏季：从百家争鸣到两家争鸣》，河南人民出版社，1998 年。

51. 朱自清：《朱自清作品精选》，云南人民出版社，2019 年。

52. 朱祖希、袁家方：《京畿重地北京 5》，中国旅游出版社，2015 年。

三、中文论文

1. 《南京城墙，赋能美丽古都建设》，《新华日报》2020 年 6 月 15 日第一版。

2. 陈恩维：《"走百病"民俗的渊源与流变》，《民俗研究》2017 年第 2 期。

3. 方程、李菁、杨波：《基于集体记忆视角的战争景观遗产保护研究——以南京抗日战争景观遗产为例》，《现代城市研究》2017 年 7 期。

4. 葛维成、杨国庆、叶扬：《意大利卢卡城墙的历史与保护》，《中国文化遗产》2006 年第 1 期。

5. 韩锋：《世界遗产文化景观及其国际新动向》，《中国园林》2007 年第 11 期

6. 胡阿祥：《秣陵褒贬》，《中国民政》2017 第 4 期。

7. 胡阿祥：《嬴秦国号考说：兼说秦置秣陵无贬义》，《学海》2003 年第 2 期。

8. 胡卫国：《讨袁战争时期江苏的战事》，《档案与建设》2017 第 3 期。

9. 经盛鸿：《辛亥"江浙联军"血战七昼夜光复南京》，《江苏地方志》2021 第 6 期。

10. 梁庆华、邢国政：《南京明故宫范围有多大》，《南京史志》1989 年第 6 期。

11. 刘宗意：《白下城考》，《江苏地方志》2001 年第 3 期。

12. 刘成、白爽：《和平学视域下创建国际和平城市的思考》，《日本侵华南京大屠杀研究》2018 年第 1 期。

13. 刘成：《和平建设是对创伤历史的一种最好纪念与修复》，《史学周刊》2023 年第 2 期。

14. 濮阳康京:《江苏高淳固城遗址的现状与时代初探》,《东南文化》2001年第 7 期。

15. 孙华:《纪念性遗产与纪念碑》,《中国文物报》2014 年 5 月 30 日。

16. 王磊、赵辰:《"石匠村"的意义——窦村的石工传统与南京传统建筑地方性的关系》,《东南文化》2005 年第 3 期。

17. 王志高:《六朝建康城遗址考古发掘的回顾与展望》,《晓庄学院学报》2008 年第 1 期。

18. 王志高:《六朝唐宋诗词中的石头城》,《史志学刊》2018 年第 4 期。

19. 王志高:《秦汉秣陵县治新考》,《学海》2014 第 5 期。

20. 吴庆洲:《明南京城池的军事防御体系研究》,《建筑师》2005 年 4 期。

21. 吴跃农:《洋务运动及金陵制造局与南京近代工业化》,《江苏地方志》2019 年第 5 期。

22. 许辉:《"六朝文化"发展的历史经验及其应用价值述论》,《南京晓庄学院学报》2009 年第 1 期。

23. 燕海鸣:《警世遗产与申遗政治》,《文化纵横》2015 年 4 期。

24. 杨国庆:《明南京城墙设计思想探微》,《东南文化》1999 年第 3 期。

25. 杨丽霞:《英国世界遗产地哈德良长城保护管理的启示——兼议大运河申遗及保护管理》,《华中建筑》2010 年第 3 期。

26. 张金龙:《南朝的石头城防务与领石头戍事》,《浙江学刊》2005 年第 2 期。

27. 张泉:《明初南京城的规划与建设》,《中国古都研究》(第二辑),1984 年。

28. 郑孝清:《南京城墙文化意象研究》,《中国城墙(第一辑)》,2018 年。

29. 周建国:《江乘县考略》,《南京史志》1987 年第 6 期。

30. 周维新:《关于〈康熙南巡图〉的研究》,《沈阳故宫博物院院刊》,2006 年。

31. 周一凡:《洋务运动在下关》,《南京史志》1999 年第 1 期。

32. 周源:《南京明代京师城墙究竟有多长?》,《大众考古》2016 年第 2 期。

33. 周忠:《试述明代南京守备的创设时间及首任内守备》,《贵州文史丛刊》2012 年第 3 期。

34. 庄辉明:《六朝文化的发展及其特点》,《许昌师专学报(社会科学版)》1991 年第 4 期。

四、英文文献

1. F. Chadwick. Alger, *Peace Research and Peacebuilding*, Springer, 2014.

2. D. Walters, D. Laven, & P. Davis eds., *Heritage and Peacebuilding*, Boydell & Brewer, 2017.

3. Norman Polmar, Thomas B. Allen, *World War II: The Encyclopedia of the War Years* 1941－1945, New York: Random House, 1996.

五、电子文献

1. https://whc. unesco. org/, UNESCO 官网。

2. https://www. icofort. org/, ICOFPRT 官网。

3. https://www. njcitywall. com/,南京城墙官网。

附　录

附录 1　明城墙大事年表

1366 年（元至正二十六年）

八月庚戌朔，拓建康城。由刘基等卜地定，作新宫于钟山之阳，在旧城东白下门之外二里许，增筑新城，延亘周回凡 50 余里。

1367 年（元至正二十七年、吴元年）

二月丁未朔，拓都城讫工，赏筑城将士。

九月癸卯，新内成。周以皇城（实为宫城）。城之门南曰：午门；东曰：东华；西曰：西华；北曰：玄武。制皆朴素，不为雕饰。

1368 年（明洪武元年）

正月乙亥，朱元璋即帝位。定国号大明，建元洪武。

正月戊寅，朱元璋自旧内（即吴王府）迁新宫。

冬十月丁酉，浚后湖及石灰山龙湾河道，凡千余丈。

1369 年（明洪武二年）

九月癸卯，诏以临濠为中都，命有司建置城池、宫阙，如京师之制。

1370 年（明洪武三年）

二月丁亥，置留守卫指挥使司，统率各城门千户所，专领军马守御各城门及巡警皇城与城垣造作之事。

九月戊子，京师城隍庙建成。

九月乙巳，命改内使监、御用监，定皇门官秩。

1371 年（明洪武四年）

正月丁酉,诏立内城门禁之法。

十月,修筑京师城垣。

1372 年（明洪武五年）

十二月甲申,修浚京师城濠。免南京浚濠工役。

1373 年（明洪武六年）

六月辛未朔,诏留守卫都指挥使司修筑京师城,周一万七百三十四丈二尺;皇城,周二千五百七十一丈九尺。

十一月戊申,浚太平门外城濠,增造军营。

1374 年（明洪武七年）

正月,置马鞍门千户所,寻改为定淮门。

1375 年（明洪武八年）

九月辛酉,诏改建大内宫殿。

1377 年（明洪武十年）

冬十月,改作大内宫殿成,制度皆如旧,而稍加增益,规模益宏壮矣。

十二月戊申,置皇城门官。

十二月庚申,置兵马指挥司于聚宝门外。

1378 年（明洪武十一年）

十二月丁巳,以京城东门为钟阜门。

1379 年（明洪武十二年）

三月己丑,改清凉门为清江门。

1380 年（明洪武十三年）

五月丙辰,置在京各门城门郎正各一人,副各四人。

1384 年（明洪武十七年）

三月丙寅,改刑部、都察院、大理寺公署于太平门外,名曰"贯城"。

三月丁卯,修筑京城仪凤门。

1385 年（明洪武十八年）

九月丙寅,置午门、端门、承天门、东上门、东中门、东安门、西上门、西中门、西安门、北上门、北中门、北安门门吏各四名。

十二月丁酉,鳌京都城垣。

1386 年（明洪武十九年）

十二月乙酉,造通济、聚宝、三山、洪武等门,并修五胜渡,起杜家库、白水桥、双桥、高桥;创置象房、黑窑;新筑后湖城。

1389 年(明洪武二十二年)

二月乙未朔,创制龙江、仪凤门、钟阜门民房。

四月庚子,置京师外城门,凡 15 门。

1392 年(明洪武二十五年)

是岁,建端门、承天门楼各五门。复于承天门外建长安东、西二门。

1394 年(明洪武二十七年)

十二月癸酉,朱元璋亲定皇城四门守卫细则。

十二月甲戌,审定皇城门禁法。

1395 年(明洪武二十八年)

十二月辛亥,《洪武京城图志》书成。

1400 年(明建文二年)

九月壬戌朔,方孝孺建议改"谨身殿"为"正心殿";"午门"为"端门";"承天门"为"皋门";"前门"为"辂门"。从之。

1402 年(明建文四年)

六月庚午,命五府六部一应建文中所改易洪武政令格条,及诸殿、城门悉复旧制和旧名,仍以洪武纪年。

十月丁丑,铸内府午门、东华门、西华门、玄武门四门关防条记。

1403 年(明永乐元年)

二月辛未,修皇城萧墙及卫士直庐。

1405 年(明永乐三年)

六月丁亥,拓西安门外地,改筑西华门外皇墙,并重筑西安门。

七月丁未,徙府军右卫治于鼓楼之西。旧治在西安门外,以拓皇墙故徙之。

1406 年(明永乐四年)

二月庚午,重建承天门。

1408 年(明永乐六年)

十月甲辰,修京师聚宝门城垣。

1411 年(明永乐九年)

九月己巳,修京师上方、高桥二门。

1412 年(明永乐十年)

十二月庚午,修京城各门城楼。

1415 年(明永乐十三年)

八月庚寅,淫雨坏正阳门台址。工部修筑。

1425 年(明洪熙元年)

正月丁酉,分置南京留守诸卫所,把守京城及外郭城门之职。四月癸卯,修南京皇城。

1427 年(明宣德二年)

六月癸酉,修南京清凉门城垣。

1428 年(明宣德三年)

四月甲寅,罢南京诸司修造夫匠。闰四月癸卯,修南京聚宝门城垣。

1433 年(明宣德八年)

十月戊辰,修南京钟、鼓楼。十二月乙亥,修南京宫殿及门。

1436 年(明正统元年)

六月乙巳,作公生门于长安左右门之南。

1439 年(明正统四年)

七月辛亥,修理南京城墙为水所坏地段。九月己巳,命修南京驯象等 18 门外城为夏秋久雨所浸坏地段。

1442 年(明正统七年)

正月庚午,得奏南京内府西安门内失火,烧毁廊房及簿籍以万计。五月辛未,修南京三山门、朝阳门、江东等门城楼及全节坊等牌楼 19 座。七月庚午,修南京钟、鼓楼。

1445 年(明正统十年)

正月庚辰,修三山、钟阜二门水关。

1451 年(明景泰二年)

七月己酉,命修南京皇城各门。

1454 年(明景泰五年)

十月乙酉,修南京朝阳等 17 门城垣、楼铺。

1455 年(明景泰六年)

九月戊子,命修南京旸谷(浦口城门名)、沧波门城垣及水洞损裂处。

1456 年(明景泰七年)

十一月戊子,修南京聚宝门城垣。

1458 年(明天顺二年)

四月戊辰,命修南京朝阳门城楼。

1460 年（明天顺四年）

七月丙申，命修南京皇墙及内外城垣。因久雨造成坍塌。

1461 年（明天顺五年）

四月丁丑，兴建南京神策门楼成。

1467 年（明成化三年）

四月丁酉，太平门外地名小团山坍塌一处，逼近孝陵，加以修筑。

四月庚子，修南京端门、承天门损坏梁柱。

夏六月戊申，雷震南京午门楼。

七月己卯，近日南京午门正楼为雷雨所损，令中外大臣加意修省。

七月乙酉，为近日雷震南京午门事，帝敕谕全国文武群臣：“务必敬天法祖、斋心涤虑、尽职爱民，以回天意。”

1469 年（明成化，五年）

闰二月庚辰，修理南京承天门。

1486 年（明成化二十二年）

十二月戊戌，命修南京玄武门城楼。

1488 年（明弘治元年）

五月丙子，南京震雷，坏洪武门吻兽。

六月丙辰，修南京聚宝门城垣。

1495 年（明弘治八年）

六月壬子，南京阴雨逾月，朝阳门北城墙坏。

1500 年（明弘治十三年）

正月己卯，南京修理朝阳门城垣完工。

1503 年（明弘治十六年）

五月甲午，修南京浦子口城垣。

1517 年（明正德十二年）

九月辛卯，因久雨坍塌，诏修南京太庙、孝陵明楼及内、外城垣。

1534 年（明嘉靖十三年）

三月丙子，南京监察御史方日乾上言武备三事：言浦子口、新江口地皆险要，而守军不足，战舰无备，城池坍陷。

1535 年（明嘉靖十四年）

四月壬寅，南京宫阙端门、承天门倾圮。令钦天监择日兴工，以后勿得整修。

1542 年（明嘉靖二十一年）

七月戊午，掌都察院事毛伯温等以太祖高皇帝定鼎南京，既建内城，复设罗城于外为：筑北京外城。上从之。

1553 年（明嘉靖三十二年）

三月丙午，兵科给事中朱伯辰言："臣伏睹高皇帝定鼎金陵，于时即筑外城，圣虑宏远，万年之计。"

闰三月乙丑，建京师外城兴工。

十月癸未，南京修理皇城兴工。

十二月辛丑，南京兵科给事中贺泾条奏拱卫留都七事：其中提出南京浚城濠和肃门禁济等 13 门兵马通衢有为民居妨碍者，拆毁。神策等三门壕河有填淤者，浚治；守门军十原械宜专官查验、整理。上从其议。

1555 年（明嘉靖三十四年）

二月辛卯，修理南京城垣。七月丙辰，倭贼引而东犯江宁镇，遂直趋南京。

闰十一月癸亥，关闭南京城门钟阜、清江二门。

1556 年（明嘉靖三十五年）

五月癸亥，加强南京金川等门守卫官军。

1560 年（明嘉靖三十九年）

秋七月，江水涨至三山门。秦淮民居有深数尺者。

1578 年（明万历六年）

秋七月壬子，雷击南京承天门左檐。

十二月己亥，南京奉先、武英二殿及承天门工竣。

1595 年（明万历二十三年）

五月，意大利籍耶稣会传教士利玛窦第一次到南京，在南京时间虽短，却对明都南京城墙和皇宫有极深印象。

1612 年（明万历四十年）

九月初九；在皇宫前宗人府后立《明万历疏通沟渠碑》。碑文记述了疏通皇宫沟渠，以解皇城外水患之事。

1618 年（明万历四十六年）

正月乙酉，南京兵部等衙门尚书黄克缵等奏，修筑浦口城工，浦城筑于洪武四年……今议依山补筑，只围应天卫及三仓在内……共计应筑城九百七十三丈……又估作南门，及小城门二座，便门一座，水洞大小 10 座，……择于本年八月初十兴工。

1645 年（南明弘光元年、清顺治二年）

春正月甲午,修奉先殿及午门、左右掖门。

1659 年（清顺治十六年）

夏六月,清崇明总兵梁化凤率师入援。夜出神策门,破明延平王郑成功于白土山,成功引还。改神策门为得胜门。

1660 年（清顺治十七年）

是岁。重建驻防城。起去平门东.至通济门东止。

1763 年（清乾隆二十八年）

七月二十九日,乾隆谕:"城垣为越方保障自应一律完固,以资捍卫。著各省督找饬令该管道府,将所属成放细加查勘.如稍有坍御,即随时修补。"要求各省每年年底前善查城垣是否完固,并奏报朝廷。

1772 年（清乾隆三十七年）

兹上元县分管之聚宝、通济、正阳、朝阳,太平等门,又江学县分管之神董、三山、得胜、石域、仪凤,定准等门。城垣排墙、垛口等项,均有崩塌损坏之处,俱系旧域新坍,应行修整。

1793 年（清乾隆五十八年）

十二月十一日,江宁府城聚宝、太平等门,均有损坏;北安门等处旧墙因本年调水稍多,间

有砖土坍损,均得到即时修理。

1818 年（清嘉庆二十三年）

是岁,修浦子口敌台及城垣。

1836 年（清道光十六年）

是岁,金陵大学(今南京大学)桃园北楼建成,其部分墙体使用明南京城砖砌筑。

1850 年（清道光三十年）

九月,江宁府江防同知承修仪凤门等附近坍塌城墙。

1853 年（清咸丰三年、太平天国三年）

正月二十八日清晨,太平军至金陵南门外,筑垒 24 座。时城内驻防 2000 余人外,别无一兵。二月十日城遂陷。

正月癸酉晨,太平军自江宁镇板桥转至殷乡响叶村,踞报恩寺浮屠,俯瞰城中,且借以施炮,攻聚宝门。城门闭。城外窑湾皆驼米脚夫,见太平军不多,遂与之斗。呼城上人,求戈、矛兵刃,不可得,而太平军来益众,始惧而溃。

三月庚戌,向荣军破太平军通济门外垒三座。

壬子,破太平军钟山垒。清兵十八营皆移近城。太平军不敢启东门。

四月,建天朝宫殿,亦称"天王府"。宫城为长方形,周围"几近十里"。以真神圣天门分前后两进,正殿金龙殿,又称荣光大殿。

1863 年(清同治二年、太平天国十三年)

四月丙子朔,江南陆师克雨花台太平军城诸石垒。

五月丙午朔,清军克江浦浦口、草鞋峡、燕子矶、九洑洲,江两岸肃清。

八月乙亥朔,清军毁上坊桥、江东门太平军垒。

九月乙巳朔,清军克中和桥、七桥瓮、双桥门、高桥门、土山、秣林关、博望各垒。

是岁,清军攻陷雨花台外城及聚宝门外石垒九座……会攻金陵。天京附近各要隘悉没入清军。是岁,清军围攻天京,曾用地雷炸塌神策门城墙数丈,太平军坚守城门,击退之。

1864 年(清同治三年、太平天国十四年)

正月癸卯朔,清军攻陷钟山天堡城,分兵扼太平、神策门,天京城围复合。

六月,清军克江宁城,生擒李秀成。曾国荃率部入城。

冬十月,筑驻防城,浚江宁城内支河。

1870 年(清同治九年)

冬闰十月,曾国藩三督两江,修半山寺、南门。挑筑沙洲圩大堤,浚北河口及大胜关河,皆以防军供役。

1873 年(清同治十二年)

六月,建万寿宫于正中街,移文昌宫于西华门,建社稷坛于南门外三里店,神祇坛于双桥门,先农坛于通济门外。

1877 年(清光绪三年)

是岁,重造得胜门(即神策门)瓮城并城墙营房,成。

1885 年(清光绪十一年)

七月,修象山脚下城墙一段(狮子山段城墙),计长八丈二尺,并勒石以记。是年,维修清凉门南侧一段。

1892 年(清光绪十八年)

三月二十七日,修缮江宁城墙兴工。

九月二十四日,刘坤一提出:本年因春雨连绵,城身、城垛续有坍塌,修费需要增加。13 门城楼,惟聚宝门城楼略为完善,其余垣壁均已倾颓,必须重新起造,以壮观瞻。并令 12 座城楼仿照淮安府城楼式样,上下两层,均用砖墙,以期经久。

十一月初二日,全部城墙维修工程一律工竣。

是岁,烧造维修所用新城砖。

1911 年(清宣统三年)

12 月 2 日,江浙联军攻克江宁府城。是岁,南京旗人星散,城郭为墟,城垣砖璧,拍卖盗取,狼藉不堪。

1912 年(民国元年)

是岁,由英国人柏耐登设计并主持建造的扬子饭店,系砖木结构三层楼房,整幢建筑由明城砖砌筑。

1914 年(民国三年)

是岁,开始拆除"满城"城垣。

1915 年(民国四年)

3 月,下关新开城门竣工,名海陵门。

1921 年(民国十年)

是岁,太平门至尧化门、水西门至上新河的碎石路建成。

1924 年(民国十三年)

是岁,拆除明故宫午门两翼城阙。

1925 年(民国十四年)

是岁,建造南京马林医院(今鼓楼医院)西侧"纪念病房"时,底层部分系用明代城砖砌筑。

1927 年(民国十六年)

3 月 24 日,国民革命军北伐攻克南京。

4 月 18 日,国民政府建都于南京。南京市政厅下设马路工程处。同年 5 月改称"工务局"。6 月,成立南京市特别市政府,下设工务局。民国时期南京城墙的维修工程,主要由该局承担。11 月 22 日,布告《取缔市内城砖条例十一条》

是岁,开始利用明故宫部分遗址,改建飞机场,称之"明故宫飞机场"。

1928 年(民国十七年)

2 月 1 日,首都建设委员会成立,负责筹拟《首都建设计划》。

4 月,南京特别市市长何民魂,提出拆除正阳门单内瓮城,拆下的城砖用于修筑燕子矶、观音门一带马路。未获批准。

8月8日,首都建设委员会成立首都道路工程处,专职修建自中山码头穿越市区至中山门的中山大道,由刘纪文市长兼任处长。

8月12日,中山大道举行破土典礼。

11月15日,国民政府令南京特别市政府拆除自神策门至太平门之城垣。

是岁,开始拆除朝阳门,改建中山门;拆除海陵门、丰润二门单孔券门,改建三孔券门,至次年竣工。

1929年(民国十八年)

1月10日,徐悲鸿陈述反对拆除南京"后湖自太平门至神策门"段城墙的电文由北平转致南京。

3月15日,中央陆军军官学校校长蒋介石,坚持拆除太平门附近城墙。

4月,由南京市市长刘纪文函请国民政府要人分别为南京部分城门题写新的城门名。

7月8日,明故宫机场建成,为南京起降民航班机最早的机场。

9月19日,美国海军司令部应首都设计委员会之请,以飞机摄制包括南京城墙在内的首都全图,工毕离京。

12月,国都设计技术专员办事处墨菲等完成《首都计划》,该方案中,对南京明代城墙给予应保留的评价。

是岁,建成紫金山至太平门的环陵路及中山门至陵园的大道。

1931年(民国二十年)

4月,南京市提交"严令人民不得毁伤本京城垣,并饬负责机关切实保护"文案。

是岁,因建中华门环门路,开始在该门东、西两侧新辟城洞各一个。

是岁,开筑汉中门、新民门。

1933年(民国二十二年)

3月,中华门东、西两侧新辟城洞竣工,各取名为"中华西门""中华东门"。

是岁,开筑武定门、中央门。

1934年(民国二十三年)

9月,维修清凉门段城墙,新烧制城砖,并修复该段城垣。

10月,修理环城城墙并填土。

是岁,南京警备司令谷正伦提出《关于南京城防建议案》,将南京城墙作为防御工事的重点,列入该建议案。

1935 年（民国二十四年）

7 月 6 日,《首都东南主阵地线巡察报告》将南京周围城墙及其内外地区划归为城防地带。

1936 年（民国二十五年）

3 月,于门东石观音庙向南抵城墙位置,辟城墙建城门 1 座,取名为雨花门,以通市内小火车出城,连接江南铁路。

10 月 24 日,由军事委员会颁布《南京市城砖保管及使用办法》。

10 月,中兴路(今御道街)开工,次年 5 月完工。自光华门至午朝门一段中铺 5.5 米宽水泥混凝土路面。

1937 年（民国二十六年）

11 月 11 日,南京政府军事委员会警卫执行部作守城准备。

11 月 19 日,蒋介石任命唐生智为南京卫戍司令长官,并将警卫执行部改组为卫戍长官部。11 月 26 日,国民政府军事委员会对日作战大本营发布南京卫戍部队战斗序列。

12 月 1 日,日军大本营下令华中方面军司令为松井石根,又令其须与海军协同,攻占南京。12 月 6 日,南京市区实行戒严。

12 月 7 日,侵华日军华中方面军司令长官松井石根签发《攻占南京城要领》,该作战命令首先提出以"炮击夺取城墙"。

12 月 8 日,拂晓,日军三路兵力同时发起对南京的正面进攻。晚,日军进入南京附近郊区。当晚,南京卫戍司令长官下令守军退守复廓(城墙)阵地。

12 月 9 日,晨 1 时许,日军一部以坦克车为前导,向南京近郊猛攻。上午,光华门被突破,通济门亦遭猛攻。

12 月 9 日,日军华中方面军司令长官松井石根致牒唐生智投降书,限其10 日中午交出南京城。

12 月 9 日,南京卫戍司令长官部发布命令,要求守备部队"应与阵地共存亡",同时派第三十六师担任沿江警戒,禁止任何部队渡江。

12 月 10 日,唐生智拒复松井石根通牒,并令炮兵开炮予以回答。

12 月 11 日,日军司令长官松井石根向南京城外部队下达总攻击命令。城墙遭到严重破坏。

12 月 13 日,南京沦陷。

1939 年（民国二十八年）

2 月,对汉西门、光华门等段城墙,进行维修。14 日修竣的光华门段城墙,在 19 日大雨中坍塌。

1945 年(民国三十四年)

9 月,国民政府还都南京,恢复市政府工务局。负责包括城墙维修在内的市政管理。

1947 年(民国三十六年)

2 月 20 日,市民古方先生发现鸡鸣寺至玄武门一带城墙被拆,砖被从城上抛下运走一事,写信呈报市长。

5 月 12 日,市政当局颁布《禁止挖掘城砖》通告。

1948 年(民国三十七年)

2 月 20 日,经空军总部呈蒋介石准予,遂将其北面的午门附近城墙拆除。

9 月,由军事委员会颁布《南京市城砖收集、保存及使用办法》修正本。

9 月 21 日,南京城防城垣暨护城河工事整建会议在首都卫戍总司令部会议室召开。会议做出 9 项修整城墙及相关工事的决议。

11 月 11 日,南京市工务局提出《修复南京城墙第二期工程预算》。

12 月 12 日,有军人在下关地段城墙上拆取大砖,以军用双轮手推车向兴中门方面运去;新民门、金川门间城砖、城土时遭偷盗,迄未禁绝。

年底,完成以南京城墙为主体工事的《南京城防工事要图》绘制。

1950 年

2 月 1 日,中国人民解放军南京市军事管制委员会发布"布字第二十五号"布告,明令保护南京城墙。

1951 年

10 月 4 日,南京市人民委员会以"宁城字第 002 号"文件,发出《关于迅速制止私拆、乱拆城墙的通报》和《南京市人民政府建设、公安局布告》。

1952 年

10 月,在玄武门与太平门之间,鸡鸣寺后东侧新开城门(后取名"解放门"),又重开明时"后湖小门"通玄武湖。

1953 年

3 月,拆除江浦县残余城墙。

4 月,拆除明外郭城门高桥门。

9 月,拆除草场门城门拱券。

是岁,拆除明故宫机场。

1954 年

7 月 1 日、2 日,连续暴雨,随后城墙局部倒塌多处。28 日,中华门西侧城墙倒塌,造成 31 人死伤。

9 月 13 日,市人委、市协商委员会联合决定,古城墙除有历史文物价值的,有助于防空、防洪及点缀风景的部分应予保留外,其他部分一律拆除。

12 月,成立中华门临时拆城处。

1955 年

1 月,拆除中华东门。

3 月 9 日,拆除中华门一带城墙,遭到社会知名人士朱偰等人的批评,随即停止。

3 月 16 日,市政治协商委员会召集民主人士,商讨城墙拆、保问题。多数同意既要保护人民生命安全,又要保留珍贵古迹。

4 月,开始拆除中华西门及西干长巷段城墙。

12 月,拆除水西门瓮城险墙部分,条石部分保留。

12 月,拆除汉西门瓮城危险部分墙体。

1956 年

1 月,开始拆除汉中门至乌龙潭段城墙。

5 月,拆除草场门南北近千米的城墙。

8 月,开始拆除光华门东—通济门段 2180 米城墙。

9 月 21 日,市人民委员会通过了有关方案,对城墙拆除部分作出明确规定和调整。

9 月,开始拆除中央门至金川门段、通济门至月牙湖段、水西门至汉中门段等地段城墙,拆城出现扩大化。

9 月 23 日,江苏省文化局副局长朱偰在《新华日报》上发表文章,反对拆除原拟保护地段的城墙。

1957 年

2 月,私拆城墙现象严重。

4 月 17 日,市政府发出通知,"加强维护与管理城墙"。

6 月,发现自钟阜门经金川门、小北门至中央门段拆城地段管理混乱,导致盗砖谋利之风肆虐。

7 月,开始拆除太平门清代附加城门的墙体。

11 月,市政府同意拆除中央门,以马路中线向两边延伸 22 米。

是岁,中华门(及内瓮城)被列为省级文物保护单位。

1958 年

1 月,开始拆除光华门城门及向西至通济门段城墙。

3 月,拆除武定门至中华门段城墙城砖部分,条石大部保留。

7 月,拆除水西门瓮城及部分城墙。

8 月,开始拆除汉中门至清凉门段 470 米,汉中门至乌龙潭拆完,其余保留。

10 月,拆除太平门剩余城门及城楼。

10 月,清理武定门两侧城墙。

11 月 28 日,南京市城建局完成《南京城墙现估表》。

是岁,拆城工作自 1956 年以来,至本年年底,基本完成计划内拆除工作。保留中华门、汉西门、清凉门、神策门等明代城门,中山门、解放门、玄武门、挹江门等明以后开筑的城门以及总长近 22 千米的城墙。

1959 年

2 月,拆除小东门(即明钟阜门)部分险墙,城门尚存。

2 月,拆除西水关至水西门 400 米城墙。

3 月,拆除水西门主城门。

11 月,拆除雨花门城门。

1960 年

2 月,开始拆除通济门两道城门。

4 月,开始拆除西干长巷至西水关段城墙上部城砖部分,条石大部保留。

10 月,市内秦淮河东、西水关套闸始建,至次年 5 月建成,可通 20 吨木船。

是岁,对中华门内瓮城进行地基加固和瓮城整体维修。

1962 年

9 月,开始拆除通济门剩余两道城门。

11 月,有人在光华门一带私拆城墙,致使城墙倒塌人被压死。12 月,拆除小东门(明代钟阜门)城门拱券及门墩。

1963 年

是岁,中山门外前湖段拐弯处城墙倒塌 150 米。

1964 年

7 月,提议拆除兴中门(明代仪凤门)城门及城楼。

1969 年

12 月,利用城门洞改造为防空洞,并在城墙内开挖洞室。

1970 年

8 月,外五龙桥南 350 余米的东城墙相接处,发现石砌墙基一段,残长 20 余米。

是岁,新民门至兴中门城墙防空工事动工。

1971 年

2 月,疏通玄武湖通往城内的武庙闸时,先后发现铜制水闸两套及穿过城墙下的铜、铁涵管。

是岁,因建设建宁路,仪凤门被拆除。

1972 年

6 月至 7 月,南京大暴雨,导致下关、玄武湖等七段城墙坍塌。

12 月 2—4 日,市革委会和南京警备区联合召开人防工作会议,要求充分利用山区、城墙等有利地形,构筑防空工事。

是岁,新民门至兴中门城墙防空工事竣工。

1973 年

是岁,在抢修鸡鸣寺西北约 300 余米处的一段城墙时,发现了大量的白色城砖,其中不少砖印有文字,属于“江西袁州府”所烧制,大部印有“洪武十年”的字样。

1974 年

是岁,开始加固新民门至兴中门城墙工事。

1976 年

8 月 13 日,南京市城西干道指挥部成立。南京城墙西侧汉西门向西北一段,汉西门向南过水西门一段城墙基址遭到破坏,干道直接建在城墙遗址上。

1979 年

1 月 28 日(春节),经南京市政府批准中华门正式对外开放。

3 月,成立南京中华门管理所。

11 月 2 日,中央门广场扩建工程竣工通车。

是岁,新民门至兴中门城墙防空工事加固竣工,面积 3708 平方米,并处理 6 个进出口部。是岁,南京茶叶厂在西干长巷 156 号对面城墙上,经市文管会、市城建部门批准,拆除墙体 14.5 米作为通道,拆卸的石材供中华门铺地。

1981 年

是岁,开始进一步整修中华门瓮城,拆迁周围居民住房,腾出挤占用地、清除藏兵洞积土、整修登城马道等。

1982 年

1 月 10 日,新建的城西干道建成通车。该路一段为城墙遗址。

7 月 16 日,南京市人民政府发出《关于保护城墙的通告》,并在全市广为张贴。

7 月 29 日,南京市人民政府关于公布《南京市人民政府关于公布南京市文物古迹管理办法》的通知。

8 月 2 日,南京市人民政府发出《关于保护城墙的通知》。

1985 年

2 月 1 日至 4 日,邓小平视察南京,了解南京城墙状况。

3 月,为配合明故宫道路建设,邀请洛阳市文化局考古勘探队在明故宫遗址范围内进行勘探发掘工作。

1986 年

3 月,中华门内瓮城整修工程开工。

4 月 15 日,中华门内瓮城整修工程竣工并通过验收。

1988 年

1 月 13 日,南京城墙被国务院正式公布为"全国重点文物保护单位"。

3 月 22 日,成立南京市城墙管理处,隶属南京市园林局。

3 月,富贵山穿越城墙隧道工程开工。

5 月 15 日,时任中共上海市委书记的江泽民和家人参观中华门。

7 月,南京市人防工事管理所委托南京市人防通信站摄制电视片《城墙工事新貌》完成,片长 14 分钟。

10 月 10 日,南京军区在杭州召开早期工事分类治理经验交流会,会上放映了反映南京市城墙工事加固改造的《城墙工事新貌》电视录像片。

是岁,在对早期人防工程复查时发现,新民门至兴中门城墙工事西南部局部工事出现断裂,地坪起鼓,遂进行了加固工程。

1989 年

是岁,南京市城墙管理处维修中华门登城步道及马道,并对江宁路 2 号地段城墙实施抢险加固。

1990 年

4 月,李瑞环同志参观中华门。

8 月,南京市政府为拓建集庆路,拟打通小沙井 46 号右侧城墙,新建出城的城门通道。

是岁,中山门城拱顶及南北两侧 304 米城墙修缮完工。

1991 年

6 月 13 日至 14 日,南京暴雨,坍塌 5 处城墙,滑坡 7 处。

7 月 6 日夜,后宰门富贵山 5 号后面的城墙发生坍塌。

8 月至 9 月,因城市道路建设需要,为集庆路出城,设计集庆门通道,获国家文物局批准。12 月 25 日,新辟集庆门建成,集庆路、白下路拓宽工程全线竣工通车。

是岁,南京市城墙管理处维修损江门城墙、城楼,并对凤台路段城墙墙体实施抢险加固。

1992 年

是岁,南京市城墙管理处对下关小桃园段城墙实施抢险修整;对绣球公园内城墙抢险修整;维修前湖南面城墙墙面;维修集庆门段附近城墙及雉堞。

1993 年

是岁,国家文物局古建筑专家组组长、中国文物学会会长罗哲文考察南京城墙,对"台城"段城墙旅游资源的开发给予高度评价,引起南京市有关领导重视。

是岁,将南京市城墙管理处由南京市园林局正式划归南京市文物局。

1994 年

自 1993 年至本年 9 月 16 日,南京城墙台城至太平门段修复工程竣工。

12 月 7 日,台城至太平门段全线城墙修复工程通过专家验收。

12 月 24 日,联合国教科文组织驻中国、蒙古及朝鲜代表处代表武井先生分别考察南京城墙台城至太平门段、解放门至玄武门段、玄武门至和平门段、太平门至中山门段。

12 月 25 日,武井先生考察中华门及其附近城墙、挹江门及其附近城墙和午门。

1995 年

1 月 8 日,日本日中友好协会为在国内宣传修复南京城墙意义,向南京市文物局借南京城墙城砖一块。

1月11日,日中友好协会会长、东京艺术大学校长平山郁夫先生在北京拜会中国外交部副部长唐家璇,愿意在日本发动民众资助南京城墙修复活动。

3月20日,南京市城墙保护委员会成立。

5月10—30日,南京市人民政府、南京市文物局组织开展"爱古都南京,修复南京城墙"活动。

5月24日,中日合作修复南京城墙开工典礼在台城至太平门段城墙上举行。

11月28日,南京市第十一届人民代表大会常务委员会第二十次会议制定《南京城墙保护管理办法》。

是岁,南京市城墙管理处维修中华门东侧城墙断头300立方米。

1996 年

2月15日,解放门至玄武门段城墙修复工程竣工,并通过验收。

3月3日,日中友协会长平山郁夫先生参观修复后的南京城墙段落。

4月12日,江苏省第八届人民代表大会常务委员会第二十次会议批准《南京城墙保护管理办法》。

9月27日,市文化局、市文物局联合举办"金陵风情游暨我爱南京古城墙——中外少儿万米书画大赛"。

11月2日,时为中共中央政治局常委胡锦涛参观中华门瓮城。

12月,维修市政府大院后面城墙;开始对汉西门瓮城进行整修,拟建汉中门市民广场。

1997 年

3月18日,南京市城墙管理处全面修缮汉西门瓮城,汉中门市民广场工程竣工。

6月20日,南京市政府批准成立南京市明城垣史博物馆。

9月16日,在"台城"举办"97金陵风情游活动",日中友协访华团及千余南京市民参加了这一活动。

10月19日,南京《金陵古城览胜图》南京城墙艺术门券被吉尼斯上海大世界总部认定为世界上最长的门券。

11月,后标营段城墙开始全面清理及维修。

1998 年

1月,后标营段城墙清理及维修竣工。

3月至4月,前湖段城墙维修前期清理。

5月,南京明城墙风光带规划编制完成。

5月24日,中日合作修复南京城墙三周年暨中日友好纪念园竣工庆典在"台城"开幕。同日,南京市明城垣史博物馆正式对外开放。

7月4日,中共中央政治局常委、中纪委书记尉健行参观南京市明城垣史博物馆及中华门。

8月至9月,太平门"紫金厅"段城墙险情排除。

12月,武定门豁口南、北端城墙加固640立方米。

是岁,城墙维修项目还有:1.清凉门南135米外墙和雉堞维修;2.下关小桃园中街200平方米城墙抢险。

1999年

1月,维修武定门段城墙。

2月至6月,太平门西段城墙加固。

3月23日,南京市城墙管理处完成《南京城墙两侧15米保护范围内居民及工企单位基本情况表》。

4月13日至15日,南京市明城垣史博物馆人员前往安徽繁昌考察明代采石场及烧造城砖的窑址。

7月,王克昌、韦立平、杨献文编著《明南京城墙砖文图释》,由南京出版社出版。

8月6日,九华山东段城墙抢险工程竣工并验收。

8月9日,开始对中山门段城墙险情进行每日观察。

8月23日下午,因近期阴雨不断,富贵山27号的2段城墙原坍塌处又发生坍塌,面积约为3平方米,新旧坍塌及抢险面积约为45平方米。

8月30日晚,九华山西侧外城墙墙体塌方23米,面积约250平方米。同年12月开工维修。

11月,九华山西段城墙排险、维修工程动工。

12月28日,南京市明城垣史博物馆与南京市作协举办"迎千禧爱我城墙诗书会"活动。

2000年

2月23日、24日,南京市文物局、南京市城墙管理处对南京城墙集庆门南北两侧地段现状展开调查。

3月10日,集庆门北段外侧城墙修复工程开工。

3月,九华山西段城墙排险、维修工程竣工。

4月18日,朱镕基总理来南京视察期间,参观南京市明城垣史博物馆。

5月9日,江泽民总书记来南京视察期间,参观南京市明城垣史博物馆。

8月7日,联合国教科文组织协调员英国人亨利·克利尔博士在宁期间考察南京城墙。

9月30日,《南京日报》刊登《明城墙申报世界文化遗产,够格》一文,引用亨利·克利尔博士考察南京城墙时说的:南京城墙"很有震撼力"。

11月20日至24日,由国家文物局、江苏省文化厅主办,南京市文物局承办的"全国古城墙科学保护研讨会"在南京召开。

2001年

2月2日,负责集庆门北侧城墙维修的工程队进场。至此,集庆门南、北2段城墙修复工程全面展开。

5月27日,由蒋赞初、潘谷西、朱光亚、陈薇4位教授向南京市政府及有关部门提出《关于南京明城墙东南隅发现南唐建筑遗址的处置建议》。

7月至8月,为配合神策门公园建设,南京市城墙管理处负责神策门段城墙维修工程。

8月29日,市文物局向南京风光建设综合开发公司发出《关于纠正武定门段城墙维修中不依法报批问题的通知》,对该公司建成的武定门南端登城步道未报批等行为,提出整改要求。

10月31日,市文物局向风光开发公司发出《关于武定门城墙内侧险情的紧急通知》,对城内靠稀土公司建房处墙体险情,以及质量不符合要求的条石、没有烧透的新城砖等问题,提出整改要求。

12月11日,南京市城墙管理处协同玄武区街道办事处调查解放门至玄武门段城墙内侧15米范围建筑情况。

2002年

1月,杨国庆专著《南京明代城墙》,由南京出版社出版。

3月18日,《现代快报》刊登《城建,别总与明城墙过不去》文章。

3月,由南京市园林设计院设计出台"南京市玄武门至神策门明城墙维修保护方案"。

8月25日,尚书村居委会主任得知该段待拆的大片民居是用城砖砌筑的消息后,积极与有关部门联系,以期确保城砖在拆除中不致散失、毁坏。

9月,卢海鸣专著《六朝都城》,由南京出版社出版。

10月16日,前湖坍塌"墙中墙"地段城墙开始修缮。

10月1日至2003年8月,南京城墙管理处开始维修石头城段城墙。

10月,修葺西安门、东华门,并整治周边环境。

12月,南京市政协、南京市文化(文物)局编辑的《南京城垣史话》,由南京出版社出版。

2003年

2月,南京市当年起将全市所有城墙人防工事作为文物保护的一个组成部分,停止一切经营性活动,实施"平时封堵,战时启用"的方针。

3月,清凉门段外侧在整治环境中,墙基处发现残缺石翁仲。

4月,开始加固中山门段城墙。

7月,南京暴雨,多处城墙出现险情,甚至坍塌;开始维修小桃园段城墙,周边环境得到整治。

8月17日,在下关小桃园修缮城墙时,将挹江门西南侧距地面约1米处民国时期修建的机枪眼拆除,遭到市民反对。

9月29日上午,在南京市明城垣史博物馆举行隆重的"百万市民走城墙"活动,以纪念"世界步行日"。

是年,清凉门至石头城的1100米城墙进行维修和环境综合整治。

2004年

1月17日,《扬子晚报》刊登《中山门"固若金汤"》一文,称中山门"经修整可保百年无虞"。1月18日,《南京晨报》刊登《10亿元打造明城墙风光带》报道。

3月24日,《扬子晚报》刊登《明城墙洞竟成小市场》,报道下关狮子山段城墙洞内仍有存放香蕉、住人等现象。次日,该报得到市人防办表态:坚决清理整顿。

8月1日,《南京晨报》刊登《南京斥资17亿元3年修复明城墙》报道。

9月16日,南京市人民政府文件宁政发[2004]190号《市政府批转市建委关于〈南京市2005—2007年明城墙风光带保护与建设计划〉的通知》。

12月17日,南京市明城垣史博物馆研究人员在对下关区汽轮二村33—41号的06、07、08栋二层楼房进行实地考察和对居民走访中,发现这3处楼房外表为红砖砌筑,内部所有隔断和地板垫脚均为明城砖,约有数千块。

本年度,绣球公园大门北侧城墙维修,形成完整的小桃园—绣球公园—狮子山明城墙风光带。

2005 年

1 月 13 日,《金陵晚报》报道"南京明城墙风光带"项目,获得国家建设部颁发的"2004 中国人居环境范例奖"。

3 月 17 日,《扬子晚报》刊登《小王府巷发现大量老城砖》照片及说明。

3 月,贺云翱专著《六朝瓦当与六朝都城》,由文物出版社出版发行。

4 月 4 日,新华社《每日电讯》刊登《600 岁明城墙上架电梯,创新还是破坏》。

4 月 7 日,南京市政协城建科教委员会开展"明城墙保护及其风光带建设"的调研课题。

8 月 25 日,日本国立山口大学人文学部教授马彪(中国籍)、桥本义则,山形大学人文学部教授新宫学久,留米大学文学部国际文化学科助教授桑野荣治一行 4 人,由杨国庆陪同考察南京明代外郭。

11 月 16 日,《扬子晚报》刊登《明城墙将串联成环》一文称:"明年南京将重点对前湖、半山园、琵琶湖、富贵山、玄武门—神策门段明城墙进行环境整治,最迟到后年,明城墙将串联成环。"

12 月 1 日,《扬子晚报》刊登《饮虹园工地发现大量古城砖》一文。同日,该报还刊登《仪凤门就要建好了——城北 10 里明城墙将连片》一文。

2006 年

5 月 1 日,杨新华主编的《南京明城墙》由南京大学出版社出版。

12 月,国家文物局公布第一批《中国世界文化遗产预备名单》,"中国明清城墙"名列其中。

2008 年

1 月 1 日,王毓彬撰写《略论南京明城墙与明孝陵陵墙的关系》,载在《但留形胜壮山河——城墙科学保护论坛论文集》,由凤凰出版社出版。杨国庆、王志高编写的《南京城墙志》由凤凰出版社出版。

5 月 1 日,南京市明城垣史博物馆编写的《南京城墙砖文》,由南京师范大学出版社出版。

10 月,邵磊撰写的《明代通济门瓮城基址的考古发现与初步认识》,载在《但留形胜壮山河——城墙科学保护论坛论文集》,由凤凰出版社出版。

2009 年

1 月 20 日,杨富巍、张秉坚、潘昌初、曾余瑶撰写的《以糯米灰浆为代表的传统灰浆——中国古代的重大发明之一》,发表于中国科学(E 辑:技术科学)

2009 年第 1 期。

3 月 23 日，周俊玲、董艳撰写的《明南京城和西安城建城比较》，发表于《丝绸之路》2009 年第 6 期。

2010 年

4 月 15 日，张宁宁撰写的《明南京城池和北京城池的异同》，发表于《改革与开放》2010 年第 7 期。同日，周珺撰写的《历史遗迹与现代城市的和谐共生——比较南京明城墙和约克古城墙》，发表于《建筑与文化》2017 年第 4 期。

12 月 31 日，骆鹏撰写的《南京明代通济门瓮城遗址的历次考古发掘与认识》，收录于《苏州文博论丛》第一辑，由文物出版社出版。

《南京百里绿廊——明城墙外郭城墙沿线综合规划设计》颁布。

2012 年

3 月 10 日，叶杨撰写的《南京明城墙与大同明城墙军事防御体系的比较研究》，发表于《群文天地》2012 年第 5 期。

3 月 31 日，马俊、杨国庆撰写的《湖北、湖南两地明代南京城城墙砖窑址群调查报告》，收录于《湖南省博物馆馆刊》第八辑，由岳麓书社出版。

2012 年 10 月，国家文物局公布更新的《中国世界文化遗产预备名单》，包括南京在内的 6 省 8 市组成"中国明清城墙"申遗项目。

2013 年

4 月 30 日，岳阳市文物考古研究所撰写的《湖南省岳阳市郊君山明代南京城墙砖官窑遗址金鸡垄窑群调查发掘简报》，发表于《湖南省博物馆馆刊》第九辑。

2014 年

2 月 10 日，王力、李晶源、王仕睿撰写的《荆州古城墙与南京明城墙防御体系的比较研究》，发表于《华中建筑》2014 年第 2 期。2 月，南京城墙保护管理中心成立。

7 月，"中国明清城墙联合申遗工作推进会议第一次会议"在江苏南京召开，会议确定南京为联合申遗牵头城市，成立中国明清城墙申遗办公室。

11 月，"中国明清城墙联合申遗工作推进会第二次会议"在浙江临海召开。会议通过《中国明清城墙联合申报世界文化遗产总体工作计划》。南京市博物馆编撰《南京文物考古新发现》（第三辑），由文物出版社出版。

2015 年

5 月，"中国明清城墙联合申遗工作推进会第三次会议"在湖北荆州召开。

会议讨论筹备成立中国明清城墙保护和申遗协调指导委员会、城市联盟及专家委员会。

8月《南京明故宫遗址保护总体规划(2012—2032)》颁布,《南京城墙保护条例》正式颁布实施。

2016 年

8月,《全国重点人物保护单位南京城墙保护规划(2008—2025)》颁布。

12月,南京市考古研究所编撰的《明代南京外郭城遗址考古调查报告》,发表于《南京文物考古新发现》第四辑。同月,胡宁、祁海宁主编的《南京文物考古新发现》(第四辑),由文物出版社。同月,"中国明清城墙联合申遗工作推进会第四次会议"在辽宁兴城召开。会议研究确定中国明清城墙联合申遗体系。

2017 年

9月,"中国明清城墙联合申遗工作推进会第五次会议"在陕西西安召开。会议通报《南京城墙保护与修缮技术导则》《西安城墙本体保护技术导则》。

2018 年

5月,"中国明清城墙联合申遗第六次工作会议"在江苏南京召开。中国明清城墙联合申遗确定"8+6"模式,开封、正定、张家口(宣化)、长汀、肇庆、歙县共6座城市正在申请加入。

2019 年

11月"中国明清城墙联合申遗第七次工作"在河南开封召开。会议对中国明清城墙联合申遗文本进行研讨。

12月南京城墙保护管理中心编写的《南京城墙砖官窑遗址研究》,由南京出版社出版。

2020 年

3月,南京城墙正式加入国际古迹遗址保护协会军事遗产委员会(ICOFORT),成为中国首个加入 ICOFORT 的文博单位。

10月,《中国明清城墙》出版,本书是"十三五"国家重点出版物出版规划项目,汇集8家申遗城市的力量,共同编撰。

2021 年

7月,《跟着书本去旅行》书本中的古迹——城墙的诉说,上线央视网。

12月,南京城墙博物馆开放试运营,实名预约免费参观,成为中国明清城墙联合申遗项目的展示地。

同月，南京城墙保护管理中心和南京大学文化与自然遗产研究所共同编著《南京明外郭遗址研究》，由南京师范大学出版社出版。

2022 年

4 月，南京城墙保护管理中心策划题为《全球气候变化下的文化遗产保护——写在"国际古迹遗址日"之际》科普宣传活动。

5 月 18 日，是世界第 46 个"国际博物馆日"，在经历了试运营和室内设施维护后，南京城墙博物馆恢复开放。

5 月 31 日，江苏南京城墙博物馆打造的云享城墙微信小程序正式上线。

附录 2 《保护非物质文化遗产公约》

联合国教育、科学及文化组织（以下简称"教科文组织"）大会于 2003 年 9 月 29 日至 10 月 17 日在巴黎举行第 32 届会议，**参照**现有的国际人权文书，尤其是 1948 年的《世界人权宣言》以及 1966 年的《经济、社会及文化权利国际公约》和《公民权利和政治权利国际公约》，**考虑到** 1989 年的《保护民间创作建议书》、2001 年的《教科文组织世界文化多样性宣言》和 2002 年第三次文化部长圆桌会议通过的《伊斯坦布尔宣言》强调非物质文化遗产的重要性，它是文化多样性的熔炉，又是可持续发展的保证，**考虑到**非物质文化遗产与物质文化遗产和自然遗产之间的内在相互依存关系，**承认**全球化和社会转型进程在为各群体之间开展新的对话创造条件的同时，也与不容忍现象一样，使非物质文化遗产面临损坏、消失和破坏的严重威胁，在缺乏保护资源的情况下，这种威胁尤为严重，**意识到**保护人类非物质文化遗产是普遍的意愿和共同关心的事项，**承认**各社区，尤其是原住民、各群体，有时是个人，在非物质文化遗产的生产、保护、延续和再创造方面发挥着重要作用，从而为丰富文化多样性和人类的创造性做出贡献，**注意到**教科文组织在制定保护文化遗产的准则性文件，尤其是 1972 年的《保护世界文化和自然遗产公约》方面所做的具有深远意义的工作，**还注意到**迄今尚无有约束力的保护非物质文化遗产的多边文件，**考虑到**国际上现有的关于文化遗产和自然遗产的协定、建议书和决议需要有非物质文化遗产方面的新规定有效地予以充实和补充，**考虑到**必须提高人们，尤其是年轻一代对非物质文化遗产及其保护的重要意义的认识,考虑到国际社会应当本着互助合作的精神与本公约缔约国一起为保护此类遗产做出贡献,**忆及**教科文组织有关非物质文化遗产的各项计划,尤其是"宣布人类口头遗产和非物质遗产代表作"计划,**认为**非物质文化遗产是密切人与人之间的关系以及他们之间进行交流和了解的要素,它的作用是不可估量的,于 2003 年 10 月 17 日通过本公约。

第一章 总 则

第一条:本公约的宗旨

本公约的宗旨如下:

(a)保护非物质文化遗产;

(b)尊重有关社区、群体和个人的非物质文化遗产;

(c)在地方、国家和国际一级提高对非物质文化遗产及其相互欣赏的重要性的意识;

(d)开展国际合作及提供国际援助。

第二条:定义

在本公约中:

1."非物质文化遗产",指被各社区、群体,有时是个人,视为其文化遗产组成部分的各种社会实践、观念表述、表现形式、知识、技能以及相关的工具、实物、手工艺品和文化场所。这种非物质文化遗产世代相传,在各社区和群体适应周围环境以及与自然和历史的互动中,被不断地再创造,为这些社区和群体提供认同感和持续感,从而增强对文化多样性和人类创造力的尊重。在本公约中,只考虑符合现有的国际人权文件,各社区、群体和个人之间相互尊重的需要和顺应可持续发展的非物质文化遗产。

2.按上述第 1 款的定义,"非物质文化遗产"包括以下方面:

(a)口头传统和表现形式,包括作为非物质文化遗产媒介的语言;

(b)表演艺术;

(c)社会实践、仪式、节庆活动;

(d)有关自然界和宇宙的知识和实践;

(e)传统手工艺。

3. "保护"指确保非物质文化遗产生命力的各种措施,包括这种遗产各个方面的确认、立档、研究、保存、保护、宣传、弘扬、传承(特别是通过正规和非正规教育)和振兴。

4. "缔约国"指受本公约约束且本公约在它们之间也通用的国家。

5. 本公约经必要修改对根据第三十三条所述之条件成为其缔约方之领土也适用。在此意义上,"缔约国"亦指这些领土。

第三条:与其他国际文书的关系

本公约的任何条款均不得解释为:

(a)改变与任一非物质文化遗产直接相关的世界遗产根据1972年《保护世界文化和自然遗产公约》所享有的地位,或降低其受保护的程度;

(b)影响缔约国从其作为缔约方的任何有关知识产权或使用生物和生态资源的国际文书所获得的权利和所负有的义务。

第二章 公约的有关机关

第四条:缔约国大会

1. 兹建立缔约国大会,下称"大会"。大会为本公约的最高权力机关。

2. 大会每两年举行一次常会。如若它作出此类决定或政府间保护非物质文化遗产委员会或至少三分之一的缔约国提出要求,可举行特别会议。

3. 大会应通过自己的议事规则。

第五条:政府间保护非物质文化遗产委员会

1. 兹在教科文组织内设立政府间保护非物质文化遗产委员会,下称"委员会"。在本公约依照第三十四条的规定生效之后,委员会由参加大会之缔约国选出的18个缔约国的代表组成。

2. 在本公约缔约国的数目达到50个之后,委员会委员国的数目将增至24个。

第六条:委员会委员国的选举和任期

1. 委员会委员国的选举应符合公平的地理分配和轮换原则。

2. 委员会委员国由本公约缔约国大会选出,任期4年。

3. 但第一次选举当选的半数委员会委员国的任期为 2 年。这些国家在第一次选举后抽签指定。

4. 大会每 2 年对半数委员会委员国进行换届。

5. 大会还应选出填补空缺席位所需的委员会委员国。

6. 委员会委员国不得连选连任两届。

7. 委员会委员国应选派在非物质文化遗产各领域有造诣的人士为其代表。

第七条：委员会的职能

在不妨碍本公约赋予委员会的其它职权的情况下，其职能如下：

（a）宣传公约的目标，鼓励并监督其实施情况；

（b）就好的做法和保护非物质文化遗产的措施提出建议；

（c）按照第二十五条的规定，拟订利用基金资金的计划并提交大会批准；

（d）按照第二十五条的规定，努力寻求增加其资金的方式方法，并为此采取必要的措施；

（e）拟订实施公约的业务指南并提交大会批准；

（f）根据第二十九条的规定，审议缔约国的报告并将报告综述提交大会；

（g）根据委员会制定的、大会批准的客观遴选标准，审议缔约国提出的申请并就以下事项作出决定：

（i）列入第十六条、第十七条和第十八条述及的名录和提名；

（ii）按照第二十二条的规定提供国际援助。

第八条：委员会的工作方法

1. 委员会对大会负责。它向大会报告自己的所有活动和决定。

2. 委员会以其委员的三分之二多数通过自己的议事规则。

3. 委员会可设立其认为执行任务所需的临时特设咨询机构。

4. 委员会可邀请在非物质文化遗产各领域确有专长的任何公营或私营机构以及任何自然人参加会议，就任何具体的问题向其请教。

第九条：咨询组织的认证

1. 委员会应建议大会认证在非物质文化遗产领域确有专长的非

政府组织具有向委员会提供咨询意见的能力。

2. 委员会还应向大会就此认证的标准和方式提出建议。

第十条:秘书处

1. 委员会由教科文组织秘书处协助。

2. 秘书处起草大会和委员会文件及其会议的议程草案和确保其决定的执行。

第三章 在国家一级保护非物质文化遗产

第十一条:缔约国的作用

各缔约国应该:

(a) 采取必要措施确保其领土上的非物质文化遗产受到保护;

(b) 在第二条第三款提及的保护措施内,由各社区、群体和有关非政府组织参与,确认和确定其领土上的各种非物质文化遗产。

第十二条:清单

1. 为了使其领土上的非物质文化遗产得到确认以便加以保护,各缔约国应根据自己的国情拟订一份或数份关于这类遗产的清单,并应定期加以更新。

2. 各缔约国在按第二十九条的规定定期向委员会提交报告时,应提供有关这些清单的情况。

第十三条:其他保护措施

为了确保其领土上的非物质文化遗产得到保护、弘扬和展示,各缔约国应努力做到:

(a) 制定一项总的政策,使非物质文化遗产在社会中发挥应有的作用,并将这种遗产的保护纳入规划工作;

(b) 指定或建立一个或数个主管保护其领土上的非物质文化遗产的机构;

(c) 鼓励开展有效保护非物质文化遗产,特别是濒危非物质文化遗产的科学、技术和艺术研究以及方法研究;

(d) 采取适当的法律、技术、行政和财政措施,以便:

(i) 促进建立或加强培训管理非物质文化遗产的机构以及通过为这种遗产提供活动和表现的场所和空间,促进这种遗产的传承;

(ii) 确保对非物质文化遗产的享用,同时对享用这种遗产的特殊方面的习俗做法予以尊重;

（iii）建立非物质文化遗产文献机构并创造条件促进对它的利用。

第十四条：教育、宣传和能力培养

各缔约国应竭力采取种种必要的手段，以便：

（a）使非物质文化遗产在社会中得到确认、尊重和弘扬，主要通过：

（i）向公众，尤其是向青年进行宣传和传播信息的教育计划；

（ii）有关社区和群体的具体的教育和培训计划；

（iii）保护非物质文化遗产，尤其是管理和科研方面的能力培养活动；

（iv）非正规的知识传播手段。

（b）不断向公众宣传对这种遗产造成的威胁以及根据本公约所开展的活动；

（c）促进保护表现非物质文化遗产所需的自然场所和纪念地点的教育。

第十五条：社区、群体和个人的参与

缔约国在开展保护非物质文化遗产活动时，应努力确保创造、延续和传承这种遗产的社区、群体，有时是个人的最大限度地参与，并吸收他们积极地参与有关的管理。

第四章　在国际一级保护非物质文化遗产

第十六条：人类非物质文化遗产代表作名录

1. 为了扩大非物质文化遗产的影响，提高对其重要意义的认识和从尊重文化多样性的角度促进对话，委员会应该根据有关缔约国的提名编辑、更新和公布人类非物质文化遗产代表作名录。

2. 委员会拟订有关编辑、更新和公布此代表作名录的标准并提交大会批准。

第十七条：急需保护的非物质文化遗产名录

1. 为了采取适当的保护措施，委员会编辑、更新和公布急需保护的非物质文化遗产名录，并根据有关缔约国的要求将此类遗产列入该名录。

2. 委员会拟订有关编辑、更新和公布此名录的标准并提交大会批准。

3. 委员会在极其紧急的情况（其具体标准由大会根据委员会的建议加以批准）下，可与有关缔约国协商将有关的遗产列入第一款所提之名录。

第十八条　保护非物质文化遗产的计划、项目和活动

1. 在缔约国提名的基础上，委员会根据其制定的、大会批准的标准，兼顾发展中国家的特殊需要，定期遴选并宣传其认为最能体现本公约原则和目标的国家、分地区或地区保护非物质文化遗产的计划、项目和活动。

2. 为此,委员会接受、审议和批准缔约国提交的关于要求国际援助拟订此类提名的申请。

3. 委员会按照它确定的方式,配合这些计划、项目和活动的实施,随时推广有关经验。

第五章　国际合作与援助

第十九条:合作

1. 在本公约中,国际合作主要是交流信息和经验,采取共同的行动,以及建立援助缔约国保护非物质文化遗产工作的机制。

2. 在不违背国家法律规定及其习惯法和习俗的情况下,缔约国承认保护非物质文化遗产符合人类的整体利益,保证为此目的在双边、分地区、地区和国际各级开展合作。

第二十条:国际援助的目的

可为如下目的提供国际援助:

(a) 保护列入《急需保护的非物质文化遗产名录》的遗产;

(b) 按照第十一条和第十二条的精神编制清单;

(c) 支持在国家、分地区和地区开展的保护非物质文化遗产的计划、项目和活动;

(d) 委员会认为必要的其他一切目的。

第二十一条:国际援助的形式

第七条的业务指南和第二十四条所指的协定对委员会向缔约国提供援助作了规定,可采取的形式如下:

(a) 对保护这种遗产的各个方面进行研究;

(b) 提供专家和专业人员;

(c) 培训各类所需人员;

(d) 制订准则性措施或其它措施;

(e) 基础设施的建立和营运;

(f) 提供设备和技能;

(g) 其他财政和技术援助形式,包括在必要时提供低息贷款和捐助。

第二十二条:国际援助的条件

1. 委员会确定审议国际援助申请的程序和具体规定申请的内容,包括打算采取的措施、必须开展的工作及预计的费用。

2. 如遇紧急情况,委员会应对有关援助申请优先审议。

3. 委员会在作出决定之前,应进行其认为必要的研究和咨询。

第二十三条:国际援助的申请

1. 各缔约国可向委员会递交国际援助的申请,保护在其领土上的非物质文化遗产。

2. 此类申请亦可由 2 个或数个缔约国共同提出。

3. 申请应包含第二十二条第一款规定的所有资料和所有必要的文件。

第二十四条:受援缔约国的任务

1. 根据本公约的规定,国际援助应依据受援缔约国与委员会之间签署的协定来提供。

2. 受援缔约国通常应在自己力所能及的范围内分担国际所援助的保护措施的费用。

3. 受援缔约国应向委员会报告关于使用所提供的保护非物质文化遗产援助的情况。

第六章 非物质文化遗产基金

第二十五条:基金的性质和资金来源

1. 兹建立一项"保护非物质文化遗产基金",下称"基金"。

2. 根据教科文组织《财务条例》的规定,此项基金为信托基金。

3. 基金的资金来源包括:

(a) 缔约国的纳款;

(b) 教科文组织大会为此所拨的资金;

(c) 以下各方可能提供的捐款、赠款或遗赠:

(i) 其他国家;

(ii) 联合国系统各组织和各署(特别是联合国开发计划署)以及其他国际组织;

(iii) 公营或私营机构和个人。

(d) 基金的资金所得的利息;

(e) 为本基金募集的资金和开展活动之所得;

(f) 委员会制定的基金条例所许可的所有其它资金。

4. 委员会对资金的使用视大会的方针来决定。

5. 委员会可接受用于某些项目的一般或特定目的的捐款及其他形式的援助,只要这些项目已获委员会的批准。

6. 对基金的捐款不得附带任何与本公约所追求之目标不相符的政治、经济或其他条件。

第二十六条:缔约国对基金的纳款

1. 在不妨碍任何自愿补充捐款的情况下,本公约缔约国至少每 2 年向基金纳一次款,其金额由大会根据适用于所有国家的统一的纳款额百分比加以确定。缔约国大会关于此问题的决定由出席会议并参加表决,但未作本条第二款中所述声明的缔约国的多数通过。在任何情况下,此纳款都不得超过缔约国对教科文组织正常预算纳款的百分之一。

2. 但是,本公约第三十二条或第三十三条中所指的任何国家均可在交存批准书、接受书、核准书或加入书时声明不受本条第一款规定的约束。

3. 已作本条第二款所述声明的本公约缔约国应努力通知联合国教科文组织总干事收回所作声明。但是,收回声明之举不得影响该国在紧接着的下一届大会开幕之日前应缴的纳款。

4. 为使委员会能够有效地规划其工作,已作本条第二款所述声明的本公约缔约国至少应每 2 年定期纳一次款,纳款额应尽可能接近它们按本条第一款规定应交的数额。

5. 凡拖欠当年和前一日历年的义务纳款或自愿捐款的本公约缔约国不能当选为委员会委员,但此项规定不适用于第一次选举。已当选为委员会委员的缔约国的任期应在本公约第六条规定的选举之时终止。

第二十七条:基金的自愿补充捐款

除了第二十六条所规定的纳款,希望提供自愿捐款的缔约国应及时通知委员会以使其能对相应的活动作出规划。

第二十八条:国际筹资运动

缔约国应尽力支持在联合国教科文组织领导下为该基金发起的国际筹资运动。

第七章　报告

第二十九条:缔约国的报告

缔约国应按照委员会确定的方式和周期向其报告它们为实施本公约而通过的法律、规章条例或采取的其它措施的情况。

第三十条:委员会的报告

1. 委员会应在其开展的活动和第二十九条提及的缔约国报告的基础上,向每届大会提交报告。

2. 该报告应提交联合国教科文组织大会。

第八章 过渡条款

第三十一条

与宣布人类口头和非物质遗产代表作的关系

1. 委员会应把在本公约生效前宣布为"人类口头和非物质遗产代表作"的遗产纳入《人类非物质文化遗产代表作名录》。

2. 把这些遗产纳入《人类非物质文化遗产代表作名录》绝不是预设按第十六条第二款将确定的今后列入遗产的标准。

3. 在本公约生效后,将不再宣布其他任何人类口头和非物质遗产代表作。

第九章 最后条款

第三十二条:批准、接受或核准

1. 本公约须由教科文组织会员国根据各自的宪法程序予以批准、接受或核准。

2. 批准书、接受书或核准书应交存联合国教科文组织总干事。

第三十三条:加入

1. 所有非教科文组织会员国的国家,经本组织大会邀请,均可加入本公约。

2. 没有完全独立,但根据联合国大会第 1514(XV)号决议被联合国承认为充分享有内部自治,并且有权处理本公约范围内的事宜,包括有权就这些事宜签署协议的地区也可加入本公约。

3. 加入书应交存教科文组织总干事。

第三十四条:生效

本公约在第三十份批准书、接受书、核准书或加入书交存之日起的 3 个月后生效,但只涉及在该日或该日之前交存批准书、接受书、核准书或加入书的国家。对其他缔约国来说,本公约则在这些国家的批准书、接受书、核准书或加入书交存之日起的 3 个月之后生效。

第三十五条:联邦制或非统一立宪制

对实行联邦制或非统一立宪制的缔约国实行下述规定:

（a）在联邦或中央立法机构的法律管辖下实施本公约各项条款的国家的联邦或中央政府的义务与非联邦国家的缔约国的义务相同;

（b）在构成联邦,但按照联邦立宪制无须采取立法手段的各个州、成员国、省或行政区的法律管辖下实施本公约的各项条款时,联邦政府应将这些条款连同其建议一并通知各个州、成员国、省或行政区的主管当局。

第三十六条:退出

1. 各缔约国均可宣布退出本公约。

2. 退约应以书面退约书的形式通知教科文组织总干事。

3. 退约在接到退约书 12 个月之后生效。在退约生效日之前不得影响退约国承担的财政义务。

第三十七条:保管人的职责

教科文组织总干事作为本公约的保管人,应将第三十二条和第三十三条规定交存的所有批准书、接受书、核准书或加入书和第三十六条规定的退约书的情况通告本组织各会员国、第三十三条提到的非本组织会员国的国家和联合国。

第三十八条:修订

1. 任何缔约国均可书面通知总干事,对本公约提出修订建议。总干事应将此通知转发给所有缔约国。如在通知发出之日起 6 个月之内,至少有一半的缔约国回复赞成此要求,总干事应将此建议提交下一届大会讨论,决定是否通过。

2. 对本公约的修订须经出席并参加表决的缔约国三分之二多数票通过。

3. 对本公约的修订一旦通过,应提交缔约国批准、接受、核准或加入。

4. 对于那些已批准、接受、核准或加入修订的缔约国来说,本公约的修订在三分之二的缔约国交存本条第三款所提及的文书之日起 3 个月之后生效。此后,对任何批准、接受、核准或加入修订的缔约国来说,在其交存批准书、接受书、核准书或加入书之日起 3 个月之后,本公约的修订即生效。

5. 第三款和第四款所确定的程序对有关委员会委员国数目的第五条的修订不适用。

此类修订一经通过即生效。

6. 在修订依照本条第四款的规定生效之后成为本公约缔约国的国家如无表示异议,应:

(a)被视为修订的本公约的缔约方;

(b)但在与不受这些修订约束的任何缔约国的关系中,仍被视为未经修订之公约的缔约方。

第三十九条:有效文本

本公约用英文、阿拉伯文、中文、西班牙文、法文和俄文拟定,6 种文本具有同等效力。

第四十条:登记

根据《联合国宪章》第一百零二条的规定,本公约应按教科文组织总干事的要求交联合国秘书处登记。

后　记

　　一座城墙，一座城。城市是人类文明发展的产物。城墙是城市的标志，是城市文脉的传承。这是流淌在城市血脉里的归属，也是市民们引以为傲的荣耀之地。

　　城墙作为中国古代城市重要的防御体系，在不同时期承担着各种功能，是中华民族文明史的重要载体，也是全人类的智慧结晶和宝贵财富。近些年来，在多方力量的支持下，南京城墙的世界文化遗产价值已经初步得到体现和认可，全社会对南京城墙的认识也发生了质的飞跃：从考古挖掘到科学保护，从探索其本身的文化价值，到以城墙为载体发掘其历史文化价值，进而从民族遗产到世界文化遗产。从前，人们关注城砖间隐匿的历史密码，今天，城墙成为搭建未来与和平的重要工具。努力将国内外研究成果与南京城墙的发展现状相结合，发掘南京城墙的多元价值，探索城墙本体保护与世界遗产申报的经验和路径，正是本书的研究特色。

　　最后，特别感谢我的导师，南京大学"联合国教科文组织和平学教席"持有人刘成教授为本书提供的重要指导和帮助。衷心感谢我的研究团队，南京城墙保护管理中心研究员刘斌和南京市文化遗产保护研究院副研究员沈玉云与我共同写作，弥补了很多我在专业上的缺失，此书是研究团队的智慧结晶。还要感谢江苏省社科院研究员胡传胜、南京师范大学教授姜守明的学术指导，以及江苏省社科基金"江苏文脉研究"专项、南京城墙保护管理中心等单位的大力支持。

南京城墙的故事在不断续写。希望通过这本小书，让城墙文化内化于更多人的心中，引人游览，发人思考。无论时光流转，历史的印痕都将深嵌城市未来之中，融入市民的生活和记忆之中。让古老的城墙发扬光大，在人们的思想中代代相传。

白爽

2023 年 8 月

后
记